Comunicação organizacional estratégica

CIP-BRASIL. CATALOGAÇÃO NA PUBLICAÇÃO
SINDICATO NACIONAL DOS EDITORES DE LIVROS, RJ

C739
    Comunicação organizacional estratégica : aportes conceituais e aplicados / organização Margarida Maria Krohling Kunsch. – São Paulo : Summus, 2016.
    392 p. : il.

    Inclui bibliografia
    ISBN 978-85-323-1046-0

    1. Comunicação de massa e negócios. 2. Relações públicas. 3. Imagem corporativa. I. Kunsch, Margarida Maria Krohling.

15-28512   CDD: 659.2
                                                         CDU: 659.4

www.summus.com.br

ABDR
EDITORA AFILIADA

Comunicação organizacional estratégica

Aportes conceituais e aplicados

MARGARIDA MARIA
KROHLING KUNSCH

(o r g .)

summus
editorial

Editora executiva: **Soraia Bini Cury**
Assistente editorial: **Michelle Neris**
Revisão e edição de texto: **Waldemar Luiz Kunsch**
Capa: **Alberto Mateus**
Projeto gráfico: **Crayon Editorial**
Diagramação: **Santana**
Impressão: **Geográfica Editora**

Summus Editorial
Departamento editorial
Rua Itapicuru, 613 – 7º andar
05006-000 – São Paulo – SP
Fone: (11) 3872-3322
Fax: (11) 3872-7476
http://www.summus.com.br
e-mail: summus@summus.com.br

Atendimento ao consumidor
Summus Editorial
Fone: (11) 3865-9890

Vendas por atacado
Fone: (11) 3873-8638
Fax: (11) 3872-7476
e-mail: vendas@summus.com.br

Impresso no Brasil

Sumário

Prefácio

Esta coletânea, *Comunicação organizacional estratégica – Aportes conceituais e aplicados*, reúne um conjunto de autores e especialistas que integram o corpo docente do curso de pós-graduação *lato sensu* de Gestão Estratégica em Comunicação Organizacional e Relações Públicas (Gestcorp) do Departamento de Relações Públicas, Propaganda e Turismo da Escola de Comunicações e Artes da Universidade de São Paulo.

Criado em 1999, o curso, ao longo de sua trajetória de mais de 15 anos, formou um contingente significativo de profissionais que atuam no mercado da comunicação corporativa nas mais diversas tipologias organizacionais e institucionais. Graças justamente a um corpo docente altamente qualificado, temos conseguido oferecer uma formação diferenciada, que objetiva capacitar gestores de comunicação com visão estratégica e crítica, mediante um embasamento conceitual e aplicado para o exercício de suas atividades no cotidiano das organizações.

O conteúdo desta obra reflete em parte os temas que vêm sendo trabalhados no conjunto de módulos e disciplinas ministrados no curso e que passam por atualizações frequentes diante das novas demandas sociais e do mercado cada vez mais competitivo. A área de comunicação, pela sua natureza, está sempre sintonizada com a dinâmica da sociedade e os acontecimentos que ocorrem no contexto social, político, econômico, cultural, ecológico e tecnológico. Com a comunicação que acontece nas organizações não é diferente. Estas reproduzem e se apropriam da comunicação que ocorre na sociedade e, mediante as práticas das suas diversas subáreas, adaptam suas teorias, suas técnicas e seus meios e instrumentos disponíveis para se posicionar institucionalmente, construir e consolidar marcas e administrar relacionamentos, para estar sintonizadas com os novos tempos.

A comunicação organizacional precisa ser entendida de forma abrangente e complexa. Deve, sobretudo, ser considerada um fenômeno e um processo comunicativo em contínua interação entre a organização e seus diversos interlocutores, numa perspectiva dialética e em busca de um consenso negocial. Organizações e interlocutores/públicos estratégicos estão insertos em um sistema social global, sujeitos às interferências externas e sofrendo as intempéries da dinâmica da história.

Na contemporaneidade, a comunicação organizacional sucede dentro de um contexto muito mais complexo no âmbito tanto das organizações como da sociedade. Grandes são os desafios a ser enfrentados pelos atores envolvidos em uma sociedade em constantes transformações, onde as condições adversas e os cenários de turbulência passam a ser uma constante na vida das pessoas e das organizações em geral.

As organizações, como partes da sociedade, são diretamente afetadas por todas essas mudanças e, consequentemente, sua comunicação assume novas formas de atuação: ela deixa de ter uma função apenas técnica e instrumental para ser estratégica. Apesar das incertezas globais e da impossibilidade do controle imaginado como possível por parte das organizações, as ações de comunicação precisam ser muito mais bem pensadas estrategicamente e planejadas com base em pesquisas científicas e análise e interpretação de cenários. Daí a necessidade de uma visão crítica de mundo, de uma filosofia e da adoção de políticas de uma comunicação organizacional integrada, unindo o trabalho de relações públicas com a comunicação institucional e a comunicação interna, assim como a atividade de marketing com a comunicação mercadológica. Esses temas são aqui explorados sob várias vertentes que se expressam na prática do dia a dia das organizações.

A comunicação organizacional integrada, sob essa perspectiva abrangente, é por si só complexa. Nesse sentido, a área da comunicação deixa de ter uma função meramente tática e passa a ser considerada estratégica, isto é, precisa agregar valor às organizações. Em outras palavras, promove e cultiva a confiança nos seus relacionamentos públicos, ajudando as organizações no cumprimento de sua missão, na consecução dos objetivos globais, na fixação pública de seus valores e nas ações para atingir seu ideário institucional e mercadológico mediante a égide dos princípios éticos.

Estudar e praticar essa comunicação no contexto atual não são tarefas fáceis. Acreditamos na necessidade de situar a sociedade contemporânea na qual estamos insertos e considerar as implicações dos fenômenos e cenários que influenciam a vida das organizações. A primeira parte desta coletânea, intitulada "Comunicação organizacional no contexto da sociedade contemporânea", procura justamente trazer reflexões que contemplem aspectos relacionados a esse contexto. Os autores perpassam temas como: mudanças nas formas de democracia no Brasil e em países da América Latina; o poder da comunicação na sociedade, a comunicação organizacional no contexto socioeconômico e um novo olhar sobre suas dimensões (humana, cultural, instrumental e estratégica); um panorama da comunicação digital na contemporaneidade recente e os desafios para praticá-la nas organizações; novas narrativas organizacionais que privilegiem mais a subjetividade em contraponto com a visão conservadora e tradicional ainda predominante; a responsabilidade social e suas exigências na concessão de serviços públicos; e as premissas dos chamados programas de integridade (ética e *compliance*) para a eficácia no alinhamento dos comportamentos.

A segunda parte, "Relações públicas: pesquisa, processos comunicativos, mídias e oralidade", apresenta as bases conceituais e aplicadas das técnicas e dos instrumentos com vistas a uma gestão eficaz de sua comunicação com o seu universo de públicos. Consideramos as relações públicas parte integrante do subsistema institucional das organizações, cabendo-lhe o papel fundamental de cuidar dos relacionamentos públicos desses agrupamentos sociais, os quais podem ser configurados com base em diferentes tipologias e características estruturais, que vão das instituições públicas às organizações privadas e aos segmentos organizados da sociedade civil ou do terceiro setor. Tal incumbência implica uma série de questões que envolvem pesquisa, planejamento, gestão, processos, desempenho de funções e atividades com bases científicas e suporte técnico e tecnológico.

Relações públicas como área aplicada trabalha com o planejamento e a gestão da comunicação nas e das organizações. Analisa e avalia os comportamentos institucionais e dos públicos, por meio de pesquisas de opinião pública, auditoria social e auditorias de imagem. Administra conflitos, percepções e relacionamentos públicos. Desenvolve ações específicas para construção e preservação da credibilidade e valorização dos ativos intangíveis. Para tanto, exerce as funções administrativa, estratégica, mediadora e política, desenvolvendo, por meio de técnicas e instrumentos específicos, inúmeras atividades com finalidades institucionais, em apoio às áreas de marketing e de recursos humanos.

As contribuições trazidas pelos autores dessa segunda parte constituem um guia singular de possíveis caminhos, por meio dos quais um profissional ou gestor de comunicação pode promover relacionamentos eficazes com públicos estratégicos. Muitas outras dicas são destacadas, tais como: elaborar projetos de pesquisas e realizar estudos interpretativos de cenários com bases metodológicas bem construídas e sistematizadas; considerar a pesquisa em comunicação corporativa um pressuposto essencial na aplicação correta de métodos e técnicas para desenvolver ações comunicativas de impactos e com resultados; atribuir à comunicação um papel central na gestão dos processos organizacionais, incentivando a valorização das pessoas no ambiente interno e de relações de trabalho; ver a comunicação interna sob novos ângulos, para criação de valor e reforço do importante papel das lideranças em todo esse contexto; considerar a área de recursos humanos nas organizações sob novos olhares e sob uma visão pragmática e contemporânea, reservando um papel de destaque à comunicação e à cultura organizacional em todo esse contexto; avaliar a influência das organizações como fontes na formação da opinião pública; verificar como as organizações estão fazendo uso das redes e mídias sociais, bem como difundir boas práticas e recomendações nos relacionamentos com os públicos nas plataformas digitais; e aperfeiçoar as formas de se comunicar com os diferentes públicos.

"Comunicação: mercado, avaliação e consumo" é a temática da terceira e última parte. Também a área de marketing passa por grandes transformações e ocupa papel crucial e de relevância. O marketing na qualidade de área administrativa e estratégica nas empresas visa atingir o mercado. Para tanto, baseia-se em modelos de competitividade para atingir objetivos econômicos, elaborando planos estratégicos de negócios; objetiva persuadir o público-alvo e satisfazer os clientes/consumidores; identifica e cria mercados para os produtos e serviços; e coordena e supervisiona os programas de comunicação mercadológica ou de marketing para criar e manter os produtos e serviços. Os autores analisam essa temática sob uma perspectiva sistêmica e indutora que contempla processos, estratégias e novos aportes para refletir sobre as mudanças que ocorrem na comunicação com o mercado.

A partir de uma visão de marketing como função gerencial, baseada em fluxos sistêmicos das entradas, transformações e saídas e suas conexões com as relações públicas, os conteúdos explorados perpassam muitas outras vertentes, tais como: as novas formas nas relações de consumo e suas consequências e exigências nos modos de produção da comunicação mercadológica, particularmente da publicitária; o papel da comunicação na aplicação e eficácia do uso do *balanced scorecard* (BSC) como estratégia que vem sendo adotada pelas empresas; a questão da avaliação e mensuração de resultados, com suas respectivas métricas e possíveis modelos para atender às novas demandas do mercado; as relações entre o cliente e as agências de comunicação e design nos processo criativos; a importância da "alfabetização visual" de quem contrata os serviços; e novas realidades na elaboração do planejamento publicitário diante da evolução de um modelo de mídia comandado pelos veículos e anunciantes para um novo formato controlado pelos receptores.

Com esta obra coletiva, espera-se contribuir com novos aportes conceituais e aplicados para todos os possíveis interessados e, particularmente, os segmentos dos profissionais, pesquisadores, professores e estudantes de graduação e pós--graduação atuantes no campo da comunicação organizacional integrada, das relações públicas e do marketing, os quais se veem diante de contínuos desafios engendrados pela complexidade do mundo contemporâneo.

MARGARIDA MARIA KROHLING KUNSCH
Organizadora

Comunicação organizacional no contexto da sociedade contemporânea

O estudo e a prática da comunicação organizacional não são hoje tarefas fáceis. É necessário considerar as implicações dos fenômenos e cenários que influenciam a vida das organizações. A primeira parte desta coletânea procura trazer reflexões que contemplem aspectos relacionados com esse contexto. Os autores perpassam temas como: mudanças nas formas de democracia no Brasil e em países da América Latina; a comunicação organizacional no contexto socioeconômico; um novo olhar sobre suas dimensões humana, cultural, instrumental e estratégica; um panorama da comunicação digital na contemporaneidade recente e os desafios para praticá-la nas organizações; as novas narrativas organizacionais que privilegiem mais a subjetividade em contraponto com a visão conservadora e tradicional ainda predominante; a responsabilidade social e suas exigências na concessão de serviços públicos; e as premissas dos chamados programas de integridade (ética e *compliance*) para a eficácia no alinhamento dos comportamentos.

1. Sociedade, instituições públicas e processos políticos[1]

Maria do Socorro Sousa Braga

Visão geral do capítulo

Este capítulo discute as principais transformações ocorridas entre a segunda metade do século XX e o início do século XXI nas democracias latino-americanas, sobretudo em países nos quais grupos de esquerda passaram a governar os Estados a partir de fins dos anos 1990. Serão analisados ao menos dois aspectos principais: primeiro, os processos políticos, econômicos e sociais que conduziram a alternância de grupos políticos no controle dos governos da terceira onda democrática; segundo, as mudanças que vêm ocorrendo quanto à inserção de novos grupos sociais nos processos decisórios, examinando-se tanto a participação política da sociedade como os mecanismos constitucionais criados com esse fim por esses governos. Conclui-se que há diferenças importantes entre as forças de esquerda que assumiram o controle dos respectivos governos, especialmente no que diz respeito aos mecanismos criados visando ampliar o acesso à informação, e a participação popular na administração pública.

Objetivos do capítulo

* Comparar processos políticos e econômicos que conduziram a alternância de grupos políticos no controle dos governos democráticos latino-americanos.
* Analisar o papel dos processos eleitorais e dos sistemas partidários nas mudanças políticas que levaram à circulação das elites políticas em muitos dos contextos investigados.

---

1. Este capítulo insere-se no âmbito de projeto de pesquisa apoiado com bolsa de produtividade pelo Conselho Nacional de Desenvolvimento Científico e Tecnológico (CNPq).

- Examinar os tipos de democracias que os governos de esquerda atuais vêm desenvolvendo e em quais aspectos vêm se diferenciando.
- Investigar o grau de participação política da sociedade brasileira, chilena, boliviana e venezuelana e o papel dos novos mecanismos constitucionais.
- Analisar a qualidade, as tendências e os desafios da democracia brasileira em comparação com os de outros contextos latino-americanos.

Introdução

A oscilação frequente entre regimes democráticos e autoritários caracterizou a história política latino-americana até os anos 1980. Desde então esse padrão histórico parece superado e uma série de transições democráticas resultou na chamada terceira onda democrática. No início dos anos 1990, os países da região apresentavam regimes razoavelmente estáveis, embora muitos deles passassem por crises econômicas resultantes dos modelos econômicos neoliberais adotados. No final dessa década e no início do século XXI, assistimos à ascensão da esquerda na região após 20 anos de predominância do ideário neoliberal e da chamada "Revolução Silenciosa" (Reid, 2007), provocando profundas transformações nas economias e sociedades latino-americanas. Nesse contexto, a democratização da região, juntamente com as grandes transformações mundiais decorrentes de processos como globalização, pós-modernidade e a chamada revolução digital, colaborou para o surgimento e mesmo a publicização de novas demandas da sociedade, especialmente no que diz respeito a mais acesso e transparência à informação política e à ampliação de espaços de participação na administração pública.

Com o objetivo de contribuir para avaliar o grau da qualidade dessas democracias, atemo-nos aqui a analisar como ocorreram os processos eleitorais e a participação política dos cidadãos. Para isso, discutiremos a seguir as principais transformações políticas e contextuais da região, ressaltando os processos políticos que moveram essas sociedades latino-americanas, em especial as brasileiras. Também abordaremos o grau de participação política da população e os mecanismos pelos quais isso vem ocorrendo e discutiremos o impacto das mídias sociais como novos canais de ampliação e o envolvimento dos diversos públicos nas questões políticas desses países.

Contexto histórico e político das transformações contemporâneas na América Latina

Nas décadas de 1960 e 1970, especialmente na América do Sul, os regimes democráticos ruíram, tendo havido compulsoriamente transições para regimes civis- -militares. Alguns estudiosos desses processos históricos explicam que essas mudanças ocorreram devido ao cenário internacional bipolar, fortemente marcado pelas visões antagônicas do projeto político[2] defendido pelo comunismo, pela Guerra Fria e por um quadro doméstico radicalizado e com impasses profundos.

A história recente da política latino-americana, após os anos 1980, pode ser dividida em dois períodos: em um primeiro momento, com o fim daqueles regimes autoritários, deu-se início aos processos de democratização, de liberalização econômica e de ascensão do neoliberalismo, que perduraram até meados da década de 1990; e, posteriormente, com a crise do modelo neoliberal, verificou-se o surgimento de novas lideranças políticas e o reaparecimento de movimentos sociais e da reação popular contra reformas em direção ao mercado, bem como o fortalecimento de partidos de esquerda e de centro-esquerda.

Durante as décadas de 1970 e 1980, a América Latina envolveu-se em crises de ordem política, econômica e social. No plano político, houve a desagregação do regime autoritário e a implementação de uma nova ordem democrática. No plano econômico, sob o impacto da dívida externa, as duas décadas foram marcadas pela inflação, pelo descontrole das finanças públicas e pela prevalência de baixas taxas de crescimento. Por fim, no plano social, houve o agravamento da desigualdade social e da concentração de renda. Com isso, a crise do Estado permitiu o estabelecimento do Consenso de Washington, que visava a objetivos como estabilização monetária e restabelecimento das leis de mercado, disciplina fiscal, mudanças das prioridades no gasto público, reforma tributária, taxas de juros positivas, taxas de câmbio de acordo com as leis do mercado, liberalização do comércio, fim das restrições aos investimentos estrangeiros, privatização das empresas estatais, desregulamentação das atividades econômicas e garantia dos direitos de propriedade. Ademais, para renegociar a dívida externa, os países da América Latina deveriam privatizar as empresas estatais, desregulamentar a economia e liberalizar o comércio exterior.

---

2. O termo "projeto político" será entendido aqui na perspectiva gramsciana, que designa como tal o conjunto de representações do que deve ser a vida em sociedade e orienta a ação política dos diferentes atores sociais.

A agenda de reformas era essencialmente neoliberal, com redução do papel do estado na economia. De acordo com Francisco Panizza (2005), ocorreram privatizações, abertura comercial, desregulamentações e ajustes, forçando grande parte dos países a caminhar em uma mesma direção: a das democracias de livre mercado abertas aos fluxos comerciais e de investimento. As reformas, implementadas na grande maioria dos países latino-americanos[3], foram direcionadas ao mercado neoliberal. E o êxito inicial ocorreu devido à restauração da ordem econômica de países que sofriam com altas taxas de inflação e alta porcentagem da população vivendo abaixo da linha da pobreza. Em um contexto internacional favorável, as reformas atraíram investimentos estrangeiros, o que contribuiu para o crescimento econômico.

A América Latina, então, parecia deixar para trás sua turbulenta história política, econômica e social. Com a democracia liberal, as reformas de mercado e a integração regional, o desenvolvimento era visto como uma consequência do processo. No entanto, apesar do sucesso inicial, as reformas não asseguraram o desenvolvimento necessário para competir nos mercados de países industrializados e das economias emergentes da Ásia, além de não criarem empregos suficientes para aqueles que sofriam com a diminuição do papel do Estado. O consenso, portanto, não cumpriu suas promessas de aumentar a prosperidade da população e exacerbou outros problemas, como o desemprego e as desigualdades sociais (Weyland, 2010). O Estado continuou a enfrentar problemas fiscais, o crescimento econômico permaneceu baixo, o desemprego e a desigualdade social aumentaram e as crises institucionais tornaram-se recorrentes. Com o passar do tempo, grande parte dos países da América do Sul defrontou com crises e o otimismo em relação ao modelo neoliberal foi aos poucos se desfazendo, transformando o clima político dos países e ocasionando o déficit socioinstitucional da democracia e das reformas de mercado.

Dessa maneira, de acordo com estudiosos desse período, pode-se observar que os processos de democratização e de reformas neoliberais não conseguiram cumprir suas principais promessas às populações; ademais, a paralisação econômica e as insuficiências político-institucionais e sociais dos regimes democráticos propiciaram a matéria-prima para o surgimento de partidos de esquerda, de

---

3. Principais governantes neoliberais: Carlos Menem, na Argentina (1990-2000); Gonzalo Sánchez de Lozada (MRN, 1993-1997 e 2002-2003) e Hugo Banzer Suárez (ADN, 1997-2001), na Bolívia; Fernando Collor e Fernando Henrique Cardoso, no Brasil; Carlos Andrés Pérez (AD, 1988--1993) e Rafael Caldera (CN, 1993-1998), na Venezuela; Eduardo Frei (PDC, 1993-1999), no Chile; e Julio María Sanguinetti (PC, 1994-1998), no Uruguai.

centro-esquerda ou, como classificam outros estudiosos, de governos progressistas na América Latina[4]. Esses governos foram caracterizados com base em três vertentes (Panizza, 2005; Lanzaro, 2009): governos com caráter popular e com partidos precariamente institucionalizados, centrados nas figuras de Hugo Chávez na Venezuela, Evo Morales na Bolívia e Rafael Correa no Equador; administrações provenientes de partidos tradicionalmente ligados ao populismo, como é o caso de Néstor e Cristina Kirchner, na Argentina; e governos social-democratas (ou moderados), que atuam em sistemas partidários e instituições mais sólidas, preponderando a instauração de partidos institucionalizados no Brasil, com Luiz Inácio Lula da Silva e Dilma Rousseff e as coalizões formadas pelo Partido dos Trabalhadores (PT), no Chile, com Ricardo Lagos e Michelle Bachelet, pertencentes ao Partido Socialista (PS), e no Uruguai, com Tabaré Vázquez, do Frente Amplio (FA).

Mas, além de chamarmos a atenção para a importante mudança da guinada à esquerda no controle do poder político em diversos países da região, salientamos ainda que esses novos grupos assumiram distintos projetos políticos. Daí a relevância de verificarmos quais mudanças realizaram no sentido da ampliação da participação política e do acesso à informação pública. Isso porque, como sabemos, historicamente, o objetivo primordial da esquerda é a busca de transformações estruturais visando guiar a atividade econômica. Mas, para isso, ela considera as necessidades sociais da maioria da população por meio de políticas redistributivas e o aumento da participação política.

Nesse sentido, segundo Kurt Weyland (2009), no contexto latino-americano, os debates acerca do radicalismo e do realismo na esquerda foram substituídos pelas tradições de contestação e de moderação, ambas vinculadas com a democracia política. Para esse autor, a primeira tradição (contestação) rejeitaria o neoliberalismo e alguns princípios da globalização econômica, além de privilegiar a mudança social, o fortalecimento da participação e o princípio majoritário de democracia. Já a segunda tradição (moderação) recusaria medidas controversas, negociando reformas com grupos domésticos e internacionais dentro da ordem estabelecida. Como o principal objetivo desses países era atingir uma aparência de prosperidade da massa, os governantes dessa esquerda latino-americana enfatizaram o crescimento econômico e

---

4.   De acordo com Fabrício Pereira da Silva (2009), a trajetória das esquerdas foi marcada pelos seguintes processos: a desintegração do socialismo real e a crise do marxismo; a implantação regional do modelo neoliberal como resposta à crise do estado de bem-estar social e do desenvolvimentismo; e a transição e consolidação da democracia na região.

o desenvolvimento por meio do capital estrangeiro. No entanto, as duas tradições divergiram em relação às suas estratégias. A ala da contestação, exemplificada por Hugo Chávez (Venezuela), Evo Morales (Bolívia) e Rafael Correa (Equador), preferiu a ambição à prudência; enquanto isso, a ala moderada, observada tanto em Lula e Rousseff (Brasil) quanto em Lagos e Bachelet (Chile), adotou prioridades inversas, aperfeiçoando a operação do novo modelo de mercado para produzir crescimento dinâmico com iniciativas redistributivas, negociando reformas com a oposição em um contexto de pluralismo liberal.

De uma maneira geral, verificou-se que, no Chile, os governos do Partido Socialista (PS) realizaram medidas prudentes de intervenção estatal na economia, com extensão do crescimento econômico e substantiva redução da pobreza por meio do fortalecimento da proteção social para a população mais necessitada. No entanto, houve a persistência da desigualdade social e da rígida configuração institucional prevalecente durante o regime militar. No Brasil, as duas administrações de Lula e a atual, de Dilma Rousseff, podem ser caracterizadas por certo ativismo de esquerda, pela presença de políticas redistributivas e pela introdução de setores populares nas arenas políticas, além de incorporar novos modos de atuação no processo decisório com o objetivo de incluir movimentos sociais. Apesar dessas características, Peter Kingstone e Aldo Ponce (2010) advertem que os governos encabeçados pelos petistas não podem ser considerados alternativas de esquerda ao Consenso de Washington. Esses autores argumentam que o PT manteve, embora ampliando-as, as políticas sociais e econômicas do governo de Fernando Henrique Cardoso (PSDB), garantindo a estabilidade econômica e o pragmatismo de mercado e o crescimento moderado, assim como a redução da pobreza e da desigualdade. No entanto, também enfatizam que esses governos fizeram pouco para combater as injustiças econômicas históricas e a estrutura política elitista, além de não se oporem às práticas corruptas e clientelistas, utilizando essas ferramentas para manter a governabilidade e o jogo político. Ainda para parte dessa literatura especializada, o sucesso da administração de Lula da Silva não estaria ligado à inversão de prioridades, mas ao positivo momento econômico internacional e à continuidade das orientações políticas e econômicas do seu predecessor[5].

---

5. Mesmo antes da realização das eleições de 2002, Luiz Inácio Lula da Silva (PT) deu sinais de que manteria as políticas econômicas seguidas por Fernando Henrique Cardoso, ao lançar a *Carta ao povo brasileiro*. Diante do pavor dos mercados globais com a vitória de Lula, este ressaltou a necessidade de justiça social, mas indicou que manteria as orientações econômicas ortodoxas de Cardoso (Lula da Silva, 2002).

Os governos de Evo Morales e Hugo Chávez buscaram seus objetivos de forma mais contestatória e desafiaram mais diretamente as restrições políticas e econômicas estabelecidas antes de chegarem ao poder. Já no poder, outra constituição foi promulgada e novos dispositivos foram criados para ordenar a reconfiguração de seus Estados, resultando em inéditas políticas econômicas, sociais e de representação e em participação nos processos decisórios e internacionais.

A seguir, discutiremos quais mudanças esses diversos governos de esquerda buscaram desenvolver no que diz respeito à participação política dos cidadãos dessas nações.

Novos mecanismos de participação política

Uma democracia de qualidade, na acepção de Larry Diamond e Leonardo Morlino (2005), deve garantir que todos os cidadãos usufruam de seus direitos de participar politicamente, não só por meio do voto, mas também por meio de referendos, plebiscitos, *recalls*, manifestações, protestos, envolvimento em conselhos populares e associações sindicais e de moradores, entre outros. Para além do direito de participação política da sociedade, uma democracia também precisa garantir a existência da oposição, para que haja alternância de grupos políticos no governo do país.

Outro aspecto crucial a ser avaliado sobre a participação política diz respeito tanto ao volume de cidadãos que de fato exercem esse direito quanto à igualdade de condições para participar. Entre os pressupostos para que a participação seja maximizada e realizada de forma igualitária estão o acesso a informações políticas, o conhecimento sobre o sistema político e a escolaridade dos cidadãos.

Para analisar os processos de transformações que vêm ocorrendo em países da América Latina quanto à dimensão da participação, nesta seção vamos comparar os mecanismos criados nos governos de esquerda da Venezuela e da Bolívia com os do Brasil e do Chile, bem como suas implicações para a construção de um outro modelo de Estado democrático com base nas novas constituições promulgadas pelos governos de Hugo Chávez e Evo Morales[6]. Como veremos, esses casos

---

6. É importante mencionar que semelhantes transformações vêm ocorrendo também no Equador. Junto com a Venezuela e a Bolívia, esses três países têm sido apontados pela bibliografia especializada como os casos que apresentam os processos mais radicais de transição política na história recente da América Latina.

compartilham o fato de terem passado por uma ampla renovação institucional, redundando em forte crítica ao modelo clássico de democracia representativa, ao contrário dos casos do Brasil e do Chile, onde aquele modelo de democracia se manteve estável mesmo com tendo à frente os governos do Partido dos Trabalhadores (PT) e o Partido Socialista (PS), respectivamente.

É importante ressaltar que a chegada desses grupos políticos ao poder na Venezuela e na Bolívia e a promulgação dessas novas constituições foram precedidas por contextos de crises econômicas e situações de instabilidade política que levaram ao colapso de seus sistemas partidários, à destituição de presidentes e ao ressurgimento de movimentos contestatórios (Hellinger, 2003; Mainwaring, 2006; Pachano, 2006). Todos esses elementos expressavam a crise de representação e a solução encontrada pelos grupos políticos que assumiram o poder foi a refundação do Estado e de suas instituições, visando garantir maior controle e participação popular. De acordo com André Luiz Coelho, Clayton M. Cunha Filho e Fidel Pérez Flores (2010, p. 1, tradução nossa),

> o processo de imposição de reformas de mercado características da década de 1990 era visto por esses atores como um movimento duplamente pernicioso: no âmbito econômico, as reformas em si não consideravam os interesses das classes subalternas e impactaram negativamente ao agravar suas já precárias condições de vida; no terreno político, houve o desgaste da institucionalidade democrática à medida que cresceu a irritação em relação a um processo decisório que tendia a excluir os setores que mais perdiam com as reformas.

Todavia, apesar de todo o questionamento à democracia liberal representativa existente nesses casos, estudiosos da qualidade da democracia na América Latina chamam a atenção para o fato de que esses novos atores políticos galgaram o poder pela tradicional via eleitoral (Cameron e Hershberg, 2010; Levitsky e Roberts, 2011; Levine e Molina, 2011). Foi nesse contexto político e econômico que Hugo Chávez, em 1998, e Evo Morales, em 2005, foram eleitos pela primeira vez.

Contudo, a esquerda que assumiu o poder nos países andinos criou novos mecanismos de participação que possibilitariam o envolvimento direto da população nos processos decisórios, ao contrário dos contextos brasileiros e chilenos, nos quais a participação política se manteve praticamente nos limites das instituições representativas, ou seja, por meio do voto (Braga, 2006; 2010). De acordo com os textos constitucionais da Bolívia e da Venezuela, foram desenvolvidos vários mecanismos visando à ampliação da capacidade dos cidadãos de participarem do processo decisório. Embora em menor número, houve maior surgimento desses mecanismos nos textos constitucionais do Brasil do que nos do Chile.

Examinaremos inicialmente os casos boliviano e venezuelano, pois apresentam padrões mais próximos quanto a essa ampliação da participação em suas novas constituições, para, em seguida, analisarmos os casos chileno e brasileiro.

Mecanismos de representação ampliada

Bolívia

De acordo com a Constituição boliviana, a forma comunitária deve ser uma das maneiras viáveis do exercício da democracia naquela sociedade, definindo a eleição dos dirigentes dos povos indígenas e camponeses por usos e costumes. Já no que diz respeito às eleições para a Assembleia Legislativa, o texto constitucional estabelece a participação paritária de homens e mulheres e a reserva de cadeiras para representantes indígenas. As eleições gerais e as departamentais de 2010 já foram reguladas pela Lei Eleitoral Transitória. Essa lei estabeleceu que, enquanto a lista proporcional de postulantes deveria ser formada alternando homens e mulheres, nas circunscrições uninominais os candidatos homens deveriam ter uma mulher como suplente e vice-versa. Além disso, foram reservadas sete cadeiras para os candidatos indígenas.

Outro aspecto constitucional importante é que cabe ao Tribunal Superior de Justiça eleger seus membros por meio do sufrágio universal. Além disso, mediante dois terços dos membros presentes, ele pré-selecionará os candidatos, que não poderão fazer campanhas. O Poder Eleitoral é quem fica responsável por divulgar as características e os méritos das candidaturas. O dispositivo da reeleição não é permitido para os magistrados. Esses mesmos procedimentos serão aplicados ao Conselho da Magistratura, ao Tribunal Agroambiental e ao Tribunal Constitucional.

Venezuela

Já a Constituição da Venezuela estabelece que os povos indígenas têm direito à participação política e que o Estado deve garantir sua representação na Assembleia Nacional e nos organismos de deliberação nos níveis federais e locais. Foi estabelecida uma cota mínima de três cadeiras para esse segmento.

Chile

No Chile, de acordo com o artigo 5º da Constitución Política de la República de Chile, promulgada em 1980, mas com as emendas constitucionais de 2009 e as posteriores, a soberania popular é realizada, em primeiro lugar, por meio de eleições periódicas, com voto obrigatório somente para os cidadãos que estiverem inscritos voluntariamente, elegendo o presidente da República, os parlamentares, os prefeitos (*concejales*) e os *alcaldes*; e, em segundo lugar, por meio do plebiscito, que pode ser convocado pelo presidente da República (artigo 32, §4º). De acordo com o artigo 129, a convocação do plebiscito deve ser efetuada dentro dos 30 dias seguintes ao projeto de lei aprovado pela Câmara dos Deputados e pelo Senado Federal.

No Chile, existem três tipos de plebiscitos: os de reforma de matéria constitucional, os comunais (artigo 119) e os de consulta não vinculante. O primeiro tipo tem como principal função a resolução de controvérsias entre o Poder Executivo e o Poder Legislativo. Já os plebiscitos comunais foram introduzidos pela Reforma Constitucional de 1989. Por fim, os plebiscitos de consulta não vinculante foram introduzidos após a promulgação da Lei nº 19.596, de 1997. Nessas consultas, convoca-se um universo de cidadãos, de maneira que os resultados não são obrigatórios para a autoridade que os convoca. Ademais, tanto os plebiscitos comunais como os de consulta não vinculante devem referir-se às matérias que sejam de sua competência.

Brasil

A Constituição do Brasil, promulgada em 1988, estabelece, no capítulo IV, os direitos políticos e as formas de participação direta da população nas funções do governo. Dessa maneira, os direitos políticos são instrumentos pelos quais a Constituição Federal garante o exercício da soberania popular, atribuindo poderes diretos e indiretos aos cidadãos. De acordo com o artigo 14, a soberania popular é exercida por meio do sufrágio universal e do voto direto secreto (obrigatório para maiores de 18 anos e facultativo para analfabetos, maiores de 70 anos e maiores de 16 e menores de 18 anos), mediante três institutos centrais: o plebiscito, o referendo e a iniciativa popular.

O plebiscito é uma forma de consulta ao povo para que este delibere sobre matéria relevante, seja de natureza constitucional, legislativa ou administrativa, sendo competência do Congresso Nacional, por meio de decreto legislativo, a sua convocação (artigo 49, XV). É caracterizado pela consulta prévia, pois é convocado anteriormente ao ato legislativo ou administrativo; com isso, cabe ao povo, por meio do voto, aprovar ou rejeitar o que foi submetido à apreciação. Um dos exemplos da utilização dos plebiscitos se encontra no artigo 18, §3º e §4º, que trata da incorporação, da divisão, do desmembramento e da anexação dos estados--membros e dos municípios.

Assim como o plebiscito, o referendo também é um instrumento de deliberação popular acerca de questões constitucionais, legislativas e administrativas, dependendo de autorização por meio de decreto legislativo proveniente do Congresso Nacional e da celebração feita pelo presidente da República (artigo 84, VIII). Mas, diferentemente do plebiscito, no referendo há primeiro o ato legislativo ou administrativo, para só depois submetê-lo à apreciação do povo, que pode ratificá-lo ou rejeitá-lo.

Mas como o plebiscito e o referendo são convocados? De acordo com o artigo 3º da Lei nº 9.709/98, nas questões de relevância nacional, de competência do Poder Legislativo ou do Poder Executivo, e no caso do §3º do artigo 18 da Constituição Federal, o plebiscito e o referendo são convocados por meio de decreto legislativo, com proposta de um terço, no mínimo, dos membros que compõem a Câmara dos Deputados e o Senado Federal.

No âmbito da administração pública federal existe, ainda, o Decreto nº 8.243/14, que institui a política nacional de participação social e o sistema nacional de participação social.

Por fim, o instituto da iniciativa popular estabelece a possibilidade de o eleitorado iniciar um processo legislativo de lei complementar ou ordinária – ainda que o Parlamento possa rejeitar ou emendar o projeto de lei, desnaturando sua essência –, caracterizando-se como uma forma direta de exercício do poder emanado do povo (art. 1º, parágrafo único), sem o intermédio de representantes. De acordo com o artigo 62, §2º, a iniciativa popular é exercida por meio de projeto de lei apresentado à Câmara dos Deputados, desde que subscrito pela quantidade mínima de 1% do eleitorado nacional, distribuído por pelo menos cinco estados, com não menos de 0,3% dos eleitores de cada um deles. Entretanto, a realidade política brasileira evidencia pouca participação popular nos projetos de lei; com isso, diversas Comissões Participativas[7] buscam minimizar essa realidade, acatando sugestões de iniciativa legislativa apresentadas por associações e órgãos de classe, sindicatos e entidades

---

7.   Tais como a Comissão de Legislação Participativa (artigo 32, XII, Regimento Interno da Câmara dos Deputados) e a Comissão de Direitos Humanos e Legislação Participativa (artigo 102-E, Regimento Interno do Senado Federal).

organizadas da sociedade civil, além de aceitar pareceres técnicos, exposições e propostas oriundas de entidades científicas e culturais.

Finalmente, além das já mencionadas formas de participação popular, cite-se a ação popular, que pode ser proposta por qualquer cidadão, visando anular ato lesivo ao patrimônio público ou de entidade de que o Estado participe (artigo 5º, LXXIII). É, portanto, o direito democrático de participação do cidadão na vida pública.

Revogações de mandatos

Tanto na Bolívia quanto na Venezuela, os mandatos podem ser revogados. Todavia, no que se refere à magistratura, somente na Bolívia esses cargos estão isentos de isso ocorrer. Existem outras diferenças entre esses países. No caso da Venezuela, a constituição estabelece que o processo de revogação de mandatos deva ser iniciado depois de transcorrida a metade do período para o qual o parlamentar foi eleito e por um número não inferior a 20% dos eleitores inscritos naquela circunscrição eleitoral correspondente. No caso do referendo, exige-se um mínimo de 25% dos eleitores; caso a maioria seja a favor da revogação do mandato, ocorrerá a imediata destituição do representante. Já no caso boliviano, a revogação de um mandato pode ocorrer também somente na metade deste, mas antes de começar o último ano, e é necessário o apoio de pelo menos 15% dos cidadãos do distrito do respectivo parlamentar.

Tanto no Chile quanto no Brasil, os mandatos podem ser revogados, mas, no último caso, somente por parâmetros técnicos, não havendo previsão de revogação popular dos mandatos. Para isso, o parlamentar precisa ter incorrido em uma série de práticas ilícitas listadas pelo texto constitucional e julgadas pelos próprios pares.

Revogação/ratificação de leis

Tanto na Venezuela quanto na Bolívia, qualquer modificação constitucional aprovada precisa ser referendada. Na Venezuela, os cidadãos também podem convocar um referendo para revogar uma lei ou um decreto presidencial. No caso da Bolívia, do Brasil e do Chile, não existe essa possibilidade.

Participação na política externa

Também nessa dimensão os textos constitucionais venezuelano e boliviano definem que os cidadãos têm poderes para convocar referendos para ratificar ou rejeitar tratados e convênios internacionais firmados por seus governos, mas há especificidades nesses casos. Na Bolívia, um referendo deve ser convocado de forma automática e obrigatória em relação aos tratados em questões de limites geográficos, de integração monetária e econômica estrutural e de devolução de competências a órgãos supranacionais. Outras formas de tratados a ser submetidos a referendo precisam ser apoiadas por pelo menos 5% dos cidadãos inscritos na lista de eleitores. Já na Venezuela, os cidadãos só podem submeter a referendo aqueles tratados internacionais que podem comprometer a soberania nacional ou transferir competências a órgãos supranacionais.

Tanto no Brasil quanto no Chile, a política externa e os acordos internacionais são decididos pelo Congresso Nacional e pelo Poder Executivo. No caso brasileiro, em interpretação conjunta com o artigo 52, primeiro o Poder Executivo negocia e assina o tratado; depois o Congresso Nacional o aprova, voltando então para o Poder Executivo, que o ratifica por meio de decreto. Se o congresso rejeita o tratado, não há como o presidente ratificá-lo. Por fim, se o congresso o aprova e o presidente o ratifica, ele é publicado e passa a valer. Há ainda a possibilidade de o tratado internacional de direitos humanos entrar com força de Emenda Constitucional, se ele for aprovado nos termos do artigo 5º, §3º. Se não for o caso, os tratados de direitos humanos estão acima das leis, revogando estas, mas abaixo da Constituição, ou então têm caráter de lei ordinária/complementar – não há diferença hierárquica entre esses tipos de lei, e isso também serve para tratados de outros assuntos. Estados e municípios, no Brasil, só têm relações externas no âmbito comercial – comprar e vender produtos e serviços. Não têm artigos, tratando-se apenas de interpretação da doutrina e da jurisprudência, por exclusão. De todo modo, no Brasil e no Chile não há mecanismos de participação popular nessa esfera decisória.

Mecanismos populares de controle e responsabilidades

As constituições dos dois países andinos preveem a criação de um poder do Estado para garantir mecanismos de controle do cidadão. Essa esfera é formada por dois órgãos: a Defensoria do Povo, que tem a função de garantir o cumprimento dos direitos dos cidadãos; e a Controladoria Geral, responsável por controlar os órgãos da administração pública. Bolívia e Venezuela também incluem o Ministério Público, encarregado de exercer a ação penal pública. O texto constitucional venezuelano ainda criou canais de participação da sociedade organizada na nomeação dos principais funcionários dessas instâncias. Nesse caso, os venezuelanos podem participar da nomeação das autoridades do Poder Cidadão por meio do Comitê de Avaliação de Candidaturas, formado por representantes de diversos setores da sociedade. Esse comitê, por sua vez, propõe à Assembleia Nacional os nomes para o Ministério Público, a Defensoria do Povo e a Controladoria Geral. No caso de os parlamentares não conseguirem designar por uma maioria de dois terços as autoridades dessas instâncias, a decisão deverá ser tomada por uma consulta popular. O texto boliviano não prevê mecanismos de participação dos cidadãos nesses órgãos de controle e responsabilidades, mas permite, embora não mencione a regulamentação necessária, o direito de participar na fiscalização, na denúncia de casos de revogação e no controle da gestão pública em todos os níveis estatais e em empresas que usem recursos públicos.

Os textos constitucionais do Brasil defendem que qualquer cidadão pode exercer esse controle, por via judicial, mediante a Ação Popular. Já no caso chileno, não há referência à participação do cidadão nesses órgãos de controle.

Iniciativa de lei

As constituições dos países andinos analisados permitem a apresentação de iniciativas de lei pelos cidadãos. Ainda segundo o texto, também podem propor modificações constitucionais, solicitar plebiscitos sobre qualquer assunto de relevância e convocar referendo para a conformação de uma Assembleia Constituinte. Para isso, é necessário que os cidadãos interessados formalizem sua petição apresentando um número de assinaturas de acordo com a porcentagem do registro eleitoral, o qual varia segundo o país. Na Venezuela, enquanto a iniciativa precisa ser apresentada por 0,1% dos inscritos no registro eleitoral, um plebiscito deve ser convocado pela petição de pelo menos 10% dos eleitores, e as modificações constitucionais, assim como a iniciativa de convocação de uma Assembleia Constituinte, necessitam do apoio de ao menos 15%.

De acordo com a Constituição brasileira, as iniciativas de leis complementares e ordinárias cabem a qualquer membro ou comissão da Câmara dos Deputados, do Senado Federal ou do Congresso Nacional, ao presidente da República, ao Supremo Tribunal Federal, aos Tribunais Superiores, ao procurador-geral da República e aos cidadãos, na forma e nos casos previstos na Carta Magna. Mas a Constituição só poderá ser emendada mediante proposta de um terço, no mínimo, dos membros da Câmara dos Deputados ou do Senado Federal; do presidente da República; e de mais da metade das Assembleias Legislativas das unidades da Federação, manifestando-se, cada uma delas, pela maioria relativa de seus membros. Já no caso chileno, não está prevista a iniciativa de lei pelos cidadãos.

Mecanismos de cogestão

Tanto a Bolívia quanto a Venezuela apresentam em seus textos constitucionais mecanismos de cogestão e participação da sociedade civil nas instâncias de governo. No caso da Constituição boliviana, prevê-se que os cidadãos, além de ter a função de participar no desenho das políticas públicas, exercendo, assim, o controle social sobre os órgãos de governo e as empresas públicas ou privadas que recebam dinheiro público, também deveriam auxiliar o Legislativo na elaboração de leis e denunciar atos de corrupção, e os meios para operacionalizar a cogestão deveriam ser regulamentados por lei infraconstitucional. No caso da Venezuela, o texto constitucional determina que os trabalhadores e as comunidades participem da gestão das empresas públicas e estabelece que os estados e municípios devem favorecer a descentralização e a transferência de serviços públicos às comunidades e aos grupos locais. Quanto aos meios da cogestão, os venezuelanos aprovaram em 2006 a Lei dos Conselhos Comunais, que regulamentou e dá mais detalhes sobre o funcionamento desses órgãos[8].

No caso brasileiro, além dos conselhos formados por cidadãos nomeados pelo Congresso Nacional, temos de considerar o Ministério Público, a Defensoria Pública e o Conselho Nacional de Justiça instituições criadas para garantir os direitos dos cidadãos. No Chile, esses mecanismos não estão previstos.

Autonomia indígena

Há diferenças consideráveis entre a Bolívia e a Venezuela em relação a esse mecanismo. Enquanto no caso da Bolívia os povos indígenas obtiveram extensos direitos de autonomia e autogoverno, na Venezuela esse segmento dispõe de muito menor poder constitucional, o qual se restringe à organização territorial de seus ancestrais, delimitada pelo Estado. Eles também devem ser consultados sobre o aproveitamento dos recursos naturais encontrados em suas terras e deve haver o

---

8. De acordo com Coelho, Cunha Filho e Pérez Flores (2010), essa lei possibilitou que os Conselhos Comunais fossem estabelecidos em áreas geográficas contíguas nas quais vivessem entre 200 e 400 famílias em áreas urbanas. Tais conselhos teriam a função de planejar e executar obras e políticas públicas nessas regiões, a ser decididas em assembleias. Para isso, receberiam recursos do Fundo Nacional de Conselhos Comunais, criado pela mesma lei, formado de outros fundos públicos já existentes, transferências de outros órgãos governamentais e doações geradas pelos próprios conselhos. Explicam ainda que todos esses recursos deveriam ser depositados nos bancos comunais, os quais também seriam estabelecidos por essa mesma lei.

respeito a seus idiomas e suas culturas[9]. Já no caso da Bolívia, os povos indígenas têm, na nova constituição, o reconhecimento de seus territórios como entes do governo subnacional em igualdade hierárquica com municípios e províncias. Nessas regiões são aplicadas leis e procedimentos judiciais comunitários próprios. Também podem se organizar politicamente de acordo com seus usos e costumes, ainda sendo necessário consultá-los mediante referendo acerca de qualquer lei ou projeto que afete os territórios ou os recursos naturais nesses locais.

Nos textos constitucionais do Brasil e do Chile, cabe ao Estado mediar os conflitos resultantes da convivência entre as diversas comunidades populacionais.

Veículos de participação no processo eleitoral

Quanto às formas de participação no processo eleitoral, o Brasil é o único país que concede o monopólio da representação aos partidos políticos, somente permitindo candidaturas aos diversos cargos eletivos que conformam a estrutura de oportunidade do seu sistema político por meio de partidos políticos registrados no Tribunal Superior Eleitoral ao menos um ano antes da realização das eleições. O texto chileno não menciona a exclusividade dos partidos como canais de representação da população, além de permitir também candidaturas independentes. Os partidos têm ainda menos importância na Bolívia e na Venezuela, onde candidatos também podem ser lançados na competição política por movimentos sociais ou haver candidaturas avulsas.

Em síntese, nos quatro casos examinados existem diferenças substantivas entre os textos constitucionais quanto aos mecanismos de participação dos cidadãos. Como vimos, em termos da ampliação da participação popular, a Bolívia e a Venezuela são os países que mais apresentam mecanismos na direção de uma democracia direta/participativa, ao passo que, na Constituição do Brasil, apesar dos incrementos em alguns mecanismos e da criação de outros, e na do Chile prevalecem as instituições representativas tradicionais. É importante salientar ainda que entre a Bolívia e a Venezuela há similaridades importantes quanto à revogação de mandatos, à revogação de leis, à iniciativa de lei, a mecanismos populares de prestação de contas e à política exterior. Mas também foram encontradas diferenças entre esses dois países quanto aos instrumentos de cogestão e autonomia indígena, o que ao menos

---

9.   A Lei dos Conselhos Comunais ainda possibilita, segundo Coelho, Cunha Filho e Pérez Flores (2010), que se constituam conselhos comunais indígenas com funções de autogoverno, de acordo com o que ocorre nos demais conselhos.

em parte pode ser explicado pela maior presença territorial e política das comunidades indígenas na Bolívia.

Uma questão importante a enfatizar é que a incorporação desses novos mecanismos de participação nos contextos da Bolívia e da Venezuela não significou o abandono das instituições representativas. Pelo contrário, como já apontaram Coelho, Cunha Filho e Pérez Flores (2010), a verticalidade do processo decisório continuou sendo fundamental no funcionamento dos sistemas políticos daqueles países. E, se a continuidade desse desenho institucional nesses dois casos não permite classificá-los como democracias participativas plenas, os novos mecanismos constitucionais de participação política parecem convergir para o surgimento de um novo tipo de democracia, no qual se procura ampliar a inserção dos representados na administração pública, resultando em outras formas de relação entre governados e governantes.

Considerações finais

Com o objetivo de avaliar as transformações políticas, econômicas e sociais ocorridas na América Latina desde meados do século XX até a primeira metade do século XXI, este capítulo buscou fornecer uma visão geral desses processos na região, mas também procurou investigar mais profunda e comparativamente as experiências democráticas boliviana, venezuelana, brasileira e chilena no que se refere a duas dimensões analíticas primordiais sobre a qualidade do regime: a participação e a competição política.

Os casos examinados revelam que há importante diversidade de experiências consideradas democráticas sendo administradas pelos governos progressistas na América Latina. Esses formatos de democracia variam em função de expectativas pela mudança de regime ainda durante a democratização – casos do Chile e do Brasil –, dos problemas políticos e estruturais que os atores envolvidos buscaram resolver em cada caso – particularmente na Venezuela e na Bolívia –, e dos procedimentos que regulam e operam o funcionamento do sistema político.

Pelos resultados já identificados neste trabalho, especialmente em relação ao grau de participação política e aos mecanismos criados pelos governos de esquerda visando à sua ampliação, é possível afirmar que, enquanto a Venezuela e a Bolívia se aproximam de uma democracia semidireta, o Brasil e o Chile apresentam características mais próximas dos modelos de democracias representativas.

Verificamos ainda que, enquanto Hugo Chávez, na Venezuela, utilizou os mecanismos participativos, especialmente os referendos, para mudar a constituição e ampliar os seus poderes como governante, Evo Morales, na Bolívia, logrou importantes vitórias, mas não conseguiu até o momento expandir seus poderes tal como o chavismo.

Já os políticos progressistas do Brasil e do Chile seguiram caminhos no sentido da defesa da premissa do fortalecimento da democracia representativa e proporcionalista, em detrimento da ampliação de mecanismos que viessem a incentivar a participação direta da população, especialmente no caso chileno. No caso brasileiro, em comparação, houve a criação de novas instituições visando tanto garantir maior participação de cidadãos nos processo decisórios quanto, sobretudo, contribuir para que a sociedade garanta seus direitos.

Nesse sentido, ainda é importante mencionar que no Brasil, diferentemente dos outros países examinados, houve desde a Constituição de 1988 uma preocupação em garantir o direito de todos os cidadãos receberem dos órgãos públicos informações de seu interesse particular ou mesmo geral. Todavia, esse direito somente foi regulado em 2011, no início do terceiro governo administrado pelo Partido dos Trabalhadores, quando a Lei de Acesso à Informação (Lei nº 12.527) foi promulgada. Ao ter como principal objetivo assegurar o direito de acesso a informações públicas, essa lei garantiu que a atividade estatal fosse submetida ao crivo dos cidadãos, de modo que eles pudessem exercer seu legítimo controle sobre a administração pública, resultando no estabelecimento de um dos pressupostos importantes, vistos anteriormente, quanto à maximização da participação cidadã e à sua realização de forma igualitária. Contudo, para que esses objetivos sejam realmente alcançados, uma condição anterior é crucial: o nível de escolaridade da população terá de ser maior e melhor.

Referências

BRAGA, Maria do Socorro Sousa. *O processo partidário-eleitoral brasileiro: padrões de competição política (1982-2002)*. São Paulo: Humanitas; Fapesp, 2006.

_____. "Eleições e democracia no Brasil: a caminho de partidos e sistema partidário institucionalizados". *Revista Brasileira de Ciência Política*, n. 4, Brasília, 2010, p. 169-86.

CAMERON, Maxwell; HERSHBERG, Eric. *Latin America's left turns politics, policies & trajectories of change*. Londres: Lynne Rienner Publishers, 2010.

COELHO, André Luiz; CUNHA FILHO, Clayton M.; PÉREZ FLORES, Fidel. "Participación ampliada y reforma del estado: mecanismos constitucionales de democracia participativa en Bolivia, Ecuador y Venezuela". *OSAL – Observatorio Social de América Latina*, Buenos Aires, Clacso, a. XI, n. 27, abr. 2010.

DIAMOND, Larry; MORLINO, Leonardo (eds.). *Assessing the quality of democracy*. Baltimore: Johns Hopkins University Press, 2005.

HELLINGER, Daniel. "Political overview: the breakdown of puntofijismo and rise of chavismo". In: HELLINGER, Daniel; ELLNER, Steve (eds.). *Venezuelan politics in the Chávez era*. Boulder: Lynne Rienner, 2003.

KINGSTONE, Peter; PONCE, Aldo. "From Cardoso to Lula: the triumph of pragmatism in Brazil". In: WEYLAND, Kurt; MADRID, Raúl; HUNTER, Wendy (eds.). *Leftists' governments in Latin America: successes and shortcomings*. Cambridge: Cambridge University Press, 2010, p. 98-123.

LANZARO, Jorge. "La socialdemocracia criolla". *Análise de Conjuntura OPSA*, Rio de Janeiro, Observatório Político Sul-Americano (OPSA), n. 3, 2009.

LEVINE, Daniel; MOLINA, José. "La calidad de la democracia en América Latina: una visión comparada". *América Latina Hoy*, Salamanca, Instituto Interuniversitario de Estudios de Iberoamérica y Portugal, n. 45, 2007, p. 17-46.

LEVINE, Daniel; MOLINA, José. "Evaluating the quality of democracy in Latin America". In: LEVINE, Daniel; MOLINA, José (eds.). *The quality of democracy in Latin America*. Boulder: Lynne Rienner, 2011.

LEVITSKY, Steven; ROBERTS, Kenneth M. *The resurgence of the Latin American left*. Baltimore: John Hopkins University Press, 2011.

LULA DA SILVA, Luiz Inácio. *Carta ao povo brasileiro*. 2002. Disponível em: <http://www.pt.org.br>. Acesso em: 10 dez. 2015.

MAINWARING, Scoth. "The crisis of representation in the Andes". *Journal of Democracy*, Washington, Johns Hopkins University Press, v. 17, n. 3, 2006, p. 13-27.

PACHANO, Simon. "El peso de lo institucional: auge y caída del modelo boliviano". *América Latina Hoy*, Salamanca, Instituto Interuniversitario de Estudios de Iberoamérica y Portugal, v. 43, 2006, p. 15-30.

PANIZZA, Francisco. "Unarmed utopia revisited: the resurgence of left-of-centre politics in Latin America". *Political Studies*, Londres, v. 53, 2005, p. 716-34.

REID, Michael. *Forgotten continent: the battle for Latin America's soul*. New Haven: Yale University Press, 2007.

SILVA, Fabrício Pereira da. "Esquerdas latino-americanas: uma tipologia é possível?". In: CONGRESSO BRASILEIRO DE SOCIOLOGIA, XIV, Rio de Janeiro, 28 a 31 de julho de 2009. *Anais...* Rio de Janeiro: Sociedade Brasileira de Sociologia, 2009, p. 1-21.

WEYLAND, Kurt. "The performance of leftists governments in Latin America: conceptual and theoretical issues". In: WEYLAND, Kurt; MADRID, Raúl; HUNTER, Wendy (eds.). *Leftists' governments in Latin America*: *successes and shortcomings*. Cambridge: Cambridge University Press, 2010. p. 1-27.

Constituições consultadas

Constituição da República Federativa do Brasil – 1988.

Constitución Política de la República de Chile – 1980.

Constitución Política del Estado Plurinacional de Bolivia – 2009.

Constitución Política de la República Bolivariana de Venezuela – 2009.

◀

2. A comunicação nas organizações: dos fluxos lineares às dimensões humana e estratégica

Margarida Maria Krohling Kunsch

Visão geral do capítulo

Este artigo será uma reflexão sobre a comunicação nas organizações no sentido mais amplo. Nele serão analisados o papel das organizações no contexto da sociedade contemporânea, suas transformações, implicações e novas exigências, a importância de considerar o ambiente socioeconômico para situar as práticas da comunicação organizacional e o poder que a comunicação exerce na era digital com todo o aparato das inovações e implementações tecnológicas. Será abordada também a evolução dos estudos da comunicação organizacional, apontando-se novas perspectivas ao tratar das suas dimensões instrumental, humana, cultural e estratégica. Redimensionar a visão da comunicação estratégica conservadora, vendo-a de uma forma mais holística, capaz de interpretar hermeneuticamente o mundo contemporâneo, será também um dos propósitos, assim como incorporar a dimensão cultural como algo essencial nos processos comunicativos e nas inter-relações entre as pessoas.

Objetivos do capítulo

- Pensar a comunicação nas organizações no contexto socioeconômico mais amplo.
- Refletir sobre o poder da comunicação na sociedade contemporânea e na era digital.

- Analisar o poder das organizações e suas responsabilidades públicas no âmbito do sistema social global.
- Tentar compreender a abrangência e a complexidade da comunicação organizacional e considerar suas dimensões instrumental, humana, cultural e estratégica.

Introdução

É notável o poder que a comunicação exerce no mundo contemporâneo. Ela precisa ser considerada não meramente um instrumento de divulgação ou transmissão de informações, mas um processo social básico e um fenômeno presente na sociedade. Deve ser concebida como um poder transversal que perpassa todo o sistema social global, incluindo nesse âmbito as organizações.

Assim como a propaganda teve um papel fundamental após a Revolução Industrial, a comunicação organizacional, no sentido corporativo, começou a ser encarada como algo fundamental e, em muitas realidades institucionais, como uma área estratégica na contemporaneidade. As ações isoladas de comunicação de marketing e de relações públicas são insuficientes para fazer frente aos novos mercados competitivos e para os relacionamentos com os públicos e/ou interlocutores dos mais diversos segmentos. Estes são cada vez mais exigentes e cobram responsabilidade social, atitudes transparentes, comportamentos éticos, respeito à preservação do planeta etc., e, nesse contexto, a comunicação passa a ser estratégica e a sua gestão tem de ser vista sob uma nova visão de mundo e numa perspectiva interdisciplinar.

Pensar a comunicação nas organizações no contexto socioeconômico mais amplo

Nos meus estudos e nas práticas profissionais e acadêmicas, tenho me preocupado muito em situar as organizações no contexto mais amplo da sociedade, chamando atenção à sua importância como integrantes do sistema global e de microssociedades que exercem grande influência no desenvolvimento econômico e social e nas transformações pelas quais passa o mundo contemporâneo. Elas fazem parte dessa sociedade e têm de ser vistas como atores importantes na dinâmica da história social, política e econômica.

A propósito, Manuel Castells, em um artigo intitulado "Para além da caridade: responsabilidade social no interesse da empresa na nova economia", ao abordar a interação entre a responsabilidade social e a organização social do mundo, chama a atenção exatamente para esse aspecto:

> Não estão separados, de um lado, o contexto mundial, o contexto social, o contexto das instituições e, de outro, a atividade da empresa. Ao contrário, existe uma relação absolutamente íntima, motivo pela qual, se a prática empresarial não assimila o que ocorre no mundo e deixa de contribuir para a transformação do contexto, sua dinâmica chega a um ponto de estancamento. (Castells, 2007, p. 56)

Com isso, quero me referir à nossa necessidade de pensar a comunicação nas organizações em um contexto socioeconômico mais amplo, para chegarmos a uma reflexão mais profunda, mais abrangente do que aquela visão de globalização meramente econômica. Então, quando falamos hoje do contexto socioeconômico, qual é o mundo atual? Qual é a transformação do sistema técnico, social, econômico e institucional que estamos vivendo?

São inúmeras as ponderações que poderíamos fazer sobre a sociedade atual na era digital e do poder da informação e da comunicação em todo esse contexto. Fazem-se necessárias novas abordagens diante de violências, guerras, terrorismo, crises financeiras mundiais, desigualdades sociais, direitos humanos, alfabetização digital, multiculturalismo, novas competências etc. Situar a sociedade na qual estamos inseridos constitui condição *sine qua non* para análises de contexto, reflexões e planejamento de ações propositivas de intervenção tanto no meio social, político e econômico quanto no mercado da comunicação corporativa. Castells (2007) caracteriza esta era digital, ou da informação, sob o ponto de vista técnico-econômico, em três traços: produtividade (produção de conhecimentos e gestão da informação), emergência de uma nova forma organizativa (formação em rede eletronicamente potencial, baseada na internet) e globalização (nova forma de organização econômica com unidade planetária em tempo real).

É justamente nesses novos contextos que as organizações existem e operam. Daí a necessidade de se encarar as novas realidades e demandas sociais. Na medida em que as organizações não podem se isolar deste mundo em que estamos vivendo hoje, que é o mundo da incerteza, das crises globais, das inseguranças, dos mercados financeiros voláteis etc., todos os atores sociais precisam participar contribuindo com aquilo que têm de melhor. Sem os apoios empresariais nos campos da responsabilidade social, da sustentabilidade e da cultura, os problemas de desigualdades sociais seriam muito maiores. Defendo o trabalho positivo que as empresas desenvolvem em benefício da sociedade. É preciso ver o lado muito mais construtivo. Evidentemente, temos de ter também um olhar crítico e zelar para contar com uma opinião pública vigilante.

No contexto da comunicação organizacional, qual seria o papel dos gestores de comunicação nessa direção? Como podemos e devemos sensibilizar os dirigentes de que não basta só gerar empregos, pagar impostos e atingir lucros, mas que se deve ir além? Há que existir uma relação sinérgica entre o mundo e as organizações. E, nesse contexto, é a comunicação que viabiliza todo o processo. O funcionamento do sistema econômico como uma unidade planetária só se viabiliza graças à existência de um novo sistema tecnológico de comunicação e informação.

Poder da comunicação na sociedade contemporânea e na era digital

São muitos os autores que abordam a sociedade da informação, do conhecimento ou digital e analisam a sociedade midiática, midiatizada, transparente e da comunicação. As tecnologias da informação e da comunicação estão definitivamente revolucionando a sociedade e seu modo de vida. Os exemplos são evidentes nas indústrias culturais, na multimídia, na televisão (interativa, digital, por cabo e de alta definição), nos aparelhos celulares e em todas as interações das mídias disponíveis (blogues, Facebook, Twitter etc.).

Uma das forças dessa sociedade midiática é a web, a rede mundial de computadores. Para Castells, em *A galáxia da internet* (2003, p. 287), vivemos numa sociedade em rede e dominada pelo poder da internet:

> Esta sociedade em rede é a sociedade que eu analiso como uma sociedade cuja estrutura social foi construída em torno de redes de informação microeletrônica estruturada na internet. Nesse sentido, a internet não é simplesmente uma tecnologia; é um meio de comunicação que constitui a forma organizativa de nossas sociedades; é o equivalente ao que foi a fábrica ou a grande corporação na era industrial. A internet é o coração de um novo paradigma sociotécnico, que constitui na realidade a base material de nossas vidas e de nossas formas de relação, de trabalho e de comunicação. O que a internet faz é processar a virtualidade e transformá-la em nossa realidade, constituindo a sociedade em rede, que é a sociedade em que vivemos.

Em outro livro, *Comunicação e poder*, Castells (2009, p. 23, tradução nossa) afirma:

> Poder é algo mais que comunicação e comunicação é algo mais que poder. Mas o poder depende do controle da comunicação. Igualmente o contrapoder depende de romper o dito controle. E a comunicação de massas, a comunicação que pode chegar a toda a sociedade, se conforma e é gerida mediante relações de poder enraizadas no negócio dos meios de comunicação e da política do Estado. O poder da comunicação está no centro da estrutura e da dinâmica da sociedade.

Castells (2009, p. 24-25) questiona "por que, como e quem constrói e exerce as relações de poder mediante a gestão dos processos de comunicação e de que forma os atores sociais que buscam a transformação social podem modificar essas relações influenciando na mente coletiva". Para ele, o "processo de comunicação opera de acordo com a estrutura, a cultura, a organização e a tecnologia de comunicação de uma determinada sociedade". Hoje, "a estrutura social concreta é a da sociedade-rede, a estrutura social que caracteriza a sociedade no início do século XXI, uma estrutura social construída ao redor das redes digitais de comunicação". Essa nova estrutura modifica as relações de poder no contexto organizativo e tecnológico derivado do "auge das redes digitais de comunicação globais e se eleva no sistema de processamento de símbolos fundamental da nossa época".

Rafael Alberto Pérez (2008, p. 445) relaciona o poder da comunicação com o da comunicação estratégica, sintetizando que "a comunicação tem um poder muito superior do que costumamos conceder a ela". Para o autor, "esse poder pode ser 'domado' se atuamos/comunicamos estrategicamente". Daí pode-se perceber o papel relevante exercido pelos atores envolvidos nas indústrias das comunicações e nas esferas do poder social, econômico e político.

Dominique Wolton, no livro *Pensar a comunicação* (2004, p. 27), enaltece esse poder: "A comunicação é um dos mais brilhantes símbolos do século XX; seu ideal de aproximar os homens, os valores e as culturas compensa os horrores e as barbaridades de nossa época". E, em *É preciso salvar a comunicação* (2006, p. 9), o autor reafirma ser a comunicação uma das maiores questões do século XXI: "Em menos de cem anos foram inventados e democratizados o telefone, o rádio, a imprensa de grande público, o cinema, a televisão, o computador, as redes, transformando definitivamente as condições de troca e de relação, reduzindo as distâncias e realizando a tão desejada aldeia global".

O poder das organizações na sociedade e os novos desafios

Outro aspecto que também não se pode deixar de considerar é o poder que as organizações exercem na sociedade e os novos desafios que são colocados diante delas. Elas são integrantes do sistema econômico global. Arie de Geus, autor do livro *The living company: habits for survival in a turbulent business environment*, publicado em 1997, diz que "o século XX assistiu ao advento de espécies novas na Terra, o das instituições, sobretudo, as corporações globais", conforme citado em Senge *et al.* (2007, p. 19). Só que de lá para cá, contestando o que Milton Friedman defendia – o lucro a qualquer preço –, esse isolamento do mundo corporativo cedeu lugar a um novo pensar. Para reforçar o que é esse poder das organizações, das empresas, destaco uma citação de Stuart Hart (2006, p. 222-23), em sua obra *Capitalismo na encruzilhada*:

> À medida que adentramos um novo século, as empresas se destacam como as instituições mais poderosas do Planeta. Há 700 anos era a religião. As catedrais, as mesquitas e os templos são testemunhas da primazia da religião organizada naquela época. Há duzentos anos era o Estado. Nenhum passeio estaria completo sem uma visita aos palácios impressionantes, às assembleias legislativas e aos complexos governamentais, os quais nos lembram de como o governo era centralmente importante na era do iluminismo. Hoje, as instituições mais poderosas são as empresas: veja as torres dos escritórios, bancos e centros comerciais que dominam as grandes cidades. Embora ninguém negue a importância permanente e crucial dos governos, da religião e da sociedade civil, não há dúvida de que o comércio se tornou uma instituição dominante.

Essa realidade pode ser percebida, por exemplo, no fato de que alguns monumentos históricos espalhados em diferentes países viraram sedes de grandes instituições financeiras e/ou de empresas multinacionais e transnacionais. Outros exemplos contundentes dizem respeito ao peso econômico das empresas em comparação com o produto interno bruto (PIB) dos países. Ignacio Ramonet dizia em 2007 (p. 103): "Na atualidade, das duzentas primeiras economias do mundo, mais da metade não são países, mas empresas". Em 2008, tomando como base a revista *Fortune*, em edição de 2005, José Antonio P. de Oliveira (2008) trazia os seguintes dados: os negócios da General Motors superavam o PIB da Dinamarca e também da Finlândia e de Portugal; os da Ford eram maiores que o PIB da África do Sul e o PIB da Toyota ultrapassava o da Noruega; cem empresas estavam entre as 150 maiores entidades do mundo em termos econômicos – a Walmart era a vigésima segunda, seguida de perto pelas gigantes do petróleo, como a British Petroleum, a Esso e a Shell, com receitas que superavam o PIB de países como Portugal, Grécia e Finlândia. Em relação a países da África, as vendas da Nike eram do tamanho do PIB da Nigéria; as do Carrefour equivaliam ao PIB da Etiópia; e as da Nokia se comparavam com a riqueza de Camarões.

De acordo com publicação de Anay Cury no portal G1 (2014), em 2013, o lucro somado dos bancos brasileiros Itaú Unibanco, Bradesco, Santander e Banco do Brasil, de cerca de US$ 20,5 bilhões, era maior que o PIB de 83 países, a maioria deles da África, da Ásia e da Oceania, com base em levantamento do Fundo Monetário Internacional (FMI).

Isso mostra algo do poder das organizações, que estão sendo questionadas quanto a seu papel no sistema social global. Hoje, seu grande desafio é justamente superar aquela visão meramente econômica, tecnicista. É ultrapassar também aquele discurso vazio de responsabilidade social e sustentabilidade sem nenhum comprometimento público. Em outras palavras: as organizações precisam ter bons resultados financeiros, sim, porque, sem eles, como criariam e manteriam empregos, como pagariam impostos etc.? Só que elas têm de ir além e fazer isso com responsabilidade, sem agredir o ambiente e promovendo o bem-estar humano e social das pessoas, tanto dos seus empregados quanto dos seus demais públicos.

A questão ambiental e a preservação do planeta fazem parte da pauta dos grandes temas da sociedade contemporânea. As alterações climáticas, o aquecimento global, as desigualdades sociais, os grandes desastres naturais, entre tantos outros problemas, são questões que precisam ser enfrentadas por todos os agentes, compreendendo o Estado, o setor produtivo empresarial e o terceiro setor. Não se admite mais que as organizações se pautem apenas por uma visão centrada no negócio e, de resto, fiquem apenas no discurso. Ou elas assumem uma nova mentalidade para valer ou vão perder terreno e até mesmo correr o risco de não sobreviverem.

Comunicação organizacional: dos fluxos lineares aos fluxos interativos

Até o final da década de 1970, os estudos de comunicação organizacional se caracterizavam por uma forte vertente funcionalista e uma perspectiva linear-instrumental. No início dos anos 1980, o quadro começou a mudar, quando muitos estudiosos perceberam a necessidade de se valerem da teoria crítica, passando a utilizar a pesquisa interpretativo-crítica, bastante revigorada nas últimas décadas[1].

A comunicação organizacional, na primeira década deste terceiro milênio, se caracteriza como uma identidade interdisciplinar, abrigando várias perspectivas teóricas e pressupostos epistemológicos, incluindo modernismo, realismo, interpretativismo, retórica, teoria crítica, pós-modernismo e pós-estruturalismo, feminismo e pós-colonialismo. Pode ser considerada um campo de perspectivas múltiplas e universal em sua abordagem, por seus métodos, suas teorias, seus âmbitos de pesquisa e seus postulados filosóficos. Essa abrangência e as inúmeras possibilidades de estudos propiciarão grandes avanços no sentido de realmente se estudarem os fenômenos comunicacionais nas organizações como objetos de uma disciplina própria e não só como análises sociológicas ou psicológicas. Os estudos estão, assim, mais focalizados nas teorias da comunicação, em comparação com o passado, quando o foco era mais organizacional. A publicação da obra *The new handbook of organizational communication: advances in theory, research and methods* (2001), organizada por Frederic M. Jablin e Linda L. Putnam, com a contribuição de importantes autores, expressa o quanto essa área avançou como campo acadêmico e científico e aborda a pluralidade dos estudos em curso.

Com as mudanças dos paradigmas antes tão estanques, tanto dos estudos como das práticas, e com todas essas novas perspectivas e tendências, o significado da comunicação organizacional tem adquirido novas percepções e implicações. Nesse sentido, há muito tempo defendo a necessidade de se abandonar a fragmentação e de se adotar uma filosofia e política de uma "comunicação organizacional integrada".

Quais seriam os principais desafios dessa comunicação e de seus atores em todo esse processo? Primeiro, é preciso substituir aquela perspectiva linear e instrumental da comunicação por uma visão muito mais complexa e abrangente. A comunicação organizacional deve ser entendida de forma ampla e holística. Pode-se dizer que é uma disciplina que estuda como se processa o fenômeno comunicacional dentro das organizações e todo seu contexto político, econômico e social. Como fenômeno inerente à natureza das organizações e aos agrupamentos de pessoas que a integram, a comunicação organizacional envolve os processos comunicativos e todos os seus elementos constitutivos. Nesse contexto, faz-se

---

1. Para mais detalhes, consultar Kunsch (2009, p. 63-89).

necessário ver a comunicação inserida nos processos simbólicos e com foco nos significados dos agentes envolvidos, dos relacionamentos interpessoais e grupais, valorizando as práticas comunicativas cotidianas e as interações nas suas mais diversas formas de manifestação e construção social.

Outro aspecto a ser considerado em sua abrangência é como se configuram as diferentes modalidades que permeiam sua concepção e as suas práticas. É aqui que entra o que denomino "comunicação organizacional integrada", compreendendo a comunicação institucional, mercadológica, interna e administrativa (Kunsch, 2003), que acontece com base em objetivos e propósitos específicos.

Como se pode notar, a comunicação organizacional, nessa perspectiva abrangente, é por si só complexa. Nesse sentido, a área da comunicação deixa de ter uma função meramente tática e passa a ser considerada estratégica, isto é, ela precisa levar em conta a questão humana e agregar valor às organizações. Ou seja, deve ajudar as organizações a valorizar as pessoas e a cumprir sua missão, atingir seus objetivos globais, contribuir na fixação pública dos seus valores e nas ações para atingir seu ideário no contexto de uma visão de mundo, sob a égide dos princípios éticos. Ressalte-se, ainda, que *as ações comunicativas precisam ser guiadas por uma filosofia e uma política de comunicação integrada que levem em conta as demandas, os interesses da sociedade e as exigências desta e dos públicos.*

Na era digital e das redes e/ou mídias sociais, as organizações não têm mais controle quando os públicos se veem afetados. Se não houver coerência por parte dos discursos institucionais e verdade naquele seu certificado de sustentabilidade ou balanço social, isso pode ser colocado em xeque e ir parar nas redes sociais. As empresas não mudam porque querem, mas por causa das pressões sociais e do mercado. Essa mudança do paradigma analógico para o digital inverte a tradicional forma de emitir informação, de se comunicar por meio de um fluxo unilateral e um receptor passivo, passando hoje por um processo interativo, no qual o receptor também se torna um emissor.

Quais seriam então os desafios que se poderiam colocar à área de comunicação? Fazer um monitoramento constante e auditorias sociais, para avaliar os cenários, ouvir a opinião pública e acolher as demandas e expectativas do público. Em outras palavras, há que se chamar o público para o diálogo e ficar atento ao que está acontecendo e, sobretudo, ter como metas a ética e a transparência das ações comunicativas.

Comunicação organizacional e suas dimensões instrumental, humana, cultural e estratégica

Além de todos os conceitos já trabalhados e explorados por inúmeros autores sobre o significado e a abrangência da comunicação organizacional, tenho buscado novos olhares para compreender como essa comunicação está configurada hoje e quais são suas dinâmicas nas práticas organizacionais. Para tanto, proponho analisá-la em quatro dimensões: instrumental, humana, cultural e estratégica. Em estudos anteriores (Kunsch, 2006; 2009; 2010) também desenvolvi essa temática. Tenho procurado fundamentá-la teoricamente e ampliá-la com novas dimensões, como a cultural. Entretanto, neste capítulo optei por enfatizar mais a dimensão humana.

Dimensão instrumental

Essa é a dimensão mais presente e predominante nas organizações em geral. Caracteriza-se como instrumental, funcional e técnica e é considerada mais uma transmissão de informações e "ferramenta" para viabilizar os processos e permitir o pleno funcionamento de uma organização. Linda Putnam (2009) analisa-a sob a metáfora do conduíte, tratando a comunicação como um canal transmissor de mensagens. Para a autora, essa metáfora "descreve a organização como um contêiner ou um objeto que abriga a comunicação e também apoia uma ideologia funcionalista relacionada aos objetivos gerenciais" (p. 45-47). Nesse contexto, a comunicação é vista e trabalhada como transmissão de informações, dentro de uma visão linear. Os canais utilizados são de uma só via e a comunicação, portanto, é assimétrica.

Acredita-se que essa dimensão instrumental é a predominante nas organizações em geral. Caracteriza-se como funcional e técnica. É aquela considerada um instrumento para viabilizar os processos e permitir o pleno funcionamento de uma organização para o alcance dos seus objetivos globais. Trata-se da visão linear da comunicação e que ignora contextos e outros aspectos mais subjetivos. Evidentemente, ela é necessária e sempre existirá. O que se preconiza é que as organizações não devem se restringir apenas a essa vertente, mas levar em conta que a comunicação acontece também de outras formas que devem ser consideradas.

Dimensão humana

Essa dimensão, embora a mais importante, talvez seja a mais esquecida, tanto na literatura sobre comunicação organizacional quanto nas práticas cotidianas nas e das organizações. Como pode ser entendida a dimensão humana da comunicação organizacional? Qual é a sua importância para a melhoria da qualidade de vida no ambiente das organizações?

Ao analisar essa dimensão, naturalmente há que se ter em mente a comunicação humana. São inúmeros os aportes conceituais sobre ela na literatura sobre as teorias da comunicação e de outras áreas do conhecimento, as quais não cabe registrar aqui. Queremos lembrar que tudo o que já foi pesquisado e analisado sobre a evolução das correntes dos estudos teóricos da comunicação, com as devidas adaptações, se aplica na prática do processo comunicativo nas organizações. Apresentaremos, neste tópico, um recorte de algumas referências que expressam, por si sós, as razões e a importância da comunicação humana e como esta deve ser considerada na vida organizacional.

O estudioso português Evaristo V. Fernandes, em *Sociopsicologia da comunicação humana*, ao destacar a comunicação como meio fundamental para que os indivíduos possam estabelecer relações com outras pessoas e com grupos, afirma:

> Esta total envolvência da natureza humana na comunicação faz com que esta seja entendida, em sentido geral, como o conjunto das interações que os indivíduos efetuam uns com os outros, com a natureza, com as organizações sociais, com as instituições e, ainda, o relacionamento que cada indivíduo estabelece consigo próprio. Daí o foco da comunicação não ser apenas um meio ou um instrumento à disposição dos indivíduos, dos grupos formais ou informais, organizados ou inorganizados, para dar a conhecer fatos, acontecimentos, pensamentos, ideias, vontades ou afetos, mas, também, um processo relacionado com a constituição da esfera pública, esfera responsável pela criação e pela manutenção de regularidades que ditam as normas de conformidade e da convivência, da linguagem, das ações. (Fernandes, 2000, p. 21)

Quando se introduz a comunicação na esfera das organizações, o fator humano, subjetivo, relacional e contextual constitui um pilar fundamental para qualquer ação comunicativa produtiva duradoura. Muitos outros aspectos poderiam ser incluídos, mas nos ateremos a esses, que, ao nosso ver, contribuem para demonstrar a complexidade na qual a comunicação organizacional está envolvida.

A subjetividade ganha força nas organizações da contemporaneidade, sendo um dos aspectos que precisam ser mais estudados e considerados pelos gestores da comunicação nas organizações. Jorge Ruben Volnovich (1995), ao analisar criticamente o esgotamento dos esforços modelísticos que as organizações vêm adotando, ao longo da história, para conseguir gestões centradas na eficiência e no rendimento, chama a atenção para a necessidade de redefinir o lugar que a subjetividade deve ocupar nas organizações. Essa subjetividade, segundo ele, "é inferida a partir de práticas de ordem individual, grupal ou institucional, sendo que ela não se inscreve num campo puramente racional, mas numa cadeia de significações imperceptíveis (ou seja, reprimidas) para o indivíduo ou para a organização à qual pertence" (1995, p. 61).

Ao trabalhar os valores pessoais e organizacionais, Álvaro Tamayo (2005, p. 169) pondera que

> as organizações constituem o lugar privilegiado onde se desenvolve a identidade profissional do trabalhador e o ambiente social onde a pessoa se realiza do ponto de vista pessoal, social e profissional. Grande parte da felicidade de uma pessoa é construída no ambiente de trabalho. É evidente que a identidade, a realização e a felicidade não poderiam ser alcançadas se a pessoa não pudesse atingir na organização as metas fundamentais da sua existência.

A questão da subjetividade passa então a ser muito mais valorizada e considerada em todos os âmbitos, interferindo mesmo nas próprias percepções sobre o objeto da área da psicologia. Conforme Sandra Sanches e Edna Kahhale (2003, p. 39),

> o objeto da psicologia não é mais nem a consciência, nem o comportamento, nem o inconsciente, mas é o estudo da subjetividade, como expressão da construção de cada indivíduo inserido em determinado contexto social e histórico. Para compreender a subjetividade é necessário ir em busca do seu processo, portanto, buscar as determinações sociais, históricas e os sentidos próprios construídos pelo sujeito ativo, singular e social.

As organizações, como fontes emissoras de informações e ao se comunicarem com seu universo de públicos, não devem ter a ilusão de que todas as suas mensagens discursivas são recebidas positivamente ou automaticamente respondidas e aceitas da forma como foram intencionadas. Vale lembrar que a comunicação ocorre primeiro em nível intrapessoal e subjetivo. Cada indivíduo possui seu universo cognitivo e receberá, interpretará e dará significado às mensagens a seu modo e dentro de determinado contexto.

Nesse sentido, a comunicação organizacional tem de ser pensada em uma perspectiva da dinâmica da história contemporânea. Em outras palavras, segundo Jean-François Chanlat (1993, p. 49, grifo nosso), "os contextos são modos de leitura da situação. São as *estruturas de interpretação, os esquemas cognitivos* que cada pessoa possui e utiliza para compreender os acontecimentos que ocorrem e, em particular, compreender o que nos interessa".

Em relação ao contexto, há que se considerar que a comunicação nas organizações, assim como na sociedade, sofre todos os impactos provocados pela revolução digital. Consequentemente, o modo de produzir e veicular as mensagens organizacionais também passa por profundas transformações. Essa nova dinâmica de processamento de informações e da comunicação na era digital altera completamente as formas de relacionamentos e o modo de produzir a comunicação. Tudo isso provoca profundas transformações no ambiente organizacional e coloca em xeque a visão e a classificação tradicional de públicos.

É preciso contemplar os aspectos relacionais, a subjetividade presente na organização, os contextos e os condicionamentos internos e externos, bem como a complexidade que permeia todo o processo comunicativo. Daí a necessidade de ultrapassarmos a visão meramente mecanicista ou a dimensão instrumental da comunicação para uma visão humanista, com aportes conceituais das perspectivas interpretativa e crítica.

Há necessidade, portanto, de trabalharmos a comunicação nas organizações sob a dimensão humana e ultrapassar a visão meramente instrumental. Retomando James Taylor (2005, p. 215), "a comunicação não é mais descrita como transmissão de mensagens ou conhecimento, mas como uma atividade prática que tem como resultado a formação de relacionamento".

Jean-François Chanlat (1993, p. 29), referência internacional nos estudos dos indivíduos nas organizações, é bastante contundente a esse respeito:

> Reduzir então a comunicação humana nas empresas a uma simples transmissão de informação, visão diretamente inspirada pela engenharia, como se pode ver com frequência nos manuais de comportamento organizacional, é elidir todo o problema do sentido e das significações. É esquecer que todo discurso, toda palavra pronunciada ou todo documento escrito se insere em maior ou menor grau na esfera do agir, do fazer, do pensar, e do sofrimento (Grize, 1985). É condenar-se a não poder aprender em profundidade nem o simbólico organizacional nem a identidade individual e coletiva.

Gary Kreeps (1995, p. 28), ao enfatizar a importância da comunicação humana nas relações das pessoas no ambiente organizacional, defende a comunicação como um processo de organização:

A comunicação é um processo dinâmico e contínuo. É o processo que permite aos membros da organização trabalhar juntos, cooperar e interpretar as necessidades e as atividades sempre mutantes da organização. A comunicação humana não começa e nem termina. As pessoas estão envolvidas constantemente com a comunicação consigo mesmas e com outras, especialmente na vida da organização. A vida da organização proporciona um sistema de mensagens especialmente rico e variado. Os membros da organização devem ser capazes de reconhecer e interpretar a grande variedade de mensagens disponíveis, para que lhes permitam responder de maneira apropriada a distintas pessoas e situações. Não podem existir sem comunicar-se. A comunicação é uma realidade inevitável de pertinência a uma organização e da vida da em geral.

Ao tratar de comunicação e organizações, não se pode, portanto, dissociar esse agrupamento de pessoas do verdadeiro sentido da comunicação humana, que pressupõe compreensão e colocação de ideias em comum. Conforme José R. Whitaker Penteado (1976, p. 1), a comunicação humana tem como grande objetivo o entendimento entre as pessoas: "Para que exista entendimento, é necessário que se compreendam mutuamente indivíduos que se comunicam". Outro aspecto importante a ser explorado no âmbito da comunicação humana e das organizações é a valorização da comunicação interpessoal. As organizações nem sempre propiciam espaços informais e favoráveis para cultivar essa forma de comunicação em seus ambientes internos.

A comunicação interpessoal é considerada a interação de natureza conversacional, que implica o intercâmbio de informação verbal e não verbal entre dois ou mais participantes em uma situação face a face. Tânia Casado (2002) a vê como um dos pilares importantes na gestão das pessoas nas organizações, destacando quatro formas de comunicação interpessoal mais presentes: verbal, não verbal, simbólica e paralinguística.

No âmbito institucional, a comunicação tem de ser entendida como parte inerente à natureza das organizações. Gareth Morgan (1996, p. 142), ao analisar as organizações como culturas e todas as implicações delas decorrentes, afirma "que a natureza verdadeiramente humana das organizações é a necessidade de construí--la em função das pessoas e não das técnicas".

As organizações são formadas por pessoas que se comunicam entre si e, por meio de processos interativos, viabilizam o sistema funcional para sobrevivência e consecução dos objetivos organizacionais em um contexto de diversidades, conflitos e transações complexas. Portanto, sem comunicação as organizações não existiriam. A propósito, como defende James Taylor (2005, p. 215), "as organizações se auto-organizam e o fazem como resultado da dinâmica da interação local. A auto-organização é um fenômeno comunicacional". O autor, portanto, analisa as organizações como comunicação e a comunicação como organização. Em outras palavras, a organização é comunicação e se auto-organiza com e graças à comunicação.

Ao dar ênfase à dimensão humana da comunicação organizacional, meu principal propósito é defender sua importância no âmbito organizacional, para melhoria da qualidade de vida dos trabalhadores, em um ambiente cada vez mais complexo, competitivo e com cenários conflitantes e paradoxais, diante das incertezas que caracterizam a sociedade globalizada na era digital.

Atentar para a humanização das organizações nunca foi tão necessário como no mundo globalizado e desigual de hoje, no qual o emprego é privilégio de poucos e esses poucos precisam, muitas vezes, trabalhar para muitos se quiserem continuar empregados. Conforme Odair Furtado (2003, p. 321), existe,

> para o trabalhador que mantém o emprego, o risco constante da demissão e para o desempregado, a pouca esperança de voltar ao mercado de trabalho. [São] fontes de tensão que [...] desorganizam a vida do trabalhador e de sua família. Neste momento, estamos tratando do desemprego como fator emergente central para o sofrimento psíquico do trabalhador, mas os que permanecem empregados também sofrem pressões que representam um fator forte de risco que vem sendo estudado pelos pesquisadores que usam a referência da psicopatologia do trabalho.

Essa realidade crucial muito presente nos dias de hoje põe em xeque tudo aquilo que se defende como humanização e qualidade de vida no trabalho e as apologias da valorização das pessoas, da gestão de talentos, de comunicação interna participativa etc., tão anunciadas por muitas organizações empresariais.

Em que pesem as grandes conquistas de mudanças de mentalidade de muitas empresas, ao longo dos últimos anos, sobretudo com o surgimento e a implantação dos programas de responsabilidade social e de sustentabilidade, ainda há muitas organizações nas quais a questão da humanização e valorização das pessoas não passa de um discurso. Ocorre que, nas práticas cotidianas, os empregados, apesar de serem chamados de "colaboradores" – termo não muito apropriado, pois o trabalhador possui um vínculo empregatício e não é voluntário –, sofrem muitas pressões e os interesses do capital estão sempre acima do social e das pessoas. Uma constatação dessa realidade situacional pode ser exemplificada com o que acontece no momento de fusões, aquisições e crises corporativas. O primeiro a ser sacrificado é sempre o trabalhador. Promete-se que não haverá demissões de pessoas, mas tudo é uma questão de tempo e logo tal promessa cai por terra.

O clássico pensamento de Chester Barnard, na obra *A função dos executivos* (1938), publicada em tempos nos quais a comunicação nas organizações nem sequer era objeto de estudos, já chamava a atenção para sua importância no processo de cooperação humana nas organizações. Sua tese é

> que as organizações só podem existir através da cooperação humana, que a cooperação é o veículo através do qual as capacidades individuais podem combinar-se para realizar tarefas superordenadas. [...] Em primeiro lugar, as pessoas são vistas como seres ativos, dotados de motivos e propósitos. Contudo, as pessoas estão severamente limitadas em sua capacidade de realização. Existem limitações biológicas, situacionais e sociais para o que uma pessoa pode fazer sozinha. Somente através da interação pode ocorrer a necessária cooperação. A cooperação só persistirá se for efetiva e suficiente. Os participantes num sistema cooperativo devem estar satisfeitos com os resultados para que a cooperação prossiga. (*apud* Littlejohn, 1982, p. 301)

Reafirmo que a valorização das pessoas nas organizações deve ser um parâmetro determinante para a produção da comunicação organizacional. As organizações saudáveis, que levam em conta a qualidade de vida do trabalhador e se preocupam de forma responsável com as consequências de sua comunicação, certamente são as mais criativas, produtivas e admiradas por seus públicos. O fato é que a "organização é criativa em função dos seus recursos humanos", conforme assinala Albertina Martínez (2007, p. 62), que justifica sua afirmação: são os indivíduos e os grupos da organização que percebem as novas possibilidades, lançam novas ideias, elaboram projetos inovadores, são ousados ao tomar decisões, geram produtos criativos. Por outro lado, são os indivíduos que formam as organizações os principais atores na constituição da subjetividade social, que caracterizam e participam ativamente na expressão criativa da organização.

Enfim, "a rigor, a esfera dos negócios humanos consiste na teia de relações humanas que existe onde quer que os homens vivam juntos", como diz Arendt (2005, p. 198). É nessa teia que, por meio do discurso e da ação, interconectados uns com os outros, os indivíduos devem poder revelar sua identidade e construir sua história de vida. Trata-se de um contexto no qual a comunicação nas organizações tem uma importante missão a cumprir.

Dimensão cultural

Outra dimensão importante da comunicação organizacional que pode ser considerada é a cultural. Quais seriam algumas vertentes que justificariam pensar a comunicação nas organizações na perspectiva cultural? As organizações são formadas por pessoas com diferentes culturas. Esses indivíduos, ao se integrarem aos quadros funcionais de uma organização, precisam se adaptar à cultura do fundador e/ou à cultura organizacional vigente, bem como a seus valores e princípios filosóficos. E as organizações, por sua vez, estão situadas em determinado país, que possui sua própria cultura, e ainda sofrem interferências da sociedade mundial.

Com essas considerações iniciais já é possível analisar que a comunicação organizacional não acontece isolada, tanto da cultura organizacional, em nível micro, quanto do contexto multicultural, em nível macro. Todo o referencial teórico disponível (que não será objeto de análise neste capítulo) sobre cultura organizacional, assim como sobre comunicação intercultural e multiculturalismo, certamente será de grande valia para fundamentar as bases da produção da comunicação organizacional numa perspectiva local e global.

Nesse sentido, defendo a necessidade de as organizações e, particularmente, os gestores de sua comunicação atentarem para a dimensão cultural como parte integrante do planejamento, das ações comunicativas e dos processos de gestão participativa. Portanto, há que se considerar a dimensão cultural em sinergia com as demais dimensões da comunicação organizacional.

O ambiente organizacional é uma realidade social vivenciada por pessoas que nela convivem com suas diferentes culturas. Estas necessitam ser consideradas e valorizadas no fazer comunicativo diário, não sendo sufocadas pelo excesso de comunicação técnica e instrumental, centrada somente nos resultados e nos interesses dos negócios corporativos. Entende-se que uma iniciativa como a abertura de canais diretos de diálogo entre a alta direção e os trabalhadores possa ser um caminho para valorizar os espaços culturais e individuais das pessoas nas organizações, fomentando assim as interações entre pessoas e grupos.

Dimensão estratégica

Ao abordar a questão da dimensão estratégica, dois enfoques devem ser enfatizados. O primeiro se baseia numa visão mais conservadora e racional centrada nos resultados, e o segundo, em uma perspectiva mais complexa que leva em conta as incertezas e busca novas alternativas para repensar a comunicação estratégica.

A propósito dessas duas possíveis visões, podemos nos valer de aportes teóricos de muitos estudos sobre estratégia. No entanto, limito-me aqui a fazer um breve recorte a dois: os de Richard Whittington e Rafael Alberto Pérez, com o intuito apenas de ilustrar de forma panorâmica o que é possível abordar quando nos referimos à dimensão estratégica.

Richard Whittington (2002, p. 1-48) propõe quatro abordagens genéricas de estratégia: 1. clássica: seria mais antiga, influente e muito utilizada no planejamento estratégico; 2. evolucionária: está centrada na sobrevivência e relacionada com a evolução biológica; 3. processual: tem que ver com a natureza imperfeita da vida humana, como um processo falível e capaz de errar; 4. sistêmica: relativista, na qual os fins e meios da estratégia estão ligados à grande estrutura e aos sistemas sociais locais onde se desenvolve a estratégia. Esses diferentes olhares nos permitem perceber que a dimensão estratégica da comunicação organizacional pode, sim, contemplar outros aspectos além da perspectiva predominante, que é a clássica ou tradicional, muito praticada pela maioria das organizações.

Na perspectiva mais racional e clássica, a dimensão estratégica da comunicação organizacional se assemelha muito com a instrumental. Está relacionada com a visão pragmática da comunicação, com vistas à eficácia e aos resultados. É considerada um fator que agrega valor à organização e aos negócios. Alinha-se, estrategicamente, por meio do planejamento estratégico e da gestão, aos objetivos globais da organização e aos princípios estabelecidos em relação à sua missão, à sua visão e aos seus valores.

A alta direção e o executivo responsável pela comunicação, bem como todos os agentes nela envolvidos, concebem-na de fato como um fator estratégico fundamental de resultados em relação à organização e como indispensável para o cumprimento de sua missão e visão. Está centrada no planejamento estratégico mais tradicional.

Outra forma de ver a dimensão estratégica é encará-la pela "nova teoria estratégica" (NTE) proposta por Rafael Pérez (2008)[2]. São inúmeros os fundamentos teóricos destacados pelo autor, que defende outras perspectivas e novos paradigmas para conceber e praticar a estratégia de comunicação nas mais diferentes esferas sociais, políticas e econômicas.

As ideias do autor confrontam-se com as diferentes práticas, teorias e ideias dominantes ao longo das últimas décadas a respeito do que é e como devem ser pensadas as estratégias. Para Pérez (2008), elas constituem uma verdadeira "selva

---

2.   Ver também a outra obra de Pérez, desenvolvida em conjunto com a pesquisadora Sandra Massoni (2009).

estratégica": paradigmas que privilegiam o conflito e a competição; que ignoram a incerteza; que não veem o ser humano; que creem em certezas e fórmulas; e que, em razão de tais fatores, estão destinados ao fracasso.

A principal crítica de Pérez é quanto ao paradigma administrativo/econômico que entende as estratégias como instrumentos – políticas e planos – para atingir objetivos, derrotando competidores do mercado, os quais são compreendidos como inimigos. De acordo com tal paradigma, as estratégias são construídas segundo as lógicas sob a qual administradores têm atuado ao longo das décadas passadas: a crença de que apenas os recursos internos da organização importam para seu sucesso, a ilusão de que é possível evitar que mudanças externas gerem impacto sobre sua organização e a visão da comunicação como instrumento voltado à transmissão de informações.

A inadequação não apenas desse paradigma, como também das práticas estratégicas nele fundamentadas, parece que leva a ignorar que não é possível o "estrategar" – termo criado pelo autor para designar o ato de pensar e desenhar estratégias – sem que se considere a instabilidade do contexto socioeconômico-político no qual elas se inserem. Não existem certezas dos resultados que as estratégias trarão, se positivos ou negativos. O que se sabe é que os manuais que dão o passo a passo para transformar gerentes em estrategistas têm disseminado equívocos, tais como a banalização da ideia de estratégia como um mero instrumento, a ideia da impossibilidade de se criar um bom estrategista sem que exista talento nato para a atividade e a estratégia como fruto de uma fórmula pronta para consumo.

Outro aspecto falho da abordagem tradicional da estratégia, segundo Pérez (2008), é a pouca atenção dada ao conceito emergente das redes. O paradigma militar da ação estratégica, embora há muito abandonado em seus conceitos basais, deixou como herança a visão do entorno como ambiente hostil, onde moram os "inimigos da organização", que, como tais, devem ser identificados, perseguidos e eliminados. Já as redes compreendem a articulação entre seus nós como o ambiente no qual se desenvolve a estratégia que será útil na definição de suas metas.

A "nova teoria estratégica" também critica a tradicional "matriz *swot*". Para Pérez (2008), esta última é meramente situacional, carregada das desvantagens da não fluidez, da miopia sobre a complexidade, a linearidade e a ambiguidade inerentes à realidade na qual se encontram as estratégias. No entanto, o autor vislumbra uma possibilidade de lhe atribuir um caráter "dinâmico", uma análise vigilante e permanente das ameaças e oportunidades, que seja sensível às oscilações dos ambientes externo e interno e se adapte às novas realidades.

Considerações finais

Neste capítulo procurei situar a comunicação organizacional no contexto socioeconômico e da era digital para trazer uma reflexão sobre suas implicações e sua complexidade no contexto das organizações. Vale ressaltar que as dimensões instrumental, humana, cultural e estratégica da comunicação organizacional não acontecem separadamente, mas se mesclam e são interdependentes no contexto das organizações.

Ao destacar e priorizar a dimensão humana, quis ressaltar que as organizações, os gestores e os responsáveis pela comunicação não podem ficar presos apenas àquela visão pragmática e instrumental da comunicação. É preciso pensar nas pessoas com as quais lidamos, no dia a dia, nos ambientes interno e externo. Não é possível desconsiderar a comunicação humana e as múltiplas perspectivas que permeiam o ato comunicativo no interior das organizações. Acredito que se trata de uma exigência dos novos tempos. A questão da subjetividade dos interlocutores sociais no ambiente organizacional precisa ser levada em conta. A produção comunicativa não deve ficar restrita à questão da técnica e das mídias. Uma meta constante deve ser a busca de uma maior coerência entre o discurso institucional e a prática cotidiana.

Redimensionar a visão da comunicação estratégica conservadora, vendo-a de uma forma mais holística, capaz de interpretar hermeneuticamente o mundo contemporâneo, foi também um dos propósitos, assim como incorporar a dimensão cultural como algo essencial nos processos comunicativos e nas inter-relações entre as pessoas.

Meu grande interesse, no momento, é exatamente aprofundar os estudos sobre como a comunicação poderá contribuir para a humanização das organizações em um mundo complexo onde as pessoas sofrem pressões de todos os lados – o que não é diferente no âmbito organizacional –, sob novos paradigmas que contemplem estudos de estratégias comunicativas inovadoras e da cultura organizacional e intercultural.

Referências

ARENDT, Hannah. *A condição humana*. 10. ed. Rio de Janeiro: Forense Universitária, 2005.

BARNARD, Chester I. *The functions of the executive*. Cambridge: Harvard University Press, 1938.

CASADO, Tânia. "O papel da comunicação interpessoal". In: *As pessoas na organização*. São Paulo: Gente, 2002, p. 271-82.

CASTELLS, Manuel. *A galáxia da internet: reflexões sobre a internet, os negócios e a sociedade*. Trad. de Maria Luiz X. de A. Borges. Rio de Janeiro: Jorge Zahar, 2003.

_____. "Para além da caridade: responsabilidade social no interesse da empresa na nova economia". In: CORTINA, Adela (org.). *Construir confiança: ética na empresa na sociedade da informação e das comunicações*. São Paulo: Loyola, 2007, p. 55-74.

_____. *Comunicación y poder*. Madri: Alianza Editorial, 2009.

CHANLAT, Jean-François. "Por uma antropologia da condição humana nas organizações". In: CHANLAT, Jean-François (org.). *O indivíduo na organização: dimensões esquecidas*. 2. ed., v. 1. São Paulo: Atlas, 1993, p. 21-45.

CURY, Anay. "Lucro somado de 4 bancos brasileiros é maior que o PIB de 83 países". *G1 Economia*. 13 fev. 2014. Disponível em: <http://g1.globo.com/economia/noticia/2014/02/lucro-somado-de-4-bancos-brasileiros-e-maior-que-o-pib-de-83-paises.html>. Acesso em: 14 jan. 2015.

FERNANDES, Evaristo V. *Sociopsicologia da condição humana*. Vagos: Edipanta, 2000.

FURTADO, Odair. "Psicologia e relação de trabalho: em busca de uma leitura crítica e uma atuação compromissada". In: BOCK, Ana Mercês Bahia (org.). *A perspectiva sócio-histórica na formação em psicologia*. Petrópolis: Vozes, 2003.

HART, Stuart. *Capitalismo na encruzilhada*. Porto Alegre: Bookman, 2006.

JABLIN, Frederic M.; PUTNAM, Linda L. (ed.). *The new handbook of organizational communication: advances in theory, research, and methods*. Thousand Oaks: Sage Publications, 2001.

KREEPS, Garry L. *La comunicación en las organizaciones*. 2. ed. Buenos Aires: Addison--Wesley Iberoamericana, 1995.

KUNSCH, Margarida M. Krohling. *Planejamento de relações públicas na comunicação integrada*. 4. ed. rev., atual. e ampl. São Paulo: Summus, 2003.

_____. "Comunicação organizacional: conceitos e dimensões dos estudos e das práticas". In: MARCHIORI, Marlene. *Faces da cultura e da comunicação organizacional*. São Caetano do Sul: Difusão Editora, 2006, p. 167-90.

_____. "Percursos paradigmáticos e avanços epistemológicos nos estudos da comunicação organizacional". In: KUNSCH, Margarida M. Krohling (org.). *Comunicação organizacional. Vol. 1: Histórico, fundamentos e processos*. São Paulo: Saraiva, 2009, p. 63-90.

_____. A dimensão humana nas organizações. In: KUNSCH, Margarida M. Krohling (org.). *A comunicação como fator de humanização das organizações*. São Caetano do Sul: Difusão Editora, 2010.

LITTLEJOHN, Stephen W. *Fundamentos teóricos da comunicação humana*. Trad. de Álvaro Cabral. Rio de Janeiro: Jorge Zahar, 1982.

MARTÍNEZ, Albertina M. "Criatividade e saúde nos indivíduos e nas organizações". In: VIRGOLIMM, Ângela M. R. *Talento criativo: expressão em múltiplos contextos*. Brasília: Ed. da Universidade de Brasília, 2007, p. 53-64.

MORGAN, Gareth. *Imagens de organização*. São Paulo: Atlas, 1996.

OLIVEIRA, José Antonio Pupim de. *Empresas na sociedade: sustentabilidade e responsabilidade social*. Rio de Janeiro: Elsevier, 2008.

PENTEADO, José R. Whitaker. *A técnica da comunicação humana*. 5. ed. São Paulo: Pioneira, 1976.

PÉREZ, Rafael Alberto. *Estrategias de comunicación*. 4. ed. Barcelona: Editorial Ariel, 2008.

PÉREZ, Rafael Alberto; MASSONI, Sandra. *Hacia una teoría general de la estratégia*. Barcelona: Editorial Ariel, 2009.

PUTNAM, Linda L. "Metáforas da comunicação organizacional e o papel das relações públicas". In: KUNSCH, Margarida M. Krohling (org.). *Relações públicas e comunicação organizacional: campos acadêmicos e aplicados de múltiplas perspectivas*. São Caetano do Sul: Difusão Editora, 2009, p. 43-67.

RAMONET, Ignacio. "Globalização, ética e empresa". In: CORTINA, Adela (org.). *Construir confiança: ética na empresa e na sociedade da informação e das comunicações*. São Paulo: Loyola, 2007, p. 95-106.

SANCHES; Sandra Gagliardi; KAHHALE, Edna M. Peters. "História da psicologia: a exigência de uma leitura crítica". In: BOCK, Ana Mercês Bahia (org.). *A perspectiva sócio-histórica na formação em psicologia*. Petrópolis: Vozes, 2003.

SENGE, Peter *et al.* (org.). *Presença: propósito humano e o campo do futuro*. São Paulo: Cultrix, 2007.

TAMAYO, Álvaro. "Impacto dos valores pessoais e organizacionais sobre o comprometimento organizacional". In: TAMAYO, Álvaro; PORTO, Juliana Barreiros (orgs.). *Valores e comportamento nas organizações*. Petrópolis: Vozes, 2005.

TAYLOR, James R. "Engaging organization through worldview". In: MAY, Steve K.; MUMBY, Dennis K. (eds.). *Engaging organizational communication theory and perspectives: multiple perspectives*. Thousand Oaks: Sage, 2005, p. 197-221.

VOLNOVICH, Jorge Ruben. "Subjetividade e organizações: o discurso neoliberal". In: DAVEL, Eduardo; VASCONCELOS, João (orgs.). *Recursos humanos e subjetividade*. Petrópolis: Vozes, 1995, p. 61-67.

WHITTINGTON, Richard. *O que é estratégia?* São Paulo: Thomson Learning, 2002.

WOLTON, Dominique. *Pensar a comunicação*. Trad. de Zélia Leal Adghirni. Brasília: Ed. da UnB, 2004.

_____. *É preciso salvar a comunicação*. Trad. de Vanise Pereira Dresch. São Paulo: Paulus, 2006.

3. A comunicação na sociedade digitalizada: desafios para as organizações contemporâneas

Elizabeth Saad Corrêa

Visão geral do capítulo

Este capítulo apresenta um panorama das transformações pelas quais passam as organizações no cenário que denominamos contemporaneidade recente, onde as tecnologias digitais de informação e comunicação já estão plenamente consolidadas e a lógica das plataformas sociais de relacionamento em rede faz parte do cotidiano da sociedade. Discorre sobre os aspectos que impactam a comunicação – mobilidade, geolocalização e o *big data* e respectivas características. A partir disso, discute a narrativa, a mensuração, a codificação e reconfiguração dos públicos como itens fundantes para entender os modelos contemporâneos de comunicação – a ecologia midiática e o *social business* –, encerrando com a proposição de um sistema de gestão da comunicação na sociedade digitalizada – o modelo 3D, que traduz uma visão integral da organização, considerando que no contexto digital é necessário o envolvimento de todas as áreas da empresa: pessoas, estratégia e estrutura, conteúdo e tecnologia.

Objetivos do capítulo

- Apresentar um breve panorama da comunicação digital na contemporaneidade recente.
- Discutir sobre as competências e habilidades fundantes da comunicação digital: narrativa, mensuração, codificação e reconfiguração de públicos.

- Introduzir a questão de desafios e tendências para as organizações na sociedade digitalizada.
- Discutir as propostas de estratégias de modelamento via ecossistema midiático e *social business*.
- Apresentar o "modelo 3D de gestão da comunicação" na contemporaneidade.

Introdução

O protagonismo da atividade comunicativa nas organizações tem se evidenciado proporcionalmente à intensidade da consolidação das tecnologias digitais de informação e comunicação (TICs) na sociedade contemporânea. Tal relação pode parecer, à primeira vista, um tanto linear ou até mesmo pretensiosa, mas ela se justifica na medida em que a função inerente das TICs e toda sua evolução esteve e estará centrada na melhoria, na aceleração e no alargamento dos modos de relacionamento e sociabilidade que praticamos.

Tal protagonismo propõe para as organizações um desafio constante, seja em termos de acompanhamento dos processos de inovação tecnológica, seja, principalmente, na sua capacidade de incorporação das inovações e transformação de seu ambiente, suas estratégias e sua cultura organizacionais diante da aceleração do mundo digital e da própria adaptabilidade e rápida absorção que a sociedade (os públicos) tem desse contínuo "admirável mundo novo", parafraseando Aldous Huxley.

A percepção coletiva de que vivemos numa sociedade envolvida pelo digital é constantemente evidenciada pela mídia, pelo comportamento dos grupos sociais influenciadores de opinião, por estímulos ao consumo e por sucessivas ondas de novidades e símbolos. Não obstante, sabemos que muitas organizações ainda permanecem cultural e estrategicamente fincadas em processos mais tradicionais, hierarquizados e unidirecionais no que se refere à comunicação, ao relacionamento e à estruturação de suas atividades. Nem todos andam no mesmo ritmo, e é aqui que se concentra uma maioria significativa de empresas. E é aqui, também, que estão os desafios.

Discutiremos neste capítulo alguns dos desafios que consideramos os mais impactantes, pois hoje é possível afirmar com fundamentos de pesquisa – conforme veremos mais adiante – que organizações e públicos se posicionam na sociedade digitalizada com papéis e competências comunicacionais praticamente equivalentes. Eles utilizam formas narrativas e ferramentas de conexão, participação e relacionamento similares para disseminação e publicização de todo tipo de informações. Não podemos mais falar em modelos e estratégias de comunicação fechados, muito menos em processos altamente pré-planejados e controlados. Os desafios atuais das organizações passam por flexibilidade e adaptabilidade estratégicas, proximidade com os públicos, adequação narrativa e multiplicidade de vozes. Também proporemos algumas alternativas de posicionamentos estratégicos e posturas proativas quanto à inovação, para aquelas organizações que estejam atentas e abertas ao processo de transformação contínua inerente à contemporaneidade da comunicação digital.

Todo esse momento de protagonismo comunicacional nas organizações que pretendemos discutir parte de um cenário socioeconômico já consolidado, construído a partir do final da década de 1980, quando surgem as primeiras experimentações, nos Estados Unidos, com a internet comercial e a decorrente evolução da sociedade em rede. Não é nosso escopo discorrer sobre tal cenário. Uma diversidade de autores consagrados caracterizou a sociedade em rede e a economia da informação, a exemplo de Manuel Castells (2011), Zygmunt Bauman (2001) e Yochai Benkler (2006); ou focou em questões das redes sociais, das mídias sociais e da participação, como Christian Fuchs (2014), Henry Jenkins (2009) e Clay Shirky (2011); e existem nomes referenciais de especialistas e consultorias envolvendo a comunicação corporativa, como David Armano e Jeff Dachis (2009), além de Nancy Baym (2010), entre outros.

O que se depreende, como base da sociedade digital consolidada e amplamente discutida pelos autores, são algumas características que assumimos como ponto de partida para avançar em proposições para a comunicação digital nos ambientes corporativos: a realidade da hiperconexão, aqui entendida como o uso cotidiano da rede mundial de computadores nas mais diversas atividades, explorando adequadamente suas características intrínsecas de hipermedialidade, multimedialidade e interatividade; a certeza de que a digitalização da sociedade e dos processos econômicos é irreversível e evolui tecnologicamente em moto contínuo, exigindo atenção e olhar estratégico por parte das organizações; e a percepção de que o atual patamar de uso que a sociedade faz da rede digital se refere a um *status* que reconfigura o tradicional processo de comunicação, no qual emergem a participação, a colaboração e o espaço para expressão de múltiplas vozes, momento cunhado por muitos autores e pela própria mídia como web 2.0.

Considerando a comunicação das empresas em todo esse contexto, evidentemente, não existem receitas prontas nem soluções definitivas. Mutação, transitoriedade e adaptabilidade são alguns dos termos arraigados nesse cenário. Assim, não podemos falar também de generalizações, de fórmulas aplicáveis a todas as organizações. É fundamental entendermos que, quando se trata de mundo digital e, especificamente, de comunicação digital, cada organização deve ser tratada como um caso específico, com sua própria cultura, seu comportamento, suas audiências/públicos, suas necessidades e competências de renovação e inovação, além da capacidade de adequação dos amplos desafios da sociedade digital contemporânea àqueles de seu micromundo organizacional.

Breve panorama da comunicação digital na contemporaneidade recente

A rapidez das mutações que ocorrem no processo de inovação das tecnologias digitais de informação e comunicação nos coloca diante de um conjunto de referências que cruzam pesquisas de campo com análises realizadas por pesquisadores acadêmicos. As primeiras são empreendidas por entidades especializadas, consultorias e agências com as fontes de inovação tecnológica ou seus usuários potenciais. As segundas se embasam em metodologias mais estruturadas, as quais, todavia, não objetivam simplesmente enveredar por futurologias, mas, sim, refletir sobre impactos com base nos diferentes recortes teóricos definidos por cada autor. Desses cruzamentos e considerando o que chamamos de contemporaneidade recente do curto espectro de tempo no mundo digital, é possível identificar três grandes contextos – já em prática, que direcionam as estratégias e ações de comunicação:

- A *mobilidade*, decorrente da significativa expansão da conexão à rede digital por meio de dispositivos sem fio (conexões *wi-fi*) e, consequentemente, uma expressiva diversificação, ampliação de *affordances*[1] e modelos dos dispositivos de conexão (*smartphones, tablets, e-readers* e dispositivos imersivos). A mobilidade implica diretamente a constituição de uma característica diferencial quando falamos em comunicação de organizações, de marcas ou de consumo: o público--alvo está agora em permanente deslocamento, trazendo uma nova lógica comunicativa às empresas – ir ao encontro de sua audiência; na esteira da mobilidade estão a velocidade de conexão em banda larga (3G e 4G), transformando as ca-

---

1. O conceito de *affordance* de um dispositivo está relacionado com a capacidade de ampliação de interação e uso que ele oferece para seus usuários. No dizer da Stig Hjarvard (2008, p. 120), "as *affordances* de um objeto estão sujeitas às motivações/objetivos do usuário e, consequentemente, às convenções culturais de seu entorno".

racterísticas de acesso aos conteúdos, e a computação em nuvem (*cloud computing*), trazendo questões de controle de armazenamento e acesso de informações.

- A *geolocalização*, como uma decorrência direta do público conectado em mobilidade, uma vez que os dispositivos possibilitam a indicação da localização espaçotemporal do usuário, abrindo todo um leque de personalizações comunicativas e informativas, fazendo que a experiência entre público- -marca-imagem institucional seja contínua, personalizada e adequada a cada momento do público; numa evolução do conceito de geolocalização temos a perspectiva da biometria e da computação vestível.

- O *big data*, termo utilizado para caracterizar a grande massa de dados em forma de *bits* hoje armazenada em bancos de dados de todo tipo pelo mundo ou pela rede afora, que requer um processamento especial para ser depurado e utilizado, mas que possui alto valor informativo e extremo potencial para a estruturação de ações de comunicação cada vez mais personalizadas. O *big data* traz em seu bojo o uso de algoritmos como o instrumento mais importante que os comunicadores e gestores de informação têm para produzir o melhor casamento entre conteúdo massivo e personalização.

Uma decorrência desse cenário está no conceito de *ubiquidade dos indivíduos*, impactando todo o modo de comunicação e sociabilidade. Para Marta C. Lazo, José A. Gabelas Barroso e Elsa Hergueta Covach (2013, p. 176),

> um indivíduo ubíquo é aquele que quer testemunhar tudo em mobilidade, ou seja, uma pessoa que tem uma visão completa graças a uma atitude de movimento e dinamismo. O objetivo de uma pessoa ubíqua é ter acesso ilimitado ao maior volume possível de informações do maior número de fontes possíveis. Se transferirmos esta informação ao conceito de ubiquidade, podemos defini-la como a habilidade de estar permanentemente presente e em movimentação ilimitada. O uso da tecnologia para estar conectado a fontes de informação e conhecimento permite a criação de redes, não apenas de pessoas, mas também de fontes que mediam nossas necessidades de comunicação e informação e nos ajudam a acessar e expandir nossas competências de cognição e gestão de nossa identidade.

Um cenário que reúne mobilidade, geolocalização e *big data* por entre indivíduos contextualizados numa lógica ubíqua tem sido analisado e discutido por uma sucessão de pesquisadores e estudos analíticos. No cerne de todos esses estudos estão a geração, a distribuição, o armazenamento, a reconfiguração/personalização e a interação dos públicos com conteúdos informativos. Trata-se de conteúdos adequados para um dado usuário, numa determinada localização, acessados num dado dispositivo em mobilidade, num formato que lhe possibilita participar e compartilhar.

John Pavlik, da Universidade de Rutgers, em Nova Jersey, afirma que a cena contemporânea da sociedade digital traz profundas implicações para as mídias e a sociedade:

> Tais implicações recaem em quatro áreas de transformação midiática. A primeira refere-se a como os profissionais (ou amadores) de mídia farão o seu trabalho, especialmente no processo de criação de conteúdo (por exemplo: a transformação do processo de captação noticiosa com os repórteres-cidadãos equipados de dispositivos móveis). A segunda é a transformação da narrativa. Interatividade, imersão e tridimensionalidade estão entre as novas formas da narrativa, tanto no jornalismo quanto no entretenimento. *Videogames* e outros formatos estão sendo cada vez mais utilizados em tempo real em base comunitária. Geolocalização também define novas transformações no conteúdo midiático. Em terceiro lugar estão as transformações organizacionais, culturais e gerenciais. Primeiramente, estão as mudanças no negócio de mídia e nas estruturas de gestão. Em quarto lugar estão as mudanças na relação entre a mídia e o público. Uma relação vital que passa por profundas transformações particularmente com o surgimento das mídias sociais móveis. O engajamento do público é crescente, constituindo-se em produtores de conteúdos em formatos de texto fotos ou vídeos. (Pavlik, 2014, p. 17)

As afirmações de Pavlik e de outros autores abrem espaço para um tema recorrente entre consultores, agências globais de relações públicas e empresas de análise de tendências no campo da comunicação corporativa digital: toda empresa, hoje, é uma empresa de mídia. Já em 2009, em relatório publicado pela Edelman Worldwide, levando em conta o reposicionamento dos públicos empoderados pelas plataformas de mídias sociais, afirmava-se que toda empresa poderia ser uma empresa de mídia ao oferecer para seus públicos conteúdos relevantes sobre sua área de atuação. Para isso, cabe às organizações e às suas áreas de comunicação buscar uma transformação:

> Existe uma dispersão de autoridade na medida em que as pessoas buscam informações de múltiplas fontes. A confiança na mídia ou em influenciadores tradicionais está se transferindo para pessoas com experiência, paixão e voz angariadas pelo conhecimento e frequência de seus *posts*. Consumidores não mais querem gratificações instantâneas e buscam justificativas

instantâneas – saem daquilo que querem para aquilo que precisam. Nesse novo mundo de expressão, os profissionais de relações públicas evoluem ou morrem. Precisamos mudar nosso pensamento e sair do discurso para a informação, do controle para a credibilidade e do influenciar as elites para o engajamento de novos influenciadores. (Edelman Worldwide, 2009, p. 3)

Na mesma linha de pensamento, o consultor internacional Stuart Bruce (2013) defende uma intensa participação das empresas na produção de conteúdos relevantes sobre sua área direta de atuação e o diálogo sobre o tema nas diferentes plataformas de mídias sociais onde estão os públicos com os quais estabelecem relacionamentos, indicando a constituição de uma *social media newsroom* (uma redação interna produtora de conteúdos) no âmbito das atividades de comunicação das organizações. Para ele,

as *newsrooms* são apenas uma parcela pequena de como a maneira com que nos comunicamos está mudando. Parte do propósito delas é o conceito de que 'toda empresa é uma empresa de mídia' e por isso precisa criar conteúdo convincente, que seja relevante aos seus *stakeholders*.

A mutabilidade do processo de inovação tecnológica das TICs faz que alguns pesquisadores questionem tendências acerca da estabilidade de plataformas de relacionamento em redes como o Facebook e o Twitter, na perspectiva do planejamento da comunicação nas empresas. Por isso, vemos o uso de estudos longitudinais com base em técnicas Delphi, por exemplo, emergirem como fonte viável para a construção de cenários sobre a comunicação digital nas empresas.

Um estudo realizado pelo IBM Institute for Business Value em 2014, com mais de 4 mil executivos de marketing (CMOs) de 20 diferentes segmentos de mercado, clientes de todos os continentes onde a IBM atua, indicou três diferentes perfis de atuação das empresas ante a comunicação digital: os *tradicionalistas*, perfazendo em torno de 37% dos entrevistados, que se sentem desafiados pelo crescimento do *big data* e pela participação do público nas mídias sociais, mas ainda não integraram ferramentas e o uso de dados em suas estratégias de atuação; os *estrategistas sociais*, 30% da amostra, que reconhecem a importância do cenário vigente da comunicação digital, mas ainda estão construindo ferramentas adequadas para atuação nessa arena e, a exemplo dos tradicionalistas, ainda não exploram as potencialidades do *big data* e das respectivas análises; e os *condutores digitais*, 33% dos entrevistados, que formam um grupo bastante engajado nas práticas de uso das ferramentas de comunicação e da análise de dados digitais, realizando investimentos de integração entre as atividades *on-line* e *off-line* de comunicação e marketing (IBM, 2014).

Com posicionamentos mais amplos, estudos da agência social@Ogilvy (2013) e da própria IBM reforçam as análises acadêmicas segundo as quais as empresas deveriam:

- Abrir espaço para a influência do público/cliente.
- Integrar a comunicação *on-line/off-line*.
- Engajar o cliente por meio de experiências envolventes e emocionais e não objetivando transações.
- Assumir a mobilidade no seu processo de comunicação e não apenas realizar peças de comunicação em dispositivos móveis.
- Construir uma identidade de marca atemporal vinculada à cultura e à sociabilidade.
- Usar o *big data* de forma inteligente.

Dados específicos do Brasil, obtidos por meio da pesquisa TIC Empresas[2], publicada em 2014 pelo Comitê Gestor da Internet no Brasil (CGI, 2014), indicam que a proporção de empresas brasileiras com acesso à internet possuidoras de website era de 56%. Esse número, no entanto, varia significativamente quando analisado de forma detalhada. Considerando o porte da empresa (número de pessoas empregadas), verifica-se que 89% das grandes possuem website. A região Norte apresenta o menor percentual de empresas com website (35%), distanciando-se da média nacional de 56%. Finalmente, as companhias que atuam no setor de informação e comunicação despontam nesse quesito com 90% de presença na internet por meio de um website. Além disso, essas empresas começam a explorar o universo das redes sociais. Apesar do destaque dado à disponibilização de conteúdo institucional, na forma de divulgação de notícias (77%) ou de produtos e serviços (74%), as redes sociais são vistas também como um ambiente de relacionamento com clientes e com o público em geral. Nesse contexto, atividades que envolvam interação com o público ganham espaço nas redes sociais: 74% das empresas presentes nesses canais dedicam-se a responder a comentários e dúvidas de clientes e 35% realizam atendimento pós-venda ou serviço de atendimento ao cliente (SAC).

---

2. A pesquisa TIC Empresas toma por base o universo de empresas cadastradas no Cadastro Nacional de Empresas (Cnae).

Por esses dados quantitativos, podemos depreender que, no cenário brasileiro, em comparação com os estudos internacionais, ainda temos um posicionamento mais tradicionalista da maioria das empresas em relação ao uso das potencialidades da comunicação digital diante das tendências apontadas.

Um estudo em profundidade (Romano *et al.*, 2014, p. 73) realizado por um grupo de pesquisadores do Instituto de Pós-Graduação e Pesquisa em Administração (Coppead) da Universidade Federal do Rio de Janeiro, com uma amostra limitada a 11 organizações de diferentes setores no Brasil, buscou entender o impacto das mídias digitais na comunicação organizacional das empresas. Ainda que a especificidade do estudo impeça generalizações, alguns pontos de destaque revelam um cenário típico do comportamento das empresas brasileiras:

- Uma sensibilidade às mudanças do ambiente digital diante da velocidade dos acontecimentos e das reações dos públicos.
- Uma gradativa inclusão das plataformas de mídias sociais e outras possibilidades da comunicação digital no planejamento estratégico de comunicação.
- Uma concentração maior de mensagens e interações com grupos específicos de públicos na rede, a exemplo de influenciadores, blogueiros e curadores.
- A tentativa de construção de uma narrativa diferenciada para as plataformas digitais.
- A percepção de que a presença de uma marca na rede não é mais sua prerrogativa, já que o público pode expressar-se por ela.
- Uma movimentação quanto à reorganização das estruturas de comunicação e à melhor instrumentalização de áreas e profissionais nas organizações.
- A preocupação com a gestão dos relacionamentos com os públicos e com o aumento da transparência.
- A consciência da perda de controle do fluxo comunicacional e a perspectiva da inclusão colaborativa do público externo da organização.

O panorama que aqui resumimos dá uma ideia das possibilidades disponíveis para a construção de uma estratégia de comunicação nas organizações que incorpore todas as funcionalidades, ferramentas e culturas do mundo digital ao cenário da relação comunicativa das empresas com seus diferentes públicos. Com base nesse panorama mais amplo, exploraremos algumas habilidades e competências que devem ser integradas à estrutura de comunicação das organizações e ao perfil profissional dos comunicadores, para uma atuação coerente com o panorama descrito. Em seguida discutiremos algumas propostas de modelamento e/ou posicionamento estratégico das organizações que favoreçam tal atuação.

Competências e habilidades para uma comunicação digital nas organizações na contemporaneidade recente

Uma vez que a empresa tenha claras em sua cultura interna a irreversibilidade e a mutação contínua da cena digital em nossa sociedade e em seus processos de relacionamento com os diferentes públicos, é fundamental que ela busque apreender, em seu conjunto de competências e habilidades, alguns pontos focais que a apoiarão na construção de suas ações de comunicação.

Destacamos que cada empresa tem características próprias, além de culturas específicas, e que todo esse conjunto está imbricado num contexto de segmento e de indústria que também a influenciam e impactam quando se trata de estratégias, formatos de atuação e, principalmente, de presença nas redes digitais. Portanto, o que se apresenta a seguir é um conjunto de sugestões que devem ser adaptadas a essas especificidades de cada cultura corporativa.

De um modo bastante amplo, as organizações, na contemporaneidade digital, deverão ter a competência de explorar as melhores oportunidades informativas acerca de sua área de atuação, que serão disponibilizadas para seus públicos-chave, de forma adequada às respectivas localizações e aos respectivos dispositivos em uso, objetivando estabelecer uma experiência de relacionamento propositiva que resulte em criação de interesse, valor e fidelização, gerando, por fim, um ciclo contínuo de oportunidades. Esse processo ganha maior fluidez no ambiente organizacional a partir do seguinte conjunto de habilidades e competências:

* *Narrativa/storytelling*: a capacidade de contar boas histórias em diferentes linguagens, dispositivos e públicos. Não importando se o contar histórias se refere a marca, produtos, serviços, notícias ou informações, o *storytelling* contemporâneo envolve um tipo de persuasão que vai muito além de peças cartoriais e formais como uma apresentação em *slide*, um texto em *press release* ou uma mala direta impressa. No entender do roteirista Robert McKee (2003), o engajamento narrativo ocorre pela emoção, para dar sentido aos fatos, criando conflitos para atrair atenção dos envolvidos na narrativa, buscando processos de transformação e visões de mundo. Nesse cenário, as organizações necessitam desenvolver competências que envolvem criatividade, uso de múltiplos recursos de linguagem e recursos audiovisuais e iconográficos, além de possuir e/ou capacitar seus profissionais num contexto de repertório intelectual adequado.

- *Quantificação e mensuração de dados*: num cenário de *big data*, mineração de dados e sua análise algorítmica, é praticamente inevitável a aproximação da área de comunicação e de seus profissionais ao uso e à configuração de ferramentas e sistemas de inteligência de negócio, envolvendo conhecimentos de estatística, matemática, construção e análise de gráficos. Em complementação à competência quantitativa, é essencial a capacidade de análise qualitativa por meio de saberes e habilidades oriundos da analise semântica, das ciências comportamentais e da antropologia.

- *Codificação de dados e construção de aplicativos*: embora não se espere do comunicador e da própria área de comunicação nas empresas uma atividade intrínseca envolvendo a codificação de dados que resulte na visualização de informações nas diferentes telas dos dispositivos, em função da atual configuração da ecologia da mídia, exige-se uma proximidade com tais conhecimentos para que ocorra uma fluidez na interação entre comunicação e os profissionais desenvolvedores.

- *Reconfiguração da noção de públicos*: as plataformas participativas e colaborativas de mídias sociais abriram um campo de manifestação e expressão para os públicos anteriormente considerados clientes ou audiência pelas organizações. Multidirecionalidade, equivalência de vozes e autogeração de conteúdos são algumas das posturas decorrentes desse cenário. O público ativo no mundo digital, bastante analisado por autores como Shirky (2011), Jenkins (2009) e Castells (2007), foi cunhado como *produser*, *prosumer*, *infosumer*, além de outros termos, revelando uma associação entre consumo, produção e uso de conteúdos deslocada da tradicional relação linear emissor-receptor.

O conjunto das principais competências e habilidades aqui apontadas adiciona à comunicação nas organizações e a seus profissionais um volume de desafios bastante significativo, em decorrência do próprio macrocenário contemporâneo da comunicação.

Algumas organizações, ao incorporarem tais competências, já naturalmente absorvem posicionamentos inovadores e desafiadores para sua comunicação e seus relacionamentos com o ambiente no cenário contemporâneo. Outras, em razão de suas características culturais e também de seu próprio segmento de atuação, requerem a vivência de um processo de transição e/ou adaptação àquilo que denominamos ecologia comunicacional na sociedade digitalizada.

Vejamos a seguir alguns dos principais desafios que a organização como um todo e, mais especificamente, sua comunicação poderão vislumbrar no percurso de participação da cena digital contemporânea.

Desafios e tendências para as organizações na sociedade digitalizada

O aspecto fundante para as organizações que assumem um posicionamento integrado e participativo de sua comunicação está na absorção de uma postura diferenciada para a estratégia e o planejamento das atividades da área e, principalmente, sua alocação na estrutura organizativa da empresa e na imbricação com a respectiva cultura.

É bastante incoerente e paradoxal termos empresas que atuem de forma participativa, multidirecional e colaborativa com seus públicos externos – em geral por meio de uma agência de comunicação contratada, por exemplo – e, internamente, permaneçam com estruturas hierárquicas verticalizadas, pouco participativas, sem acesso às plataformas digitais, entre outras possibilidades. Idealmente, espera-se – e aqui está um importante desafio – que as organizações absorvam a cultura da sociedade digitalizada de forma integral, sem a necessidade de "terceirizar" as atividades de comunicação e, muito menos, de engessar suas estruturas internas.

A questão que se coloca – e, portanto, mais um desafio diferente para cada empresa – é a busca de um ponto de equilíbrio quanto ao modo de pensar, planejar, estruturar e agir comunicativamente no contexto contemporâneo, adequando-se às características e culturas de seus públicos e mercados.

Destacamos, ainda, que não falamos em modelos, embora, ao recorremos à literatura, a maioria das propostas apresentadas sobre o tema seja referida assim. Entendemos que tais propostas de posicionamento estratégico e atuação na sociedade digitalizada servem de ponto de partida ou de referência para que cada empresa se adapte à proposta mais próxima de suas características culturais, ambientais e socioeconômicas ou a uma combinação de propostas.

Nesse sentido, discutiremos ligeiramente duas propostas de estratégia e planejamento integrado: a ecologia da mídia, com base nas ideias de Anelise Rublescki e Eugenia M. R. Barrichelo (2013), bem como nas de Axel Bruns (2014); e o *social business*, com base nas ideias de David Armano e Jeff Dachis (2009).

A proposição de estratégias de comunicação integrada à contemporaneidade digital sustentada pela vertente teórica da ecologia da mídia parte do pressuposto, segundo Luciana Carvalho e Eugenia Barrichelo (2013, p. 63), de que o ecossistema midiático é formado pelos meios de comunicação e as relações que eles estabelecem entre si e com a sociedade. Destacando-se a que se refere ao lugar ocupado pelas organizações midiáticas (meios e seus entornos culturais, institucionais). Cada mudança no ambiente afeta os meios. Assim como cada novo meio que ingressa no ecossistema afeta sua totalidade.

Um dos pontos de destaque das autoras é que nas ambiências digitais, no ecossistema midiático, o papel de mediação deixa de ser exclusivo das organizações devido ao protagonismo dos demais integrantes do sistema por causa das tecnologias sociais.

Axel Bruns corrobora essa visão, na medida em que pensa o planejamento da comunicação no contexto de uma sociedade digitalmente mediatizada, ou seja, numa sociedade que opera naturalmente seus relacionamentos e suas conexões por meio de canais digitais. Para o autor,

> a ideia de uma ecologia midiática na qual vários tipos de mídia coexistem e interagem entre si e até interdependem tornou-se uma metáfora útil por muitas razoes. Ela introduz a perspectiva evolutiva e de longo prazo de mudança sistêmica que permite alguns elementos do sistema crescer e outros diminuir, mas onde a possibilidade de surgimento de novos nichos gera um processo saudável de adaptação e desafios. Muitos participantes do ecossistema midiático passaram por este processo de adaptação no início do século 21, poucos formatos se extinguiram completamente, mas muitos foram forçados a evoluir rapidamente para se adequarem a seus novos mídia-ecológicos nichos, ou assumir novos papéis simbióticos ou parasitas que os subordinou às espécies emergentes. (Bruns, 2014, p. 26)

Nesse sentido, o desafio que se coloca para as organizações, ao pensarem suas estratégias de comunicação na contemporaneidade digital, inicia-se no conhecimento, na compreensão e na identificação do ecossistema midiático no qual elas se inserem. Tal processo resulta na clareza de que a comunicação irá ocorrer em inter-relação contínua com todos os componentes do ecossistema, sejam estes posicionados interna ou externamente em relação ao ambiente organizacional. E, por fim, pensar estrategicamente a comunicação do ponto de vista da ecologia midiática implica um estado de mutação e adaptação contínuo das atividades comunicativas da organização em razão das flutuações naturais do próprio ecossistema – aquelas que ocorrem tipicamente na sociedade, na cultura, na tecnologia e no mercado.

Carvalho e Barrichelo (2013) reforçam que a legitimação comunicacional das organizações, no cenário da digitalização, não pode mais ocorrer a partir de processos comunicacionais típicos de paradigmas massivos, já que "no atual ecossistema, marcado pela convergência, é esperado das organizações que elas participem da conversa, instiguem a inteligência coletiva e apropriem-se das potencialidades dos diferentes meios tecnológicos, desencadeando a convergência midiática em toda a sua plenitude" (ibidem, p. 72).

Tais observações apontam, para as organizações que assumem a visão de ecologia da mídia para nortear suas estratégias de comunicação, uma significativa quebra de paradigmas quanto a relacionamentos, públicos, planos, prazos, resultados e demais variáveis formalmente conhecidas como integrantes do planejamento comunicacional. A própria característica de funcionamento de um ecossistema – seja ele ancorado em componentes da natureza ou de qualquer outro ambiente – implica a incorporação das posturas da resiliência, da adaptabilidade e da rapidez nas respostas diante de suas mudanças, para que ele possa desenvolver-se de forma adequada.

Resiliência e flexibilidade são algumas das palavras-chave que também traduzem a visão de estratégia comunicacional do *social business*. Adicione-se aqui, evidentemente, o social – o conversacional, o dialógico e o relacional – como característica fundante da comunicação proposta por uma diversidade de autores e especialistas de consultorias e aqui sistematizada por Armano e Dachis (2009). Os autores partem da constatação de que organizações e sociedade convivem hoje em rede, entendendo-se por rede alguma forma de interconexão não necessariamente, mas preferencialmente, digital. Assim, as organizações precisam estruturar-se econômica, cultural e tecnologicamente em formato de rede para que a geração de valor seja efetiva.

Ao compararmos a proposta do *social business* com a do ecossistema da mídia, a qual enfatiza uma ação mais focada na integração da comunicação e do marketing, vemos uma ampliação para uma ação em rede ecossistêmica de todas as áreas da organização, como tecnologia da informação, pesquisa e desenvolvimento, recursos humanos, distribuição, desenvolvimento de produtos, manufatura etc.

Para Armano e Dachis (2009), "o *social business* design é uma criação intencional de processos, sistemas e culturas organizacionais social e dinamicamente calibrados, que ampliam a troca de valores entre seus participantes, resultando em melhorias e inovações para o negócio".

Assim, o *social business* constitui-se num desafio adicional para organizações na contemporaneidade, trazendo em seu bojo algumas complexidades, na medida em que a participação humana é o elemento principal de todo o processo. É a imprevisibilidade do comportamento humano associada à velocidade de mutação das TICs que concentra os pontos nevrálgicos do sucesso do *social business* no cenário da digitalização.

Tal complexidade também indica que o processo de absorção de um posicionamento estratégico em *social business* por parte de uma organização ocorre de forma gradativa, numa espécie de aculturação da presença da empresa e de seus respectivos públicos nas plataformas digitais sociais. Nesse sentido, os consultores norte-americanos Charlene Li e Brian Solis (2013), do Altimeter Group, propuseram uma matriz de maturidade de seis estágios interdependentes, cuja duração e passagem variam de organização para organização:

- Estágio 1: planejamento – escutar o público para aprender sobre seu comportamento social.
- Estágio 2: presença – definir ações e melhorar o conteúdo existente para o estilo digital.
- Estágio 3: engajamento – o diálogo aprofunda os relacionamentos, a construção de comunidades.
- Estágio 4: formalização – organizar com escalabilidade, criar um centro irradiador de comunicação e relacionamento social.
- Estágio 5: estratégia – transformação de toda organização em "social".
- Estágio 6: a organização é social.

Tanto o *social business* quanto o ecossistema midiático se caracterizam, por sua contemporaneidade, como desafios aos formatos já consolidados de posicionamento da comunicação nas estruturas das organizações, propondo um mergulho profundo na lógica da sociedade digitalizada, ensejando transformações culturais, nos relacionamentos com os diferentes públicos, nas formas narrativas, na imagem e nos processos de trabalho.

Apenas para exemplificar algumas dessas transformações, são propostas táticas em aplicação em diferentes ambientes: a narrativa organizacional, por meio do *branded content*, algumas vezes denominado marketing de conteúdo; a estruturação das atividades de comunicação, por meio do *status* de uma redação criativa conduzida por profissionais de texto/jornalismo; a mensuração de resultados, entendida como *return on insight* (ROI), por meio de indicadores qualitativos e não quantitativos; e a possibilidade do uso de técnicas de design *thinking* para a construção da presença de marcas nas plataformas digitais.

Considerações finais

Verificamos ao longo deste capítulo que o panorama para as organizações, no contexto da sociedade digitalizada, é bastante complexo e requer uma sucessão de mudanças, ajustes e reestruturações que envolvem toda a organização em seus diferentes aspectos.

Também vimos que a adequação das estratégias de comunicação às características da sociedade digitalizada não ocorre repentinamente para uma empresa, havendo necessidade de um gerenciamento cuidadoso de cada variável, na temporalidade de uma dada cultura organizacional.

Assim, a título de conclusão, fazemos uma proposta por nós denominada "modelo 3D de gestão da comunicação", buscando organizar todas as variáveis envolvidas no processo de comunicação de organizações comprometidas com as características da sociedade contemporânea digitalizada aqui descritas.

Figura 1 – Modelo 3D de gestão da comunicação na sociedade digital.

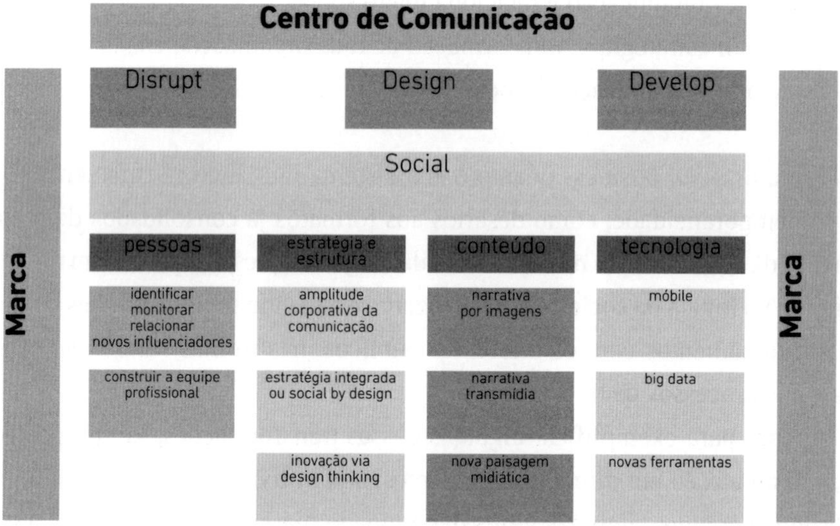

FONTE: MODELO CRIADO PELA AUTORA.

O modelo 3D parte de três proposições/posturas necessárias à organização que queira assumir modelos de comunicação baseados no ecossistema midiático ou no *social business*: a postura do *disrupt* – relativa à ruptura dos paradigmas tradicionais que pautam as relações comunicativas da organização; a postura do design – relativa à reorganização das atividades e dos processos com vistas a um olhar mais afeito às características de sociabilidade digital; e a postura do *develop* – relativa ao desenvolvimento e à efetiva implementação das mudanças definidas pelo *disrupt* e reconfiguradas pelo design.

Propõe-se aplicar o modelo aos quatro grandes grupos de gestão envolvidos na comunicação, objetivando o diálogo da marca/organização com seus diferentes públicos: 1. a gestão de pessoas, pois a equipe de profissionais deverá estar capacitada a monitorar os públicos, dialogar com eles e influenciá-los; 2. a gestão de estratégias e da estrutura da organização, uma vez que é necessário garantir a amplitude do processo de comunicação por toda a empresa e sua devida manutenção, além da introdução de um processo de inovação contínua do produto/serviço; 3. a gestão do conteúdo, aqui focado em todos os formatos narrativos textuais, visuais e audiovisuais que a organização produz para estabelecer diálogos dinâmicos com seus públicos em caráter social; e 4. a gestão da tecnologia, na medida em que todo o processo de comunicar, na sociedade digitalizada, depende diretamente de adequação de plataformas sociais, da gestão de banco de dados atualizados, do uso de tecnologias da mobilidade, entre outras variáveis.

Evidentemente, como vimos afirmando ao longo de todo o capítulo, a proposição desse modelo é apenas uma espécie de referência para que cada organização o adapte às suas necessidades e realidades, pois não existem modelos fechados e aplicáveis a qualquer ambiente na comunicação organizacional.

Referências

ARMANO, David; DACHIS, Jeff. "Social business design: it's clobberin' time". 2009. Disponível em: <http://www.dachisgroup.com/2009/11/clobber-social-media/>. Acesso em: 12 out. 2014.

BAUMAN, Zygmunt. *A modernidade líquida*. São Paulo: Zahar, 2001.

BAYM, Nancy. *Personal connections in the digital age*. Malden: Polity Press, 2010.

BENKLER, Yochai. *The wealth of networks*. New Haven; Londres: Yale University Press, 2006.

BRUCE, Stuart. "*Newsrooms*, conteúdo e estratégias". Entrevista concedida a Luisa Barwinski, do portal Ideia de Marketing. 2013. Disponível em: <http://www.ideiademarketing.com.br/2013/02/20/entrevista-especial-stuart-bruce-newsrooms--conteudo-e-estrategia/>. Acesso em: 5 out. 2014.

BRUNS, Axel. "Media innovations, user innovations, social innovations". *The Journal of Media Innovations*, v. 1, n. 1, 2014, p. 13-27. Disponível em: <http://www.jorunals.uio.no/index/php/TJMI>. Acesso em: 15 out. 2014.

CARVALHO, Luciana; BARRICHELO, Eugenia M. R. "Legitimação das organizações midiáticas no ecossistema digital". In: RUBLESCKI, Anelise; BARRICHELO, Eugenia M. R. (orgs.). *Ecologia da mídia*. Santa Maria: Facos-UFSM, 2013.

CASTELLS, Manuel. "Communication, Power and Counter-power in the Network Society". *International Journal of* Communication, v. 1, 2007, p. 238-266, 2007.

_____. *A sociedade em rede*. São Paulo: Paz e Terra, 2011.

CGI – Comitê Gestor da Internet no Brasil. "Presença das empresas na web". *Panorama Setorial da Internet*, a. 6, n. 2, jul. 2014.

EDELMAN WORLDWIDE. *Engaging the New influencers: the third new media academic summit*. Washington: Georgetown University, 2009. Disponível em: <http://edelman-italia. blogs.com/files/2009-nmas-white-paper-engaging-the-new-influencers-final-3.pdf>. Acesso em: 5 out. 2014.

FUCHS, Christian. *Social media*: a critical introduction. Londres: Sage Publications, 2014.

HJARVARD, Stig. "The mediatization of society: a theory of the media as agents of social and cultural change". *Nordicom Review*, v. 29, n. 2, 2008, p. 105-34.

IBM. *Stepping up to the challenge*: *CMO insights from the Global C-suite Study*. Estados Unidos: IBM Business Institute for Value, 2014.

JENKINS, Henry. *A cultura da convergência*. São Paulo: Aleph, 2009.

LAZO, Marta C.; BARROSO, José Antonio Gabelas; COVACH, Elsa Hergueta. "Phenomenological features of digital communication: interactivity, immersion and ubiquity". Special issue of *Sociedad de Información*, Mexico, 2013, p. 169-93.

LI, Charlene; SOLIS, Brian. *The evolution of social business: the six stages of social business transformation*. Estados Unidos: Altimeter Group, 2013.

MCKEE, Robert. "Storytelling that moves people". *Harvard Business Review*, jun. 2003. Disponível em: <http://hbr.org/2003/06/storytelling-that-moves-people/ar>. Acesso em: 5 out. 2014.

ROMANO, Fernanda Martins *et al*. "O impacto das mídias sociais digitais na comunicação organizacional das empresas". *Future Studies Research Journal: Trends and Strategy*, São Paulo, v. 6 n. 1, jun./jul. 2014, p. 53-82.

RUBLESCKI, Anelise; BARRICHELO, Eugenia Mariano da Rocha (orgs.). *Ecologia da mídia*. Santa Maria: Facos-UFSM, 2013.

SHIRKY, Clay. *A cultura da participação*. São Paulo: Zahar, 2011.

SOCIAL@OGILVY. "5 trend predictions for 2013". 2013. Disponível em: <http://social. ogilvy.com/5-trend-predictions-for-2013/>. Acesso em: 5 out. 2014.

4. Novas narrativas e memória: olhares epistemológicos

Paulo Nassar

Visão geral do capítulo

A contemporaneidade traz para a comunicação de empresas e instituições o desafio da produção de narrativas que superem a perda de sentido coletivo e significados das denominadas metanarrativas, orientadas pelas crenças, pelos valores e pelas tecnologias compartilhadas no âmbito da tradição organizacional. Em crise, as narrativas tradicionais produzidas pelo comando organizacional e voltadas apenas para a transmissão de mensagens foram descentradas diante das tecnologias informacionais, que potencialmente podem difundir o saber e as opiniões com base em um novo ambiente sociotécnico, produtor de narrativas com forte sentido individual, ligadas à subjetividade, à afetividade e à busca interior, características das denominadas micronarrativas. O capítulo proposto explorará autores clássicos ligados ao tema da narrativa e da memória, entre os quais Platão, Santo Agostinho, Henri Bergson, Marcel Proust, Walter Benjamin, Maurice Halbwachs, Paul Ricoeur e Thompson.

Objetivos do capítulo

* Discutir a crise das narrativas organizacionais e a premência em se pensar em uma nova realidade diante dos novos contextos.
* Reforçar o interesse e o uso do *storytelling* pela indústria das relações públicas e da comunicação para a humanização das narrativas de inúmeros públicos estratégicos.
* Apresentar uma narrativa em que se valorizem as expressões mais subjetivas, disponibilizadas para a sociedade e suas organizações.

- Ressaltar a importância de se privilegiar a dimensão humana e afetiva da comunicação organizacional, diante das dimensões instrumental e estratégica.
- Abordar o papel da memória e do esquecimento como construtor essencial das narrativas organizacionais.
- Abordar o papel da memória na construção da identidade.

Introdução

Na sociedade contemporânea, o passado afirma cada vez mais a sua presença nos ambientes do presente. O que é recordado envolve múltiplos protagonistas, políticas, ações e "lugares de memória", expressão conceituada pelo historiador francês Pierre Nora (1993) para designar o movimento social que transforma a memória em história. Do passado, pessoas não consideradas nas narrativas tradicionais trazem de volta relatos que, em seu tempo, foram calados. O que foi abafado renasce, circula e é mediatizado. Nessa nova condição, a memória e suas narrativas influenciam o tempo presente, incluem-se, fazem parte e transformam as histórias de instituições, de empresas e da sociedade. São expressões desse movimento social e acadêmico em direção ao passado as problemáticas e os problemas explicitados a seguir:

- As disciplinas acadêmicas que exploram, com base em inúmeros saberes, suas ligações com a memória.
- A indústria da história e memória, cujos exemplos maiores são as políticas da memória e os memoriais destinados a lembrar e celebrar eventos, personalidades e pessoas (Huyssen, 2014).
- Uma parte importante da indústria editorial, voltada para a edição de relatos históricos, depoimentos de vida e biografias; o interesse pelos relatos orais (Thompson, 1992; Meihy, 1996), base do que se denomina história oral.
- A disponibilização, no âmbito das plataformas digitais de comunicação, de acervos históricos e de narrativas (Worcman, 2004).
- O interesse e o uso do *storytelling* pela indústria das relações públicas e da comunicação para a humanização das narrativas de inúmeros públicos estratégicos, tendo como objetivos a legitimação das organizações e o fortalecimento desses relacionamentos (Nassar e Cogo, 2014; Cogo e Nassar, 2011; 2013).
- Os centros de memória e referência (Souza e Nassar, 2010) criados como lugares de conhecimento e, muitas vezes, de culto ao passado e ao ideário organizacional no âmbito de empresas e instituições (Gagete e Totini, 2004).

- O registro contínuo e massificado da privacidade e sua disponibilização cotidiana em redes sociais digitais, como os *selfies*, por exemplo.
- As questões éticas e os riscos gerados pela potencial autonomia das memórias artificiais (Isaacson, 2014).
- A documentação e a disponibilização permanente de memórias e a necessidade individual e coletiva do esquecimento (Virilio, 2006; Casalegno, 2006).
- E a produção e veiculação intensiva de informação (Gleick, 2013), fixando os indivíduos no presente e provocando o fenômeno do déficit de atenção.

Afirma-se, assim, uma nova realidade narrativa em que os relatos, em suas expressões mais subjetivas, são disponibilizados para a sociedade e suas organizações em contextos de debate, de controvérsias, de dissensos e consensos. O passado, visto pelo ponto de vista desse presente, faz da palavra e do texto remédio e cura.

Memória e narrativa: trauma, reconhecimento e lugar

Os acessos para a subjetividade de homens e mulheres são feitos pelos sentidos e se concretizam nos relatos; estes, entre outras narrativas, constituem-se em uma das mais importantes expressões dessa dimensão interior humana. O que é imaginado, para Henri Bergson (1999, p. 88-89) a memória pura, vem do sentido, sob a forma de imagens-lembranças. No dizer desse autor, são as lembranças que não vêm da repetição, de um tipo de memória denominado memória-hábito, criada e fixada a partir da repetição, do "encenado". A memória que *imagina* é a narrada por Proust a partir do paladar do narrador de *No caminho de Swann* (2002, p. 51):

> Fazia já muitos anos que, de Combray, tudo que não fosse o teatro e o drama do meu deitar não existia mais para mim, quando num dia de inverno, chegando eu em casa, minha mãe, vendo-me com frio, propôs que tomasse, contra os meus hábitos, um pouco de chá. A princípio recusei-me e, nem sei bem por quê, acabei aceitando. Ela então mandou buscar um desses biscoitos curtos e rechonchudos chamados *madeleines*, que parecem ter sido moldados na valva estreita de uma colcha de São Tiago. E logo maquinalmente acabrunhado pelo dia tristonho e a perspectiva de um dia seguinte igualmente sombrio, levei à boca uma colherada de chá onde deixei amolecer um pedaço de *madeleine*. Mas no mesmo instante em que esse gole, misturado com os farelos do biscoito, tocou meu paladar, estremeci, atento ao que se passava de extraordinário em mim.

O sentido físico, o paladar, traz o "extraordinário", ou seja, as memórias não planejadas, simplesmente evocadas, segundo Marcel Proust (2002, p. 51, grifo nosso:

> E como nesse jogo em que os japoneses se divertem mergulhando numa bacia de porcelana cheia de água pequeninos pedaços de papel até então indistintos que, mal são mergulhados, se estiram, se contorcem, se colorem, se diferenciam, tornando-se flores, casas, pessoas consistentes, e reconhecíveis, assim agora todas as flores do nosso jardim e as do parque do Sr. Swann, e as ninfeias do Vivonne, e a boa gente da aldeia e suas pequenas residências, e a igreja, e toda Combray e suas redondezas, tudo isso que toma forma e solidez, *saiu, cidade e jardins, de minha xícara de chá.*

Além da literatura, outras artes evocam memórias a partir dos sentidos humanos. O som, o cheiro, a visão, o gosto, o tato trabalhando como senhas que permitem por meio de uma experiência o acesso à subjetividade humana, representada pelas memórias mais profundas. Uma perspectiva de liberdade e celebração do humano que destaca o posicionamento de Margarida Kunsch (2010) sobre a importância de se privilegiar a dimensão humana da comunicação organizacional, diante das dimensões instrumental e estratégica, como pressuposto para o estabelecimento de políticas organizacionais promotoras de espaços de diálogo e de participação dos indivíduos na empresa e na instituição.

Essa dimensão humana da comunicação se coloca como um desafio – que se impõe como um imperativo categórico da moralidade de Kant[1] – quando se pensa na produção contemporânea de produção massiva voltada para o imediatismo e a celebração da superficialidade (Debord, 1997; Vargas Llosa, 2013). É possível interpretar a produção contemporânea de informação em megaquantidades, a partir da análise da organização e da vida cotidiana organizadas como estruturas de máquina (Morgan, 1996). A máquina no contexto da Revolução Industrial surge para aumentar a produtividade, ao substituir a força muscular humana. Na sociedade industrial contemporânea, a produção de informação, por meio da denominada indústria da comunicação, produz informação – na forma de um extenso leque de produtos – para que seja consumida, como objetivo final.

---

1. "Procede de maneira que trates a humanidade, tanto na tua pessoa como na pessoa de todos os outros, sempre ao mesmo tempo como fim, e nunca como puro meio", diz Immanuel Kant (1964, p. 83).

Um sintoma disso é que compramos filmes, livros, revistas, jornais, acessos a bibliotecas digitais, *sites*, espetáculos, entre outros produtos comunicacionais, que jamais veremos, leremos, usufruiremos. Os números dessa produção ultrapassam a capacidade humana de dar sentido e significado à informação recebida.

A informação como meio fundamental para o usufruto da vida torna-se uma patologia desorientadora de nossa biologia, de nossa psique, de nosso cotidiano de trabalho, comunitário e familiar – e, consequentemente, desorientadora de nossas memórias e narrativas. Esse fenômeno nos faz retornar às ideias de Marx, em *O capital*, sobre reificação e fetichismo da mercadoria, quando olhamos o cotidiano sob o domínio de representações vazias. Sobre isso, Paulo Nassar e Emiliana Pomarico Ribeiro (2014, p. 4) destacam que

> esse contexto informacional excessivo, potencializado pelas mídias digitais, impede a formação de comunicações construtoras de afetos, o que caracteriza um cenário de velhas narrativas, desencantadas, desgastadas por sua própria efemeridades, erodidas pelos ventos da transmissão de dados em altíssima velocidade ao redor do globo, não estimulando assim o processo social, dinâmico, participativo, pelo qual os homens adquirem o conhecimento, que testa, atualiza e reforça os laços sociais.

De maneira antecipatória, no contexto de comunicação pré-digital dos anos 1960, Debord qualifica esse esvaziamento de espetáculo, provocado pela desmaterialização do trabalho por meio da atribuição, pela comunicação, de características aos objetos materiais como se essas "lhes pertencessem naturalmente" (Geras, 2006, p. 149). Vargas Llosa explicita o quadro da espetacularização e esvaziamento da vida em sua obra *A civilização do espetáculo*, afirmando que

> a aquisição obsessiva de produtos manufaturados, que mantenham ativa e crescente a fabricação de mercadorias, produz o fenômeno da "reificação" ou coisificação do indivíduo, entregue ao consumo sistemático de objetos, muitas vezes inúteis ou supérfluos, que as modas e a publicidade lhe vão impondo, esvaziando a sua vida interior de preocupações sociais, espirituais ou simplesmente humanas, isolando-o e destruindo a consciência que ele tenha dos outros, de sua classe e de si mesmo. (2013, p. 20)

Ainda no contexto da produção massiva de mercadorias (entre elas a memória transformada em história e em uma extensa prateleira de produtos, muitos *glamorizados* com a marca retrô), coloca-se para comunicadores, relações-públicas e outros produtores de narrativas – voltados, muitas vezes, somente à construção de mensagens que beneficiem apenas os interesses das direções e dos acionistas das organizações – o dilema ético apresentado por Michael Sandel (2012, p. 14):

> Por que ficar preocupado com o fato de estarmos caminhando para uma sociedade em que tudo está à venda? Por dois motivos: um tem a ver com desigualdade; o outro, com corrupção. Veja-se a questão da desigualdade. Numa sociedade em que tudo está à venda, a vida fica mais difícil para os que dispõem de recursos modestos. Quanto mais o dinheiro pode comprar, mais importante é a sua afluência (ou sua falta).

A memória e os seus processos

Pessoas relatam suas histórias de vida com base em processos biológicos, fisiológicos e socioculturais que evocam memórias. Sem a operação desses sistemas que integram – nem sempre harmonicamente – a natureza e a cultura, o humano não conseguiria identificar, conservar e utilizar as informações, não poderia produzir ou comunicar narrativas. Sem memórias e narrativas, não haveria o humano. Para restaurar os atributos humanos enfraquecidos diante da produção massificada de informações (a piedade, a solidariedade, o sentimento de pertencer, o entendimento e a compaixão, entre outros), têm-se a literatura testemunhal (esta referenciada no ambiente da Segunda Grande Guerra e, contemporaneamente, no ambiente das ditaduras militares latino-americanas) e os depoimentos de vida (estes referenciados no âmbito de empresas e instituições) como exemplos dessa busca evocativa pela humanidade como território de afeto e de valores. Trata-se de testemunhos e depoimentos de vida transformados em uma necessidade básica para o narrador, tal qual respirar ou se alimentar. O falar por meio do relato da experiência transformado em um abrigo que protege o narrador das intempéries e dos efeitos de crimes contra a humanidade e do esquecimento, numa abrangência que se estende da esfera doméstica até as esferas organizacional e social.

Primo Levi[2], em seus relatos sobre o dia a dia no campo de extermínio de Auschwitz, mais do que se afirmar como um ser humano que sobreviveu aos crimes e

---

2. Primo Levi foi um químico e escritor judeu que nasceu em 1919, em Turim, na Itália. Levi se uniu ao movimento de resistência ao fascismo de Mussolini e foi preso em 1943, tendo sido levado para Auschwitz no ano seguinte. Sua experiência no campo de concentração foi retratada no livro *É isto um homem?*, publicado em 1947. Ele passou a dedicar-se também à literatura, até sua morte, em 1987.

aos genocídios dos nazistas alemães, transmitiu uma mensagem sobre os traumas e males absolutos que não podem ser esquecidos, sobretudo por aqueles que nasceram após os acontecimentos. Tem-se nos testemunhos de Levi o ato de evocar memórias e narrar experiências para permanecer humano e influenciar o futuro. Para esse autor e testemunha de crimes dos nazistas alemães, as memórias e as histórias de campos de concentração, de sequestros e cativeiros e de ditaduras devem ser compreendidas por todos não como passado, mas como um "sinistro sinal de perigo" (Levi, 1988, p. 7). Por isso, para ele, em seu livro *É isto um homem?*, narrar é mais do que expressar, é um dever de lembrar, que une a razão e o coração.

> A necessidade de contar "aos outros", de tornar "os outros" participantes, alcançou entre nós, antes e depois da libertação, caráter de impulso imediato e violento, até o ponto de competir com outras necessidades elementares. O livro foi escrito para satisfazer essa necessidade em primeiro lugar, portanto, com a finalidade de liberação interior. (Levi, 1988, p. 8)

Outros autores que também viveram experiências similares às de Levi na Segunda Grande Guerra expressaram, por meio de narrativas testemunhais, essa necessidade do narrador de evocar as suas lembranças para si e para os outros, com o objetivo de consolidar uma memória coletiva – no conceito tal qual entendido por Maurice Halbwachs –, que evite a repetição de crimes contra a humanidade e contra as pessoas, o seu esquecimento e a promoção de algum tipo de reparação para as vítimas. Os testemunhos de Elie Wiesel, em seu livro *A noite* (1958); do filósofo francês Alain Finkielkraut, em *La mémoire vaine: du crime contre l'humanité* (1989); do *Diário de Anne Frank* (1942-1944); dos livros *A grande viagem* (1963) e *A escrita ou a vida* (1994), de Jorge Semprún; e do documentário *Shoah*[3] (1985), de Claude Lanzmann, que foi constituído com base em depoimentos de sobreviventes de campos de concentração nazistas, são alguns dos muitos exemplos que marcaram a forte presença da memória e do testemunho na cultura do século passado. A expressão arquitetônica do Monumento aos Judeus Assassinados da Europa[4], em Berlim, também é outro tipo de narrativa feita de pedra e concreto dessas lembranças.

---

3. *Shoah* é o termo da língua iídiche utilizado para definir o Holocausto judeu. O documentário, lançado em 1985, levou 11 anos para ser finalizado.
4. O monumento berlinense foi erigido pelos *Nachgeborenen* (descendentes) dos perpetradores para homenagear as vítimas dos crimes dos nazistas contra a humanidade, que deram origem à convenção de 1948 sobre o genocídio e, mais tarde, impulsionaram grande parte do discurso transnacional sobre os direitos humanos em nossa época (Huyssen, 2014).

Para os brasileiros, as Grandes Guerras não foram tão traumáticas como para os europeus, o que não significa que não produzimos nossas próprias experiências de barbárie. Situações de desumanização que lembram a descrita pelos autores citados anteriormente foram vivenciadas pela juventude revolucionária brasileira nos porões da ditadura militar, principalmente no final dos anos 1960. Relatos como o de Fernando Gabeira, em seu livro *O que é isso, companheiro?* (1979), e o de Zuenir Ventura, em *1968: o ano que não terminou* (1989), são apenas alguns exemplos de memórias a respeito do *éthos* e dos fatos que envolveram a repressão militar naqueles anos.

Ainda no contexto dos testemunhos, a Comissão da Verdade do Estado de São Paulo "Rubens Paiva" publicou o livro *Infância roubada* (2014), que relata as atrocidades da ditadura militar de 1964-1985 por meio de depoimentos de pessoas que foram presas, torturadas ou exiladas ainda quando crianças. O livro, além de seu inegável valor histórico, por traçar o comportamento de parte dos militares da época diante das crianças, ajuda a dar "voz a pessoas cuja dor nunca havia sido abordada. Muitos dos que se dispuseram a falar jamais tinham revelado completamente seu passado", como destaca a jornalista Mariana Sanches (2014), no jornal *O Globo*. Um dos casos mais emblemáticos do livro é o de Eliana Paiva, filha do ex-deputado Rubens Paiva, morto pelo regime militar. Eliana passou 24 horas presa quando tinha 15 anos, foi agredida e chamada de comunista, além de ter sido obrigada a usar "um capuz fedorento". Em depoimento no livro, ela revela que nunca tinha conseguido contar tudo o que aconteceu "nem para marido, nem para terapeuta", mas "falar pode ajudar", complementa, agora já com 59 anos de idade.

No contexto acadêmico brasileiro, o professor da Universidade de Campinas Márcio Seligmann-Silva (2003, p. 52), ao refletir sobre a memória e a narrativa em consequência de Auschwitz, mas aplicáveis a outras barbáries, afirma que

> os sobreviventes e as gerações posteriores defrontam-se a cada dia com a tarefa [...] de rememorar a tragédia e enlutar os mortos. Tarefa árdua e ambígua, pois envolve tanto um confronto constante com a catástrofe, com a ferida aberta pelo trauma – e, portanto, envolve a resistência e a superação da negação –, como também visa a um consolo nunca totalmente inalcançável.

Apesar de sua referência ao campo de concentração nazista, Seligmann-Silva poderia estar perfeitamente descrevendo as dificuldades de recordação das crianças do livro *Infância roubada* ou de alguma outra vítima da ditadura militar brasileira. O trecho também estabelece, no campo das disciplinas acadêmicas, uma ligação entre relato e psicologia, que lembra as ideias de Paul Ricoeur no livro *A memória, a história, o esquecimento* (2007). O filósofo francês se vale da psicanálise para estudar as dificuldades que envolvem a memória em quadros traumáticos como os descritos acima. Ricoeur, baseando-se no ensaio de Freud "Rememoração, repetição, perlaboração", ressalta a existência de uma "resistência do recalque", que seria um obstáculo à recordação de lembranças vinculadas a acontecimentos traumáticos. Diante do esquecimento, o indivíduo traumatizado transforma a lembrança em ação; ele repete o fato sem saber que o está repetindo (Ricoeur, 2007). Para romper o ciclo traumático, deve-se, portanto, construir um esforço coletivo de rememoração e não de esquecimento.

É incontornável, ao pensarmos na literatura, citar o texto de Homero (2010, p. 136), na *Ilíada*, descrevendo em verso e com rara beleza o ciclo mítico que mostra que a memória, a vida e o seu renovar são inexoráveis como a morte: "Assim como a linhagem das folhas, assim é a dos homens./Às folhas, atira-as o vento ao chão; mas a floresta no seu viço/ faz nascer outras, quando sobrevém a estação da primavera:/assim nasce uma geração de homens; e outra deixa de existir".

Das bases etimológicas e artísticas da memória brota uma miríade de conceitos oriundos de pensadores e artistas que influenciaram a cultura desde a antiguidade grega. Autores como Platão, Simônides, Santo Agostinho, Henri Bergson, Sigmund Freud, Walter Benjamin, Frances A. Yates e Maurice Halbwachs conceituam a memória, interpretam e opinam, cada qual em seu tempo, sobre as relações entre memória e cultura (Nassar e Farias, 2014). Expressões que parecem tão contemporâneas, como "arquitetura da informação", têm sua raiz nas relações que o poeta grego Simônides (556-468 a.C.), pai mítico da memória, estabeleceu entre o que ficou conhecido como a díade grega: memória e lugar. Yates, em *A arte da memória* (2007, p. 20), relata essas relações entre arquitetura e memória:

> Simônides (ou quem quer que tenha descoberto a arte da memória) percebeu de modo sagaz que as imagens das coisas que melhor se fixam em nossa mente são aquelas que foram transmitidas pelos sentidos e que, de todos eles, o mais sutil é o da visão. Assim, as percepções recebidas pelos ouvidos ou concebidas pelo pensamento podem ser mais bem retidas se forem transmitidas a nossas mentes por meio dos olhos.

Marco Túlio Cícero, filósofo e político romano, ampliou as relações entre relato e lugar ao adicionar à díade grega o que ele denominou "imagens fortes", conforme ainda destaca Yates. Santo Agostinho (354-430 d.C.), no livro X de *Confissões* (1984), refletiu sobre essa antiga *ars memoriae* e suas mnemotécnicas[5] de maneira territorial e topológica, como armazém, depósito, "a vasta caverna da memória", "o espaço enorme". Seu pensamento ainda demonstra a sua potência pela humanização do tempo presente no livro XI da mesma obra, no qual contesta a ideia do tempo dividido em três e propõe, de maneira inovadora, apenas três modalidades do presente:

> Agora está claro e evidente para mim que o futuro e o passado não existem e que não é exato falar de três tempos – passado, presente e futuro. Seria talvez mais justo dizer que os tempos são três, isto é, o presente dos fatos passados, o presente dos fatos presentes, o presente dos fatos futuros. E esses três tempos estão na mente e não os vejo em outro lugar. O presente do passado é a memória. O presente do presente é a visão. O presente do futuro é a espera. (Santo Agostinho, 1984, p. 344-45)

A partir das ideias estabelecidas pelo notável bispo de Hipona[6], nos séculos IV e V, pode-se repensar a forma como os conceitos de reputação e projeção são expostos e problematizados atualmente nos campos da comunicação organizacional e das relações públicas. A reputação – como memória coletiva – e a projeção – cálculo antecipado de um futuro mais ou menos previsível – não podem ser compreendidos sem um olhar a partir do presente da organização e do contexto em que ela se insere. A lembrança, como descreve Halbwachs (2004, p. 75-76), "é uma reconstituição do passado com a ajuda de dados emprestados do presente e, além disso, preparada por outras reconstruções feitas em épocas anteriores e de onde a imagem de outrora se manifestou já bem alterada".

Arraigada no presente, a memória tem forte peso na formação da identidade pessoal, coletiva e – por que não? – organizacional. A memória, segundo Joel Candau, em *Memória e identidade* (2011), nos dá a falsa ilusão de que o

---

5. Mnemotécnica, segundo o *Dizionario della memoria e del ricordo*, do italiano Bruno Mondadori, é um método que, como o exercício mnemônico ou auxiliar da aprendizagem, ajuda a colocar em ordem e a tornar sempre disponível o "conhecimento". O termo é derivado da deusa grega da memória Mnemosyne.

6. Hipona foi uma antiga cidade do Mediterrâneo africano, hoje em território da Argélia, onde Santo Agostinho foi bispo por muitos anos e onde também faleceu.

que passou não está definitivamente inacessível, pois podemos acessá-lo pelas lembranças:

> A memória, ao mesmo tempo em que nos modela, é também por nós modelada. Isso resume perfeitamente a dialética da memória e da identidade que se conjugam, se nutrem mutuamente, se apoiam uma na outra para produzir uma trajetória de vida, uma história, um mito, uma narrativa. Ao final, resta apenas o esquecimento. (Candau, 2011, p. 16)

Grandes eventos traumáticos, como nos lembra Paul Ricoeur, possuem a capacidade de produzir uma espécie de "não memória", um esquecimento traumático que desvincula a memória da identidade e anula a capacidade do narrador. "Sem lembranças, o sujeito é aniquilado", diz Candau (2011, p. 17), que completa:

> A memória é a identidade em ação, mas ela pode, ao contrário, ameaçar, perturbar e mesmo arruinar o sentimento de identidade, tal como mostram os trabalhos sobre as lembranças de traumas e tragédias como, por exemplo, a anamnese de abusos sexuais na infância ou a memória do Holocausto. (ibidem, 2011, p. 18)

Espaços imagéticos singulares agarrados à memória, como a Paris do século XIX – descrita por Marcel Proust e Charles Baudelaire – ou as imagens dos mortos e das ruínas da Primeira Guerra, foram materiais para a teoria história, política e estética do filósofo Walter Benjamin (1892-1940), traduzida em análises como as expressas no capítulo "O narrador", de sua obra *Considerações sobre a obra de Nikolai Leskov* (1986, p. 197):

> Por mais familiar que seja seu nome, o narrador não está de fato presente entre nós, em sua atualidade viva. Ele é algo de distante, e que se distancia ainda mais. [...] Basta olharmos um jornal para percebermos que seu nível está mais baixo que nunca, e que da noite para o dia não somente a imagem do mundo exterior, mas também a do mundo ético sofreram transformações que antes não julgaríamos possíveis. Com a guerra mundial tornou-se manifesto um processo que continua até hoje. No final da guerra, observou-se que os combatentes voltavam mudos do campo de batalha, não mais ricos, e sim mais pobres em experiência comunicável. E o que se difundiu dez anos depois, na enxurrada de livros sobre a guerra, nada tinha em comum com uma experiência transmitida de boca em boca.

O silenciar das narrativas diante da barbárie da guerra, descrito por Benjamin, parece se atualizar diante das tragédias do nosso tempo, produzidas por uma fábrica descomunal de fatos, nos desertos mexicanos, nos becos de Gaza e da Rocinha, no Estado falido da Somália, nos barcos de imigrantes que cruzam diariamente o Mediterrâneo, na queda das torres de Nova York ou no desemprego crônico que atinge algumas regiões do mundo e em outras tragédias organizacionais produzidas por inovações, aquisições, fusões ou cisões corporativas.

A escrita contra a memória

Uma das primeiras discussões filosóficas sobre o tema da memória foi expressa pela condenação que Platão fez à escrita, em seu diálogo "Fedro", composto em torno de 370 a.C. O centro da crítica platônica, como destaca a filósofa e escritora suíça erradicada no Brasil Jeanne Marie Gagnebin (2005, p. 51), refere-se aos "deslocamentos socioculturais que a difusão do texto escrito provoca em relação à tradição e à memória coletiva". Lembrando o conceito de áurea de Walter Benjamin, Gagnebin vê "um primeiro efeito de "desauratização" no alerta platônico sobre a morte da memória diante da invenção da escrita". A filósofa ainda complementa:

> Enquanto o poeta, na época arcaica, era o detentor de uma memória que permitia, graças a essa palavra sagrada, dádiva das Musas ao serviço de Apolo, a um povo inteiro de se construir e de se assegurar uma identidade, a transferência dessa "função de desauratização mnêmica ao escrito acarreta, simultaneamente, sua democratização e sua dessacralização". (Gagnebin, 2006, p. 51)

O conflito entre escrita e memória oral enfraquece o papel social do poeta. Com o registro físico da memória, enfraquece-se a adaptabilidade das "tradições inventadas", como diria Eric Hobsbawm (1997), e o poeta deixa de ser percebido como portador da história.

Gagnebin (2005, p. 51-52) traz também outros aspectos relacionados a essa controvérsia platônica, atualizados para a realidade da sociedade industrial, ao afirmar que

> o fim da exclusividade de um produto cultural, privilégio de uma classe ou de uma elite, parece acarretar, por uma espécie de necessidade infeliz, o empobrecimento, sim, a vulgarização da significação que se torna insípida: inversão eficaz e perversa da promessa estética.

O tema polêmico traz para o debate autores como Herbert Marcuse, que afirma, em seu livro *Cultura e psicanálise* (2001), que a função social da arte, para além da estética pura, é favorecida pela sua democratização, apesar da ressalva do próprio autor:

> O amplo acesso à cultura tradicional e particularmente a suas obras autênticas é melhor do que a conservação de privilégios culturais para um círculo reduzido desde a base pela riqueza e pelo nascimento. Porém, para se conservar o conteúdo de conhecimento dessas obras, precisa-se de capacidades espirituais e de uma consciência intelectual que não estejam adaptadas ao modo de atuar e de pensar desejado pela civilização dominante nos países industriais avançados. (Marcuse, 2001, p. 74-75)

A popularização da escrita certamente trouxe preocupações legítimas para os pensadores da Grécia Antiga e, principalmente, para os poetas de ofício, mas também possibilitou um alargamento da memória e uma aceleração do desenvolvimento técnico da humanidade. Essa nova possibilidade de recordar e, portanto, de acúmulo de conhecimento conduziu o homem à racionalidade técnica e à reprodutibilidade alienada, expulsando os mitos, ritos e rituais da memória coletiva e, nas palavras de Walter Benjamin em "O narrador" (1986), causando uma "crise da narrativa". Esse empobrecimento da memória também foi preocupação de Marcuse (2001, p. 79-80), que afirma:

> Parece que a substância intraduzível se dissolve agora num processo de tradução que prejudica não apenas o sobre-humano e o sobrenatural (religião) mas também os conteúdos culturais naturais, humanos (literatura, arte, filosofia): os conflitos radicais, irreconciliáveis, de amor e ódio, esperança e medo, liberdade e necessidade, sujeito e objeto, bem e mal tornam-se manipuláveis, compreensíveis, normais – numa palavra, referidos ao comportamento. Não só os deuses, os heróis, os reis e os cavaleiros, cujo mundo era o da tragédia, da balada, da canção e da festa, estão desaparecidos, mas também muitos enigmas, que eles não podiam resolver, muitas lutas decididas pelas armas, muitas forças e muitos temores que deviam enfrentar. Uma dimensão cada vez maior de forças invictas (e invencíveis) é vencida agora pela racionalidade tecnológica.

O conflito entre memória e escrita, medo de Platão repetido incessantemente a cada nova inovação tecnológica, concretizou-se de outra forma na sociedade contemporânea. No ambiente da massificação das informações e da cultura digital, em que as memórias artificiais estão cada vez mais presentes, os temas da desumanização da comunicação e das relações humanas, da banalização da cultura, da entropia, do déficit de atenção dos sujeitos[7], do esquecimento e da obsolescência, do desencantamento das narrativas se colocam fortemente como desafios para os comunicadores e relacionadores. A interpretação da narrativa, como descreve o psicólogo social Jerome Bruner (2001, p. 131), "é profundamente afetada por circunstâncias culturais e históricas".

O pesquisador francês Dominique Wolton (2006) afirma, refletindo sobre a sociedade contemporânea, que a comunicação não é possível apenas no nível informacional, das memórias técnicas, e que é dificultada pelas novas tecnologias e pelo intenso volume de mensagens cotidianas:

> A comunicação, isto é, a intercompreensão, não é proporcional à eficácia das técnicas. Complexa por natureza, a comunicação complicou-se ainda mais nestes últimos trinta anos, devido ao progresso técnico. Hoje em dia todo mundo vê tudo ou quase tudo, mas percebe, ao mesmo tempo, que não compreende melhor o que acontece. A visibilidade do mundo não basta para torná-lo mais compreensível. [...] Na ponta dos canais e das redes, encontramos frequentemente a incompreensão, para não dizer a "incomunicação". (Wolton, 2006, p. 18-19)

A consequência desse excesso de informações e da atenção difusa é, sobretudo, a escassez de experiências, um contexto que não permite tempo e espaço para os sentidos e para os afetos, o que prejudica a memória individual e coletiva. "Os efeitos da tecnologia comunicativa", descreve Marshall McLuhan (1964, p. 52), "não ocorrem aos níveis das opiniões e dos conceitos: eles se manifestam nas relações entre os sentidos e nas estruturas de percepção". Em *A memória coletiva* (2004), Maurice Halbachs exemplifica como a falta de afeto e sentido pode prejudicar a construção da memória:

> Para que nossa memória se auxilie com a dos outros, não basta que eles nos tragam seus depoimentos: é necessário ainda que ela não tenha cessado de concordar com suas memórias e que haja bastante pontos de contato entre uma e as outras para que a lembrança que nos recordam possa ser reconstruída sobre um fundamento comum. (Halbachs, 2004, p. 38)

---

7. A "síndrome do déficit de atenção" é caracterizada pela incapacidade do indivíduo de "focalizar sua atenção durante qualquer duração razoável de tempo" (Holmes, 1997, p. 331).

Em uma nova realidade digital, com múltiplas possibilidades de interação e a quantidade de informação disponível, tanto o indivíduo quanto a organização precisam se adaptar a um novo ritmo do viver, a uma nova forma de compreender os estímulos e uma nova forma de afetar e ser afetado, de se desenvolver a partir da comunicação. Nesse contexto de excessos informacionais, os comunicadores se distanciam de práticas construtoras de afetos e reproduzem uma narrativa desencantada, como a descrita por Herbert Marcuse, não incentivando o processo social dinâmico, inclusivo e participativo, que reforça os laços sociais e, portanto, a memória coletiva. Essa crise da narrativa foi prevista, ainda nos anos 1930, por Walter Benjamin (1986, p. 200), que descrevia um ambiente em que "as experiências deixam de ser comunicáveis". Se não conseguimos expressar nossas experiências, a vida se torna um encadeamento de acontecimentos sem conexão, sem enredo: sem narrativa.

> A informação só tem valor no momento em que é nova. Ela só vive nesse momento, precisa entregar-se inteiramente a ele e sem perda de tempo tem que explicar-se nele. Muito diferente é a narrativa. Ela não se entrega. Ela conserva suas forças e depois de muito tempo ainda é capaz de se desenvolver. (Benjamin, 1986, p. 204)

Ao mesmo tempo, vivemos uma época de "hipertrofia da memória", também potencializada pelas novas tecnologias digitais e sociais, sem que haja uma reflexão histórica profunda sobre ela. A popularização dos memoriais – como, por exemplo, o Memorial da Guerra do Vietnã em Washington, nos Estados Unidos, ou os muitos memoriais do Holocausto espalhados pelo mundo – parece ser um dos sintomas dessa hipertrofia. Para Andreas Huyssen, isso seria "algo análogo, talvez, à tentativa de Nietzsche de compreender a hipertrofia da história no século XIX", como Huyssen escreve em seu livro *Culturas do passado-presente* (2014, p. 140):

> Está bem patente que o recente surto de expansão da memória é o outro lado da confiança decrescente no futuro das sociedades ocidentais. Comparados às promessas de progresso de uma época anterior, os atuais imaginários do futuro sofrem uma confiança anêmica.

Essa hipertrofia, entretanto, não reflete necessariamente um reforço da memória, como o próprio Huyssen (2014, p. 140) destaca: "Embora os discursos sobre a memória estejam firmes e fortes, as vozes céticas que duvidam da eficácia da memória popular têm-se elevado".

Memória e narrativa no contexto das organizações

A contemporaneidade traz para a comunicação organizacional o desafio de produzir narrativas que enfrentem e superem o enfraquecimento da identidade, da memória e da ação coletiva, decorrente dos questionamentos em relação aos significados e sentidos das denominadas metanarrativas[8] organizacionais. Essas narrativas de essência abrangente estão, geralmente, expressas no âmbito dos ideários organizacionais, constituídos por identidades, valores, missões e visões.

Faz-se necessário destacar que, além de suas expressões textuais, as narrativas organizacionais se fazem presentes também na vida cotidiana, na forma como os processos de trabalho são organizados, no *éthos* de cada empresa e instituição e no espaço arquitetado. Essa maior abrangência da narrativa organizacional impõe ao pesquisador e ao comunicador um olhar de perspectiva antropológica sobre as relações contextualizadas no tempo e o espaço de empresas e instituições. Uma perspectiva que entende o ser humano como elemento fundamental na produção e na recepção de narrativas, no ambiente do trabalho. Mais do que isso, que reconheça o ser humano como ator com a potência de organizar e ser organizado pela narrativa do trabalho.

O sociólogo Jean-François Chanlat (1991, p. 15-45) clama por uma pesquisa científica que assuma um olhar antropológico sobre as organizações, entendendo o ser humano como "um ser, ao mesmo tempo, genérico e singular", "um ser ativo e reflexivo", "um ser de desejo e pulsão", "um ser espaçotemporal", "um ser objeto e sujeito de sua ciência" e, sobretudo, "um ser da palavra" e "um ser simbólico". Para o autor francês, essa amplitude de entendimento do ser humano no âmbito organizacional, por parte do pesquisador, afasta-o de perspectivas simplistas, mecânicas, instrumentais, elitistas, utilitaristas e universalistas. Abre-se, para o comunicador, uma perspectiva que entende a empresa e a instituição como estruturas polifônicas, compostas de multinarrativas sobre o trabalho, seus protagonistas e seus efeitos. Nesse contexto, e especificamente sobre a narrativa, Chanlat (1991, p. 29) destaca que

> a construção da realidade e as ações que pode empreender o ser humano não são concebidas sem se recorrer a uma forma de qualquer de linguagem. É graças a esta faculdade de expressar em palavras a realidade, tanto interior quanto exterior, que se pode aceder ao mundo das significações.

---

8. Por metanarrativa entendemos a narrativa que busca um relato central, agregador de grande conhecimento referencial e definitivo sobre determinado tema.

O comunicador tem, então, a tarefa maior de pensar e produzir a estrutura narrativa sobre o qual se embasa a realidade organizacional. Tarefa de caráter dialógico que, no dia a dia das organizações, é transformada em mera ordem a ser cumprida, transmitida do comando para os subordinados em um fluxo meramente descendente da cadeia de comando, seguindo a velha organização racional do trabalho. Ao perder sua dimensão comunicacional relacionada à expressão da subjetividade, o trabalho transforma-se em uma experiência desumanizada, sem as marcas da identidade, do *éthos*, da história e da memória daqueles que o viabilizaram.

Nessa cadeia voltada para a transmissão das informações do poder, o "nós" proposto nas narrativas de estado, instituições e empresas não é necessariamente o "nós" dos indivíduos, em seus papéis de cidadãos, eleitores, contribuintes, empregados, entre outros. Cada vez mais, pessoas norteiam seus caminhos e suas recusas para além das doutrinas e do ideário dos protagonistas organizacionais tradicionais. Ao lado de uma grande história organizacional, emerge um vasto continente de histórias de pessoas não consideradas como protagonistas da história. Moisés Naím, em sua obra *O fim do poder* (2013), denominou esses novos atores "micropoderes", que desafiam o monopólio do discurso da metanarrativa:

> Insurgentes, novos partidos políticos com propostas alternativas, jovens empresas inovadoras, *hackers*, ativistas sociais, novas mídias, massas sem líderes ou organização aparente que de repente tomam praças e avenidas para protestar contra seu governo ou contra personagens, carismáticos que parecem ter "surgido do nada" e conseguem entusiasmar milhões de seguidores ou crentes são apenas alguns dos exemplos dos muitos novos atores que estão fazendo tremer a velha ordem. Nem todos são respeitáveis ou dignos de elogios; mas cada um está contribuindo para a degradação do poder daqueles que até agora o detinham de maneira mais ou menos assegurada: os grandes exércitos, partidos políticos, sindicatos, conglomerados empresariais, igrejas ou canais de televisão. (Naím, 2013, p. 82)

Novos olhares e novas narrativas

Os pilares epistemológicos baseados na tradição da narrativa dos vencedores, que destaca apenas os grandes personagens, têm sido abalados pelos acontecimentos de narrativas concorrentes, como a narrativa do cotidiano e a narrativa política. Surgem novos olhares, novas pesquisas, novos protagonistas e novos temas a ser narrados.

Essa nova sensibilidade faz Peter Burke (1992, p. 10-11) concluir que "o paradigma tradicional, a história [tradicional] diz respeito essencialmente à política"; e, ainda, resgatar a frase vitoriana de Sir John Seeley, catedrático de História em Cambridge, que afirmava que a "história é a política passada: política é a história presente". O campo de visão fechado da tradição não alcançava outros aspectos da ação humana que poderiam se desdobrar em narrativas. Jacques Le Goff, historiador francês associado à École des Annales, foi um dos protagonistas no combate à narrativa histórica conservadora ao reunir na revista *La nouvelle histoire* ensaios que apresentavam "novos problemas", "novas abordagens" e "novos objetos". Burke (1992) destaca, em um resumo, a expressão "história total" como definidora dos *Annales* e de outros pesquisadores com olhar abrangente sobre a atividade humana. Sobre a emergência e a evolução dessas novas narrativas históricas, o autor ressalta que, na primeira metade do século,

> nos deparamos com várias histórias notáveis de tópicos que anteriormente não se havia pensado possuírem uma história, como, por exemplo, a infância, a morte, a loucura, o clima, os odores, a sujeira e a limpeza, os gestos, o corpo, a feminilidade, a leitura, a fala e até mesmo o silêncio. (Burke, 1992, p. 11-12)

Na análise de Burke, uma nova narrativa histórica deve se afastar da "visão de cima", da concentração apenas nos grandes feitos dos grandes homens, de estadistas, generais ou ocasionalmente eclesiásticos; deve se afastar da visão que destina ao restante da humanidade um papel secundário no "drama da história". Essa foi uma mudança radical promovida pelos historiadores da École des Annales, que se propuseram examinar e entender a "história vista de baixo". Para Burke (1992, p. 13), isto se fez "com as opiniões das pessoas comuns e com a experiência da mudança social", além do deslocamento da atenção dos grandes livros, das grandes ideias e dos grandes homens "para a história das mentalidades coletivas ou para a história dos discursos ou 'linguagens'".

O alargamento da visão acerca da narrativa histórica questiona, também, as bases documentais de sua construção: é limitada uma história baseada apenas em registros oficiais oriundos de arquivos. "Os registros oficiais em geral expressam o ponto de vista oficial. Para reconstruir as atitudes dos hereges e dos rebeldes, tais registros necessitam ser suplementados por outros tipos de fonte", escreve Burke (1992, p. 14). De qualquer modo, complementa o historiador inglês, se os historiadores estão mais preocupados que seus antecessores com uma maior variedade de atividades humanas, devem examinar uma maior variedade de evidências. Algumas dessas evidências são visuais, outras orais [...]. Há também evidência estatística: dados comerciais, dados populacionais, dados eleitorais etc. (idem)

Se a história tradicional prega uma narrativa objetiva, o novo olhar histórico considera essa perspectiva irrealista. Burke é categórico em afirmar sua crítica:

> Por mais que lutemos arduamente para evitar os preconceitos associados à cor, credo, classe ou sexo, não podemos evitar o passado de um ponto de vista particular. O relativismo cultural obviamente se aplica, tanto à própria escrita da história, quanto a seus chamados objetos. Nossas mentes não refletem diretamente a realidade. Só percebemos o mundo através de uma estrutura de convenções, esquemas e estereótipos, um entrelaçamento que varia de uma cultura para outra. (ibidem, p. 15)

Esse novo olhar, em sua opinião (p. 16), encoraja o historiador a ser interdisciplinar, "no sentido de aprenderem a colaborar com antropólogos sociais, economistas, críticos literários, psicólogos, sociólogos etc."

Perspectivas da narrativa organizacional

Os padrões narrativos das organizações se consolidaram a partir do final do século XVIII, tendo como referência o *éthos* das instituições religiosas e militares. Não por acaso, o discurso organizacional era – e tem sido – fortemente hierarquizado e marcado pela obediência às ordens emanadas do comando. No início do século XX, essas narrativas buscaram legitimação no conhecimento e nos modelos administrativos, produzido principalmente nos Estados Unidos e na Europa.

Frederick Winslow Taylor, engenheiro mecânico estadunidense, e Henri Fayol, engenheiro de minas francês, propuseram metodologias gerenciais voltadas para a organização do trabalho, com forte ênfase na observação do cotidiano das linhas de produção e no gerenciamento (Nassar, 2012). O olhar vigilante era norteado não pelo que se fala ou se escreve no ambiente de trabalho, mas pelo tempo gasto na execução de cada tarefa. Esse modelo traz consigo um *éthos* que atribui à conversa um valor negativo: o de perda de tempo produtivo. Assim, a metanarrativa organizacional se distancia dos atributos humanos, incluindo a fala e, no plano subjetivo, as pulsões de vida e de morte.

Em crise, as narrativas tradicionais de comando e de transmissão de conhecimento foram descentradas diante das tecnologias informacionais que, potencialmente, podem partilhar o comando e difundir o conhecimento com base em um novo ambiente sociotécnico. Essa nova realidade produz novas narrativas com forte sentido individual, ligadas à subjetividade, à afetividade e à busca interior, características das denominadas micronarrativas. Adaptar-se a essas mudanças e aproximar-se da subjetividade da psique das empresas e instituições são os grandes desafios da narrativa organizacional no futuro próximo.

O estudo da memória: uma visão interdisciplinar

A partir desse quadro epistemológico, destacaremos aqui, de forma sucinta, um olhar interdisciplinar de algumas relações entre memória e narrativa, principalmente no contexto contemporâneo de empresas e instituições.

O árduo e constante embate entre memória e esquecimento permeia diversos campos do conhecimento. Biologia, Fisiologia, Sociologia, Psicologia, Filosofia, História, Arquitetura, Direito, Literatura, Tecnologias da Informação, Artes e Comunicação são apenas algumas das muitas disciplinas que pesquisam a memória e dão aos seus estudos, com base em seus lugares de fala e da intensidade como se relacionam seus saberes, suas características disciplinares, pluridisciplinares ou multidisciplinares, transdisciplinares ou interdisciplinares.

Essas inúmeras disciplinas, de maneira singular ou interfaceada, estudam a memória em seus aspectos individual, social ou cognitivo. Procuram explicá-la sempre com base em suas definições referenciais, baseadas em sua etimologia originária, que a descreve como energia vital, lembrança, reminiscência, herança, legado, tradição, informação, entre outros.

O fato é que o tema da memória se faz presente em diversos campos do conhecimento, de tal forma que a discussão e as pesquisas relacionadas a ela estabelecem relações com inúmeras ciências. O grande destaque do estudo da memória a partir do olhar da comunicação é a capacidade de estabelecer diferentes níveis de integração com outros campos do conhecimento que também têm a memória como objeto fundamental de interesse.

As integrações nesse campo de estudo são pluridisciplinares, interdisciplinares e transdisciplinares. Com base nessa taxonomia, qualificamos como interdisciplinares as pesquisas que têm a memória como elemento estrutural de sua produção de narrativa, com especificidade marcada no campo da comunicação em organizações.

Considerações finais

A evocação de memórias nos possibilita perceber que nossas vidas fazem parte de algo maior. Uma evocação que nos acompanha enquanto somos vida e nos dá a consciência de uma identidade que, em movimento, se expande além do corpo, da casa, da rua, da comunidade, cidade, do país, sempre transcendente. Lembremos, aqui, a afirmação do poeta inglês John Donne (1839, p. 574-75, tradução nossa), de que "nenhum homem é uma ilha, ensimesmado; cada homem é parte do continente". Esse continente é a história, maior que os sujeitos, que se fazem e permanecem como sujeitos pela capacidade de evocar e trocar, por meio de narrativas, os fatos de suas vidas e dos seus tempos. Perder a capacidade de evocar memórias é perder a possibilidade de organizar – tendo como referências o tempo e o espaço – narrativas singulares e pessoais dos acontecimentos.

Temos a possibilidade, por meio de narrativas baseadas na evocação de nossas memórias, de transmitir e compartilhar os frutos de nossas experiências. Sem as narrativas – nas suas mais diferentes formas – somos matéria desorganizada, sem sentido e sem significado. Sentido que orienta os nossos movimentos e nos aponta os aspectos críticos de cada direção. Significado que nos traz as dimensões técnicas, éticas e estéticas das informações e narrativas que recebemos. Enfim, uma elaboração cognitiva que gera uma percepção do que somos e dos ambientes que nos envolvem.

Nessa linha identitária, Ricoeur (2007, p. 23) pergunta: "Lembrar-se de alguma coisa é, de imediato, lembrar-se de si?" A importância do relato da experiência de cada sujeito, homens e mulheres, como narradores foi salientada por Benjamin ao destacar o silêncio que marcava a volta dos soldados sobreviventes da Primeira Grande Guerra. Sem narrativas, não somos nada. "A linguagem é nosso denominador comum" (Manguel, 2008, p. 15). Como narradores, desenhamos as nossas digitais no espaço e no tempo da narrativa. Sem o que contar, murchamos. A narrativa compartilhada somos nós. A perda de sua dimensão social, acontecida no âmbito das conversas, é a perda de nossa historicidade. Empresas e instituições que não se abrirem para essa nova realidade narrativa estão fadadas ao esquecimento, que, na visão dos gregos, é a pior de todas as mortes.

Referências

BENJAMIN, Walter. "O narrador: considerações sobre a obra de Nikolai Leskov". In: BENJAMIN, Walter. *Obras escolhidas*. 2. ed. São Paulo: Brasiliense, 1986, p. 197-221.

BERGSON, Henri. *Matéria e memória*: ensaio sobre a relação do corpo com o espírito. São Paulo: Martins Fontes, 1999.

BRUNER, Jerome Seymour. *A cultura da educação*. Porto Alegre: Artmed, 2001.

BURKE, Peter (org.). *A escrita da história*: novas perspectivas. São Paulo: Ed. da Unesp, 1992.

CANDAU, Joel. *Memória e identidade*. São Paulo: Contexto, 2011.

CASALEGNO, Federico. *Memória cotidiana: comunidades e comunicação na era das redes*. Porto Alegre: Sulina, 2006.

CHANLAT, Jean François. "Por uma antropologia da condição humana nas organizações". In: CHANLAT, Jean François (org.). *O indivíduo na organização: dimensões esquecidas*, v. 1. São Paulo: Atlas, 1991.

COGO, Rodrigo; NASSAR, Paulo. "A história e a memória na comunicação organizacional: um estudo da narrativa da experiência para atratividade dos públicos". *Animus*, Santa Maria, v. 10, 2011, p. 3-19.

_____. "Entre o passado, o presente e o futuro: subsídios para a comunicação organizacional no embate entre inovação, história e memória". *Revista Brasileira de História da Mídia*, v. 2, n. 1, 2013, p. 125-33.

CV – Comissão da Verdade do Estado de São Paulo "Rubens Paiva". *Infância roubada: crianças atingidas pela ditadura no Brasil*. São Paulo: Alesp, 2014.

DEBORD, Guy. *A sociedade do espetáculo*. Rio de Janeiro: Contraponto, 1997.

DONNE, John. *The works of John Donne*. Vol. III. Londres: John W. Parker, 1839.

FINKIELKRAUT, Alain. *La mémoire vaine: du crime contre l'humanité*. Paris: Galimard, 1989.

FRANK, Anne. *O diário de Anne Frank* [1942-1944]. São Paulo: Record, 2000.

GABEIRA, Fernando. *O que é isso, companheiro?* São Paulo: Codeci, 1979.

GAGETE, Elida; TOTINI, Beth. "Memória empresarial: uma análise da sua evolução". In: NASSAR, Paulo (org.). *Memória de empresa: história e comunicação de mãos dadas, a construir o futuro das organizações*. São Paulo: Aberje, 2004.

GAGNEBIN, Jeanne Marie. *Sete aulas sobre linguagem, memória e história*. Rio de Janeiro: Imago, 2005.

GERAS, Norman. "Fetichismo". In: BOTTOMORE, Tom. *Dicionário do pensamento marxista*. Rio de Janeiro: Jorge Zahar, 2006, p. 149-50.

GLEICK, James. *A informação: uma história, uma teoria, uma enxurrada*. São Paulo: Companhia das Letras, 2013.

HALBWACHS, Maurice. *A memória coletiva*. São Paulo: Centauro, 2004.

HOBSBAWM, Eric; RANGER, Terence (orgs.). *A invenção das tradições*. Rio de Janeiro: Paz e Terra, 1997.

HOLMES, David S. *Psicologia dos transtornos mentais*. 2. ed. Porto Alegre: Artes Médicas, 1997.

HOMERO. *Ilíada*. Canto VI, 145. Lisboa: Livros Cotovia e Frederico Lourenço, 2010.

HUYSSEN, Andreas. *Culturas do passado-presente*: modernismos, artes visuais, políticas da memória. Rio de Janeiro: Contraponto; Museu de Arte do Rio, 2014.

ISAACSON, Walter. *Os inovadores*: uma biografia da revolução digital. São Paulo: Companhia das Letras, 2014.

KANT, Immanuel. *Fundamentação da metafísica dos costumes*. Trad. e notas de Antônio Pinto de Carvalho. São Paulo: Companhia Editorial Nacional, 1964.

KUNSCH, Margarida M. Krohling (org.). *A comunicação como fator de humanização nas organizações*. São Caetano do Sul: Difusão Editora, 2010.

LANZMANN, Claude. *Shoah.* 1985. Documentário.

LE GOFF, Jacques. *A história nova*. São Paulo: Martins Fontes, 2001.

LEVI, Primo. *É isto um homem?* Rio de Janeiro: Rocco, 1988.

MANGUEL, Alberto. *A cidade das palavras*: as histórias que contamos para saber quem somos. Trad. de Samuel Titan Jr. São Paulo: Companhia das Letras, 2008.

MARCUSE, Herbert. *Cultura e psicanálise*. Trad. de Wolfgang Leo Maar, Isabel Loureiro e Robespierre de Oliveira. São Paulo: Paz e Terra, 2001.

McLUHAN, Marshall. *Os meios de comunicação como extensões do homem*. São Paulo: Cultrix. 1964.

MEIHY, José Carlos Sebe Bom. *Manual de história oral*. São Paulo: Loyola, 1996.

MORGAN, Gareth. *Imagens da organização*. São Paulo: Atlas, 1996.

NAÍM, Moisés. *O fim do poder*. Rio de Janeiro: Leya, 2013.

NASSAR, Paulo. *Relações públicas*: a construção da responsabilidade histórica e o resgate da memória institucional das organizações. 3. ed. São Caetano do Sul: Difusão Editora; Rio de Janeiro: Ed. Senac Rio, 2012.

NASSAR, Paulo; COGO, Rodrigo. "Identidade é o território organizado e assegurado pela memória e pelas narrativas". *Organicom – Revista Brasileira de Comunicação Organizacional e Relações Públicas*, a. 11, n. 20, 1. sem. 2014, p. 50-60.

NASSAR, Paulo; FARIAS, Luiz Alberto de. "O tempo que não nos pertence". *Organicom – Revista Brasileira de Comunicação Organizacional e Relações Públicas*, a. 11, n. 20, 1º sem. 2014, p. 11-13.

NASSAR, Paulo; RIBEIRO, Emiliana Pomarico. "Novas e velhas narrativas". *Revista Eletrônica do Coletivo Estudos de Estética*, v. 8, p. 1-10, 2012. Disponível em: <http: www.usp.br/ estetica/index.php/artigo-6-revista-8>. Acesso em: 15 nov. 2014.

NORA, Pierre. "Entre memória e história: a problemática dos lugares". Trad. de Yara Khoury. *Projeto História. Revista do Programa de Estudos Pós-Graduados em História e do Departamento de História da PUC-SP*, São Paulo, n. 10, dez. 1993, p. 7-28.

PETHES, Nicolas; RUCHATZ R., Jens. *Dizionario della memoria e del ricordo*. Milão: Bruno Mondador, 2002, p. 349.

PROUST, Marcel. *No caminho de Swann: à sombra das moças em flor*. Rio de Janeiro: Ediouro, 2002.

RICOEUR, Paul. *A memória, a história, o esquecimento*. Campinas: Ed. da Unicamp, 2007.

SANCHES, Mariana. "Livro reúne histórias de crianças presas, torturadas ou exiladas durante a ditadura no Brasil". *O Globo*, 8 nov. 2014. Disponível em: <http://oglobo.globo.com/

cultura/livros/livro-reune-historias-de-criancas-presas-torturadas-ou-exiladas-durante-
-ditadura-no-brasil-14496104>. Acesso em: 30 nov. 2014.

SANDEL, Michael. *O que o dinheiro não compra*. Rio de Janeiro: Civilização Brasileira, 2012.

SANTO AGOSTINHO. *Confissões*. São Paulo: Paulus, 1984.

SELIGMANN-SILVA, Márcio (org.). *História, memória, literatura: o testemunho na era das catástrofes*. Campinas: Ed. da Unicamp, 2003.

SEMPRÚN, Jorge. *A grande viagem*. São Paulo: Mercuryo Jovem, 2006 [ed. orig.: 1963].

_____. *A escrita ou a vida*. São Paulo: Companhia das Letras, 1995 [ed. orig.: 1994].

SOUZA, Gisele Pereira; NASSAR, Paulo. "Disseminação da informação em comunicação empresarial: o caso do Centro de Memória e Referência da Aberje". *Revista CRB-8 Digital*, São Paulo, v. 3, n. 2, dez. 2010, p. 18-28. Disponível em: <http://revista.crb8.org.br/index.php/crb8digital/article/view/51/53>. Acesso em: 4 dez. 2014.

THOMPSON, Paul. *A voz do passado: história oral*. Rio de Janeiro: Paz e Terra, 1992.

VARGAS LLOSA, Mario. *A civilização do espetáculo: uma radiografia do nosso tempo e da nossa cultura*. Rio de Janeiro: Objetiva, 2013.

VENTURA, Zuenir. *1968: o ano que não terminou*. São Paulo: Nova Fronteira, 1989.

VIRILIO, Paul. "O paradoxo da memória do presente na era cibernética". In: CASALEGNO, Federico. *Memória cotidiana: comunidades e comunicação na era das redes*. Porto Alegre: Sulina, 2006.

WIESEL, Elie. *A noite*. São Paulo: Texto Editores, 2012 [ed. orig.: 1958].

WOLTON, Dominique. *É preciso salvar a comunicação*. São Paulo: Paulus, 2006.

WORCMAN, Karen. "Memória do futuro: um desafio". In: NASSAR, Paulo (org.). *Memória de empresa: história e comunicação de mãos dadas, a construir o futuro das organizações*. São Paulo: Aberje, 2004.

YATES, Frances Amelia. *A arte da memória*. Campinas: Ed. da Unicamp, 2007.

5. Responsabilidade social: das organizações às instituições

Mariângela Furlan Haswani

Visão geral do capítulo

Desde que a globalização se consolidou no cenário internacional e os Estados passaram a cuidar de seus interesses fora de seus territórios nacionais, as concessões dos serviços essenciais internos para as organizações privadas trouxeram à assinatura oficial experiências de comunicação e relações públicas experimentadas no mercado. Nelas, o relacionamento estabelecido para conquistar e manter públicos visando à obtenção de lucro sugere a necessidade de uma transformação radical: a responsabilidade social, opcional nas organizações, é constitucional e indispensável nos serviços estatais sob concessão. O texto traz uma reflexão sobre essas experiências nas atividades de uma concessionária para verificar como e se a responsabilidade social praticada no Seconci, organização do terceiro setor criada pela indústria da construção civil para atendimento aos seus empregados, obteve adaptação e sucesso na transição para responsabilidade constitucional do Estado, como organização social da saúde (OSS).

Objetivos do capítulo

*   Apurar a presença de ações de comunicação de responsabilidade social nas organizações constitutivas de organizações sociais que hoje detêm a concessão de serviços públicos, antes da obtenção das concessões.
*   Apurar o desenvolvimento dessas ações preexistentes no período de trabalho sob concessão.
*   Sobrepor as atividades (atuais) às classificações da comunicação pública governamental.

Introdução

A comunicação organizacional desenvolveu suas bases, no Brasil, a partir da gênese do jornalismo empresarial e das primeiras iniciativas desse campo, sistematizadas com grande repercussão no meio profissional em um projeto de comunicação da Rhodia. Ainda nos anos 1980, migrou rapidamente para o campo mais abrangente de relações públicas e cresceu exponencialmente na década seguinte como comunicação organizacional entre empresas, profissionais e pesquisadores do meio acadêmico. Hoje, dispõe de literatura farta e consolidada; alguns autores desfrutam de trânsito e respeito internacionais.

Menos ágil e interessante ao crescimento dos mercados e do modo de produção capitalista, a comunicação governamental, esboçada em fins dos anos 1980 na obra *Comunicação empresarial/comunicação institucional* (1986), de Francisco Gaudêncio Torquato do Rego, só passou a ser objeto de interesse de profissionais e estudiosos no alvorecer do século XXI. Nesse intervalo, o processo de redemocratização mobilizou um impressionante movimento no marketing político e na propaganda eleitoral, direcionando a comunicação governamental para a esfera político-partidária. Se, de um lado, esse equívoco retardou – e muito! – o interesse pela profissionalização da área de comunicação nos três poderes, de outro, apontou o caminho desses estudos no universo da esfera pública habermasiana, hoje tratada como *capital social*.

Quando a globalização ganha fôlego, no final do século XX, e o Estado precisa voltar atenção e esforços às tratativas internacionais, entram em cena as organizações do terceiro setor – privadas, mas sem finalidade lucrativa – para assumir serviços essenciais entregues pelos governos mediante concessões. As organizações não governamentais, com pouco espaço nos meios de comunicação de massa e praticando, geralmente, uma comunicação de sobrevivência, carecem agora de um novo comportamento nesse campo.

Com base nisso, o texto analisa a comunicação do Serviço Social da Construção Civil (Seconci), ligado ao empresariado da construção civil, e as transformações sofridas ao tornar-se uma organização social da saúde (OSS) e assumir a gestão de hospitais do governo do estado de São Paulo e unidades de assistência médica ambulatorial (AMAs), da prefeitura de São Paulo – passando a exercer funções de comunicação pública governamental.

A reflexão se justifica pelo fato de, com grande frequência, profissionais e pesquisadores da comunicação organizacional defenderem sua aplicabilidade à comunicação pública governamental como natural, geralmente ignorando diferenças fundamentais entre organizações e instituições estatais e, consequentemente, na comunicação por elas praticada.

Companhias privadas, do segundo setor, têm na origem dos seus recursos e na finalidade dos lucros obtidos alguns interessados – outras empresas, investidores individuais, acionistas. Os públicos com que se relacionam são escolhidos na medida em que contribuem para a manutenção e o aumento dos lucros: fornecedores, consumidores, prestadores de serviços etc. Mesmo sob a égide da responsabilidade social empresarial, legitimamente revertem a boa reputação obtida com essas ações coletivas em boa reputação e credibilidade voltadas também para o lucro.

No terceiro setor, as organizações privadas não governamentais e sem objetivo de obtenção de lucro empregam recursos de origens diversas – doações do mercado, incentivos estatais, entre outros – na consecução de ações voltadas ao interesse geral. Diferenciam-se das instituições governamentais por prestarem contas apenas àquelas mantenedoras, oficiais ou não. Atuam se assim se dispuserem a fazer: nada as obriga, além dos seus próprios estatutos, passíveis de mudanças mediante decisão de seus órgãos superiores.

No primeiro setor, o Estado, os recursos vêm de contribuintes que, compulsoriamente, alimentam os caixas das instituições governamentais. Sua finalidade é organizar a sociedade e provê-la dos meios necessários à realização da plena cidadania e ao gozo dos direitos constitucionais. Atuam porque a lei maior assim ordena e não podem sofrer nenhuma alteração que reduza direitos fundamentais, individuais ou coletivos.

Entre o Estado e o mercado, as organizações não governamentais crescem exponencialmente em todo o mundo, inclusive no Brasil. Às vezes oriundas de movimentos populares, às vezes eleitas por companhias privadas para solução de demandas que afetam sua produção, outras vezes como contribuição privada ao desenvolvimento de algum setor específico de atuação, elas respondem, hoje, por uma parcela importante das ações sociais como concessionárias estatais ou para cobrir espaços não contemplados pelo Estado e pelo mercado.

Comunicação organizacional: funções de mercado

A partir dos anos 1980, gradativamente a comunicação organizacional firmou-se como fundamental nos processos administrativos das empresas contemporâneas, interligando contextos (econômico, político e social) internos e externos, como meio de destacar suas *performances* no mar de informações produzido pelas novas tecnologias e pelo avanço das redes sociais digitais.

Na concepção de Margarida Kunsch (2003, p. 245), a comunicação organizacional é "a disciplina que estuda como se processa o fenômeno comunicacional dentro das organizações no âmbito da sociedade global. Ela analisa o sistema, o funcionamento e o processo de comunicação entre a organização e seus diversos públicos". Para tanto, envolve quatro modalidades de comunicação (a institucional, a mercadológica, a interna e a administrativa) reunidas no *composto de comunicação integrada* (Kunsch, 2003), que mostra a necessidade de essas modalidades atuarem juntas, sem isolamento nem reducionismo.

A *comunicação institucional* incumbe-se da construção da imagem e da identidade de uma companhia. "Formatar uma comunicação da organização em si, como sujeito institucional, perante seus públicos, a opinião pública e a sociedade em geral" (Kunsch, 2003, p. 166) implica empregar as ações de relações públicas – para lhe dar um posicionamento coerente com sua missão e seus valores, mas também do jornalismo empresarial, da assessoria de imprensa, da publicidade e do marketing, em suas diversas categorias. A *comunicação mercadológica* é responsável por toda a produção comunicativa em torno dos objetivos de marketing se encarrega "de todas as manifestações simbólicas de um *mix* integrado de comunicação persuasiva para conquistar o consumidor e os públicos-alvo estabelecidos pela área de marketing" (Kunsch, 2003, p. 164). A *comunicação interna* envolve um conjunto de ações estratégicas destinadas ao público interno, ou seja, aos empregados das organizações. Compatibilizar a cultura de produção capitalista, direcionada prioritariamente ao lucro, com as relações sociais da produção, vem representando o maior desafio da comunicação interna, muitas vezes oscilando entre condutas do início do século XX e buscas mais modernas de mediação entre os interesses do capital e do trabalho (Kunsch, 2003). Por fim, a *comunicação administrativa* "permite viabilizar todo o sistema organizacional, por meio de uma confluência de fluxos e redes" (Kunsch, 2003, p. 152). Isso lhe atribui a tarefa de fazer fluir a comunicação entre os diferentes níveis hierárquicos e o consequente controle do sistema no campo administrativo.

Fora do composto da comunicação integrada, Kunsch descreveu as funções de relações públicas no processo de planejamento. Entre elas, cabe destacar a função política. Argumenta a autora que "as relações públicas lidam basicamente com as relações de poder dentro das organizações e com a administração de controvérsias, confrontações, crises e conflitos sociais que acontecem no ambiente do qual fazem parte" (2003, p. 109). De todo o aparato apresentado, essa função é a única que admite a existência de divergências, embora elas possam compor também os quadros administrativos, mercadológicos, institucionais e internos da comunicação integrada.

Comunicação pública: funções de estado

Embora bastante reduzido em relação ao universo já consolidado da comunicação organizacional, o módulo anterior apresenta o suficiente para a análise aqui proposta, de sobreposição daquele conteúdo às possíveis aplicações na comunicação pública governamental.

Comunicação institucional

Começando pela comunicação institucional, a comunicação governamental pode, sim, desfrutar dessa função, desde que descartadas as funções de marketing, cujos concepção e desenvolvimento apresentam um vínculo bastante enraizado nas ações do segundo setor, o mercado, e incompatíveis com a natureza estatal.

Pesquisadores da comunicação governamental definem como institucional a comunicação realizada pela administração pública e por quaisquer entes envolvidos com o serviço público cuja finalidade seja a organização de um sistema integrado de comunicação que garanta, em primeira instância, publicidade e compreensão das produções normativas e que assegure serviços de informação "capazes de satisfazer específicas necessidades dos usuários" (Rolando, 1992, p. 138). A condição necessária é que tal atividade seja contínua, inserta em uma estratégia de intervenção com o objetivo de evitar o risco de ações fragmentadas, não coordenadas e incoerentes, e que seja realizada por um quadro dotado de profissionalismo específico. Nessa perspectiva, a comunicação institucional é uma parte da comunicação pública, considerada um grande aglomerado que assume o aspecto de uma atividade prevalentemente informativa, limitada a auxiliar o cidadão a mover-se no labirinto da burocracia.

Alessandro Rovinetti amplia essa perspectiva destacando a articulação da comunicação institucional em uma multiplicidade de funções que ele aponta como "direito, serviço, imagem, diálogo, conhecimento, organização" (Rovinetti, 1992, p. 38). A comunicação das instituições é vista, aí, como um processo que deve, antes de tudo, informar os cidadãos, garantindo o reconhecimento não só formal do direito a serem informados. Da informação, deve-se passar à construção de um diálogo, sabendo-se que não existe um cidadão médio, mas cidadãos diversos; é necessário, portanto, conhecer os próprios públicos de referência, endereçando mensagens focadas e solicitando a possibilidade de resposta. A comunicação, segundo o autor, deve tornar-se ela mesma um serviço que as administrações públicas, dos ministérios às organizações dos municípios, devem fornecer à coletividade. Entre os resultados mais importantes desse processo, Rovinetti (1992, p. 45) sublinha a definição de "uma imagem coordenada e complexa da administração como um todo", imagem que dentro dela sensibiliza o quadro pessoal às escolhas e às estratégias do ente e o orienta a trabalhar para a realização de um projeto, enquanto fora dela dá nova credibilidade à administração, que demonstra ser capaz de dialogar com os próprios cidadãos e mídias.

Franca Faccioli, na mesma direção, considera a comunicação institucional o eixo central da comunicação pública, a base que rege o processo inteiro e condiciona seu sucesso. Se a administração que está em contato cotidianamente com o próprio público não é capaz de promover consciência e responsabilidade, tanto internamente, com seus funcionários, quanto externamente, com seus usuários, sobre as escolhas que orientam as políticas de serviço público, "faltará aquela base de conhecimento comum, sem a qual um processo de comunicação pública não pode se realizar" (Faccioli, 2000, p. 140).

A comunicação da instituição pública de Paolo Mancini (2008) é aquela proveniente das instituições públicas de fato e consideradas pelo objeto da sua atividade. Caracterizam especificamente essa tipologia a comunicação institucional (destinada a promover a imagem das instituições) e a comunicação normativa (que veicula as informações sobre as atividades decisórias). As instituições públicas podem abordar também atividades de comunicação social no momento em que oferecem serviços e promovem valores.

O estudo de Franca Faccioli (2000) acrescenta que a comunicação das instituições públicas atende a duas exigências distintas: informar os cidadãos sobre seus direitos e a transparência; e promover processos de inovação institucional, especialmente na difusão de serviços que respondem às exigências dos cidadãos. Para isso, a comunicação da instituição pública responde a funções precisas: "informar sobre as próprias obras, escutar as exigências dos cidadãos, contribuir para reforçar a relação social, valorizar o cidadão como ator dos processos de transformação e acompanhar a mudança, tanto dos comportamentos quanto da organização social" (Faccioli, 2000, p. 54).

Comunicação mercadológica

No composto da comunicação integrada, a comunicação mercadológica é responsável pelas ações com finalidades de mercado, empregando aí todo o aparato de marketing, como o indispensável suporte das pesquisas de mercado e de produto, responsáveis pelos subsídios necessários à sua aplicação.

Se quisermos aplicar os cânones da comunicação organizacional à comunicação governamental, surge, aqui, uma primeira divergência. De imediato, seria descartada a comunicação mercadológica, não condizente com os conceitos que suportam a noção de estado, mesmo levando em conta obras como a de Philip Kotler (1994), destinadas a organizações que não visam ao lucro. Melhor seria a concepção anterior, de Cândido Teobaldo de Souza Andrade (1993), de *função mediadora*, também estudada por Kunsch ao tratar das funções de relações públicas para o processo de planejamento: "Relações públicas, em uma empresa, não têm em mira, unicamente, informar os seus públicos, mas, precisamente, conseguir estabelecer com eles uma verdadeira comunhão de ideias e atitudes, por intermédio da comunicação" (Kunsch, 2003, p. 106).

Comunicação administrativa

Neste âmbito da comunicação governamental, Gregorio Arena (2004) ressalta dois aspectos importantes. Em primeira instância, lembra que aumentar o conhecimento dos cidadãos a respeito das características da atividade administrativa significa diminuir os riscos que podem ocorrer devido à falta de informação. O autor destaca, ainda, que as modalidades com as quais as administrações comunicam os serviços constituem um indicador significativo da atenção que elas destinam ao cidadão, na medida em que comunicam em primeiro lugar por meio do seu próprio comportamento. Comunicam, por meio de modalidades de divulgação dos próprios serviços, de atitudes dos encarregados em contato direto com o público, o ambiente das repartições e, em geral,

> o modo de ser e de representar das administrações frente aos cidadãos. Uma vez que também as modalidades de comunicação concretizam-se em um comportamento, explica-se por que na comunicação de serviço é importante não somente aquilo que uma administração faz, mas também como o faz, com qual tensão e atenção em relação aos cidadãos. (Arena, 2004, p. 63)

Comunicação interna

De modo geral, pesquisadores e profissionais da comunicação pública governamental dedicam pouco espaço à comunicação interna. No entanto, entre os escritos dos autores citados, chama a atenção o lembrete sobre o papel determinante que o funcionalismo público desenvolve por meio da comunicação interpessoal. É essa a modalidade de relação à qual os cidadãos sempre foram habituados e é parte integrante do serviço. O balcão de informações do posto de saúde ou o atendimento telefônico de um departamento é o cartão de visita que a administração apresenta ao cidadão que busca seu direito ao serviço. A comunicação interna tem, aí, papel preponderante para garantir que o contato se realize com precisão, respeito e gentileza.

A função política

Não existe uma definição unívoca de comunicação política; entre os estudiosos, defende-se que ela se ocupa da relação entre o sistema político, com particular atenção aos partidos políticos e à competição eleitoral, e o sistema das mídias e os cidadãos eleitores. Gianpietro Mazzoleni (1998, p. 61) considera comunicação política "a troca e o confronto dos conteúdos de interesse público-político produzidos pelo sistema político, pelo sistema das mídias e pelo cidadão-eleitor".

> Considerando as características das demais áreas da comunicação pública, a comunicação política pode ser entendida como tendo por objeto temas de interesse geral, mas também de caráter privado, particular dos partidos políticos e de outras instituições, tanto privadas quanto públicas. Essa definição, que encontra concordância na maior parte dos estudiosos, caracteriza os cidadãos como sujeitos de comunicação política em sua veste de cidadãos eleitores e não tanto usuários de serviços públicos, como no caso da comunicação das instituições públicas. (Haswani, 2013, p. 140)

A nosso ver, a comunicação política é uma vertente da comunicação pública. Quando um governo – sempre visto como o braço material do Estado abstrato – publica uma informação ou a disponibilidade de um serviço que garante um direito fundamental, não necessariamente executa um ato político, mas jurídico (princípio da legalidade). Também não necessariamente deseja persuadir as audiências a tomar atitudes ou adotar alguma conduta ou, ainda, dispensar apoio político à administração sob seu mandato (Haswani, 2013).

Do mercadológico ao governamental

Quando Roberto Grandi (2002, p. 23) expõe o quadro da comunicação pública estatal, baseado no conhecido postulado de Harold Lasswell, chama a atenção seu entendimento de *quem* é o agente da comunicação governamental:

> A comunicação realizada por uma administração pública (ente público ou serviço público), seja central ou periférica, e reconhecida como tal; essa atribuição deve poder ser operada por qualquer um, mediante a presença, explícita e clara, da assinatura da fonte.

Observa-se que o autor considera claramente a possibilidade – legítima – de operação dos atos públicos por agentes terceirizados, como concessionários e/ou contratados mediante licitação.

O Seconci

É o caso do Serviço Social da Construção Civil do Estado de São Paulo (**Seconci-SP**), definido em seu site como "entidade filantrópica e sem fins lucrativos, fundada em março de 1964 por um grupo de empresários do setor", tendo como missão "promover ações de assistência social, nela incluídas saúde, educação e demais atividades afins" (Seconci, 2014).

Sediada na capital, a entidade mantém unidades ambulatoriais no ABC paulista e nas cidades de Campinas, Cubatão, Piracicaba, Praia Grande, Ribeirão Preto, Riviera de São Lourenço, Santos, São José dos Campos e Sorocaba, realizando mais de dois milhões de atendimentos anuais, entre consultas médicas e odontológicas, exames e serviços complementares e de apoio.

Até 1998, o Seconci era uma organização do terceiro setor, com mantenedores patronais, atuando no circuito fechado dos empregados e familiares envolvidos no ramo da construção civil. Nesse ano, a entidade foi qualificada como organização social de saúde (OSS) pelo governo do Estado de São Paulo e passou a ser responsável pela gestão do Hospital Geral de Itapecerica da Serra (HGIS), do Hospital Estadual de Vila Alpina (Heva), do Hospital Regional de Cotia (HRC) e do Hospital Estadual de Sapopemba (Hesap). Mais recentemente, e ainda em convênio com a Secretaria de Estado da Saúde, a entidade tornou-se gestora também do Ambulatório Médico de Especialidades (AME) "Dr. Luiz Roberto Barradas Barata", do Centro Estadual de Armazenamento e Distribuição de Insumos de Saúde (Ceadis) e do Serviço Estadual de Diagnóstico por Imagem (Sedi) II.

Adquiriu, então, *status* de órgão público, uma vez que assumiu tarefas do Estado, com verbas públicas e para atendimento a toda a população. Em 2006, qualificou-se como organização social também pelo município de São Paulo, passando a administrar quatro unidades de assistência médica ambulatorial (AMAs), localizadas na zona leste da capital: Hermenegildo Morbim Junior, Vila Califórnia, Vila Oratório e Dr. Ignácio Proença de Gouvêa, que funciona 24 horas. Desde 2008, responde também pela administração do Território Penha/Ermelino Matarazzo, que engloba mais de 40 unidades de saúde, entre unidades básicas de saúde, AMAs, CAPSs e ambulatórios de especialidades.

Comunicação institucional do Seconci

Desde 1992, existe no Seconci uma assessoria de comunicação, ligada à presidência e dirigida por uma profissional da área. Essa assessoria ganhou *status* de gerência em 2009 e passou a contar com uma equipe profissional para atender às novas necessidades da entidade.

As instituições públicas geridas pelo Seconci possuem área própria de comunicação, pois seu trabalho se diferencia daquele realizado na instituição filantrópica. Em todas elas, a área se pauta por um posicionamento estratégico, estando ligada diretamente à superintendência e alinhada à gerência de comunicação do Seconci.

"Um ponto importante", destaca Anne Elise de Oliveira Candal[1], gerente de comunicação de dois hospitais conduzidos pelo Secondi, HGIS e HRC, "é que o relacionamento com a imprensa é realizado pela Assessoria de Imprensa da Secretaria de Estado da Saúde, que centraliza estrategicamente todo o contato com a mídia. Há também, na Secretaria de Estado da Saúde, uma área de comunicação e marketing, que define as diretrizes gerais de comunicação (comunicação visual da fachada, uso da logomarca do governo do estado etc.) e as grandes campanhas estaduais (antitabaco, combate à *influenza* e à dengue etc.)". A eles, na qualidade de aparelho público, cabe desenvolver as ações locais, alinhadas a essas diretrizes".

Propusemos a Anne Elise um rol de questões que nos auxiliassem a apurar a correta adequação das ações comunicacionais às atividades no setor público. As respostas compõem a Tabela 1, a seguir.

---

1. Anne Elise de Oliveira Candal foi entrevistada em profundidade em agosto de 2014.

Tabela 1 – Ações comunicacionais da Seconci

Aspecto/ação	Seconci-SP (patronal)	Seconci - OSS
Quem diz	A instituição filantrópica (o Seconci-SP)	A instituição pública (no caso, o hospital)
A quem diz (definição dos públicos)	• Empresários • Profissionais da construção civil	• Todo cidadão
Meios utilizados	• Impresso (jornal, panfletos etc.) • *Site* • Balanço social	• Impresso (jornal, folder, panfletos etc.) • *Site* • Comunicação visual (banners, placas, painéis etc.)
O que diz	• Sobre a instituição • Sobre seus serviços e como utilizá-los • Como o Seconci-SP é uma instituição filantrópica, há também uma comunicação voltada à prestação de contas para a sociedade, que inclui o balanço social	Nos hospitais sob gestão da Seconci-SP: • Comunicação institucional • Orientações a respeito do Sistema Único de Saúde (como acessar, aonde ir, como proceder) • Os direitos dos pacientes • Os serviços oferecidos • As normas que regem esses serviços
Banco de dados	• Existe, produzido, armazenado e divulgado por ele, principalmente para o público interno	• Envia informações ao Datasus, à Fundação Seade (dados populacionais) e a outras entidades, abrangendo os públicos interno e externo • Retira informações das mesmas entidades
Informação	• Informe aos associados sobre serviços, ações etc. • Recentemente, tem investido mais em assessoria de imprensa	• Informações do serviço (interno e externo) • Cuidados pós-alta • Direitos • SUS • Campanha de doação de órgãos • Casos específicos locais – vide seção "Campanhas de grande porte e de interesse estadual", a seguir
Comunicação (canais disponibilizados)	• Site • Ouvidoria • Murais • Informativos	• Site • SAC (Serviço de Atenção ao Cliente) • Caixas de manifestação • Murais • Informativos Observação: Há também uma preocupação em oferecer à população canais de escuta e participação: existe um Serviço de Atenção ao Cliente, pesquisa de satisfação por amostragem e caixas de sugestões espalhadas pelo hospital, além de um Fale Conosco no site da instituição

Aspecto/ação	Seconci-SP (patronal)	Seconci - OSS
Relacionamento	• Mantém com os associados	• Área de referência – vide seção "Relacionamento da Seconci com pacientes dos hospitais" • Acompanhamento de acidentados – vide seção "Relacionamento com pacientes acidentados"
Quais os resultados (efeitos) esperados	• Criar e fortalecer a imagem institucional	O hospital tem por missão garantir a saúde e contribuir para o aprimoramento do SUS. Dentro dessa perspectiva, a comunicação vai além de criar e fortalecer a imagem institucional, atuando na formação do cidadão e no relacionamento deste com o equipamento público e o Estado

Campanhas de grande porte e de interesse estadual

Campanhas de grande porte e de interesse estadual partem dos conveniados da administração direta, sendo suas peças apenas distribuídas pelas unidades da OSS, como as das campanhas contra a dengue, a H1N1, a aids, entre outras. Dependendo do tipo e da abrangência da ameaça, essa comunicação poderá vir do governo federal ou mesmo da Organização Mundial da Saúde (OMS) – este seria o caso, por exemplo, de propagação do vírus ebola.

Há, porém, casos em que a comunicação é local e circunstancial. Se o setor de controle e vigilância epidemiológica detecta a presença de casos de sarampo naquele local, a própria unidade é encarregada de prover a comunidade de referência de informações, seja em forma de aviso ou de campanha; cada hospital administra isso conforme a necessidade local.

Relacionamento da Seconci com pacientes dos hospitais

O relacionamento do Seconci OSS com pacientes dos hospitais que administra restringe-se às chamadas áreas de referência – território geograficamente sob responsabilidade daquela unidade. Um exemplo é o município de Cotia, cuja única maternidade é o HRC. Quando uma mulher tem seu bebê nesse hospital, é visitada com frequência por agentes da OSS, convidada a participar do banco de leite e, caso concorde, diariamente terá o leite retirado em casa; no dia dedicado ao aleitamento materno, recebe flores e, em ocasiões afins, é convidada para eventos promovidos pelo hospital.

Relacionamento com pacientes acidentados

O relacionamento com pacientes acidentados se dá durante todo o tratamento: UTI, internação, alta, reabilitação e pós-alta. O relacionamento pós-alta é considerado primordial, pois são frequentes os casos em que os pacientes abandonam o tratamento antes do seu término, retornando ao hospital em situação geralmente mais grave.

Considerações finais

A comunicação pública pode ser praticada por agentes públicos ou privados, do mercado e do terceiro setor, dependendo da circunstância em que ela ocorre. De modo geral, quando se trata de uma iniciativa de interesse geral, empresas e ONGs podem ser emissoras das mensagens; configura-se, assim, a comunicação pública. Ocorre, no entanto, que diferenças importantes separam as organizações privadas das instituições públicas quando os temas são a origem das verbas que alimentam a estrutura em questão e a responsabilidade tutelar sobre a saúde e a vida dos cidadãos.

Empregar os pressupostos da comunicação organizacional – disciplina com reconhecido avanço no campo acadêmico –, nos moldes privados, para a comunicação governamental parecia algo equivocado, mas eram apenas suposições. A proposta apresentada, então, foi investigar se uma organização do terceiro setor, mantida por e no interesse de grupos empresariais, percebe e implementa adaptações quando a demanda oficial bate à porta e cobra respostas. O resultado é bastante esclarecedor, mesmo limitado a um brevíssimo trecho dos estudos da comunicação organizacional e a uma igualmente ínfima parcela de comunicação governamental.

Mesmo em companhias preocupadas com o bem-estar de seus empregados, que chegam ao ponto de criar um serviço social específico para isso, como as indústrias da construção civil e o Seconci, a migração para o setor público apontou pelo menos duas necessidades adicionais: a de construir uma área de comunicação estratégica, fortemente vinculada às instâncias decisórias; e a da contemplação de um novo público potencial, censitário, dentro das suas áreas referenciadas.

Além disso, o *status* de público governamental apura as lentes do campo da comunicação. Ela passa a detectar nas pessoas necessidades e potencialidades anteriormente não reveladas porque o limite de suas responsabilidades permanecia aquém dessas fronteiras. É a revelação dos limites da *res publica*, mais ampla, integral, capaz de acolher, censitariamente, toda forma de público.

Referências

ANDRADE, Cândido Teobaldo de Souza. *Para entender relações públicas*. 4. ed. São Paulo: Loyola, l993.

ARENA, Gregorio. "Un nuovo modo di administrare". In: CONVENZIONE NAZIONALE DELLA SUSSIDIARIETÀ. *Cittadinanzattiva Onuls*. Roma, 12 mar. 2004. Disponível em: <www.cittadinanzattiva.it>. Acesso em: 26 nov. 2008.

FACCIOLI, Franca. *Comunicazione pubblica e cultura del servizio*. Roma: Carocci, 2000.

GRANDI, Roberto. *La comunicazione pubblica: teorie, casi, profili normativi*. Roma: Carocci, 2002.

HASWANI, Mariângela Furlan. *Comunicação pública: bases e abrangência*. São Paulo: Saraiva, 2013.

KOTLER, Philip. *Marketing para organizações que não visam lucro*. São Paulo: Atlas, 1994.

KUNSCH, Margarida M. Krohling. *Planejamento de relações públicas na comunicação integrada*. 4. ed. rev., atual. e ampl. São Paulo: Summus, 2003.

MANCINI, Paolo. *Manuale di comunicazione pubblica*. 5. ed. Bari: Laterza, 2008.

MAZZOLENI, Gianpietro. *La comunicazione política*. Bologna: Il Mulino, 1998.

ROLANDO, Stefano. *Comunicazione pubblica: modernizzazione dello stato e diritti del cittadino*. Milão: Ore, 1992.

ROVINETTI, Alessandro. *Quando i muri parlano*: vent'anni di manifesti del comune di Bologna – 1972-1992. Bologna: Grafis, 1992.

SECONCI. Disponível em: <www.seconci-sp.org.br>. Acesso em: ago. 2014.

6. Ética, *compliance* e o papel da comunicação

Ágatha Camargo Paraventi

Visão geral do capítulo

O presente capítulo discute a emergência do tema ética e *compliance* organizacionais no contexto social e mercadológico atual e as relações e oportunidades para os profissionais de comunicação e relações públicas. Resgata brevemente os aspectos históricos do tema ética organizacional e o contexto de gestão do tema, vinculados às áreas de governança corporativa, gestão de riscos, controles internos e aos programas de ética e *compliance*. Destaca o aspecto da demanda do diálogo com funcionários e *stakeholders* para a legitimidade da responsabilidade moral da organização. Apresenta as premissas dos chamados programas de integridade (ética e *compliance*) para a eficácia no alinhamento dos comportamentos. Descreve os processos influenciadores do comportamento moral dos indivíduos e discute algumas estratégias de comunicação reconhecidamente eficazes na gestão do tema, de forma a contemplar os desafios e as oportunidades na gestão da mudança do valor moral na cultura da organização.

Objetivos do capítulo

*   Promover a reflexão sobre a demanda da ética organizacional no contexto contemporâneo.
*   Descrever o contexto dos programas de ética e *compliance* e os mecanismos de governança corporativa e gestão de riscos.
*   Apresentar os desafios da atuação estratégica do profissional de comunicação na gestão do tema ética organizacional.

• Relacionar as premissas dos programas de ética e *compliance* com as oportunidades e estratégias aos profissionais de comunicação.

Introdução

As organizações estão mais expostas no contexto da sociedade em rede (Castells, 2000) e as atitudes morais refletidas nas decisões diárias tomadas pelos funcionários ganham ainda mais relevância no campo acadêmico e mercadológico de ética organizacional. Os escândalos, as crises ocasionadas por transgressões morais ocupam espaço na agenda de discussão da opinião pública e demonstram o impacto da redução da escala do erro percebida pela sociedade (Rosa, 2007).

As áreas de comunicação organizacional e relações públicas, como gestoras de identidade com o objetivo de alcançar imagem e reputação organizacionais positivas, vinculam-se ao campo da ética, como fundamento para a coordenação de esforços internos para a gestão dos relacionamentos com os públicos de interesse.

As organizações estão impactadas pelo curto prazo e pela demanda de entregar respostas e resultados gradativos e ascendentes ao mercado e aos investidores, e vivem uma posição tida como "esquizofrênica" na tentativa de gerenciar sua responsabilidade de longo prazo cobrada pela sociedade. A responsabilidade de longo prazo vincula-se à legitimidade moral das organizações, à sua "licença para operar", ao resultado do diálogo e a contratos morais que a organização desenvolveu com todas as suas contrapartes, com os apoiadores e antagonistas de seu interesse.

Os esforços para a gestão da responsabilidade moral das organizações, que indica que "ser moralmente responsável é cuidar para que o *output* da organização não repercuta negativamente sobre os seres humanos, incluindo as pessoas que ali trabalham, [compreendendo] cada ser humano e a humanidade como um todo" (Thiry-Cherques, 2008, p. 205), cabem às áreas de governança corporativa, gestão de riscos, programas de *compliance* e aos programas de ética ou de integridade.

Este capítulo aborda o papel do profissional de comunicação na gestão estratégica de processos para o resultado desses esforços na orientação do comportamento e da consistência da identidade organizacional.

O contexto da ética organizacional

A ética organizacional não constitui um campo recente, embora possa parecer, pela sequência de escândalos, percepção de redução da escala dos erros cometidos por organizações e pelo contínuo surgimento de padrões, índices e leis que têm como objetivo avaliar e direcionar a atuação responsável das organizações. Todas as organizações têm em sua cultura organizacional um padrão moral valorizado e recomendado, seja ele adequado para seu contexto ou não. Conforme Joaquim Magalhães Moreira (2002, p. 28), Adam Smith, ainda no século XVII, demonstrou que "lucro não é um acréscimo indevido, mas um vetor de distribuição de renda e de promoção de bem-estar social. Com isso, logrou expor pela primeira vez a compatibilidade entre ética e a atividade lucrativa".

A preocupação com a ética organizacional geralmente está vinculada a um ambiente de pressão e maior responsabilização pelos impactos que uma organização gera. Maria Cecília de Arruda, Maria do Carmo Whitaker e José Maria Ramos (2009) apontam que a responsabilidade e a contribuição de uma empresa ao sistema sociocultural e político crescem à medida que aumenta sua atividade econômica. Ou seja, trata-se de uma responsabilidade inerente ao desenvolvimento ou impacto organizacional e que aumenta à medida que sua atuação tem maior representatividade. Nesse contexto, o aumento da atividade econômica, dos impactos e das pressões representaria uma possível transição da visão sobre a finalidade das organizações, da "teoria do *stokholder*" (Friedman, 1997) para a "teoria do *stakeholder*" (Freeman, 1997).

Na primeira teoria, o papel do Estado é dar conta das demandas sociais, por meio das atividades reguladoras e da prevenção de falhas de mercado, enquanto o papel das empresas é dar lucros, por meio dos quais o Estado receberá as contribuições necessárias em impostos para gerir a sociedade e suas demandas. Então, pelo *residual risk*, o lucro é integralmente da organização, sem demandas complementares de distribuição, equilíbrio, desenvolvimento, prevenção ou minimização de impactos.

Na segunda teoria, a sociedade concede uma licença para a operação das empresas privadas, sendo que essa licença prevê a observação, pela empresa, de todos os *stakeholders*. Nessa teoria, os gestores têm a obrigação ética de atender às demandas das contrapartes e minimizar os impactos para todos os agentes afetados pela empresa, incluindo nesse conjunto de agentes os clientes, fornecedores, funcionários, acionistas e a comunidade local, bem como os gestores, que devem ser agentes a serviço desse grupo ampliado. A organização é um nexo de contratos estabelecidos com contrapartes.

Mesmo muitas organizações tendo estruturado seus princípios ou códigos de ética ou conduta em período anterior, como é o caso do "Nosso credo", escrito pelo CEO da Johnson & Johnson em 1943, entende-se que o maior volume de avanços da ética organizacional no campo da administração surgiu no final do século XX, com a área de governança corporativa.

A história, bastante recente, tem início nos Estados Unidos, a partir de 1970, com diversos escândalos envolvendo subornos e corrupção de empresas norte--americanas. Por pressão da sociedade, em função dos valores éticos individuais, as empresas foram forçadas a adotar iniciativas amplas na área de ética, para evitar ações na justiça e retomar a confiança de clientes e investidores. No início da década de 1990, a quase totalidade das maiores empresas daquele país já dispunha de um código de ética (Ferrel, Fraedrich e Ferrell, 2001). Na França e na Itália, após escândalos, houve adoção de códigos de ética abrangentes e a redução do pagamento de comissões por grandes empreiteiras.

Nas empresas brasileiras vivemos um processo mais recente, com o início da criação dos códigos na metade da década de 1990, quando surgem os esforços para a delimitação de políticas, práticas e modelos de gestão que de fato consigam alinhar e controlar condutas em benefício das organizações e de seus públicos de interesse.

A atualização e o aprimoramento desses modelos são pautadas, sobretudo, pelo aparecimento de desvios éticos ou transgressões que se transformam em escândalos corporativos por perdas financeiras, danos às partes interessadas e à sociedade e prejuízos de imagem. Entre os modelos, índices, prêmios e certificações para validar, mensurar e comprovar a atuação ética e sustentável das organizações no mundo, estão, entre outros: o Índice Dow Jones de Sustentabilidade Empresarial (IDJS), de 1999, que avalia, por setor, as organizações com capital aberto e que são líderes em sustentabilidade; o Índice de Sustentabilidade Empresarial (ISE), modelo similar ao da Bolsa de Valores de São Paulo (Bovespa), de 2005; a conformidade à lei Sarbanes Oxley, que cria mecanismos para padrão de transparência e ética organizacional para abertura de capital nas bolsas de valores norte--americanas; o modelo de gestão e relato de sustentabilidade Global Reporting Initiative (GRI); o Prêmio Ethisphere; o reconhecimento da Transparency International (TI); a integração ao grupo de organizações do Global Compact; o uso das recomendações da Organização para Cooperação e Desenvolvimento Econômico (OCDE); a participação no Pacto Empresa Limpa e/ou a inscrição no Cadastro Empresa Pró-Ética do Ethos; a adoção do *Guia de boas práticas* do Instituto Brasileiro de Governança Corporativa (IBGC); as recomendações e regras de órgãos fiscalizadores como a Comissão de Valores Mobiliários (CVM); a entrada em níveis diferenciados de governança corporativa na listagem na Bolsa de Valores de São Paulo; e o grupo de normas ISO 14000 de desempenho ambiental nos modos de produção.

Todas as organizações geram *outputs* negativos para a sociedade e o ambiente. Garcia-Marzá (2007, p. 156) pontua que a busca da legitimidade significa

> fazer referência à necessidade de, em qualquer circunstância, [a organização] conseguir obter uma justificação. [...] é questão de uma decisão livre e voluntária ser parte envolvida em sua atividade. Isso significa maior liberdade de escolha, com relação ao lugar onde investir, para quem trabalhar, com quem associar-se, e onde comprar bens e serviços, auferindo-lhe maior autonomia.

A legitimidade é buscada em três níveis para a gestão da confiança: o econômico, o legal e, o mais complexo, o nível, no qual se situam as bases éticas da confiança.

Curto prazo *versus* longo prazo, modernidade leve e líquida *versus* modernidade pesada e sólida são temas discutidos pelos autores Zygmunt Bauman (2001) e Richard Sennett (2010), que discorrem sobre os efeitos sociais da transformação pós-modernidade. Apontam que, nesta sociedade, "o esquema de curto prazo das instituições modernas limita o amadurecimento da confiança" (Sennett, 2010, p. 24), tão importante para a consolidação dos vínculos e compromissos. Contudo, essa dualidade de valores sólidos e líquidos, de curto e longo prazos, enfrenta uma tensão e configura-se como um desafio muito forte às organizações que precisam responder de forma sólida às cobranças e pressões da sociedade, mesmo com um agrupamento de pessoas com laços fracos que a formam e a conduzem.

As organizações estão em posição central na sociedade. Por causa da revolução tecnológica e digital, não são únicas na voz, mas são pressionadas e observadas por todos os protagonistas sociais a oferecerem respostas e a terem posição legítima em todas as suas ações. Essa influência demanda cada vez maior responsabilidade das organizações – nos impactos no contexto ambiental, econômico, social e nas influências de sua atitude no contexto moral no qual estão insertas, em toda a sua cadeia produtiva e na sociedade.

A importância da ética concentra-se na solução dos conflitos e dilemas rotineiros, como a dúvida de como definir o certo e o errado quando os valores morais variam, assim como variam os benefícios e os danos. Ao fazer escolhas entre diferentes cursos de ação no âmbito empresarial, toda reflexão ética torna--se uma forma de legitimar as decisões, dispondo da faculdade de antecipar as consequências danosas aos negócios, e, em decorrência, permite evitar retaliações (Srour, 1998).

Assim, ética empresarial conceitua-se como "princípios e padrões que orientam o comportamento no mundo dos negócios" (Ferrel, Fraedrich e Ferrell, 2001, p. 7); ou "forma de ser e modo de agir, não de maneira mecânica, mas como fruto da reflexão em consonância com a cultura e a filosofia da organização" (Passos, 2004, p. 66); e, por fim, "a ética empresarial reflete sobre as normas e os valores efetivamente dominantes em uma empresa, interroga-se pelos fatores qualitativos que fazem com que determinado agir seja um bom agir", segundo Klaus M. Leisinger e Karin Schmitt (*apud* Passos, 2004, p. 66).

Gestão da governança e ética organizacional

A área de administração, no subcampo governança corporativa, estuda caminhos para as organizações buscarem o alinhamento de interesses e informacional que caracteriza as delegações de poder. Desde a década de 1980, e mais fortemente na década de 1990 (Rossetti e Andrade, 2014), em função da mudança dos relacionamentos entre acionistas e corporações, da constituição dos conselhos de administração e dos conflitos de agência envolvendo a diretoria executiva, surgem os esforços para a delimitação de políticas, práticas e modelos de gestão que consigam alinhar condutas em benefício das organizações e de seus públicos de interesse.

A análise feita por alguns estudiosos e profissionais da área de governança corporativa, como Herbert Steinberg (2003), é que os modelos, em sua grande maioria prescritivos e normativos, não conseguem dar conta de evitar as transgressões humanas que surgem de formas diferentes, em hierarquias diferentes. Essa linha de reflexão traz a necessidade de discussão da dimensão humana da governança corporativa e dos estudos de moral organizacional, a análise de caminhos que possam orientar as atitudes e os comportamentos de agentes, além das prescrições que não conseguem delimitar todas as possibilidades de transgressões, como convergir, conforme apresenta a "teoria da agência"[1] (Jensen; Meckling, 1976), interesses e ações entre agentes e principal, com incentivos, monitoramento e outros elementos que consigam nortear a organização.

As principais disfunções do sistema organizacional, vistas como disfunções de governança, são: esforço insuficiente dos agentes que operam a organização; investimentos extravagantes tanto dos agentes quanto dos principais (donos do capital); as estratégias de entrincheiramento que no objetivo de manutenção de posições tomam atitudes que prejudicam a governança; o *self-dealing* – o consumo extravagante; a falta de transparência aos *stakeholders*; a elevação exagerada no pacote de remuneração de executivos; as manipulações contábeis e a busca de vantagens pessoais; os chamados conflitos de interesse dentro das organizações (Machado Filho, 2011; Tirole, 2006).

Essas disfunções e outras de naturezas distintas são mensuradas e monitoradas pelas organizações por meio da gestão de riscos. Os riscos podem ser de três tipos (descritos a seguir) e são gerenciados a partir de mapeamento, avaliação, monitoramento, controle e mitigação do risco. A gestão tem duas abordagens, sendo uma qualitativa, feita com mapas de relações de eventos e consequências, e a outra, quantitativa, com atribuição de valor para o risco, com um tratamento compreensível para a alta administração.

- Riscos estratégicos – relacionados à tomada de decisão da alta administração. Podem acarretar grandes perdas econômicas caso as decisões sejam inadequadas.
- Riscos financeiros – risco de crédito, risco de mercado e risco de liquidez. Provocados pelo descasamento de ativos e passivos, por serem mal gerenciados.
- Riscos operacionais – risco de perdas por processos internos falhos ou inadequados, pessoas, eventos internos e externos.

Com base na gestão de riscos, a organização desenvolve áreas e processos com o objetivo de identificar, monitorar, prevenir e solucionar transgressões e

---

1. A "teoria da agência" visa analisar os conflitos e custos resultantes da separação entre a propriedade e o controle de capital, o que origina as assimetrias informacionais, os riscos e outros problemas pertinentes à relação principal-agente (Jensen e Meckling, 1976).

riscos. Entre os esforços mais comuns estão a área de controles internos, as já conhecidas auditorias (interna e externa), a área de *compliance*[2] e a área de ética organizacional.

A governança corporativa

> é o sistema pelo qual as organizações são dirigidas, monitoradas e incentivadas, envolvendo os relacionamentos entre proprietários, conselho de administração, diretoria e órgãos de controle. As boas práticas de governança corporativa convertem princípios em recomendações objetivas, alinhando interesses com a finalidade de preservar e otimizar o valor da organização, facilitando seu acesso ao capital e contribuindo para a sua longevidade. (IBGC, 2011)

Assim, algumas organizações desenvolveram mecanismos de gestão desses esforços, os chamados programas de ética, *compliance* ou integridade, como estão sendo chamados na Regulamentação 8.420/15 da Lei nº 12.846, conhecida como Lei Anticorrupção. As premissas desses programas serão apresentadas na seção "Os programas de ética e *compliance*" deste capítulo.

Um importante instrumento balizador e formalizador dos princípios éticos de uma organização para a orientação dos comportamentos é o código de ética, recomendado pelo código de boas práticas do IBGC. Contudo, esse documento, como destacado por importantes instituições, como o Ethos (2000), não garante o sucesso na construção da moral organizacional desejada. Surge a demanda da entrega efetiva, da consistência entre as narrativas formais e as práticas da organização. Os códigos de ética e conduta compõem mecanismos para orientação do aspecto humano da governança corporativa. A importância do aspecto humano é defendido por Steinberg (2003, p. 84): "Por trás de todo o procedimento jurídico e financeiro, estão a vontade e o sentimento humano – de quem emana tudo o que é enaltecedor e tudo o que é condenável".

Entre os temas mais comuns discutidos pelas organizações está o combate à corrupção, fato que desvia anualmente, no Brasil, segundo estimativas, de 50,8 bilhões[3] a 84,5 bilhões. O que seria do país com 85 bilhões sendo usados como mecanismo para geração de valor de organizações, para distribuição de renda entre

---

2.   O termo *compliance* origina-se do verbo *to comply*, em inglês, e significa cumprir. É o dever de estar em conformidade e fazer cumprir regulamentos internos e externos nas atividades organizacionais.

3.   Pesquisa Fiesp realizada em 2011, a partir da pesquisa da Transparência Internacional, que calcula que a corrupção pode desviar de 1,4% a 2,3% do PIB.

partes envolvidas em um processo produtivo, para o desenvolvimento de serviços e estrutura que atendam à sociedade como um todo?

O conceito de corrupção é extremamente amplo, tido no dicionário como "ato ou efeito de corromper, decomposição, putrefação, depravação, desmoralização" (Michaelis, 2009), mas que, lido como algo que se opõe à geração e à criação, designa a destruição ou degradação. "A corrupção é o abuso do poder confiado para ganhos privados" (TI, s/d). Dói a todos aqueles cuja vida, subsistência ou felicidade depende da integridade das pessoas em posição de autoridade.

Os demais temas geralmente tratados pelas organizações incluem os conflitos de interesse, as operações com partes relacionadas, o uso de ativos da organização, as informações privilegiadas, as políticas de negociação das ações da empresa, os mecanismos de prevenção e tratamento de fraudes, os pagamentos e recebimentos questionáveis, o recebimento de presentes e favorecimentos, as doações, os patrocínios, os mecanismos de denúncia, as atividades políticas, o nepotismo, o meio ambiente, o direito à privacidade, o assédio moral ou sexual, a discriminação no ambiente de trabalho, a segurança no trabalho, a exploração do trabalho adulto ou infantil, as relações com a comunidade e com todos os públicos de interesse, a honestidade nas comunicações de negócio, a transparência na prestação de contas e as relações governamentais.

Os programas de ética e *compliance*

Os programas de ética e *compliance* têm processos de fundamentação e estruturação distintos, muito vinculados ao "tom" da gestão do tema na organização. A escolha por um ou pelos dois modelos integrados reside em aspectos históricos e da filosofia de gestão, ou no setor onde se iniciou o processo de discussão do tema.

Os programas de *compliance* buscam

> zelar pelo cumprimento de leis, regulamentações, autorregulações, normas internas e os mais altos padrões éticos, orientando e conscientizando quanto à prevenção de atividades e condutas que possam ocasionar riscos à instituição, clientes, colaboradores, acionistas, fornecedores e sociedade, permitindo o crescimento sustentável e a melhoria contínua do negócio. (Febraban, s/d)

Os programas de ética, por sua vez, devem

ajudar a reduzir a possibilidade de penalidades ou reação pública negativa a casos de má conduta. [...] A empresa precisa de um programa ético eficaz, que assegure que todos os empregados compreendam os valores e cumpram as políticas e os códigos de conduta que criam um clima ético. (Ferrel, Fraedrich e Ferrell, 2001, p. 161)

Sem a pretensão de comparar ou aproximar as filosofias dos programas de ética e *compliance*, trataremos das premissas similares recomendadas nos dois modelos e que precisam ser conhecidas pelos profissionais de comunicação para a atuação integrada.

As premissas selecionadas envolvem: engajamento da alta direção; construção de políticas e princípios pautados em mapeamento de riscos e diálogo com partes interessadas; aplicação de mecanismos de gestão e processos; treinamentos; comunicação alinhada à cultura e contínua; canais de orientação e denúncias; processos de investigação e análise de casos com imparcialidade; políticas de correção; e monitoramento de resultados.

O *"tone from the top"* é o mantra principal de todos os programas. Além do apoio que assegura a validade estratégica da inclusão do tema no curso da organização e indica a adequada relevância e emergência do programa, o que mais influencia a cultura organizacional é o exemplo, que vem de cima e que traduz a consistência prática do discurso.

A *definição das políticas* também é entendida como um processo de ampla discussão interna e além dos limites da organização, que envolve mapeamento de riscos, definição de requisitos, pesquisa com funcionários para identificação do diagnóstico atual do código moral presente na cultura e engajamento com *stakeholders* para conhecimento de demandas de responsabilidade moral da organização.

A ética dos negócios não é uma área especializada da filosofia, nem apenas mais um fórum para o debate de políticas públicas; e tampouco é (como tantas vezes parece ser) um estranho subproduto das ciências sociais. A ética dos negócios é uma espécie de "entendimento" e também uma parte essencial de uma prática, em que cultivamos certos tipos de caráter para nos ajustar a certos tipos de organizações e a um certo tipo de sociedade (arcaicamente chamada de capitalista). (Solomon, 2006, p. 20)

A *aplicabilidade dos programas* é entendida como um processo que envolve a *gestão de pessoas e processos*. No contexto da gestão de pessoas, contempla o papel dos líderes na delegação de atividades, orientação e *feedback* alinhados aos princípios do programa, que assegurem o que representam na prática as políticas, os princípios e os procedimentos definidos na organização. E, no contexto da gestão de processos, envolve os mecanismos e procedimentos operacionais e tecnológicos que visam reduzir as oportunidades de transgressão e orientar o comportamento adequado, de forma que haja consistência entre o discurso e a prática. Como exemplo, pode-se citar o processo de seleção alinhado aos princípios do programa, a adequação de sistemas e procedimentos técnicos, a alteração nos níveis de alçada e transparência de decisões tomadas e os instrumentos de avaliação de desempenho que incluam aspectos comportamentais demandados.

A *comunicação* é vista como um processo essencial nos programas, pois a inclusão do tema na pauta da discussão, a atenção dedicada pelos funcionários, a disposição em debater o tema, a relevância, a atratividade e o tom da discussão são delegados a esse importante processo. As recomendações envolvem o planejamento de comunicação alinhado ao contexto e às atividades de cultura organizacional.

Os *treinamentos* configuram o mecanismo pelo qual as pessoas podem ultrapassar a percepção de que "sabem o que é certo" e promovem o conhecimento e a conscientização das práticas recomendadas pela organização. São planejados a partir de critérios como nível hierárquico, área-alvo da organização, perfil dos riscos envolvidos com o público-alvo, perfil de desenvolvimento cognitivo moral dos indivíduos, periodicidade de aplicação e sazonalidade em função dos riscos de cada período. E podem envolver desde rodas de discussão a *e-learnings*, treinamentos expositivos e dinâmicas.

Para orientar as decisões e solucionar possíveis dilemas, os *canais de aconselhamento* são considerados fundamentais e sua aplicação envolve aspectos de profundo conhecimento dos profissionais da área e disponibilidade imediata para atendimento. Como forma de expressar e permitir o compromisso dos funcionários com o programa, as organizações abrem os *canais de relatos de denúncia* ou preocupação com a integridade, que podem ser anônimos ou não, para aumentar a segurança de quem faz o relato e assegurar a importante não retaliação de denunciantes. O aspecto de recepção de uma denúncia, a condução do processo de investigação, o tratamento dado após a conclusão das investigações, seja ele de correção de processo, reorientação ou sanção disciplinar, são tidos como fundamentais para a legitimidade e idoneidade do programa.

Por fim, o *monitoramento de resultados* com indicadores claros de alcance dos objetivos do programa é visto como fundamental para as correções, melhorias e adaptações na estrutura e na gestão. Os indicadores nos níveis de *otputs*, *outcomes* e *outgrowths* são o produto central a ser compartilhado com os agentes envolvidos de forma a promover avanços, resultado dos esforços e elevação do nível de desenvolvimento organizacional.

As motivações para o programa e a influência na comunicação

A gestão dos temas ética, integridade e *compliance* tem como ponto de partida, para os profissionais de comunicação, a discussão sobre as motivações da organização para a adoção das práticas.

Inicialmente é importante reforçar, como destacado no tópico que tratou do aspecto histórico da ética organizacional, que uma organização não precisa de um código ou de um programa para ser responsável e legítima moralmente no contexto em que atua. Como afirmam Whitaker e Souza (Whitaker e Ramos, *apud* Arruda, 2009, p. 53),

> se a consciência ética dos integrantes de uma organização, desde os altos executivos até o mais simples funcionário, é um patrimônio dessa organização, há quem dispense a implantação de códigos de conduta, já que da atuação de cada um emergirá um ambiente ético.

As organizações têm diversos motivos para investir em programas de ética, *compliance* ou integridade. Pesquisa qualitativa desenvolvida pela FNQ[4], com 25 diretores e CEOs de 25 empresas entre as maiores do país, apontou que as motivações estão entre: competição no mercado; compromisso com sustentabilidade; pressão nas redes sociais; globalização das práticas e balizamento por mercados desenvolvidos; e a cultura ética como fator de atratividade para talentos.

---

4. Fundação Nacional da Qualidade. Pesquisa qualitativa realizada em 2010 pelo Ibope Inteligência com 25 presidentes ou diretores de empresas entre as "melhores" e "maiores" do anuário 2009 da *Revista Exame*.

As organizações motivadas por *razões reputacionais* geralmente tratam de forma extremamente estratégica o programa, de forma alinhada aos negócios, com bônus e avaliação de desempenho de todo o corpo funcional, incluindo CEOs, pautadas em indicadores de integridade e reputação. Contudo, existe a crítica sobre o uso instrumental do programa. Na busca pela legitimidade, algumas organizações tratam do tema de forma oportuna, como analisa Freitas (2006, p. 67):

> Seria mais realista dizer que, para certas empresas, o discurso ético é um instrumento de gestão e até uma nova tecnologia de convencimento. A confiabilidade, condição necessária para um banco ou banqueiro, é alardeada como uma virtude num jogo de palavras embaralhadas. Ou, como diz Le Goff, a ética das empresas parece transformar magicamente a necessidade em virtude.

O *desenvolvimento da cultura e clima organizacional* configura um importante impacto do alinhamento moral. Como definido por Gareth Morgan (2002), cultura pode ser vista como o que expressa o padrão de desenvolvimento organizacional. A pesquisadora Schuller (2009, p. 244) apresenta uma ótica educativa e evolutiva à cultura, tendo em vista que esta se forma "a partir da necessidade que os seres humanos têm de administrar sua existência". A autora atribui um fator de sucesso organizacional ao grau de desenvolvimento da cultura e, nesse sentido, a organização pode desenvolver-se melhor, com menos custos de gestão de desconfiança e com uma cultura moral sólida e legítima internamente e perante a sociedade.

Os fatores morais presentes na cultura são cada vez mais objeto de reflexão em busca de organizações para se trabalhar e mecanismos de retenção de talentos, configurando um benefício tão tangível para a consolidação da carreira e da qualidade do trabalho quanto uma vantagem financeira, e até mais que isso. Sobre esse aspecto, cabe a reflexão de que "o custo da conduta antiética pode ir muito além das penalidades legais, notícias desfavoráveis na imprensa e prejuízos nas relações com clientes. Muitas vezes a consequência mais grave é o dilaceramento do espírito organizacional" (Aguilar, 1996 *apud* Passos, 2004, p. 69).

Contudo, como apontado na pesquisa, algumas organizações investem nos esforços para acompanhar demandas de mercado que se balizam cada vez mais nos mercados desenvolvidos, e *objetivam certificações, selos, índices e reconhecimento que lhes permita acesso a mercados*. Esses instrumentos, apresentados no tópico que tratou do contexto histórico, geralmente são vistos como consequência de práticas, mas para algumas organizações são objetivo. Independentemente do possível questionamento da legitimidade da busca exclusiva do indicador, é importante avaliar os indiscutíveis benefícios para a sociedade. Renato Janine Ribeiro (2008, p. 169) pontua:

> Sim, o mundo ganha, inclusive materialmente, com ações mais éticas, mas quem age eticamente nunca terá certeza de que ele, em particular, sairá ganhando materialmente. Terá a consciência tranquila, mas em nossa sociedade essa não é uma mercadoria muito valorizada. Só que não há saída: ou agimos eticamente, sem esperar recompensa, ou o mundo acaba.

Para os profissionais de comunicação, as motivações são fundamentais para a demanda da legitimidade do tom da comunicação. Os programas de ética envolvem, em toda a concepção e no desenvolvimento, processos de resistência, ridicularização e ceticismo por parte dos públicos diretamente envolvidos em sua aplicação. Os estereótipos e padrões enraizados na cultura do jeito de fazer as coisas na organização, aprendidos historicamente, se desejam ser alterados nesses programas, serão usados como mecanismo de defesa. Nesse sentido, a consistência do discurso organizacional precisa estar pautada na legitimidade dos reais motivos que farão a organização mudar seu curso de ação. Caso contrário, a comunicação terá papel negativo, de indutor de resistência, por falta de consistência entre discurso e prática.

Premissas do comportamento moral

Para atuar estrategicamente nas comunicações dos programas, os profissionais de comunicação demandam a atenção de alguns aspectos que influenciam o comportamento moral dos indivíduos e que podem pautar as estratégias a ser empreendidas.

O primeiro aspecto relaciona-se ao modelo estrutural da tomada de decisão ética (Figura 1). Em um ponto está a gravidade da questão ética, somada a fatores individuais do desenvolvimento cognitivo moral e aspectos do ambiente organizacional, como a cultura, os elementos de significação e as oportunidades.

Figura 1 – Modelo estrutural para compreender as tomadas de decisão ética na empresa.

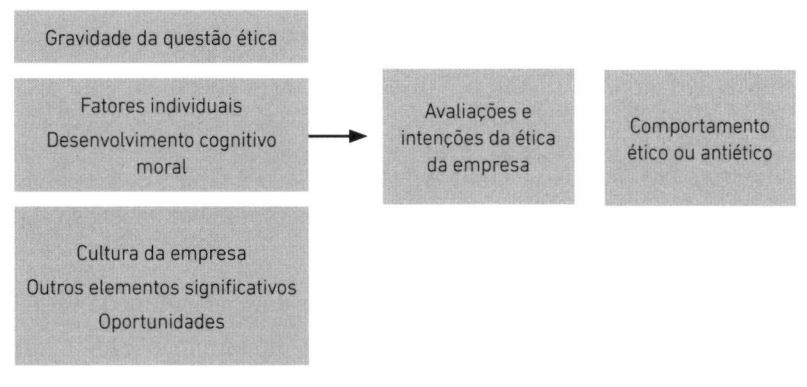

FONTE: FERREL, FRAEDRICH E FERRELL, 2001, P. 93.

A compreensão dos estágios distintos do desenvolvimento cognitivo moral auxilia na construção da comunicação e dos *inputs* gerados. O modelo de desenvolvimento cognitivo moral do psicólogo Lawrence Kohlberg (1969 *apud* Ferrel, Fraedrich e Ferrell, 2001, p. 95) foi baseado em um conjunto de obras de psicologia voltadas para crianças e seu desenvolvimento cognitivo. Presume que as pessoas tomam diferentes decisões em situações éticas porque se encontram em seis estágios diferentes do desenvolvimento cognitivo moral (Figura 2):

Figura 2 – Modelo de desenvolvimento cognitivo moral.

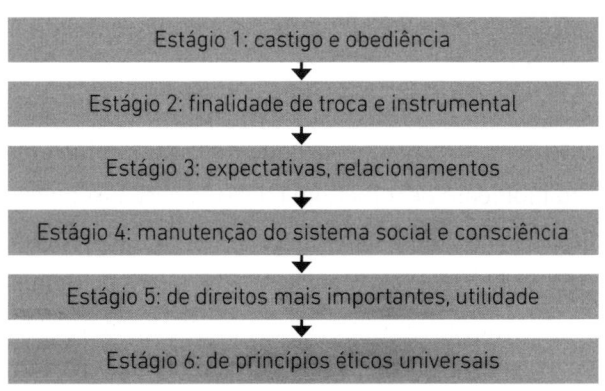

FONTE: LAWRENCE KOHLBERG, 1969 *APUD* FERREL, FRAEDRICH E FERRELL, 2001, P. 95.

No aspecto cultural, não apenas a esfera organizacional influencia o ambiente de oportunidade e significação que os indivíduos avaliarão antes de tomar uma decisão. As organizações estão em um sistema aberto, são parte de um contexto cultural.

Nesse sentido, a cultura nacional e o código moral brasileiro, por exemplo, precisam ser analisados e tratados de forma consistente na organização. As desculpas e resistência geralmente têm fundamentação inicial nesses aspectos. Pesquisa relatada por José Murilo Carvalho (2008, p. 76) pontuou que concordam com o "jeitinho brasileiro", por exemplo, 33% das pessoas que possuem educação superior e 57% dos analfabetos. No caso de recebimento de presente de empresa após fechamento de contrato, consideram isso corrupção 72% das pessoas com educação superior e 57% dos analfabetos.

No ambiente interno, há demanda de fazer a leitura da cultura da organização. É essencial entender os processos de evolução do comportamento humano e, principalmente, quando e se o grupo estará apto a responder às mudanças desejadas, ou como elas podem ser conduzidas da melhor forma nas organizações, entendendo os perfis e as motivações dos grupos em cada nível. Assim, Schuler (2009) apresenta um modelo de análise da cultura organizacional no contexto multidimensional, com base em estudos de Maslow (1950 *apud* Schuller, 2009) e Ken Wilber (1996 *apud* Schuller, 2009), destacando que as organizações se situam em níveis culturais de maior ou menor desafio de gestão de temas morais. Os níveis são: físico e material, emocional, mental, efetivo, de expressão, visionário e de integração. Apenas no nível expressivo de desenvolvimento da cultura é possível a discussão sobre a responsabilidade da organização e a proposição de mecanismos disseminados de gestão dos impactos.

Por fim, a *eticidade limitada* pode fazer uma pessoa com intenções éticas e percepção racional de transgressão agir de forma contrária a algum ponto. Os autores que conduziram os estudos sobre a eticidade limitada descrevem que essa percepção limitada se refere à tendência comum de excluir informações importantes e relevantes no momento de tomar uma decisão, circunscrevendo nossa definição de um problema a um campo que limitamos de forma arbitrária e disfuncional (Bazerman e Tenbrusel, 2011). É como se, no momento de uma decisão moral, o "eu" egocêntrico do "querer" surgisse de forma ameaçadora sobre o "eu" racional do "dever", e o como pensávamos que "deveríamos" nos comportar porque sabemos que é o correto fosse suprimido pelo como eu "quero" agir (Bazerman e Tenbrusel, 2011, p. 66).

Desse modo, esses pressupostos do comportamento moral precisam ser considerados pelos profissionais de comunicação no planejamento de suas atividades de desenvolvimento moral nas organizações.

Processos e estratégias de comunicação em apoio aos programas

A atuação dos profissionais de comunicação no contexto dos programas de ética e *compliance* envolve a leitura crítica do cenário e do setor em que a organização está inserta, de sua cultura interna e regional, dos influenciadores do comportamento humano, dos objetivos predeterminados ao programa e da análise crítica de processos e estratégias de comunicação que possam contribuir com a entrega do comportamento e a consolidação da identidade organizacional.

A construção de atitudes e práticas envolve a identidade, a cultura, o sentido e o ser organizacional, em um processo complexo de comunicação e significação, experiências e narrativas discutido por autores como Rudimar Baldissera (2008), Paulo Nassar (2007), Maria Schuller (2009), entre outros.

Muitos são os processos comunicacionais e estratégias que podem ser observados como estratégicas na gestão dos programas de ética e *compliance*. Neste tópico abordaremos quatro pontos fundamentais, a saber: comunicação para a transformação cultural; comunicação transparente e gestão de confiança; comunicação de alta liderança; e comunicação dialogada e narrativas informais.

Este será um trabalho com total alinhamento com o desenvolvimento da *cultura*.

> [...] cultura organizacional é o reflexo da essência da organização, ou seja, sua personalidade. Ela é essencialmente experimentada por seus membros de maneira conjunta, o que, sem sombra de dúvida, afeta a realidade organizacional e a forma com que os grupos se comportam e validam as relações internas. Assim, é preciso haver construção de significado/comunicação para que haja culturas em uma organização. (Marchiori, 2008, p. 76)

Assim, a comunicação como propagadora de espaços de diálogo entre diferentes esferas hierárquicas e de legitimidade para os grupos, com os *inputs* relevantes de promoção de significado, torna-se fundamental para o sucesso de um programa de ética.

A coerência e relevância são decisivas nessa comunicação que tem como proposta promover *inputs* de transformação cultural. Ela é o espaço de construção e disputa de sentidos (Baldissera, 2008). Os sentidos serão construídos se forem convergentes com a realidade vivida, se os *inputs* e significados colocados no processo forem consistentes e satisfatórios para a construção do novo imaginário coletivo. Os sentidos novos desejados serão disputados de forma desleal com as demandas reais de discussão. Esse aspecto resulta na demanda da comunicação de forma simétrica e sinérgica, satisfazendo as demandas de comunicação dos empregados e pautando os temas que a organização precisa gerir para cumprir sua missão.

A comunicação terá como responsabilidade a entrega da *transparência*, como uma premissa extremamente relevante para todos os públicos de interesse. A discussão do que vem a ser e do que pode ser considerado transparência no contexto organizacional é polêmica, à luz da inviabilidade da aplicação semântica da transparência nas organizações. Contudo, discute-se a demanda da discussão e do alinhamento da entrega de informações relevantes e importantes a cada público de interesse, que assegurem a legitimidade do diálogo e a "licença para operar" da organização.

Desse modo, torna-se fundamental observar o aspecto da divulgação de informações relevantes para a o alcance da *confiança*.

> A confiança se incrusta na distância entre aquilo que esperamos e a realidade dos fatos ou as consequências de ações e decisões. Quando essa distância é excessiva e não existe forma de conectar as duas vertentes, sobrevém a desconfiança ou a falta de confiança. É por esse motivo que a confiança não versa tanto de experiências depositadas em um futuro incerto, cuja aspiração é desejo, mas de expectativas racionais de que algo possa ocorrer. (Garcia-Marzá, 2007, p. 67)

Cabe então aos comunicadores a administração dessa relação de confiança por meio da gestão de comunicações que vai desde a comunicação de riscos até a prestação de contas, reportes solicitados, informações gerenciais e de interesse público.

Na gestão do *apoio da alta liderança*, o pensamento estratégico do poder do alto líder precisa ser pensado para assegurar a relevância e o tom legitimador do programa. Os melhores resultados de indicadores de integridade nas organizações estão vinculados à participação ativa do principal líder, e geralmente em contextos de proximidade e relações humanas que asseguram exemplificação do que a organização espera, e que passa a ser reconhecida como prática. Como exemplo de uso de tom do alto líder, podemos citar a fala de dois CEOs, amplamente disseminadas na organização por meio da comunicação informal:

● *Caso Siemens*: "Todo funcionário precisa desempenhar suas funções com a mais alta *performance* e com o mais alto nível ético. O líder que não conseguir combinar esses dois elementos não pode ficar na minha organização. Ele precisa ser identificado e ser substituído imediatamente, independentemente do nível hierárquico que estiver ocupando" (Peter Loescher, CEO da Siemens, em reunião com *compliance officers*, 2007).

● *Caso CPFL*: "A organização passa a ter um zelo com tudo quando a ética está na organização. A ética é certamente o maior orientador que a organização tem, e por meio dela pode levar suas causas além da organização" (Wilson Ferreira Jr, presidente da CPFL Energia, em reunião com o Comitê de Ética FNQ, maio de 2013).

"Não queremos problemas com nossa imagem corporativa. Isso é dinheiro. Temos uma responsabilidade em como vamos deixar o país e o mundo" (Augusto Rodrigues, então diretor de Relações Institucionais, Sustentabilidade e Gestão de Ética da CPFL Energia, em reunião com o Comitê de Ética FNQ, maio de 2013).

Cabe ao comunicador, por fim, a reflexão do aspecto fundamental do papel da comunicação formal e humana, relacional, *dialogada* nos processos de transformação de comportamento. Pesquisas já demonstraram que a comunicação formal tem o poder de alterar apenas 2% dos comportamentos e que os demais 98% são influenciados por processos de significados compartilhados, exemplos e percepção construída organicamente intra e inter-relacionamentos.

A comunicação se efetiva no entendimento, em uma significação coletiva compartilhada. Não temos percepção individual sobre nada, sempre avaliamos todos os fatos ao nosso redor com base nos estereótipos construídos historicamente nos marcos sociais dos quais fizemos parte. Os marcos sociais são como discorreu Lippman (2010), uma espécie de clã biológico no qual discutimos e percebemos os fatos que nos cercam, e os significados construídos nesse grupo determinam o que é para nós certo, errado, justo, injusto, bom ou ruim. Os fatos organizacionais geram histórias. Que são contatas, recontadas, acrescidas e reduzidas, nesse processo de significação coletiva. E é, sobretudo, por meio dessas histórias que as pessoas compreenderão e decidirão agir positiva ou negativamente a uma demanda. Os espaços de diálogo (institucionalizados ou não) constituem, dessa forma, o momento em que as atitudes para comportamento serão sancionadas, e precisam ser promovidos pelos profissionais de comunicação. Essa promoção do diálogo, apoiada consistência de práticas responsáveis da organização, discorrida ao longo deste capítulo, assegurará a efetividade da comunicação para a integridade corporativa.

A força da legitimidade histórica da organização, das memórias individuais e das *narrativas informais* é de conhecimento dos comunicadores. Assim, qual deve ser o papel da comunicação no reconhecimento desses aspectos para a gestão de *inputs* e processos que despertem atenção e abram diálogo para a construção de significados, que serão naturalmente compartilhados na organização de forma a consolidar os novos *insights* de análise e reflexão que orientarão os comportamentos?

Considerações finais

A oportunidade para os profissionais de comunicação na gestão compartilhada dos programas de ética e *compliance* é extremamente positiva para os resultados organizacionais. O conhecimento do processo de atenção, significação, conscientização e mudança de comportamento como competências do comunicador abre canal para ações integradas processuais, de gestão técnica e humana dos temas.

Acompanhar o tema de forma interessada e crítica é papel fundamental dos profissionais, que precisam reconhecer os aspectos legais e jurídicos da aplicação de leis e regulamentações para conseguir identificar demandas de comunicação com o único objetivo de geração de evidências que possam atenuar penas em julgamentos e acordos de leniência, conduta que tem sido alvo de preocupação de profissionais da área.

A comunicação de ética organizacional demanda consistência e práticas alinhadas efetivas – no contexto do *compliance*, não se discute *se* uma transgressão será descoberta pela sociedade, e sim *quando*.

O papel moral dos profissionais de comunicação na condução de suas atividades com o pressuposto ético é fundamental não apenas para a gestão de sua carreira e para o resultado estratégico de suas atividades, mas principalmente porque os profissionais têm responsabilidade compartilhada com as organizações na construção de um contexto social moralmente mais adequado ao desenvolvimento dos seres humanos.

Referências

ARRUDA, Maria Cecília Coutinho de; WHITAKER, Maria do Carmo; RAMOS, José Maria Rodriguez. *Fundamentos de ética empresarial e econômica.* São Paulo: Atlas, 2009.

BALDISSERA, Rudimar. "Comunicação organizacional: uma reflexão possível a partir do paradigma da complexidade". In: OLIVEIRA, Ivone de Lourdes; SOARES, Ana Thereza Nogueira (org.). *Interfaces e tendências da comunicação no contexto das organizações.* São Caetano do Sul: Difusão Editora, 2008.

BAUMAN, Zygmunt. *Modernidade líquida.* Trad. de Plínio Dentzien. Rio de Janeiro: Zahar, 2001.

BAZERMAN, Max H; TENBRUSEL, Ann E. *Antiético, eu? Descubra por que não somos tão éticos quanto pensamos e o que podemos fazer a respeito.* Trad. de Maria Lúcia de Oliveira. Rio de Janeiro: Elsevier, 2011.

CARVALHO, José Murilo. "Quem transgride o que?" In: *Cultura das transgressões no Brasil: lições da história.* Coordenação de Fernando Henrique Cardoso e Marcílio Marques Moreira. Colaboradores: André Franco Montoro *et al.* São Paulo: Saraiva, 2008.

CASTELLS, Manuel. *A sociedade em rede.* São Paulo: Paz e Terra, 2000.

ETHOS – INSTITUTO ETHOS DE EMPRESAS E RESPONSABILIDADE SOCIAL. *Formulação e implantação de código de ética em empresas.* São Paulo, 2000.

FEBRABAN. *Função de* compliance. Disponível em: <http://www.febraban.org.br/7rof7sw-g6qmyvwjcfwf7i0asdf9jyv/sitefebraban/funcoescompliance.pdf>. Acesso em: maio 2015.

FERREL, Odies C.; FRAEDRICH, John; FERRELL, Linda. *Ética empresarial: dilemas, tomadas de decisões e casos.* Trad. de Cecilia Arruda. Rio de Janeiro: Reichmann & Affonso, 2001.

FIESP – DECOMTEC. *Índice de percepção de corrupção,* ago. 2011. Disponível em: <http://www.fiesp.com.br/indices-pesquisas-e-publicacoes/indice-de-percepcao-da-corrupcao-2010/>. Acesso em: 10 dez. 2015.

FREEMAN, R. Edward. "A stakeholder theory of the modern corporation". In: BEAUCHAMP, Tom L.; BOWIE, Norman E. *Ethical theory and business.* Englewood Cliffs: Prentice Hall, 1997.

FREITAS, Maria Esther de. *Cultura organizacional: identidade, sedução e carisma?* 5. ed. Rio de Janeiro: Ed. da FGV, 2006.

FRIEDMAN, Milton. "The social responsibility of business is to increase its profits". In: BEAUCHAMP, Tom L.; BOWIE, Norman E. *Ethical theory and business.* Englewood Cliffs: Prentice Hall, 1997.

GARCIA-MARZÁ, Domingo. *Ética empresarial*: do diálogo à confiança. Trad. de Jovino Pizzi. São Leopoldo: Ed. Unisinos, 2007.

IBGC – INSTITUTO BRASILEIRO DE GOVERNANÇA CORPORATIVA. *Código de boas práticas.* 4. ed. [S.l.], 2011.

JENSEN, Michael C.; MECKLING, William H. "Theory of the firm: managerial behavior, agency cost, and ownership structure". *Journal of Financial Economics*, p. 305-60, 1976.

MACHADO FILHO, Cláudio Antonio Pinheiro. Informações obtidas na aula de Governança Corporativa da Pós-Graduação da Faculdade de Economia e Administração da USP, no segundo semestre de 2011.

MARCHIORI, Marlene. *Cultura e comunicação organizacional*: um olhar estratégico sobre a *organização*. 2 ed. São Caetano: Difusão Editora, 2008.

MICHAELIS. *Dicionário Moderno da Língua Portuguesa*. São Paulo: Melhoramentos, 2009.

MOREIRA, Joaquim Magalhães. *Ética empresarial no Brasil*. São Paulo: Pioneira Thomson Learning, 2002.

MORGAN, Gareth. *Imagens da organização*. Trad. de Cecília Whitaker Bergamini e Roberto Coda. São Paulo: Atlas, 2002.

NASSAR, Paulo. *Relações públicas na construção da responsabilidade histórica e no resgate da memória institucional das organizações*. São Caetano do Sul: Difusão Editora, 2007.

PASSOS, Elizete. *Ética nas organizações*. São Paulo: Atlas, 2004; Pearson Prentice Hall, 1997.

RIBEIRO, Renato Janine. "Ética ou o fim do mundo?" (entrevista). *Organicom – Revista Brasileira de Comunicação Organizacional e Relações Públicas*, a. 5, n. 8, p. 160-69, 1. sem. 2008.

ROSA, Mário. "Reputação sob a lógica do tempo real". *Revista Brasileira de Comunicação Organizacional e Relações Públicas*, São Paulo, a. 4, n. 7, 2. sem. 2007.

ROSSETTI, José Paschoal; ANDRADE, Adriana. *Governança corporativa*: fundamentos, desenvolvimento e tendências. 7. ed. São Paulo: Atlas, 2014.

SCHULLER, Maria. "A cultura organizacional como manifestação da multidimensionalidade humana". In: KUNSCH, Margarida M. Krohling (org.). *Comunicação organizacional –* Vol. 2: linguagem, gestão e perspectivas. São Paulo: Saraiva, 2009, p. 243-74.

SENNETT, Richard. *A corrosão do caráter: consequências pessoais do trabalho no novo capitalismo*. Trad. de Marcos Santarrita. Rio de Janeiro: Record, 2010.

SOLOMON, Robert C. *Ética e excelência*: cooperação e integridade nos negócios. Trad. de Maria Luiza X. de A. Borges. Rio de Janeiro: Civilização Brasileira, 2006.

SROUR, Robert Henry. *Poder, cultura e ética nas organizações*. Rio de Janeiro: Elsevier, 1998.

STEINBERG, Herbert (org.). *A dimensão humana da governança corporativa*. São Paulo: Gente, 2003.

TI – TRANSPARÊNCIA INTERNACIONAL. *Dicionário anticorrupção*. Disponível em: <https://www.transparency.org/glossary>. Acesso em: maio 2015.

TIROLE, Jean. *The theory of corporate*. Nova Jersey: Princeton University Press, 2006.

THIRY-CHERQUES, Hermano R. *Ética para executivos*. Rio de Janeiro: Ed. da FGV, 2008.

WHITAKER, Maria do Carmo; SOUSA, Ricardo Noronha Inglez de. "A conduta ética do empresariado brasileiro e os princípios propostos pelo The Conference Board". *Proceedings of II ISBEE World Congress – Latin America*. São Paulo: FGV-Eaesp, 2000, p. 323.

PARTE II

Relações públicas: pesquisa, processos comunicativos, mídias e oralidade

As contribuições desta segunda parte constituem um guia singular de possíveis caminhos dos quais um profissional ou gestor de comunicação pode se valer para promover relacionamentos eficazes com públicos estratégicos de uma organização. Destacam-se dicas como: elaborar projetos de pesquisas e realizar estudos interpretativos de cenários com bases metodológicas bem sistematizadas; atribuir à comunicação um papel central na gestão dos processos organizacionais; ver a comunicação interna sob novos ângulos, para criação de valor e reforço do importante papel das lideranças e das pessoas no contexto; reservar uma função de destaque à comunicação e à cultura organizacional; avaliar a influência das organizações como fontes na formação da opinião pública; verificar como as organizações estão fazendo uso das redes e mídias sociais; difundir boas práticas nos relacionamentos com os públicos nas plataformas digitais; e aperfeiçoar as formas de comunicação por meio de uma comunicação oral eficiente.

7. Relações públicas: gestão estratégica de relacionamentos

Maria Aparecida Ferrari

Visão geral do capítulo

O capítulo procura apresentar as relações públicas como uma atividade de consultoria que serve para estabelecer os relacionamentos com os públicos estratégicos de uma organização ou instituição. Os vínculos criados mediante o trabalho de relações públicas ajudam a organização a alcançar suas metas e seus objetivos e, com isso, manter uma comunicação simétrica e multidirecional com os *stakeholders*. A prática das relações públicas tem se expandido devido às turbulências, vulnerabilidades e instabilidades políticas, econômicas e sociais que têm marcado a sociedade contemporânea. Como resultado, as organizações e instituições estão mais atentas à sua reputação, resultante de seus comportamentos ao longo do tempo. Neste capítulo serão abordados temas como a cultura, o propósito organizacional, o mapeamento dos *stakeholders* e a definição de políticas de comunicação. Tudo isso para melhorar as estratégias de relacionamentos, objetivo essencial da atividade de relações públicas.

Objetivos do capítulo

*   Contextualizar o cenário das organizações no século XXI e sua relação com a comunicação.
*   Relacionar o processo de comunicação com o processo da formação da cultura organizacional, apontando a indissolubilidade de ambas as dimensões.
*   Oferecer ao leitor um conceito contemporâneo de relações públicas.
*   Identificar a atividade de relações públicas como essencial para a manutenção e o reforço dos relacionamentos corporativos.

- Ressaltar a importância do mapeamento dos públicos para aumentar a eficácia dos relacionamentos.

- Apresentar as possibilidades que as relações públicas oferecem às organizações e instituições para alcançar uma reputação positiva com os públicos estratégicos.

Introdução

O propósito deste capítulo é oferecer ao leitor uma visão contemporânea do conceito e das funções das relações públicas no Brasil. Para isso, é preciso entender o contexto organizacional brasileiro e como o comportamento das instituições, organizações e pessoas é afetado por características culturais nacionais.

A globalização e a tecnologia são fenômenos que têm influído fortemente na mudança de opiniões, atitudes e comportamento dos brasileiros. Dados do Instituto Brasileiro de Geografia e Estatística (IBGE) indicavam que, em 2013, mais da metade da população brasileira tinha acesso à internet, 75,5% possuía um telefone celular e 97,2% contava com um aparelho de televisão em casa (IBGE, 2013). Esses números nos permitem entender que grande parte dos 202 milhões de brasileiros (IBGE, 2014) está conectada e tem acesso a informações rápidas e atualizadas, o que facilita ter quase que instantaneamente conhecimento dos eventos que ocorrem no Brasil e ao redor do mundo. Outro dado interessante é que, pela primeira vez na história da humanidade, mais pessoas vivem em cidades que na zona rural (ONU, 2012) e, como consequência, as populações que vivem nos centros urbanos estão mais conectadas, têm mais informação e opinam mais sobre os outros e as organizações.

Com maior acesso às informações, os relacionamentos entre as pessoas e as organizações também se alteraram – passaram a ser baseados em uma infinidade de informações que empoderaram as pessoas, as quais, por sua vez, passaram a influenciar seus pares – e, dessa forma, as organizações e instituições perderam a centralidade de suas decisões, uma vez que todos podem influir nas trajetórias organizacionais. Esse novo cenário tem colocado às organizações públicas e privadas um desafio quase impossível de vencer: conviver em um contexto no qual as pessoas têm o poder de influenciar, positiva ou negativamente, seu negócio ou sua instituição.

Observamos que esse contexto está subvertendo a pirâmide de influência. Por anos, a elite – governantes, executivos ou qualquer outra entidade que estivesse no topo das hierarquias – emitiu, de forma unidirecional, suas mensagens repletas de codificações e seduções para atingir um público-alvo passivo, sem voz e massificado. No atual contexto, percebemos que a pirâmide se inverteu. O comando está passando progressivamente para as mãos das pessoas comuns, que emitem julgamentos e depositam ou não sua confiança nas instituições, organizações, pessoas e marcas (Sarkovas, 2012).

De acordo com a pesquisa Trust Barometer[1], no Brasil a pessoa comum foi classificada como a mais crível no momento de formar opinião a respeito de uma marca, um produto ou uma pessoa, enquanto o CEO aparece no quinto posto do *ranking*, mostrando que a credibilidade é um dos atributos mais importantes de que uma organização deve cuidar no atual momento.

Portanto, as organizações e instituições estão percebendo que é necessário repensar sua existência e redimensionar o seu propósito, que é a sua razão de ser. Também as organizações perderam seu poder de centralidade, uma vez que o contexto da sociedade em rede (Castells, 1999) faz que o poder das empresas seja compartilhado com os públicos. Em seguida, é essencial mapear os *stakeholders* e classificá-los de acordo com sua participação, influência e interferência, para depois definir estratégias de relacionamento para cada um deles. Ao tratar desses assuntos, este capítulo enfatiza o trabalho do profissional de relações públicas como um analista de cenários que colabora na definição de estratégias de relacionamentos com os *stakeholders*.

A cultura como a interface da comunicação

Embora existam estudos consolidados sobre a cultura em áreas do conhecimento como a antropologia e a sociologia, é a partir dos anos 1990 que ela é relacionada com as relações públicas. Um dos fatores que propiciaram o início dos estudos vinculando a cultura às relações públicas está relacionado com os efeitos do fenômeno da globalização, que a posicionou na vanguarda dos estudos organizacionais e da comunicação.

---

1. A agência Edelman realiza há mais de uma década, em 25 países, uma pesquisa denominada Trust Barometer para aferir o nível de confiança dos indivíduos em governos, empresas, ONGs e mídia. Ver: <http://www.edelman.com/insights/intellectual-property/2014-edelman-trust-barometer/>. Acesso em: 2 out. 2015.

Linda Smircich (1983), pesquisadora da área de comunicação organizacional, destacou que a cultura era uma ideia que chegou para ficar. Mais tarde, Krishnamurthy Sriramesh e Jon White (1992), ao colaborarem na obra *Excellence in public relations and communication management*[2], sustentaram que o impacto da cultura nas relações públicas não poderia ser ignorado por mais tempo e que, no século XXI, o foco da cultura nos relacionamentos seria enriquecido tanto pelo fenômeno da globalização quanto pela dimensão intercultural que tem permeado as relações sociais e organizacionais. Os autores também criticavam que, apesar da forte interface existente entre cultura e comunicação, muitos pesquisadores continuavam sendo muito etnocêntricos no seu ponto de vista. Essa crítica pode ser observada por meio de dois aspectos, de acordo com os autores: primeiro, a prática, amplamente disseminada, de adotar ou traduzir livros de origem anglo--saxônica, cujas descrições estão muito distantes de servir para outras culturas; segundo, o reduzido número de pesquisadores da área de relações públicas que têm se dedicado a estudar a influência e implicação da cultura no processo de comunicação e vice-versa.

Se esses dois aspectos citados pelos autores ocorrem na América do Norte, Ásia e Europa, a mesma situação também é observada no Brasil e nos demais países da América Latina, uma vez que são raros os estudos que, até o momento, se dedicaram a analisar a cultura como um elemento de apoio ou interferência no processo de comunicação das empresas.

Na literatura brasileira e latino-americana encontramos estudos desenvolvidos nas áreas da administração e da sociologia, como os de Roberto DaMatta (1983; 1985; 1997), Fernando C. Prestes Motta e Miguel P. Caldas (1997), Maria Tereza Leme Fleury e Rosa Maria Fischer (1986), Betania Tanure Barros e Marco Prates (1996), Betania Tanure (2005), Maria Ester de Freitas (1991; 2007), Carlos Osmar Bertero (1989) e Enrique Ogliastri *et al.* (1998), que têm pesquisado a influência da cultura nos processos de liderança, nos modelos de gestão e nas estruturas organizacionais. Na área de relações públicas, a interface entre as culturas nacional e organizacional e a prática das relações públicas têm sido esquecidas, conclusão baseada nas escassas pesquisas empíricas realizadas no Brasil e na América Latina. Porém, não há como negar que a cultura enriquece a prática de relações públicas.

---

2. O livro *Excellence in public relations and communication management* foi publicado em 1992, como resultado do maior estudo realizado na área de relações públicas – o *Excellence study*, coordenado por James E. Grunig, na Universidade de Maryland, Estados Unidos.

O relacionamento entre as duas áreas, cultura e relações públicas, pode ser analisado sob três visões: a. olhando a cultura como uma dimensão que antecede a prática das relações públicas; b. verificando o impacto da prática das relações públicas no ambiente da sociedade e das organizações e, consequentemente, analisando os elementos da cultura nacional; c. identificando a cultura na maneira como as relações públicas são praticadas.

No primeiro aspecto, quando concordamos que as relações públicas são responsáveis pelo estabelecimento e pela manutenção dos relacionamentos de uma organização com seus públicos, a cultura tem uma importância vital, uma vez que influencia cada aspecto da comunicação humana, seja verbal, não verbal ou simbólica. Quanto mais as redes sociais permitem que os indivíduos acessem informações, compartilhem e opinem sobre pessoas ou organizações de diferentes partes do planeta, maior é a possibilidade de que esses interlocutores pertençam a outras regiões do mundo, a outras culturas, com valores, crenças e estilos de vida totalmente distintos; isso é ver o mundo como um verdadeiro caleidoscópio cultural, em razão de sua grande diversidade de valores, crenças, símbolos, histórias e costumes. Assim, a cultura é uma dimensão essencial para compreender e compartilhar significados criados pelas pessoas para atender às suas necessidades.

No segundo, o impacto das relações públicas no ambiente da sociedade e das organizações está intimamente relacionado à cultura nacional. Para Geert Hofstede (1994; 2001), a cultura nacional diz respeito aos valores fundamentais e invisíveis da maioria dos membros de uma nação – valores que foram adquiridos durante a infância. O autor afirma ainda que é possível observar que no interior de cada país existem subculturas que buscam sua própria identidade. Se, por um lado, a força das subculturas pode dificultar a integração de seus membros, por outro, essas forças também possibilitam a integração nacional. Isso pode ocorrer, por exemplo, com o idioma nacional dominante, os meios de comunicação, o sistema educacional nacional, o exército nacional, o sistema político nacional, a representação nacional em eventos esportivos, os mercados internacionais de produtos e serviços etc. Aqui, as relações públicas se apropriam dos elementos da cultura nacional para promover estratégias que sejam legítimas a determinada sociedade.

No terceiro aspecto, as relações públicas são vistas como cultura, como uma atividade reflexiva e transversal que lida com diferentes identidades, símbolos, padrões e crenças. Portanto, sua prática é vista como um ato cultural na medida em que é essencial conhecer o outro e identificar-se com ele para que a comunicação estabelecida seja compreendida e tenha sentido.

Cada uma das três visões representa um eixo importante para a prática das relações públicas, dependendo da perspectiva pela qual o profissional e a sociedade compreendem essa função estratégica.

Uma das raras pesquisas realizadas no Brasil que estudou a influência da cultura com as relações públicas foi desenvolvida por Maria Aparecida Ferrari (2000). A autora identificou os modelos de prática de relações públicas em empresas brasileiras e chilenas e observou que a cultura é uma dimensão fundamental para entender o modelo de comunicação adotado nas companhias. Ficou claro que os elementos da cultura organizacional – crenças, valores, mitos, ritos, normas, políticas etc. – estabelecem nas empresas determinado cenário que define padrões de comportamento dos seus membros. Cabe também destacar que o processo de comunicação é diferente em cada localidade na qual a organização se encontra. Uma vez que o estudo foi aplicado em dois países, ficou evidenciado que a dimensão intercultural é vital para entender os códigos, o discurso, as práticas e os símbolos que uma organização valoriza em detrimento de outra, dependendo da região na qual se situa.

A importância da abordagem intercultural é reforçada por Nancy Adler (1997, p. vii), quando afirma que "nenhum sistema, ou perspectiva, de um país é melhor e nem pior, nem mais e nem menos efetivo que o de qualquer outro país; cada um é distinto e, portanto, não deve ser compreendido como réplica de qualquer outra nação". Atualmente, em ambientes interculturais, as pesquisas desenvolvidas devem descrever e comparar o comportamento organizacional entre países e diferentes culturas, além de procurar compreender e melhorar a interação entre trabalhadores, executivos, clientes, fornecedores e parceiros de culturas e países ao redor do mundo.

Portanto, para entender o processo de comunicação de uma organização, é essencial conhecer a cultura nacional na qual ela está inserta. Isso porque a comunicação é o processo pelo qual os elementos da cultura são disseminados e divulgados e, ao mesmo tempo, um dos elementos que formam a cultura. Segundo Freitas (1991, p. 34), as organizações devem ser vistas como "fenômeno de comunicação" no qual o processo de comunicação ajuda a criar a cultura organizacional. Ou seja, comunicação e cultura se inter-relacionam: uma influencia a outra. Se a comunicação é um elemento fundamental da cultura – sem a qual esta não existiria –, também os meios de comunicação estão fortemente condicionados a determinado contexto cultural (Aidar; Alves, 1997).

A cultura e a comunicação estão estreitamente relacionadas. Por um lado porque a cultura traz em si os significados compartilhados e, por outro, porque é necessário um grande esforço da organização para comprometer as pessoas com os valores estabelecidos como desejáveis, o que implica o uso de canais de comunicação de todos os tipos.

Comunicação e o contexto organizacional

Seguindo a definição de inúmeros pesquisadores, neste texto conceituamos a comunicação como um processo contínuo e permanente do qual o ser humano não pode prescindir. Quando se vê a comunicação como processo, enfatiza-se sua natureza permanente, inerente à vontade humana. Como um processo comunicativo, definimo-no como um conjunto de elementos interdependentes e dinâmicos que, de maneira multidimensional, atuam sinérgica e continuadamente.

A comunicação pode ser considerada uma área multidisciplinar, na medida em que faz a mediação dos interesses dos diversos públicos e da empresa. É um processo interativo e participativo, uma rede complexa de significados construídos e compartilhados, segundo o qual todos os atores podem ser ativos em todos os níveis de alcance.

Reforçamos que a comunicação é o processo constituinte para a existência de uma organização, uma vez que é o processo de comunicação que possibilita criar significados intersubjetivamente (Putnam e Pacanowsky, 1983), por meio do diálogo ou do fluxo livre de palavras e de suas interpretações. Nesse sentido, "a comunicação é uma área multidisciplinar, mediando os interesses dos participantes, os interesses da empresa enquanto unidade econômica e os interesses da administração" (Torquato, 1986, p. 16-17).

Ou seja, a comunicação é um processo contínuo de cocriação de significados (conotativos). Para outros, esse processo vai além e realmente cria significado compartilhado, também denominado "consenso". Nesse caso, comunicação é definida como a cocriação de novos significados (denotativos), o que é normalmente chamado de "construção de consenso" (Susskind, McKearnen e Thomas-Lamar, 1999). Para Marcelo Manucci (2005), a comunicação é um espaço de sincronia e de gestão de percepções no qual os diferentes olhares da realidade se entrecruzam, formando novos conceitos e símbolos, ou seja, é o processo central de todo o agrupamento humano, uma vez que está na base de todo o sistema social, pelo qual perpassam as interações dos indivíduos.

Nesse sentido, o processo da comunicação se dá à medida que as pessoas constroem, compartilham, discutem e trocam significados, tornando-se capazes de elaborar uma narrativa coletiva, fruto de suas relações, que reforçam seu território de credibilidade e, portanto, redefinem seu espaço de competência e suas metas.

O processo de comunicação nas organizações trata dos fluxos de relacionamento entre membros da alta direção, constituída por responsáveis por estabelecer as políticas, as normas e a identidade organizacionais e que definem as estratégias e todos os públicos de relacionamento da organização. Podemos usar uma analogia, definindo a comunicação para as organizações como o seu "sistema nervoso central". Dessa forma, enfatizamos a comunicação como o fluxo vital que alimenta a organização, o nexo entre a empresa e seu entorno, o vínculo entre a organização e o mercado e, por fim, seu papel de administrar as relações com os públicos.

Contemporaneamente, correntes da América do Norte capitaneadas por Linda Putnam (2004), Dennis Mumby (2000) e Adriana M. Casali (*apud* Taylor, 2004), entre outros, trataram de disseminar o conceito de comunicação organizacional como fruto de estudos do campo interdisciplinar entre a comunicação e a administração; segundo James R. Taylor (2004), a comunicação organizacional ainda é uma disciplina em desenvolvimento. Essas correntes foram frutos do final do século XX, em que o fenômeno da globalização, o desenvolvimento tecnológico e as vulnerabilidades passaram a ameaçar e alterar as práticas organizacionais de forma muito rápida. Dessa maneira, os estudos passaram a enfocar a relação comunicação-organização para entender a influência entre elas, na medida em que Taylor (2004) afirmava que a comunicação está na organização assim como a organização está na comunicação, mostrando a intersecção e sinergia entre ambas.

Nesse contexto, a comunicação organizacional é definida como o processo que visa conseguir o equilíbrio sustentável entre a visão e missão estabelecidas pela "coalizão dominante" e as expectativas daqueles que compõem a organização, na busca de uma rede sistêmica que permita uma satisfação de ambos os lados, públicos e organização.

No Brasil, o conceito de comunicação organizacional, a partir dos anos 1990, foi disseminado com mais ênfase pelos acadêmicos e passou a ocupar o lugar que antes pertencia às relações públicas, como pode ser observado na literatura da época. Não obstante, fazemos uma distinção entre a comunicação organizacional e as relações públicas, como será analisado em seguida.

Relações públicas: responsável pelos relacionamentos corporativos

Entendida como a atividade responsável pela construção e manutenção das redes de relacionamento das organizações com seus diversos públicos, as relações públicas apresentam-se como um conjunto de atribuições abrangentes e complexas, tanto por seu caráter multidisciplinar quanto pela multiplicidade de opções que oferecem àqueles que a escolheram como profissão, e também em razão do amplo espectro de públicos que giram em torno dos interesses das instituições.

Diferentemente de seus vizinhos da região latino-americana, o Brasil considera as relações públicas uma profissão regulamentada, o que se deu pela Lei nº 5.377, de 11 de dezembro de 1967. De acordo com essa lei, elas devem ser praticadas unicamente pelos profissionais que contam com o registro profissional conferido pelo sistema Conferp[3]. Se em outros países da América Latina e de outros continentes não se exige um registro profissional para o exercício das relações públicas, as peculiaridades do sistema brasileiro refletem que, apesar dessa obrigatoriedade, a maioria dos relações-públicas que exercem a profissão no mercado de trabalho não conta com o registro profissional. Em pesquisa realizada por Ferrari (2014) com egressos do curso de relações públicas da Escola de Comunicações e Artes da Universidade de São Paulo (ECA-USP), tal resultado se confirmou, sendo que 90% dos ex-alunos consideram que o registro não faz diferença para o seu desempenho e êxito profissional. Apesar da obrigatoriedade do registro profissional exigido pela legislação brasileira, a atividade de relações públicas tem se mostrado cada vez mais necessária para as organizações sobreviverem na sociedade contemporânea.

Atualmente se enfatiza que relações públicas é uma função corporativa, pois ajuda a organização a definir suas políticas de comunicação e de relacionamentos com os públicos a fim de responder aos seus interesses estratégicos, o que lhe con-

---

3. O Sistema Conferp foi criado pelo Decreto-Lei nº 860, de 11 de setembro de 1969. Sua instalação ocorreu após a publicação do Decreto nº 68.582, de 4 de maio de 1971, que regulamentou o mencionado decreto-lei.

fere também uma função gerencial. Faz parte de sua natureza ajudar a organização a interagir com os componentes sociais e políticos do seu ambiente, de forma a contribuir preventivamente para que ela não seja fonte de problemas à sociedade e assuma o seu papel de agente do desenvolvimento coletivo.

O valor das relações públicas, portanto, pode ser determinado pela qualidade dos elos que estabelecem com os componentes estratégicos de seu ambiente institucional. Essa é uma visão particularmente compartilhada pelos pesquisadores europeus, que se diferenciam de seus colegas americanos por entenderem que relações públicas é um fenômeno social que causa impacto em subsistemas sociais como o político, o econômico, o cultural e o midiático (Bentele, 2004).

Como foi mencionado anteriormente, devemos distinguir a comunicação organizacional das relações públicas. Enquanto a primeira pode ser considerada um processo social que aciona universos objetivos e subjetivos na criação de um ambiente ao mesmo tempo estável e mutável (Casali, 2009), a segunda é uma consultoria e profissão, uma atividade estratégica que administra os relacionamentos por meio do uso do processo de comunicação. A profissão de relações públicas proporciona atuação nos três setores – governo, empresas e terceiro setor – e, dessa forma, mostra a sua abrangência e importância para que, independentemente do setor, a organização e/ou instituição seja provida de mecanismos de relacionamentos com seus públicos estratégicos.

A função primeira das relações públicas é administrar os relacionamentos e, se as relações com os públicos estratégicos forem simétricas e transparentes, minimizam-se os riscos, reduz-se o custo com processos e litígios, aumentam-se as reservas de reputação positiva contra as crises e vinculam-se os valores ao comportamento organizacional.

Finalizando, o profissional de relações públicas no século XXI deve, entre outras funções, aconselhar e colaborar com a alta administração na definição do "propósito organizacional". Atualmente as organizações, sejam elas públicas ou privadas, globais ou locais, contam com sua visão e missão, que, teoricamente, deveriam descrever suas intenções no âmbito tanto econômico como social. Porém, na prática, a missão e a visão são longas declarações, geralmente em linguagem rebuscada e de difícil memorização e engajamento pelos públicos que delas dependem ou com elas se relacionam.

Consideramos que o propósito é um caminho mais rápido e efetivo pelo qual todos os públicos, sejam eles funcionários, distribuidores, fornecedores, médios de comunicação, comunidade, entre outros, compreendam a finalidade da organização de forma clara e que possa ser materializada mediante as práticas organizacionais. Portanto, propósito é uma maneira única que a empresa escolhe para organizar sua contribuição ao mundo. É algo que todos os funcionários da organização respiram no seu dia a dia (Troiano, 2013).

O que é um propósito e como ele pode fazer a diferença no engajamento de todos os públicos da organização podem ser vistos, por exemplo, no trabalho de Anita Roddick, fundadora da empresa The Body Shop, na cidade de Brighton, na Inglaterra. Em 1967, Anita, uma militante de causas sociais, subverteu a ordem e fez de sua empresa de cosméticos algo inovador. Era contra os produtos testados em animais e humanos, a devastação das florestas, o trabalho infantil e a falta de promoção do comércio ético. Com esses princípios, desde o início de seu negócio ela tinha claro seu propósito quando afirmava que a The Body Shop era uma *empresa de comunicação*, com especialidade no setor de cosméticos, que obtém lucros com seus projetos e os aplica em campanhas pelos direitos humanos (Roddick, 2002).

O entendimento de Anita Roddick sobre a função de sua empresa como um canal para a propagação de seus propósitos pode ser analisado como uma visão contemporânea de seu negócio. No momento em que ela admite que The Body Shop é uma empresa de comunicação, demonstra que as organizações são seres vivos, movidas à energia humana e, portanto, é por meio da comunicação que transmitem seus propósitos e suas causas.

Esse cenário inovador com que Anita brindou o mundo nos anos 1960 aponta que o trabalho de relações públicas deve ser trilhado nesse sentido, da criação de um propósito que facilite os relacionamentos, uma vez que engaja os nossos públicos, que é a função social das organizações. Estas existem mediante a comunicação, que, por sua vez, é o sistema nervoso central da empresa que alimenta os relacionamentos para que o propósito seja efetivamente vivido pelos empregados e demais públicos que dela dependem e participam e/ou interferem no seu negócio.

Relações públicas e os relacionamentos

A atividade de relações públicas está baseada na gestão dos relacionamentos mediante o uso do processo de comunicação. Se a comunicação é um processo contínuo e permanente e que tem como objetivo dar sentido à organização – aqui entendida como um corpo social menor que a sociedade, que interage e assume compromissos de acordo com certo conjunto de normas explícitas ou tácitas –, cabe a ela materializar-se mediante o estabelecimento de relacionamentos entre a organização e seus públicos.

Os relacionamentos são essenciais para as organizações e, para que sejam efetivos e garantam resultados, não podem ser desenvolvidos de maneira geral, mas estabelecidos ordenadamente com os públicos com os quais a empresa deseja conversar ou fazer negócios. Fábio França (2012, p. 71) afirma que

> os relacionamentos corporativos originam-se na administração e são estabelecidos a partir das diretrizes organizacionais, do planejamento estratégico da empresa, da sua declaração de missão, de objetivos e das estratégias a serem seguidas para garantir a continuidade do negócio (*business continuity*).

O conceito de relacionamento, que tomamos de França (2012), diz que, no sentido comum, significa o ato ou efeito de relacionar-(se); a capacidade em maior ou menor grau de manter relacionamentos, de conviver bem com outros, de estabelecer vínculos oficiais, permanentes ou não, com objetivos bem definidos. Quando nos referimos às organizações, os relacionamentos corporativos podem ser definidos como as relações que se estabelecem de maneira planejada e estratégica, com diferentes públicos de setores institucionais, governamentais, investidores, clientes, fornecedores, entre outros. Segundo James Grunig e Jeong--Nam Kim (2011, p. 41), "as relações públicas educam e convencem públicos, defendendo os interesses corporativos, mas também negociam quando há uma colisão de interesses". Tal afirmação indica a constante busca pela manutenção de relacionamentos de qualidade.

A finalidade dos relacionamentos corporativos é conseguir estreitar interesses mútuos entre as partes envolvidas e conseguir atingir os quatro indicadores de qualidade dos relacionamentos desenvolvidos por Linda C. Hon e James Grunig (1999), a saber: reciprocidade de controle, confiança, satisfação e compromisso. Na medida em que o comunicador estabelece as bases dos relacionamentos corporativos, os indicadores passam a desempenhar o papel de medidas de avaliação dos resultados das relações estabelecidas.

Outro aspecto importante é a seleção de estratégias para que os relacionamentos sejam realmente efetivos e duradouros e, para isso, é importante que o engajamento seja um objetivo a alcançar com os funcionários de uma organização. O engajamento significa abrir o diálogo, dar voz, autonomia e espaço aos funcionários – sempre alinhado ao propósito organizacional, para gerar *inputs* positivos e o sentimento de ser parte da organização. Engajar é facilitar o processo de colaboração e de troca de ideias que possam gerar inovação advindas de todos os membros envolvidos no propósito organizacional.

Os relacionamentos devem ser baseados na confiança. A confiança é a expectativa futura que os públicos têm do comportamento da organização, baseada na *performance* passada. E, relacionada com a confiança, encontra-se a reputação, definida como um crédito de confiança associado à familiaridade, ao respeito e ao reconhecimento conquistados ao longo do tempo: um vínculo emocional que contribui para que os consumidores comprem produtos, talentos queiram trabalhar na empresa e as comunidades confiram legitimidade social às operações, entre outros aspectos (Reputation Institute, 2013).

Para que os relacionamentos possam ser eficazes, o profissional deve mapear os públicos, seja por ordem de importância ou de dependência, participação e interferência que eles têm com a organização. Hoje os públicos selecionam as organizações baseados nas suas próprias percepções e em seus valores, bem como nos da empresa. Fazer que os valores dos públicos sejam coerentes e se encaixem com os da organização é uma função para a qual a área da comunicação deve dar sua colaboração.

Analisar os relacionamentos corporativos e saber administrá-los de maneira a beneficiar a organização representam um fator da maior importância para garantir que os públicos atuem segundo os objetivos e as expectativas da organização, seguindo as regras das parcerias que foram previamente estabelecidas. Para o sucesso desse trabalho, a organização deve identificar e mapear seus públicos de maneira objetiva, segundo a categoria de cada público, em que há a necessidade de estabelecer critérios que definam quais são os públicos imprescindíveis ao desenvolvimento programado da organização, quais são os prestadores de serviços que não interferem nas ações da empresa e quais são as redes de interferência que podem prejudicar em maior ou menor escala as atividades da organização, incluindo os públicos das redes sociais.

Uma vez identificados e mapeados os públicos de acordo com as diferentes categorias de relacionamento com a organização, é necessário adotar um sistema orientador dos relacionamentos, de tal forma que todos na empresa possam segui-lo. Isso se faz pela tradução das diretrizes maiores da organização em políticas de relacionamento com cada público específico.

Modelo das relações organizacionais *versus* o processo de comunicação e a cultura organizacional

Em pesquisa desenvolvida por Ferrari (2000) com 70 executivos, entre presidentes e gerentes de comunicação de 35 empresas brasileiras e chilenas de diferentes setores de negócios, ficou claro que o ambiente externo tem uma influência vital na sobrevivência do negócio, assim como no modelo de comunicação que a organização estabelece com seus públicos e no papel desempenhado pelo comunicador. De acordo com os dados levantados, as organizações foram classificadas como "mais vulneráveis" ou "menos vulneráveis", dependendo do segmento e dos produtos e/ou serviços que elas oferecem à sociedade, assim como da influência do entorno externo, mais ou menos vulnerável.

Segundo James Grunig, Maria Aparecida Ferrari e Fábio França (2011, p. 143),

> o termo *vulnerabilidade*[4] tem um caráter multifacetado e abrange várias dimensões. Não podemos esquecer a máxima que diz que no mundo globalizado o espirro do vizinho contagia todos os parceiros, ou seja, a vulnerabilidade a que estão expostas as organizações tem a força de impactar regiões, países e continentes.

Os autores conceituam "vulnerabilidade" como uma situação de fraqueza ou debilidade na qual as organizações se encontram diante de eventos que podem colocar em risco sua *performance,* causados por ambientes de intensa competitividade e riscos. Com base nessa definição, é possível identificar diferentes graus de vulnerabilidade às quais estão sujeitas as organizações.

A vulnerabilidade das organizações depende, fundamentalmente, da maior ou menor ação interveniente de dois tipos de agentes: os externos, que são os riscos, ameaças e impactos oriundos do micro e macroentorno e que afetam sua *performance* dos negócios e seu comportamento diante de seus públicos; e os internos, que são os impactos que podem surgir do enfraquecimento dos laços de

---

4. "Vulnerabilidade: originário do vocábulo 'vulnerável', do latim *vulnerabilis,* substantivo feminino que significa 'que pode ser vulnerado'. Diz-se do lado fraco de um assunto ou de uma questão, do ponto pelo qual alguém pode ser atacado ou ferido" (Ferreira, 2004). Daniel Joseph Hogan *et al.* (2001) notam que autores como Susan Cutter (1996) identificaram 18 tipos diferentes de definição de *vulnerabilidade.* Esse termo faz parte do vocabulário tanto da academia quanto do senso comum, sendo usado sob vários pontos de vista e significados.

confiança interpessoal dos trabalhadores e das percepções que eles têm sobre a organização.

Se, por um lado, a vulnerabilidade afeta tanto o modelo de gestão como o processo de comunicação da organização, também é necessário verificar como as relações de poder influenciam as práticas de relações públicas, conforme foi identificado no estudo de Ferrari (2000). Diante dos dados obtidos, a autora elaborou o "modelo das relações organizacionais e do processo de comunicação", como mostra a Figura 1, que leva em consideração a cultura organizacional como o reflexo da cultura nacional, que, por sua vez, influencia a prática das relações públicas. Segundo a autora, existe, portanto, um estilo brasileiro de administrar que está baseado em fortes traços de hierarquia, distância do poder e grande capacidade de lidar com a incerteza, refletida no "jeitinho", que reúne flexibilidade, criatividade e adaptabilidade (Tanure, 2005).

Figura 1 – Modelo das relações organizacionais e do processo de comunicação.

FONTE: GRUNIG; FERRARI; FRANÇA, 2011, P. 215

O modelo das relações organizacionais e do processo de comunicação nas organizações proposto por Ferrari (2000) tem o propósito de mostrar como o processo da comunicação, mesmo que formal e planejado, sofre influência das relações de poder, da cultura organizacional e do modelo de gestão. As relações de poder são decorrentes do processo decisório tomado pelos membros da alta direção, ou seja, aqueles executivos que têm autoridade para decidir ou influenciar a decisão de outras pessoas. Tais relações se estabelecem em nível tanto horizontal – entre aqueles que detêm poder semelhante – quanto vertical – entre aqueles que se encontram em diferentes posições hierárquicas. Os executivos que pertencem à alta direção têm autoridade formal e legitimada pela função ocupada e são responsáveis por definir a filosofia, a visão, a missão e os objetivos de longo, médio e curto prazos e o modelo de gestão que deve ser posto em prática. Eles formam o que Grunig (1992) chama de "coalizão dominante" e são responsáveis também pela definição da ideologia, vista como um núcleo que concentra o universo simbólico, cujo sentido compreende o sistema de princípios, valores e crenças.

As relações de poder se materializam mediante os elementos da cultura organizacional, entendida como o "cimento que sustenta as práticas entre os indivíduos que compõem uma organização" (Grunig, Ferrari e França, 2011, p. 216). Os componentes da cultura guiam o comportamento dos públicos mediante a assimilação, ao longo do tempo, dos valores compartilhados e dos pressupostos básicos determinados pela alta administração (Schein, 1986). Essa influência extrapola as barreiras da empresa, influindo também no comportamento dos demais públicos de interesse.

Dos componentes da cultura apresentados na Figura 1, consideramos que os valores são os que dão sustentação ao processo de socialização e que têm a função de atender tanto aos objetivos organizacionais quanto às necessidades dos indivíduos (Mendes e Tamayo, 2001). Em nossa pesquisa (Ferrari, 2000), observamos que os valores organizacionais revelavam e asseguravam os interesses da administração e, portanto, determinavam padrões de comportamento e modelos de gestão. Fica patente que os valores, como parte do "tecido" que forma a cultura, conferem sentido ao que se faz na organização.

Com a materialização da cultura se estabelece o modelo de gestão que será mais participativo ou mais autoritário, dependendo da influência da cultura nacional, da origem da organização – seja ela familiar, pública, nacional ou global – e do contexto político-econômico do país.

O modelo de gestão autoritária é mais frequentemente praticado pelas empresas "menos vulneráveis". Estas apresentam como características principais o apego à tradição e a adoção de modelos hierárquicos rígidos; o poder é centralizado e, consequentemente, as decisões estão nas mãos de uma "coalizão dominante" extremamente reduzida, além de não manter um sistema de relacionamento aberto com o ambiente externo. Suas normas são mais rígidas e os valores praticados estão relacionados à eficiência e ao conservadorismo, mais do que à inovação e à criatividade. Em decorrência desse tipo de gestão, os modelos mais comuns de relações públicas praticados pelas organizações são o assimétrico de duas mãos e os de informação pública e agência de imprensa/divulgação, de mão única. Por ser a comunicação com os funcionários vertical, existe pouco espaço para o desenvolvimento de programas de relações públicas simétricos. Como decorrência, os profissionais que nelas trabalham ou para elas prestam serviços desempenham o papel de técnicos ou especialistas com os meios de comunicação. Em alguns casos, assumem a função de gestores, mas apenas sob o aspecto administrativo e jamais na dimensão estratégica. Alguns exemplos de organizações com modelo de gestão autoritário são as Forças Armadas, a Igreja e suas entidades religiosas e os órgãos governamentais. Normalmente os setores ou departamentos de relações públicas/comunicação contam com um orçamento pequeno, o que não permite a realização de planos sofisticados de comunicação, uma vez que a alta administração não tem uma percepção da comunicação como um processo estratégico que agrega valor ao negócio.

Por outro lado, as organizações que contam com um modelo de gestão participativa são caracterizadas pelo incentivo à inovação, ao trabalho em equipe, à descentralização das decisões e ao "empoderamento" que leva à responsabilidade com criatividade nos processos organizacionais. Essas características são típicas de organizações "mais vulneráveis", que, devido às rápidas mudanças, precisam atuar com agilidade para poder sobreviver em cenários tão diversos. Nesse ambiente de sistema aberto, o modelo de prática de relações públicas mais frequente é o simétrico de duas mãos, que permite uma comunicação mais rápida e eficiente, porque os cenários são mais mutáveis e complexos e existe maior possibilidade de pressões por parte dos públicos. Dessa forma, a organização reconhece a importância do setor ou departamento de relações públicas/comunicação e o orçamento para gerir os programas de comunicação normalmente está à altura das necessidades. Nesse contexto, o profissional de relações públicas exerce a função de estrategista, com pleno apoio da alta administração. Esse modelo é praticado normalmente por organizações cujos produtos e/ou serviços são mais vulneráveis, como as empresas dos setores petroquímico, farmacêutico, de alimentação e de transportes. Esses setores estão diretamente vinculados ao público consumidor ou suas consequências trazem prejuízo ao meio ambiente, o que afeta a sociedade.

A conclusão do estudo de Ferrari (2000) é que o modelo de relações públicas praticado nas organizações sempre é resultado das trocas simbólicas e dos valores organizacionais que são compartilhados no interior da organização, assim como das demandas externas que pressionam ou oferecem oportunidades, entre as quais se destacam aquelas decorrentes das culturas nacionais. O modelo desenvolvido define o papel e as funções a ser desempenhadas pelos profissionais e é resultante do modelo de gestão adotado pela organização.

Considerações finais

Este capítulo procurou mostrar como as relações públicas ocupam um lugar importante nas organizações contemporâneas. Como uma profissão que visa administrar os relacionamentos das organizações e instituições com seus públicos, é vital para a existência e o crescimento dos negócios.

Para ser bem-sucedida, uma de suas primeiras tarefas é identificar a cultura organizacional e como seus elementos – crenças, valores, ritos, histórias, heróis, entre outros – influenciam o processo de comunicação. A comunicação como atividade-meio na organização deve ser praticada de forma transversal, ou seja, sua atuação ocorre em distintos movimentos, sendo ela a responsável pelos fluxos de informação e criação de sentidos, tanto interna como externamente.

Dado o cenário turbulento em que a organização está inserta, a transparência e a ética são posturas vitais para ela sobreviver e conseguir manter uma reputação positiva diante dos públicos. Colaborar com a alta administração das organizações para permanecer nesse contexto com alta vulnerabilidade é uma das funções dos relações-públicas.

Como função estratégica, as relações públicas são cada vez mais imprescindíveis nas organizações, de todos os portes e setores. A equação é simples: as relações públicas administram os relacionamentos. Os relacionamentos são estratégias para aproximar os públicos das organizações e instituições. A estratégia dos relacionamentos prevê que eles sejam simétricos para que ambos os lados vejam satisfeitas as suas necessidades. Quanto mais simétricos forem os relacionamentos, maiores serão as probabilidades de que a organização tenha uma reputação positiva diante dos públicos. A reputação positiva está relacionada com a confiança, que serve como barômetro futuro para medir o comprometimento dos públicos com a organização.

Hoje, com a influência dos meios digitais, a organização conta com milhares de públicos que opinam sobre suas ações, seus produtos e serviços, ou seja, os *stakeholders* estão no comando, pois querem saber o que uma empresa ou instituição representa. O sucesso da organização está relacionado com o conceito de confiança, na medida em que ela cumpra com seus propósitos.

Referências

ADLER, Nancy J. *International dimensions of organizational behavior.* 5. ed. Mason: South-Western College Publishing, 2007.

AIDAR, Marcelo; ALVES, Mário A. "Comunicação de massa nas organizações brasileiras: explorando o uso da história em quadrinhos, literatura de cordel e outros recursos populares de linguagem nas empresas brasileiras". In: MOTTA, Fernando C. Prestes; CALDAS, Miguel P. (orgs.). *Cultura organizacional e cultura brasileira.* São Paulo: Atlas, 1997.

BARROS, Betania T. de; PRATES, Marco A. S. *O estilo brasileiro de administrar.* São Paulo: Atlas, 1996.

BENTELE, Günther. "New perspectives of public relations in Europe: a nation-by-nation introduction to public relations theory and practice". In: VAN RULER, Betteke; VERČIČ, Dejan (eds.). *Public relations and communication management in Europe.* Berlin; Nova York: Mouton de Gruyter, 2004.

BERTERO, Carlos Osmar. "A evolução do poder nas organizações". *Revista de Administração de Empresas*, FGV, São Paulo, v. 29, 1989.

CASALI, Adriana Machado. "Um modelo do processo de comunicação organizacional na perspectiva da escola de Montreal". In: KUNSCH, Margarida M. Krohling (org.). *Comunicação organizacional. Vol. 1 – História, teoria e estratégias nas organizações contemporâneas.* São Paulo: Saraiva, 2009.

CASTELLS, Manuel. *A sociedade em rede.* São Paulo: Paz e Terra, 1999.

CUTTER, Susan L. "Vulnerability to environmental hazards". *Progress in Human Geography*, v. 20, n. 4, 1996, p. 529-39.

DAMATTA, Roberto. *Carnavais, malandros e heróis: para uma sociologia do dilema brasileiro.* Rio de Janeiro: Rocco, 1983.

_____. *Você tem cultura?* Universidade Federal de Santa Catarina. Circulação interna, 1985. Disponível em: <http://naui.ufsc.br/files/2010/09/DAMATTA_voce_tem_cultura.pdf>. Acesso em: 3 out. 2014.

_____. *O que faz o Brasil, Brasil?* Rio de Janeiro: Rocco, 1997.

FERRARI, Maria Aparecida. *A influência dos valores organizacionais na determinação da prática e do papel dos profissionais de relações públicas: estudo comparativo entre organizações do Brasil e do Chile.* Tese (Doutorado em Ciências da Comunicação) – ECA-USP, São Paulo, 2000.

_____. *Perfil dos egressos do curso de Relações Públicas da ECA-USP.* Pesquisa realizada em 2014.

FERREIRA, Aurélio Buarque de Holanda. *Novo Dicionário Aurélio da Língua Portuguesa.* 3. ed. Curitiba: Positivo, 2004

FLEURY, Maria Tereza Leme; FISCHER, Rosa Maria (orgs.). *O desvendar a cultura de uma organização: uma discussão metodológica.* São Paulo: Atlas, 1986.

FRANÇA, Fábio. *Públicos: como identificá-los em uma nova visão estratégica.* 3. ed. São Caetano do Sul: Yendis, 2012.

FREITAS, Maria Ester de. *Cultura organizacional: formação, tipologias e impactos.* São Paulo: Makron; McGraw-Hill, 1991.

_____. *Cultura organizacional: evolução e crítica.* São Paulo: Thomson Learning, 2007.

GRUNIG, James E. (org.). *Excellent public relations and communication management.* Mahwah: Lawrence Erlbaum,1992.

GRUNIG, James E.; FERRARI, Maria Aparecida; FRANÇA, Fábio. *Relações públicas: teoria, contexto e relacionamentos.* 2. ed. rev. e ampl. São Caetano do Sul: Difusão Editora, 2011.

GRUNIG, James E.; KIM, Jeong-Nam. "Actions speak louder than words". *Insight Train,* [s. l.], v. 1, 2011, p. 36-51.

HOFSTEDE, Geert. *Culture's and organizations: software of the mind.* Londres: Harper Collins, 1994.

_____. *Culture's consequences: comparing values, behaviors, institutions and organizations across nations.* Thousand Oaks: Sage, 2001.

HOGAN, Daniel Joseph *et al.* (org.). *Migração e ambiente nas aglomerações urbanas.* Campinas: MPC Artes Gráficas, 2001.

HON, Linda C.; GRUNIG, James E. *Guidelines for measuring relationships in public relations.* Gainesville: The Institute for Public Relations, 1999.

IBGE. *IBGE 2013.* Disponível em: <http://www.brasil.gov.br/infraestrutura/2014/09/ibge-metade-dos-brasileiros-teve-acesso-a-internet-em-2013>. Acesso em: 15 maio 2014.

IBGE. *IBGE 2014.* Disponível em: <http://www.brasil.gov.br/governo/2014/08/populacao-brasileira-ultrapassa-202-milhoes-de-pessoas>. Acesso em: 15 maio 2014.

MANUCCI, Marcelo. *Atrapados en el presente: la comunicación, una herramienta para construir el futuro corporativo.* Quito: Ciespal; Editorial Quipus, 2005.

MENDES, Ana M.; TAMAYO, Álvaro. "Valores organizacionais e prazer-sofrimento no trabalho". *Revista Psico-USF,* Brasília, v. 6, n. 1, jan./jun. 2001, p. 39-46.

MOTTA, Fernando C. Prestes Motta; CALDAS, Miguel P. *Cultura organizacional e cultura brasileira.* São Paulo: Atlas, 1997.

MUMBY, Dennis K. "Common ground from the critical perspective: overcoming binary oppositions". In: CORMAN, Steven R.; POOLE, Marshall Scott (eds.). *Perspectives on organizational communication*: *finding common ground*. Nova York: Guilford Press, 2000.

OGLIASTRI, Enrique *et al*. "Cultura y liderazgo organizacional en America Latina". In: ASAMBLEA DEL CONSEJO LATINOAMERICANO DE ESCUELAS DE ADMINISTRACIÓN EN AMÉRICA LATINA – CLADEA, 33, Santo Domingo, out. 1998. *Anais...* Lima: Cladea, 1998.

ONU. *World urbanization prospects*: *the 2011 revision*. Nova York: United Nations Department of Economic and Social Affairs/Population Division, 7 abr. 2012. Disponível em: <http://www.un.org/en/development/desa/publications/world-urbanization-prospects-the-2011-revision.html>. Acesso em: 3 out. 2014.

PUTNAM, Linda L.; PACANOWSKY, Michael E. (eds.). *Communication and organizations*: *an interpretative approach*. Beverly Hills: Sage, 1983.

REPUTATION INSTITUTE. *Reputation Institute*. Belo Horizonte: Prospecto, 2013.

RODDICK, A. *Meu jeito de fazer negócios*. São Paulo: Negócios, 2002.

SARKOVAS, Y. *Apresentação do Trust Barometer*. São Paulo: ESPM, 2012.

_____. *Distância entre confiança nas empresas e governo nunca foi tão grande*. São Paulo: Edelman Significa, 2014. Documento.

SCHEIN, Edgard H. "Culture: The missing concept in organization studies". *Administrative Science Quarterly*, n. 41, 1986, p. 229-40.

SMIRCICH, Linda. "Concepts of culture and organizational analysis". *Administrative Science Quarterly*, v. 28, 1983, p. 339-58.

SRIRAMESH, Krishnamurthy; WHITE, Jon. "Societal culture and public relations". In: GRUNIG, James E. (org.). *Excellent public relations and communication management*. Mahwah: Lawrence Erlbaum,1992.

SUSSKIND, Lawrence; MCKEARNEN, Sarah; THOMAS-LAMAR, Jennifer (eds.). *The consensus building handbook*: *a comprehensive guide to reaching agreement*. Thousand Oaks: Sage, 1999.

TANURE, Betania. *Gestão à brasileira*. 2. ed. São Paulo: Atlas, 2005.

TAYLOR, James. "Dialogue as the search for sustainable organizational communication". In: ANDERSON, Rob; BAXTER Leslie; CESSNA Kenneth N. (eds.). *Dialogue*. Thousand Oaks: Sage, 2004.

TORQUATO, Gaudêncio. *Comunicação empresarial, comunicação institucional*: *conceitos, estratégias, sistemas, estrutura, planejamento e técnicas*. São Paulo: Summus, 1986.

TROIANO, Jaime. "Prefácio". In: REINAM, Joey. *Propósito*. São Paulo: Editora HSM, 2013.

8. Metodologia da pesquisa em comunicação organizacional e em relações públicas: uma abordagem prática

Visão geral do capítulo

O desenvolvimento acadêmico dos campos da comunicação organizacional e das relações públicas envolve uma série de desafios. Entre eles, os principais são o estímulo à identificação de cenários e problemas relevantes dessas áreas e a escolha de percursos metodológicos que auxiliem os pesquisadores a encontrar respostas para questões emergentes nas organizações, tanto as de dimensão intrapessoal e humana quanto as que se referem às relações resultantes da permanente interação com o macroambiente. Assim, dos estudos de natureza exploratória e bibliográfica à imersão participativa, a pesquisa nessas áreas exige postura reflexiva e atenta aos desafios da contemporaneidade. Este capítulo apresenta características, finalidades e etapas necessárias ao desenvolvimento da pesquisa nesses campos, além de recomendações práticas para a elaboração de projetos.

Objetivos do capítulo

* Oferecer recomendações práticas para a elaboração de projetos de pesquisa de natureza teórica e aplicada.
* Auxiliar o pesquisador a basear-se em escopos fundamentados em metodologias precisamente alinhadas quanto a pressupostos teórico-conceituais, coleta de informações e interpretação de cenários.

- Indicar critérios para a elegibilidade de casos relevantes à realização de estudos nos campos da comunicação organizacional e das relações públicas.
- Apresentar as principais características do estudo exploratório.
- Dar exemplos do processo de elaboração de itens essenciais de um projeto.

Introdução

A pesquisa em comunicação organizacional e em relações públicas tem avançado em relevância e abrangência, o que, como em qualquer campo de estudos vinculado às ciências sociais aplicadas, requer do pesquisador muita perspicácia e intuição para identificar questões emergentes no dia a dia das organizações e no ambiente em que estas atuam.

Neste capítulo, traçamos como objetivo específico a proposição de um percurso para estudos cujos *designs* sejam predominantemente exploratórios ou práticos. Os dois desenhos são comuns e adequados a pesquisas realizadas por aqueles que estão iniciando seus estudos acadêmicos nessas áreas, principalmente pela diversidade de caminhos que oferecem.

Estudos que avançam para propostas de intervenção prática, extrapolando o mero levantamento de dados e passando à elaboração de planos estruturados, com a finalidade de intervir na realidade avaliada, são igualmente relevantes ao estabelecimento de associações entre teoria e prática. Por isso, também são parte da proposta deste capítulo.

O enfoque será o debate sobre a definição de percursos metodológicos dentro de uma abordagem prática e estrutural. Assim, não se discorre aqui sobre paradigmas e perspectivas teórico-conceituais, cabendo ao pesquisador eleger seus marcos conceituais e referenciais teóricos segundo suas crenças, seus objetivos e suas necessidades específicas.

A pesquisa exploratória em comunicação organizacional e em relações públicas

A pesquisa exploratória diferencia-se da pesquisa descritiva e da explicativa por não ser estritamente definida em função de uma teoria ou hipótese que a fundamente. Em alguns casos, não há sequer convicção sobre um problema a ser resolvido. No estudo exploratório, a ênfase está no processo de coletar informações sobre algo, de forma a oferecer, por fim, ideias mais claras e consistentes quanto a um dado fenômeno, contexto ou tema.

Em termos comparativos, têm-se: a pesquisa exploratória, como um nível inicial de pesquisa; a pesquisa descritiva, um nível mais avançado, no qual há um objetivo mais específico, que requer técnicas de coleta padronizada de dados, assumindo a forma de levantamentos estruturados; e, por fim, a pesquisa explicativa, o estágio mais avançado, no qual se busca identificar causas e fatores que determinam fenômenos, fundamentando tudo em teorias, hipóteses e estratégias de controle.

Para Antônio J. Severino (2007, p. 123), a pesquisa exploratória "busca apenas levantar informações sobre determinado objeto, delimitando assim um campo de trabalho, mapeando as condições de manifestação desse objeto". Segundo o autor, ela é "uma preparação para a pesquisa explicativa". Ela é muito importante aos estudos de comunicação organizacional e de relações públicas, visto que as ciências da comunicação são empíricas, baseadas nas experiências de observação dos fenômenos.

A pesquisa exploratória busca levantar informações sobre determinado objeto de estudo, delimitando um campo de trabalho, e visa proporcionar maior familiaridade com uma questão-chave. Ela implica levantamento bibliográfico e, eventualmente, também estudo documental. Pode exigir a realização de entrevistas com pessoas que tiveram ou têm contato e familiaridade com a questão, além de envolver a análise de exemplos. Em geral, o estudo exploratório se constitui por meio de pesquisa bibliográfica e de estudos de caso. Para os propósitos deste capítulo, tomamos por base estudos vinculados a organizações em suas relações com os ambientes em que atuam, seus públicos e suas estratégias de atuação, na perspectiva da comunicação organizacional e das relações públicas.

Possíveis caminhos metodológicos para a consolidação de uma estratégia de pesquisa exploratória

Embora haja diversos caminhos possíveis para a definição de uma estratégia de pesquisa bem-sucedida, não há fórmulas para a construção de um estudo ideal. Assim, não é pretensão deste capítulo esgotar as possibilidades nesse sentido, mas apenas indicar percursos e possibilidades.

Partimos do pressuposto de que todos os trabalhos desenvolvidos em âmbito acadêmico têm como inspiração inicial o estudo bibliográfico alicerçado em revisão da literatura sobre o tema em estudo. A avaliação prévia de conceitos e abordagens que serão os fundamentos para reflexão e análise é essencial para que o trabalho tenha coerência. Ao elaborar a estratégia de pesquisa, é necessário formular o problema ou a questão-chave. Segundo Jocelyn Létourneau (2011, p. 258), esse

> é o momento em que o pesquisador esclarece suas ambições, formula com clareza a questão que lhe interessa, determina seus objetivos principais e secundários, compara seu assunto com os avanços dos trabalhos nesse campo, fixa os limites conceituais de uso, delimita o espaço aceitável de sua argumentação e indica as precauções que devem ser tomadas para julgar suas conclusões.

O estudo exploratório assumirá predominantemente estas possíveis combinações (Figura 1):

Figura 1 – Estrutura da pesquisa acadêmica.

Escopo para pesquisas exploratórias e análises de cenário com proposta de intervenção

Introdução (baseada no projeto)
- Título
- Tema
- Objetivos do estudo
- Pergunta-chave
- Pressupostos teórico-conceituais
- Percurso metodológico
- Apresentação geral do trabalho

Opção 1: Estudo bibliográfico ou Estudo bibliográfico e documental (apenas)

Opção 2: Estudo bibliográfico ou Estudo bibliográfico e documental (apenas)

Explicitar número de capítulos e títulos e escopo da cada capítulo

Capítulo 1
Apresenta conceitos mais abrangentes ligados ao tema central do trabalho.
A argumentação apresentada responderá ao pressuposto teórico-conceitual elaborado pelo estudante com base em suas leituras prévias.

Capítulo 2
Apresenta conceitos que conectam a temática central a temas específicos do trabalho.
Este capítulo deve estabelecer ligação entre os conceitos defendidos no capítulo anterior e as situações específicas que serão objeto do estudo de caso ou do levantamento de dados primários.

Capítulo 3
No caso de um estudo baseado em levantamento bibliográfico e documental apenas, o último capítulo fará as ligações entre todos os conceitos e análises documentais apresentados no trabalho.
Se for estudo de caso, estudo comparativo de casos, análise de cenário específico ou pesquisa aplicada com levantamento de dados primários, essas informações serão concentradas neste capítulo.

3.1: Descrição do(s) caso(s), ou descrição do cenário específico, ou apresentação do projeto específico de pesquisa primária.

3.2: Análise do(s) caso(s), ou análise do cenário específico (diagnóstico), ou análise da pesquisa aplicada.

Considerações finais

Referências

Obs.: O número de capítulos é meramente ilustrativo. Recomenda-se que a estrutura de um TCC em nível de graduação ou especialização não seja demasiadamente fragmentada em tópicos e subtópicos.

Figura 2 – Opções de percurso metodológico em um trabalho acadêmico.

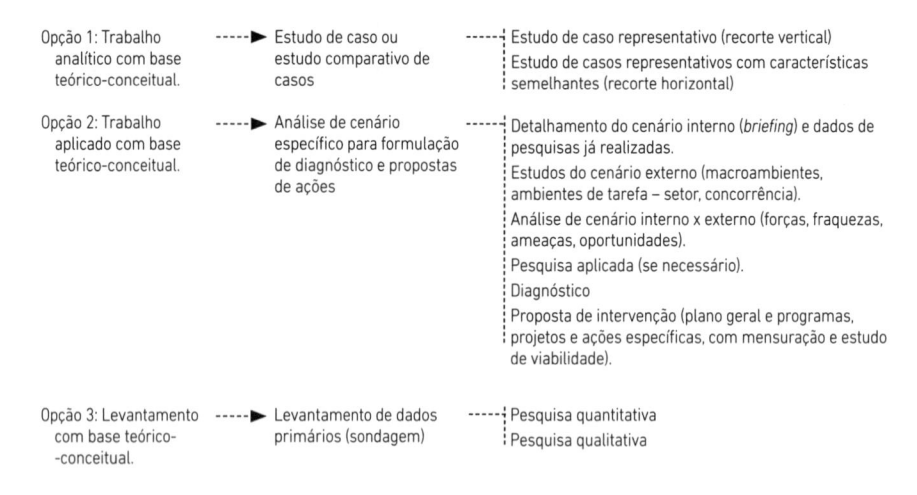

Com relação à Opção 1 da Figura 2, *trabalho analítico com base teórico-conceitual*, o pesquisador poderá realizar, além do estudo bibliográfico ou do estudo bibliográfico com suporte documental, um estudo de caso representativo (recorte vertical) ou estudo de casos representativos com similaridades entre si (recorte horizontal).

A escolha de estudo(s) de caso requer dos casos escolhidos representatividade e relevância no conjunto de casos análogos. O estudo de caso tem como característica essencial a investigação de um fenômeno dentro de determinado contexto, buscando-se compreender as intersecções entre fenômeno e contexto. Para Paul de Bruyne, Jacques Herman e Marc de Schoutheete (1991 *apud* Duarte, 2008), o estudo de caso pode ser empreendido em uma ou algumas organizações e reúne informações por meio de técnicas de coleta de informações diversas, como pesquisas documentais ou entrevistas, por exemplo.

No caso da 2 da mesma figura, *trabalho aplicado com base teórico-conceitual*, tem-se, além do estudo bibliográfico ou do estudo bibliográfico com suporte documental, a escolha de uma organização-alvo, com evolução para uma análise de cenário específico que resulta em formulação de diagnóstico e proposta de intervenção. Nesse tipo de trabalho, o pesquisador está, na maioria das vezes, bastante envolvido com o contexto de estudos e tem familiaridade com o ambiente interno e externo em que a organização-alvo atua.

Estudos desse tipo exigem o cumprimento de etapas ligadas ao planejamento estratégico da comunicação e envolvem, no mínimo:

- Detalhamento do cenário interno (*briefing* detalhado), com menção a possíveis levantamentos e pesquisas já realizados pela organização-alvo.
- Estudo do cenário externo (macroambientes, ambiente de tarefa – setor, concorrência, ambiente relacional – e públicos).
- Análise de cenário interno *versus* externo (forças, fraquezas, ameaças, oportunidades).
- Pesquisa aplicada (se for necessário levantar informações específicas por meio de levantamento primário). Nesse caso, além dos objetivos gerais do estudo, será necessário definir objetivos específicos para essa etapa do trabalho, com justificativa, hipóteses, amostra e técnicas de coleta de dados.
- Diagnóstico.
- Proposta de intervenção.

Ainda na Figura 2, a Opção 3, *levantamento com base teórico-conceitual*, é aquela em que o pesquisador associa estudo bibliográfico ou estudo bibliográfico com suporte documental a um levantamento específico realizado por meio de pesquisa aplicada. Nesse caso, além dos objetivos gerais do estudo, será necessário definir objetivos específicos para a etapa de levantamento de dados primários, com justificativa, hipóteses, amostra e técnicas de coleta de dados. Esse tipo de levantamento poderá ser quantitativo (visando identificar como está o cenário) e/ou qualitativo (para identificar por que o cenário está de determinada forma). Ao final, o trabalho deverá trazer uma análise baseada em reflexões teórico-conceituais e dados identificados no levantamento.

Os desdobramentos de cada uma dessas escolhas devem ser avaliados por cada pesquisador em conjunto com seu orientador. Há diversos caminhos viáveis, mas todos dependem, em primeira instância, do tipo de objetivo e do cenário que se pretende avaliar.

Identificação de questões relevantes para estudos em comunicação organizacional e em relações públicas

Identificar temas e questões que justifiquem estudos nas áreas de comunicação organizacional e de relações públicas é uma etapa determinante para o sucesso da pesquisa. A adequada proposição de um tema depende, sobretudo, da identificação de uma questão relevante no contexto desses campos de estudos.

Para realizar um estudo nos campos da comunicação organizacional e das relações públicas, não é mandatório eleger um contexto específico, ou seja, uma organização-alvo. É possível realizar um estudo bibliográfico ou bibliográfico/documental *apenas*. Ao realçar a palavra *apenas*, isso não quer dizer que o estudo seja em algum sentido *menor*. Estudos de natureza bibliográfica ou bibliográfica/documental devem cumprir todas as etapas relativas à elaboração de um projeto de pesquisa e à definição de pressupostos teórico-conceituais de natureza filosófica e/ou metodológica (Ferrarezi Jr., 2011). A diferença em relação a estudos que têm organizações-alvo como contextos específicos de análise é que o pesquisador estará ainda mais desafiado a identificar correlações conceituais relevantes ao avanço dos campos de conhecimento em foco, e deverá buscar, tanto quanto possível, fugir da mera compilação de conceitos já existentes.

Uma das maneiras mais eficientes de identificar questões relevantes em contextos específicos é avaliar como a organização-alvo está em relação a uma questão presente no macroambiente. Um exemplo do cenário organizacional brasileiro recente é a sanção da Lei nº 12.846, de 1º de agosto de 2013, conhecida também como Lei Anticorrupção (Brasil, 2013)[1]. Ela estabelece que as pessoas jurídicas passam a ter responsabilidade civil e administrativa pela prática de atos contra a administração pública, nacional ou estrangeira. Trata-se de uma questão emergente no âmbito político-legal (macroambiente) com efeitos sobre todas as organizações que atuam no Brasil.

Do ponto de vista comunicacional, trata-se de uma questão relevante, pois o tema requer envolvimento e apoio estratégico da comunicação para que se promova conscientização e mudança de comportamento no cenário organizacional (*pressuposto*). Como forma de identificar a melhor opção para um estudo que tenha esse cenário como pano de fundo, e como apoio à justificativa para a escolha de um tema de estudos ligado ao papel estratégico da comunicação em apoio a programas de ética e *compliance*, por exemplo, a pergunta inicial é: a organização-alvo está adaptada ao cenário macroambiental? A resposta a essa pergunta poderá justificar o percurso metodológico do trabalho, como exposto a seguir:

---

1.   O texto está disponível para consulta em: <http://www.planalto.gov.br/ccivil_03/_ato2011-014/2013/lei/l12846.htm>. Acesso em: 10 set. 2014.

- A organização está adaptada. Os processos que definem essa questão na organização-chave são adequados. A comunicação é elemento-chave nesse processo na organização-alvo. O caso da organização-alvo é exemplar.

⇨ *Estudo de caso*

- A organização está adaptada, mas os processos relativos a essa questão na organização-chave devem ser aperfeiçoados. A comunicação é parcialmente envolvida nesses processos, ou não é parte da estratégia organizacional nesse sentido. O caso da organização-alvo não é exemplar.

⇨ *Análise de cenário relativo à organização-alvo e proposta de intervenção*

- A organização-alvo não está adaptada. Os processos não estão adequados ou não há processos na organização-alvo. A comunicação não é parte da estratégia na organização-alvo. O caso da organização-alvo não é exemplar.

⇨ *Análise de cenário relativo à organização-alvo e proposta de intervenção*

Uma possível estrutura mínima para esse estudo envolveria:
- Capítulo 1 – Contexto organizacional contemporâneo (discussão sobre *issues*, crises, ambiente organizacional complexo e incerto, entre outros temas).
- Capítulo 2 – Ética nas organizações: papel da comunicação (reflexões sobre os conceitos de ética, políticas de gestão e *compliance* e o papel da comunicação na disseminação de valores, entre outros possíveis subtemas).
- Capítulo 3 – Estudo de caso exemplar/representativo ou estudo de caso com análise de cenário específico da organização-alvo com proposta de intervenção.

Em geral, questões relevantes nos campos da comunicação organizacional e das relações públicas são identificadas com base em um conhecimento prévio que o pesquisador tem, por sua familiaridade com determinado cenário interno (ambiente organizacional específico) e suas relações e interações com macroambiente, ambiente setorial, concorrencial e, principalmente, públicos de relacionamento.

Roteiro para elaboração de projetos de pesquisa em comunicação organizacional e em relações públicas

Embora não seja objetivo deste capítulo definir um percurso definitivo para estudos nos campos da comunicação organizacional e das relações públicas, propomos uma estrutura que possa auxiliar o pesquisador na definição de um esboço inicial de estudos. A estrutura final deve ser validada em conjunto com o orientador do trabalho, tendo sempre em mente objetivo e contexto de estudos, bem como a disponibilidade do pesquisador para aprofundar-se em leituras e coletar informações e documentos sobre o objeto de estudos.

O projeto de pesquisa antecede a elaboração do trabalho e tem por objetivo permitir que o pesquisador organize suas ideias com máxima assertividade, evitando-se perda de foco ao longo do processo.

Em geral, todos os itens definidos no projeto de pesquisa migram para o trabalho final como parte do texto introdutório. Por isso, é importante que o percurso geral seja definido detalhadamente *antes* de iniciar a redação definitiva.

Sobre o formato geral (percurso metodológico)

O primeiro passo a definir é o percurso metodológico geral do trabalho. O pesquisador deve avaliar se o caminho ideal será:

1. Estudo bibliográfico *apenas*.
2. Estudo bibliográfico e documental *apenas*.
3. Estudo bibliográfico ou estudo bibliográfico e documental + estudo de caso (deve ser representativo e exemplar no contexto da comunicação organizacional e das relações públicas).
4. Estudo bibliográfico ou estudo bibliográfico e documental + análise de cenário específico (organização-alvo) com proposta de intervenção (estudo de ambiente interno, macroambiente e ambiente setorial/concorrencial/relacional + análise de pontos fortes e fracos, ameaças e oportunidades) + diagnóstico + proposta de intervenção/plano de comunicação.
5. Estudo bibliográfico ou estudo bibliográfico e documental + levantamento de dados primários (pesquisa qualitativa e/ou quantitativa) + conclusões, recomendações.

O formato geral do trabalho deve ser apresentado detalhadamente no projeto de pesquisa e na introdução do trabalho final, pois orientará o pesquisador durante a realização do estudo e também o leitor, que poderá visualizar o caminho escolhido pelo pesquisador para alcançar os objetivos da pesquisa.

Sobre o escopo temático e teórico-conceitual

Uma importante etapa da definição de escopo teórico-conceitual diz respeito à avaliação do campo do conhecimento em que se insere o estudo. O campo da comunicação, de forma geral, tem se beneficiado enormemente de suas interfaces com campos de estudos diversos. É importante que o pesquisador faça essa reflexão para definir com maior clareza as correlações entre a temática escolhida e os campos do conhecimento que contribuem para compreendê-la.

Possíveis campos de conhecimento ligados à pesquisa em comunicação organizacional e em relações públicas podem ser, por exemplo, administração, antropologia, sociologia e marketing. Desde o início do estudo, o pesquisador deverá estabelecer claramente sua linha de estudos e as ligações que pretende estabelecer entre campos de conhecimento correlatos ou complementares, de forma a evitar associações aleatórias entre campos de conhecimento.

Do ponto de vista temático, há diversas possibilidades. Aqui escolhemos apenas algumas, meramente ilustrativas, expostas em ordem alfabética, que podem auxiliar o pesquisador na definição de um tema:

- Avaliação e mensuração de resultados em comunicação.
- Canais, veículos e ferramentas de comunicação.
- Comunicação digital e processos de comunicação das/nas organizações.
- Comunicação e memória organizacional.
- Comunicação interna/comunicação humana nas organizações.
- Comunicação e relações com a comunidade; responsabilidade social corporativa.
- Comunicação organizacional e relações públicas em processos de fusão e aquisição.
- Comunicação organizacional e relações públicas em situações de crise com a opinião pública.
- Comunicação organizacional e relações públicas no terceiro setor.
- Comunicação pública, governamental e política.
- Cultura e identidade organizacional.

- Discurso/retórica institucional/narrativas organizacionais.
- Eventos como estratégia de comunicação.
- Gestão estratégica da comunicação organizacional e de relações públicas.
- Governança corporativa e comunicação organizacional/*compliance*/ética.
- Imagem e reputação organizacional.
- Planejamento estratégico da comunicação organizacional.
- Processos comunicacionais em apoio a *branding* e gestão de marcas.
- Públicos, opinião pública.
- Relacionamento com a mídia.
- Relações públicas comunitárias.
- Sustentabilidade nas organizações.
- Teoria e pesquisa em comunicação organizacional e/ou em relações públicas.

A *delimitação do tema* é o "recorte" de um aspecto específico da temática escolhida. Do ponto de vista textual, é preciso ser *objetivo e claro*, usando palavras-chave que sustentarão todo o plano de estudos. Um exemplo é *"o papel do planejamento estratégico da comunicação interna em apoio a ações de marketing – relevância da comunicação integrada para o alcance dos objetivos organizacionais"*. As palavras-chave são *planejamento estratégico, comunicação interna, marketing* e *comunicação integrada*, que delimitam como campos de estudos a comunicação organizacional, a administração, a comunicação interna e o marketing. O tema indica, também, a correlação entre os subtemas e um conceito mais abrangente, que é, no exemplo apresentado, o conceito de comunicação integrada.

Em alguns casos, o estudo envolve cenários específicos (por exemplo, empresa X, circunstância Y). No exemplo anterior, o cenário poderia ser definido como um *"Estudo do plano estratégico para lançamento da marca X no contexto Y"*.

Na justificativa, apresenta-se a relevância do tema escolhido e sua contribuição para o aprimoramento do campo do conhecimento e a atuação profissional na área escolhida. Esse item deve explicar, principalmente, a razão pela qual o estudo pode ser interessante ou oportuno para o campo escolhido. Não é recomendável usar a primeira pessoa do singular ou plural. A ênfase sobre a relevância da pesquisa deve ser dirigida à área do conhecimento ou às aplicações práticas do estudo.

O problema ou a questão-chave é um enunciado que expressa a pergunta a ser respondida pelo estudo. A questão deve retomar as palavras-chave explicitadas no tema, necessariamente. O retorno às palavras-chave oferece consistência ao projeto e define a direção pretendida.

No exemplo anterior, em que o tema proposto seria *"o papel do planejamento estratégico da comunicação interna em apoio a ações de marketing – relevância da comunicação integrada para o alcance dos objetivos organizacionais"*, as palavras-chave são: *planejamento estratégico, comunicação interna, marketing* e *comunicação integrada*. Assim, a questão-chave a ser respondida pelo estudo poderá ser "como o planejamento estratégico e integrado da comunicação organizacional contribui/pode contribuir para o alinhamento entre as ações de marketing e a comunicação interna, favorecendo o alcance dos objetivos organizacionais, e quais as lições aprendidas no caso X (identificado como exemplar). É possível também aprofundar a questão-chave com informações contextuais específicas. Ao fim do estudo, deverá haver uma resposta à questão-chave. Não se trata de chegar a conclusões fechadas, mas de se estabelecer uma reflexão que contribui para o entendimento da questão à luz dos conceitos e das práticas escolhidos e avaliados pelo pesquisador em seu estudo.

Os pressupostos refletem a busca de uma resposta para a questão-chave. Podem ter origem teórico-conceitual (com base nas leituras realizadas sobre o tema) ou prática (baseados em fatos do cotidiano). Se um pressuposto é teórico--conceitual, será derivado de leituras prévias e conceitos já debatidos em pesquisas anteriores e na literatura da área. Um pressuposto bem elaborado é a base para a elaboração de um capítulo claro e coerente. Cada capítulo deve expressar a defesa de um ou mais pressupostos. Assim, três ou quatro pressupostos compõem uma estrutura ideal de monografia/trabalho de conclusão de curso (TCC) com três ou quatro capítulos. Em geral, dado que as pesquisas em comunicação organizacional e em relações públicas partem de questões para as quais não há uma única resposta válida ("verdade universal"), os trabalhos tendem a ter como fundamento inicial uma discussão mais ampla (contextual) e, então, afunilar-se para análises mais específicas. Isso não é uma regra, mas uma sugestão que se mostra válida. O pressuposto inicial é mais geral/contextual e os demais são mais específicos. O último pressuposto é geralmente vinculado à associação entre os pressupostos anteriores, podendo ser, também, a explicitação da correlação entre os conceitos apresentados e a relevância de um caso específico ou uma situação prática que requer uma proposta de intervenção/plano de comunicação que ilustre essa associação.

A seguir, exemplo de pressupostos desenvolvidos para a monografia *Planejamento da comunicação digital integrada no gerenciamento de crises e assuntos emergentes nas mídias sociais: por uma filosofia de relações públicas* (Lemos, 2011), estruturada em quatro capítulos:

1. Pressuposto geral/contextual que orienta o desenvolvimento do capítulo 1: "A nova lógica midiática está sendo experimentada pela sociedade global do século XXI de forma nunca antes imaginada. A rápida ampliação do acesso a dispositivos móveis, particularmente telefones celulares e smartphones, contribui, em larga escala, para a inclusão digital, na medida em que mais pessoas passam a estar *conectadas*. [...] Numa sociedade em rede que está impregnada pela cultura da convergência, novos desafios se impõem às organizações ao se relacionarem com seus públicos" (Lemos, 2011, p. 15).

2. Pressuposto específico que dá origem ao capítulo 2: "O planejamento estratégico da comunicação deve estar necessariamente em consonância com o planejamento global da organização" (Lemos, 2011, p. 26). Outro exemplo de pressuposto específico que mantém o foco da argumentação do capítulo 2: "O planejamento de comunicação para mídias sociais tem a mesma relevância e as mesmas características fundamentais que regem o planejamento estratégico de Comunicação nas organizações, devendo estar diretamente ligado ao planejamento estratégico global – são indissociáveis" (Lemos, 2011, p. 35).

3. Ainda, outro pressuposto específico dá foco à argumentação do capítulo 3: "Há que se fazer uma distinção entre gerenciamento de crises e comunicação de crises, embora sejam dimensões absolutamente complementares e interdependentes. Entende-se que o sucesso do gerenciamento de crises depende de dois fatores essenciais: 1. participação de diversos setores da organização, que devem estar comprometidos com a identificação de riscos e gerenciamento de crises; 2. adequado gerenciamento da comunicação de crises, tarefa em que o relações-públicas assume papel de gestor e articulador" (Lemos, 2011, p. 47).

4. Por fim, para orientar a elaboração do capítulo 4, um estudo comparativo de casos, o pressuposto central formulado deu a base necessária para justificar e concretizar a análise:
"Há distinções importantes a considerar ao avaliar situações de crise envolvendo mídias sociais. A identificação comparativa de diferentes casos pode esclarecer pontos de convergência e divergência entre diversos tipos de crise, contribuindo para uma atuação mais assertiva do profissional responsável por

gerenciar crises em mídias sociais. Nesse sentido, a adoção de uma filosofia de relações públicas e a atuação do profissional de relações públicas podem contribuir para o aperfeiçoamento das práticas de gerenciamento de crises em mídias sociais. Mais que isso, o entendimento de eventuais distinções entre cada tipo de caso e abordagem quanto ao uso das mídias sociais é fundamental para que as organizações aprendam, tanto com os seus próprios acertos e erros quanto com os de outros, sendo esse um princípio claro do *benchmarking*" (Lemos, 2011).

Como se pode perceber, os pressupostos são o fundamento para que o pesquisador faça a defesa dos conceitos por meio de revisão bibliográfica. Os conceitos presentes nos pressupostos devem ser endereçados a cada autor que dá base ao desenvolvimento textual, e deve haver coerência entre as associações e conceituações apresentadas em cada etapa do trabalho.

Os objetivos delimitam o foco do estudo e devem ser redigidos com verbos de ação (identificar, analisar, propor etc.). Pode haver objetivos gerais, ligados ao trabalho como um todo e à questão-chave, e objetivos específicos, ligados à realização de levantamentos por meio de pesquisa qualitativa e/ou quantitativa, estudos de caso ou propostas de intervenção.

No caso do estudo mencionado anteriormente, o objetivo geral foi

contribuir para o estudo da comunicação digital estratégica como constituinte do composto de comunicação organizacional integrada, podendo se beneficiar da filosofia de relações públicas para uma atuação cada vez mais efetiva no gerenciamento de crises e de assuntos emergentes em mídias sociais. (Lemos, 2011, p. 9)

Como objetivos específicos, mencionavam-se:

1. Identificar proposições teóricas e conceituações sobre gestão integrada da comunicação organizacional e relações públicas, em suas intersecções com o gerenciamento de crises e da comunicação de crises, propondo uma reflexão sobre tais conceitos na contemporaneidade;

2. Cotejar teoria e prática ao analisar fenômenos que nos permitam observar congruências e incongruências entre a filosofia de planejamento da comunicação digital integrada e o gerenciamento de crises e assuntos emergentes nas mídias sociais, chegando a uma proposta de categorização de crises quanto às suas características distintivas. (Lemos, 2011, p. 9)

Com relação ao referencial teórico-conceitual do estudo, ele deverá estar orientado para argumentação e defesa dos pressupostos. Essa escolha é comumente feita em conjunto com o orientador, visto que influenciará toda a construção do trabalho e deverá realçar a consistência necessária aos trabalhos acadêmicos.

Sobre a estrutura

Optar por uma estrutura simplificada pode ser a chave para a elaboração de um trabalho de boa qualidade. A excessiva fragmentação em subpartes deve ser evitada e só se justifica em casos cuja complexidade requer esse formato. É importante que cada capítulo seja baseado em pressupostos teórico-conceituais claros, pois são os pressupostos que inspiram os títulos e subtítulos do capítulo.

Todo bom trabalho começa com um bom título, que deve explicitar o tema e o objeto de estudo.

Os itens do projeto de pesquisa se convertem em uma introdução completa e objetiva. No trabalho final, eles são apresentados não mais como itens de um projeto, mas em um texto que correlaciona suas partes, apresentando-as em um texto único. São itens de um projeto e, consequentemente, "assuntos" constituintes da introdução definitiva do trabalho:

- *Tema*: redação objetiva, baseada em palavras-chave.
- *Justificativa*: importância para o campo de estudos ou profissional.
- *Objetivos do estudo*: identificar, analisar, verificar (verbos de ação).
- *Pergunta-chave*: definir a questão central a ser respondida pelo trabalho.
- *Pressupostos teórico-conceituais*: apresentar resumidamente principais autores e conceitos que norteiam o trabalho (se bem formulados, corresponderão à argumentação de cada capítulo).
- *Percurso metodológico escolhido*: explicar o caminho metodológico escolhido para responder à questão central do trabalho.
- *Apresentação geral do trabalho*: explicitar número de capítulos, títulos e escopo de cada capítulo.

A seguir, estrutura sugerida para um estudo apresentado em três capítulos:

- *Introdução*.
- *Capítulo 1*: apresenta conceitos mais abrangentes ligados ao tema central do trabalho. A argumentação apresentada responderá ao pressuposto teórico-conceitual elaborado pelo estudante com base em suas leituras prévias.

- *Capítulo 2*: apresenta conceitos que conectam a temática central a temas específicos do trabalho. Esse capítulo poderá estabelecer ligação entre os conceitos defendidos no capítulo 1 e as situações específicas que serão objeto do estudo de caso ou do levantamento de dados primários.
- *Capítulo 3*: Estudo de caso, estudo comparativo de casos, estudo de caso com análise de cenário específico para proposta de intervenção ou pesquisa aplicada com levantamento de dados.
- *Considerações finais.*
- *Referências.*

O capítulo dedicado ao estudo de caso requer, no mínimo, duas etapas: uma descritiva, em que se apresenta o caso de forma detalhada; e outra analítica, em que se estabelecem as análises com base em critérios previamente definidos pelo pesquisador. No caso de haver projeto de pesquisa aplicada, este deverá ter objetivos específicos e ser integralmente inserto nesse capítulo, para que seja possível ao leitor avaliar os critérios do levantamento realizado, bem como hipóteses e amostra. Igualmente, haverá um item dedicado à análise da pesquisa aplicada.

Considerações finais

Longe de trazer respostas definitivas, este artigo traz algumas reflexões e propostas práticas para que os estudos de comunicação organizacional e de relações públicas desenvolvidos por pesquisadores iniciantes sejam construídos com base em uma estrutura clara e em pressupostos teórico-conceituais que lhes atribuam consistência e coerência. Não se pode falar em um modelo ou padrão para os estudos da área, mas é certo que qualquer pesquisa nesses campos do conhecimento deverá partir de um escopo fundamentado em caminhos metodológicos precisamente alinhados entre si. O crescimento dessas áreas tem sido fomentado, em grande medida, por estudos exploratórios, particularmente por estudos de casos, e todas as contribuições para o aprimoramento de pesquisas com esse desenho certamente favorecem a consolidação acadêmica na área.

Referências

BRASIL. "Lei nº 12.846, de 1º de agosto de 2013". Presidência da República. Casa Civil. Disponível em: <http://www.planalto.gov.br/ccivil_03/_ato2011-2014/2013/lei/l12846.htm>. Acesso em: 10 set. 2014.

BRUYNE, Paul de; HERMAN, Jacques; SCHOUTHEETE, Marc de. *Dinâmica da pesquisa em ciências sociais.* 5. ed. Rio de Janeiro: Francisco Alves, 1991.

DUARTE, Marcia Yukiko M. "Estudo de caso". In: DUARTE, Jorge; BARROS, Antonio (orgs.). *Métodos e técnicas de pesquisa em comunicação.* 2. ed. São Paulo: Atlas, 2008.

FERRAREZI JR., Celso. *Guia do trabalho científico: do projeto à redação final: monografia, dissertação e tese.* São Paulo: Contexto, 2011.

LEMOS, Else. *Planejamento da comunicação digital integrada no gerenciamento de assuntos emergentes nas redes sociais on-line: por uma filosofia de relações públicas.* Monografia (Especialização em Gestão Integrada da Comunicação Digital nas Empresas) – Escola de Comunicações e Artes, Universidade de São Paulo, São Paulo, 2011.

LÉTOURNEAU, Jocelyn. *Ferramentas para o pesquisador iniciante.* São Paulo: WMF Martins Fontes, 2011.

SEVERINO, Antônio Joaquim. *Metodologia do trabalho científico.* 23. ed. rev. e atual. São Paulo: Cortez, 2007.

9. Pesquisa em comunicação corporativa: abordagem, métodos e técnicas

Visão geral do capítulo

A pesquisa de mercado e de opinião na comunicação corporativa, muito tempo considerada ferramenta de apoio à comunicação institucional, apresentou desenvolvimento relevante nos últimos 15 anos. A demanda por instrumentos que assegurassem formas de mensuração de resultados com indicadores transparentes que pudessem auxiliar a gestão, inclusive do ponto de vista financeiro, cresceu fortemente desde o inicio deste século, impulsionando o surgimento de profissionais técnicos em pesquisa, também conhecedores e atuantes em comunicação corporativa. Foram então desenvolvidas, com base nos pressupostos teóricos da comunicação corporativa, abordagens teóricas e técnicas e metodologias para indicadores e índices que hoje constituem o campo denominado pesquisa em comunicação corporativa, fazendo que a pesquisa ocupe espaço na qualidade de disciplina metodológica adjunta ao ciclo da comunicação corporativa, do diagnóstico à mensuração de resultados.

Objetivos do capítulo

*   Delimitar a área de atuação da pesquisa na comunicação corporativa.
*   Explorar o mecanismo de formação das percepções e da imagem.
*   Inserir a análise no cenário concorrencial.
*   Abordar a mensuração da imagem e da reputação.

- Apresentar as vantagens e consequências da adoção de medidas na área da comunicação corporativa.
- Construir indicadores e índices de demonstração de resultados.

Introdução

A pesquisa de mercado e de opinião conquistou nos últimos anos uma maior relevância na comunicação corporativa. A posição alcançada teve origem nas possibilidades trazidas pela disciplina de contribuir decisivamente para o delineamento acurado das percepções e dar forma à expressão da imagem, inclusive expressa em números, e, ao longo do tempo, da reputação, por meio de indicadores qualitativos e quantitativos, fundamentais para garantir a análise ao mesmo tempo diacrônica e sistêmica da comunicação.

Não há, atualmente, formação universitária no Brasil para aqueles que gostariam de tornar-se profissionais de pesquisa, nascida como uma especialidade técnica. Ainda hoje, a maioria das pessoas que trabalham na área, em suas diferentes vertentes – pesquisa de mercado, pesquisa de opinião – ou ainda em áreas mais especializadas, como planejamento, estudos de imagem ou reputação, formou-se no ambiente de trabalho de uma empresa, um instituto ou uma instituição. No decorrer da vida profissional esses indivíduos alcançam, do ponto de vista organizacional, a posição de analistas de pesquisa. A progressão na carreira dá-se, na maior parte dos casos, em função do maior ou menor domínio das técnicas intrínsecas ao trabalho de pesquisa (qualitativas ou quantitativas) e das habilidades necessárias: formulação de roteiros, supervisão de campo, consistência e categorização, processamento de dados, até a análise, redação e apresentação de relatórios. Mas o domínio técnico está longe de representar conhecimento suficiente para o profissional de pesquisa que deseja dedicar-se à área da pesquisa em comunicação corporativa. Mais relevante à sua progressão profissional é o aprofundamento teórico em comunicação, aliado à *expertise* acumulada, expressa pelo número de trabalhos diferentes nos quais o profissional se envolve ao longo dos anos.

O desenvolvimento contínuo desse campo denominado pesquisa em comunicação corporativa é fundamental para que se possa continuar, com base em um substrato teórico comum às duas áreas, a explorar, a medir e, assim fazendo, a estabelecer parâmetros claros, aprofundando o conhecimento e o entendimento dos mecanismos subjacentes à relação entre públicos e marcas, ao mesmo tempo que se trabalham indicadores e índices que têm a virtude de aproximar a linguagem das equipes operacionais à dos gestores empresariais. Por essa razão, a pesquisa, em seus diferentes gêneros, áreas e técnicas – seja de mercado, opinião ou imagem –, é um investimento que não somente merece ser preservado, mas também ampliado em função do suporte que traz ao gerenciamento eficaz, ao fortalecimento entre a marca e seus públicos e à valorização do trabalho das equipes de comunicação. Trata-se da única abordagem capaz de, para além do diagnóstico e da colocação em evidência de percepções ou dados objetivos, medir efetivamente os resultados das ações empreendidas, na medida em que os relaciona com as metas originalmente estabelecidas, deixando claro o acerto – ou o erro – das decisões sobre as somas investidas e ações empreendidas, tornando tangíveis os fatores qualitativos que orientam comportamentos.

Resta, no entanto, ultrapassar a relativa incompreensão das empresas sobre os valores alocados em pesquisa, muitas vezes entendidos como gasto e não como investimento. O valor intrínseco do aporte da pesquisa à comunicação corporativa é fato comprovado tanto nos momentos de crescimentos econômico quanto naqueles em que o crescimento é reduzido e, por vezes, negativo. Em ambos os cenários as empresas debruçam-se sobre os valores alocados em comunicação e pesquisa. No primeiro caso, do crescimento decorre uma equipe reforçada, que assegura o incremento do relacionamento entre as diferentes áreas corporativas, assentado sobre a harmonização da abordagem comunicacional, por meio de denominadores comuns expressos nos valores, visão e mensagens-chave da organização. No segundo caso, o momento de crise econômica abre espaço para a medição efetiva, tão necessária à gestão, medição que pode ser oferecida pela pesquisa em apoio à área de comunicação na busca de uma maior eficiência operacional. Com efeito, os estudos e recomendações originados em pesquisas contribuem para que as equipes gerenciais estabeleçam parâmetros objetivos para a projeção de novas metas, estimando a velocidade e dimensão da imagem que a empresa poderá alcançar no futuro.

Pesquisa é, portanto, investimento, e de alto valor. Não se pode considerá-la um custo, o que muitas vezes justifica sua substituição pelo "achismo". O empresário e os gestores encontram na pesquisa uma forte aliada, que chega até mesmo a desafiá-los quando a lógica dos fatos contraria a dos seus desejos ou o senso comum do gestores, bastante recorrente ao lidar com seus colaboradores.

A expressão da marca na comunicação e no *marketing*

Os conceitos de comunicação sistêmica e comunicação integrada estão presentes hoje na fala dos profissionais de comunicação corporativa. Sua prática exige métodos e processos garantidos pela adoção de metodologia precisa, em estreita relação com a visão da comunicação corporativa. Não por acaso, a pesquisa, acompanhando a evolução do setor, avança agora em direção a modelos de diagnóstico e mensuração elaborados a partir de uma perspectiva sistêmica.

Antes de mais nada, é fundamental reconhecer que a multidisciplinaridade característica de nossa área traz dificuldades intrínsecas que deverão ser superadas. As diferentes especialidades nasceram de um escopo teórico próprio – algumas vezes bastante exterior ao domínio da comunicação. Por isso, os profissionais envolvidos em um projeto, ainda que excelentes, não necessariamente dominam os conceitos básicos da área da comunicação. É fundamental, assim, que a visão conceitual clara que sustenta todo o planejamento e/ou o conjunto de ações possa ser disseminada e, em seguida, compartilhada com a equipe de especialistas chamados a participar do projeto. É essa visão conceitual, desdobrada em pressupostos que possam ser, por sua vez, organizados em objetivos técnicos, que garantirá a eficiência da equipe multidisciplinar.

Do ponto de vista da pesquisa, trabalhamos, no domínio da comunicação, com uma tríade de expressões da marca, a partir da qual organizamos as diferentes técnicas e os diferentes estudos: a exposição da marca, a percepção da marca e a comunicação da marca, conforme a Figura 1.

Figura 1 – Exposição, percepção e comunicação da marca.

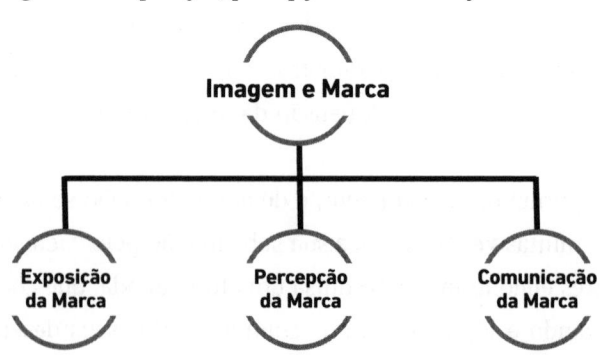

A título de exemplo, no escopo dos estudos sobre a exposição da marca devem ser analisados, no mínimo, a exposição na mídia tradicional, na mídia social e no meio digital, podendo-se ainda incorporar dados primários e outros secundários. Os estudos sobre a percepção da marca reúnem pesquisas sobre a percepção e imagem entre públicos estratégicos (tais como a mídia ou outros *stakeholders*), cuja análise pode ser consolidada e expressa em um índice único. Sob o aspecto de comunicação da marca, encontram-se os estudos do tipo *media audit* ou ainda os de avaliação de veículos de comunicação interna, entre outros.

A organização dos diferentes tipos de pesquisa na área da comunicação, na tríade proposta, representa o esforço de aplicação dos conceitos e das técnicas de pesquisa à área da comunicação. Além do desenho eficaz das inter-relações, a sintonia alcançada entre técnicas e objetivos evita a multiplicação de estudos, garantindo economias importantes ao processo.

Agrupados sob a rubrica única "imagem e marca", podem ser integrados aos estudos realizados na área de comunicação (percepção da marca, exposição da marca e comunicação da marca) os estudos na área do mercado (preferência, satisfação e comercialização da marca), habitualmente reunidos sob o tema mercado e marca, uma vez que em ambas as áreas a comunicação é fator-chave.

Figura 2 – Integração dos estudos de imagem/marca e mercado/marca.

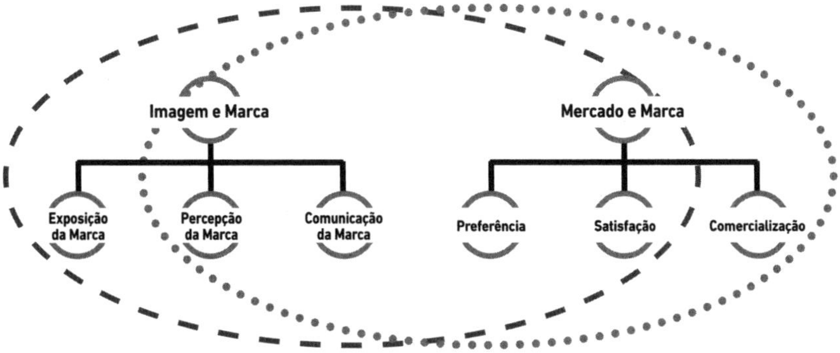

A Figura 2 ilustra como estudos realizados com base em cada um dos departamentos ou visões da empresa – comunicação e marketing – podem contribuir decisivamente para um maior entendimento dos resultados obtidos nas diferentes pesquisas, desde que tenham objetivos compartilhados com outros departamentos.

A visão interdisciplinar preconizada contribui também, decisivamente, para um maior alcance das conclusões e recomendações elaboradas com base na visão integrada do marketing e da comunicação. Mais ainda, os investimentos realizados em pesquisa pelas duas áreas podem ser racionalizados e otimizados do ponto de vista financeiro, permitindo o desenho de um planejamento anual que contemple efetivamente as necessidades das empresas e esteja apoiado em visões teórica e metodológica comuns. A organização das diferentes áreas de pesquisa características da comunicação e do marketing nas duas tríades propostas representa o esforço de aplicação dos conceitos e das técnicas de pesquisa à área da comunicação.

A título de exemplo, no escopo dos estudos sobre a *preferência da marca* realizam-se pesquisas que permitem situá-la no cenário concorrencial das marcas concorrentes, estabelecendo os atributos que definem a preferência dos consumidores. Entre as abordagens utilizadas nos estudos sobre a *satisfação da marca* encontram-se pesquisas que, entre outros objetivos, permitem delinear o caminho que leva da imagem à reputação. Sob o tema *comercialização da marca* encontram-se os estudos do tipo elasticidade de preços ou ainda avaliação de canais, entre outros.

Fica demonstrado, assim, que a pesquisa em comunicação corporativa, instrumento por excelência de conhecimento, com enorme amplitude, capaz de colocar em evidência dados relevantes obtidos pela observação dos diferentes públicos, seja o comportamento do consumidor ou a percepção e imagem, compartilhadas pelos diferentes públicos estratégicos, produz um tipo de resultado que não se pode desprezar, tampouco enclausurar em um único aspecto da realidade. É assim que, por exemplo, os fatores de decisão da compra – estudados continuamente por profissionais da área – sempre trazem elementos qualitativos que são explicativos das escolhas efetuadas pelos consumidores e ultrapassam as simples questões de preço ou embalagem, apontando para a identificação relativa do consumidor com a marca. É nesse momento que a pesquisa de opinião e a de mercado se encontram e contribuem para demonstrar o peso da imagem da marca como fator decisivo nas compras de serviços ou produtos efetuadas pelos consumidores.

Qualitativo *versus* quantitativo: análises e indicadores

O final do ano civil caracteriza-se por planejamentos, muitas vezes acompanhados da decisão de investimento em diagnósticos aprofundados que possam embasar as ações e propiciar indicadores objetivos para que a comunicação esteja apta, no decorrer do ano seguinte, a monitorar a evolução/involução das ações empreendidas para, ao final dele, medir e, principalmente, demonstrar resultados.

Essa é a hora fundamental para a seleção de abordagens e técnicas que terão a capacidade de apreender as preocupações e os objetivos da equipe de comunicação.

A simples solicitação de propostas aos parceiros de pesquisa não será tão simples. Várias serão as questões. Que critérios utilizar para a escolha? É certo que o preço do serviço será decisivo? Os profissionais de pesquisa – como os de comunicação – anseiam por concorrências que coloquem em julgamento a técnica, mais que o preço, de forma a não sofrerem limitações sobre a qualidade do trabalho a ser fornecido nem sobre o alcance e a sustentação dos resultados. Outra dúvida sempre presente – absolutamente natural – se instala: como enfrentar a difícil missão de estabelecer, *a priori*, se contrataremos um estudo "qualitativo" ou "quantitativo"?

A divisão, muitas vezes apresentada como oposição, entre qualitativo e quantitativo é falsa: trata-se, na realidade, de um recurso didático para diferenciar pesquisas com amostras de pequena dimensão (no primeiro caso), geralmente de caráter exploratório, de pesquisas que mobilizam amostras maiores (no segundo caso), de caráter conclusivo, estabelecidas com base em cálculos probabilísticos que possibilitam estender os resultados obtidos à totalidade da população. Além disso, é difícil distinguir com clareza, do ponto de vista da análise, o que é qualitativo e o que é quantitativo, uma vez que não se pode reduzir a primeira técnica à análise de textos nem a segunda à análise de números.

No mundo corporativo, a tentação é grande em optar pelas amostras quantitativas, tentação sustentada na ilusão de maior representatividade. No entanto, a escolha de uma técnica deve estar fundamentada no tipo de resultado que se espera e do qual se necessita. A experiência indica que, na maioria das vezes, na seara da comunicação, as necessidades são eminentemente exploratórias, ou seja, precisamos conhecer mais e não simplesmente saber a probabilidade que uma ação ou um produto tem de ser aceito. Ou seja: precisamos, na maioria dos casos, saber o "porquê" e o "como", resultantes de técnicas qualitativas de análise, e não o "quanto", fruto de técnicas quantitativas.

Quase sempre, os dados quantitativos constituem o esqueleto do que procuramos analisar. Mas são os dados qualitativos que fornecem toda a musculatura e definem o corpo e o sangue que circula, oxigena e dá vida a nosso objeto de estudo. Decidir, de entrada, entre as duas abordagens, além de legitimar uma compreensão bastante redutora da capacidade de intelecção dos indivíduos envolvidos – os públicos –, representa um real perigo para as ações que serão empreendidas com base nesses resultados.

É, portanto, falso o dilema que opõe técnicas qualitativas a técnicas quantitativas. O fascínio pela suposta objetividade dos números acaba, muitas vezes, impedindo que sejam consideradas as vantagens de uma abordagem qualitativa. Por essa razão, o esforço dedicado ao desenvolvimento do profissional de comunicação – que não significa substituí-lo em suas habilidades, mas, sim, saber o que esperar de cada técnica para melhor trabalhar com ela – não é vão. Paralelamente, cabe ao profissional de pesquisa trazer, de forma clara e inteligível, os alcances e limites dos indicadores e índices adotados.

O Quadro 1 traz, para cada tipo de indicador existente hoje no mercado, seus alcances e limites. Assim, quando se recorre à classificação em *rankings*, tão comuns nas publicações hoje, fica garantida a comparabilidade dos resultados entre diferentes empresas ou países, mas, ao mesmo tempo, corre-se o risco de cair na ilusão da classificação que o *ranking* proporciona. Quando trabalhamos com dados quantitativos absolutos – caso de muitos estudos empresariais –, obtêm-se números capazes expressar objetivos e proporcionar metas. Mas, simultaneamente, deve-se levar em conta a ilusão da transparência e da medida única, pois trabalhar com números absolutos deixa de levar em conta, por exemplo, o cenário concorrencial. Da mesma forma, a adoção de *drivers* fixos para a medição apresenta a vantagem de trabalhar com critérios transversais, mas abre a possibilidade da generalidade própria dos dados que são retirados de seu contexto.

Quadro 1 – Indicadores.

Alcances	Limites
Recurso: quantitativo	
A permite estabelecer metas	L ilusão da medida única
A resume objetivos	L ilusão da transparência
Recurso: rankings	
A permite comparações	L ilusão da classificação
Recurso: drivers fixos	
A critérios transversais	L ilusão da generalidade

Imagem e reputação: uma abordagem transversal

É importante manter a visão analítica sobre cada um dos *stakeholders*, o que nos garante o diagnóstico aprofundado de um público, insumo para o planejamento anual. Mas é fundamental adotar uma visão transversal para compreender a imagem da empresa, instituição ou entidade.

As empresas – e instituições financeiras – têm hoje uma visão bastante clara do valor financeiro representado pela imagem e reputação, valor esse que não se restringe mais à simples valência positiva, representando ativos efetivamente mensuráveis e valorizados social e financeiramente. Tornou-se também evidente, nos diferentes estudos publicados na área da comunicação, que a imagem de uma empresa, entidade ou instituição não pode mais ser medida simplesmente pelo que a mídia tradicional publica sobre ela. Os diferentes *stakeholders* – dos acionistas ao cliente final, passando por colaboradores, fornecedores, moradores do entorno dos empreendimentos, autoridades, entidades representativas do setor, ONGs e outros, entre os quais a mídia tradicional e social – têm voz ativa e participam do discurso social que é construído sobre a marca. Além disso, há uma distinção entre percepção e imagem projetada na mídia. É assim que a percepção de um jornalista considerado relevante para a imagem de uma empresa muitas vezes não se confunde com o que a mídia tradicional veicula, nem exaure os componentes de imagem da instituição. O mesmo acontece com todos os outros públicos.

É somente a construção de um instrumento integrado que reúna as percepções dos diferentes públicos, ponderadas segundo a importância que cada um dos públicos tem na imagem das empresas, considerado o setor específico de atuação, que produz resultados quantitativos com densidade qualitativa para a análise. É importante ter em mente que *nenhum público tem o monopólio das percepções que fundamentam a imagem de uma empresa*.

É necessário, assim, analisar as percepções de cada um dos públicos dentro de seu contexto de atuação. Mas isso não é o bastante. Deve-se ir além e estabelecer uma grade que permita analisar as pesquisas realizadas com os diferentes públicos de maneira transversal. A transparência e a regra da cumulatividade do conhecimento própria da metodologia científica assim o exigem. Isso é mais que uma atitude: é uma tomada de posição metodológica que implica o desenvolvimento de instrumentos de pesquisa adequados e de rotinas de processamento e análise que permitam, para além da análise qualitativa, construir indicadores e índices pertinentes e comparáveis ao longo dos anos.

A esfera fluida dos influenciadores

O desenvolvimento da pesquisa em comunicação corporativa e a existência de modelos de estudos de reputação extremamente atrelados a uma teoria anterior à tomada em conta dos dados levam, muitas vezes, alguns profissionais a pensar que todo comportamento e visão de mundo estão controlados, uma vez que dispõem de uma lente formatada para a análise da realidade. Nada mais enganoso! O rigor metodológico não pode ser confundido com a ausência de imponderáveis e de forças de opinião a ser descobertas e caracterizadas.

Como lidar com o ambiente externo sobre o qual a organização tem pouca governabilidade – e onde fluem as opiniões? Como identificar, e caracterizar para, futuramente, trabalhar com os influenciadores, públicos que não necessariamente têm uma relação direta com a marca, mas que, pela posição social alcançada e influência em temáticas que interessam às organizações, são verdadeiros formadores de opinião?

Do ponto de vista da pesquisa em comunicação corporativa, a palavra-chave para essa questão é mapear. Somente um mapeamento claro dos partícipes e influenciadores permite desenhar estratégias específicas para os diferentes grupos detectados e, com base no conhecimento adquirido, aprimorar o material informativo e desenvolver ações de relacionamento com o intuito de avançar com o posicionamento da organização, reavaliando, também, os pontos em que será preciso desenvolver novas estratégias. É necessário identificar, qualificar e posicionar os influenciadores que participam da discussão dos temas de interesse nas diferentes áreas de atuação do cliente, mapeando os principais atores e coletando os argumentos favoráveis ou desfavoráveis à marca, ao serviço ou ao produto.

São várias as categorias de influenciadores. Elas incluem especialistas, gestores, pensadores, líderes de opinião (fontes frequentes da mídia), entidades de relevância para o tema em estudo, você e eu, entre outros. A elaboração de um mapa de influenciadores tem por função identificar tanto possíveis aliados como críticos ao tema em estudo. Simultaneamente, a enumeração dos argumentos mobilizados por esses indivíduos ou essas associações permite construir mensagens com alto potencial de mobilização. O mapa de influenciadores responde à questão de quem são os líderes de opinião com os quais é importante desenvolver ações de relacionamento e aprofundar o debate público.

Extremamente detalhado, o trabalho de mapeamento inicia-se por um *desk research* sobre um período relativamente extenso de, no mínimo, 24 meses de matérias e artigos em publicações impressas. Essa coleta é acompanhada de entrevistas pessoais sobre o tema objeto desse estudo. O levantamento realizado apoia-se em técnicas qualitativas de pesquisa, mas recorre também a técnicas de *data mining* e exige grande empenho dos pesquisadores, que deverão analisar minuciosamente publicações, entrevistas, *sites* de associações, redes sociais e outras fontes, a fim de identificar os influenciadores. Essa técnica tornou-se possível a partir do desenvolvimento ocorrido tanto na capacidade de processamento dos computadores quanto nos *softwares* de gestão e de *business intelligence*, que se tornaram muito mais amigáveis. Com a principal função de varrer grande quantidade de dados à procura de padrões e relacionamentos entre informações, a técnica apoia-se na metodologia de pesquisa.

No entanto, poucos são os profissionais de pesquisa que já se aprofundaram nessa técnica como mais um recurso dentro do escopo da pesquisa sobre dados secundários, ou *desk research*. E, no entanto, cada vez mais somos chamados a elaborar projetos altamente dependentes de uma grande massa de informações. A principal característica do *data mining* não está no número de dados aos quais teremos acesso, mas, sim, no planejamento e no desenho proposto para a organização das informações, com o objetivo de, delas, extrair conhecimento. E, para isso, são necessários metodologia e conhecimento prévios do que se pretende alcançar, ou seja, hipóteses bem construídas, que deverão ser testadas. Trata-se de procedimento bem diferente do que o obtido com consultas ao Google, por exemplo.

Na pesquisa, uma das áreas mais críticas é a construção de bancos de dados para os estudos de imagem e reputação. Estudos como esses têm por objetivo uma ação das áreas de comunicação em direção a públicos estratégicos com os quais é vital manter um relacionamento. Com exceção de alguns públicos específicos (como clientes, por exemplo), muitas vezes caberá à empresa de pesquisa buscar, organizar e dar sentido ao banco de dados que sustentará as amostras. E, para tanto, ela deverá ultrapassar a simples identificação dos atores relevantes, procurando compreender o universo em questão e a posição de cada ator nele. O mesmo tipo de atitude metodológica é subjacente à construção de mapas de influenciadores, tão necessários hoje às ações de comunicação e sustentabilidade empresarial. Esse tipo de estudo apoia-se também nas técnicas do *data mining* para reduzir a realidade observada a um *corpus* – conjunto de indivíduos – que poderá ser abordado para enriquecer o mapeamento inicial. Assim, mais uma vez é necessário mobilizar o conhecimento técnico existente para produzir um quadro fiel ao peso e à representatividade de cada grupo, sem perder as características particulares dos indivíduos ali representados.

Simultaneamente, o monitoramento das redes sociais e dos *blogs* deve ser realizado em *real time*. Nas redes sociais, influenciadores são agentes (indivíduos, grupos ou instituições) que trabalham a favor da marca ou contra ela, bem como teses defendidas pela empresa. A elaboração de uma estratégia para esse segmento supõe identificar, de forma inteligente e segura, deixando de lado o simples critério da popularidade ou audiência, os reais influenciadores e seu alcance, aferindo sua relevância, abrangência e capacidade de influência que tenham (identificando, também, como e com quem se relacionam nas redes).

Importante lembrar o poder das técnicas da análise de discurso para desvendar a construção da argumentação. Utilizadas sobre amostras selecionadas de textos oriundas de fontes impressas, mas também da mídia social, elas permitem construir categorias mais elaboradas do que a simples aprovação/reprovação, colocando luz sobre algumas variáveis que influenciarão o tipo de avaliação do tema.

A organização dos dados de forma técnica e profissional permite ainda que estes sejam regularmente atualizados, minimizando o investimento realizado em sua captação e construção. Mas, infelizmente, esses mapas são muitas vezes confundidos com simples listas, o que os transforma de bancos de dados a "bandos de dados", raramente tendo outra utilização ao longo do tempo. Otimizar os investimentos realizados em pesquisa para os clientes ao mesmo tempo que se garante qualidade técnica do trabalho (e se responde por ela) é razão suficiente para refletirmos sobre essa questão.

Considerações finais

Muitos dos profissionais de comunicação e marketing que hoje atuam no mercado, em diferentes posições e diferentes setores empresariais, veem-se compelidos – em nome de uma gestão orientada para resultados – a elaborar e/ou contratar diagnósticos, monitoramentos, tendo de chegar, muitas vezes, a conceber e desenhar metodologicamente a mensuração de resultados que subsidiarão o estabelecimento de metas para as equipes.

Duas distorções decorrem dessa dinâmica: por um lado, os gestores agem como se a obrigação de resultados dos profissionais de comunicação e marketing os capacitasse, *ipso facto*, a trabalhar com metodologias, indicadores e índices, o que, sabemos, não constitui (nem deveria constituir) o forte do conhecimento da maioria. Por outro lado, os gestores e os próprios profissionais agem como se não fizessem, eles mesmos, parte do grupo de colaboradores que terá seu bônus ou sua avaliação de desempenho afetado pela adoção dos indicadores. Assim fazendo, empresas e profissionais perdem a riqueza que provém do trabalho em conjunto com profissionais de outras áreas. Metaforicamente, perde-se o diamante, que só é produzido quando o carvão está sob pressão – no nosso caso, a pressão de diferentes pontos de vista alinhados ao rigor metodológico do profissional de pesquisa.

Rapidez, velocidade e menores custos são palavras de ordem nas empresas nos dias de hoje. Pensados a partir da dinâmica diária do trabalho, num primeiro momento, há armadilhas ocultas: jovens, acostumados à aparente velocidade e facilidade com que o oráculo Google responde às suas questões, aceitam o escopo das tarefas solicitadas – sem que tenham consciência dos limites, uma vez considerado o tempo em que costumam ser impostas, raramente suficiente para a reflexão teórico-metodológica necessária.

Da seleção do parceiro de pesquisa à aprovação da metodologia proposta, nada pode ser feito como se a elaboração de uma pesquisa pudesse ser realizada com a transferência total da responsabilidade sobre as escolhas teórico-metodológicas que sustentam as abordagens propostas para os ombros do parceiro contratado. É enriquecedor e necessário que o profissional de comunicação e marketing aproveite a oportunidade de crescer por meio da multidisciplinaridade propiciada pelo convívio com parceiros de outras disciplinas.

Outro tema que merece nossa reflexão é a relação entre as redes sociais e a pesquisa. Os avanços tecnológicos e a acessibilidade às novas tecnologias revolucionaram os processos de comunicação e possibilitaram que pessoas conectadas umas com as outras – mesmo fisicamente separadas por milhões de quilômetros – expressem opiniões em benefício (ou detrimento) de empresas, marcas e personalidades públicas. Como se não bastasse a divisão entre as informações dos meios considerados tradicionais (como jornais e revistas) *off-line* e *on-line*, surgiram e disseminaram-se numa velocidade espantosa as redes sociais. Inicialmente pensadas para a comunicação interpessoal e analisadas como um mundo à parte, adotando um conceito de universo paralelo, as redes são utilizadas para conhecer novas pessoas ou conectar-se com amigos, para permanecer informado ou informar outros sobre nossa rotina, nossas opiniões e assuntos de interesses variados, e rapidamente o espaço mostrou-se adequado à apreciação de marcas, personalidades, dando poder de comunicação às pessoas comuns.

O fascínio pelo resultado imediato, associado à sensação de familiaridade provocada pela participação direta dos profissionais nas diferentes redes, explica, em parte, a difusão de estudos ligeiros (alguns até levianos) que têm por foco as manifestações das redes sociais. Novamente, a confusão reinante entre a realidade e suas manifestações individuais aparece em toda a sua força. É nesse momento que a pesquisa demonstra, novamente, a importância de seu papel, quando leva em conta a existência de uma distância significativa entre o que o entrevistado declara e o que ele efetivamente faz. Se esse distanciamento é fato comprovado na vida social, como admitir estudos e artigos elaborados a partir da noção de que haveria "mais verdade" nas manifestações dos indivíduos nas redes sociais do que nas respostas obtidas em um questionamento clássico? Como considerar que as manifestações nas redes sociais, por não obedecerem ao roteiro de um questionamento, seriam mais "verdadeiras" que as respostas obtidas por meio de uma pesquisa convencional?

Há, sim, uma agenda nas manifestações dos indivíduos nas redes sociais. Uma simples conversa com qualquer usuário delas demonstra que ele percebe diferenças – de objetivos, mas também dos frequentadores – quando consideradas as diferentes redes. E isso sem citar os códigos intrínsecos a cada uma. É possível analisar essas manifestações por meio de técnicas, como a análise de discurso, que independem do questionamento direto por meio de um questionário, como é possível fazer com redações de vestibulandos, por exemplo. Em nenhum dos casos a "verdade" está assegurada.

A partir do momento em que fica claro que a manifestação em uma rede social é uma expressão administrada pelo indivíduo, decorre a ideia de representação social. E, por consequência, a consciência do papel que nela o indivíduo representa ou quer representar. Rico, sem dúvida, mas longe de substituir uma boa pesquisa.

Discute-se também, hoje, se essa forma de comunicação substituirá as formas tradicionais. Independentemente da resposta, forçosamente aproximada, o aumento do volume de dados disponíveis, de registros e de opiniões pessoais a respeito de tudo e de todos multiplicou-se de tal forma que tornou absolutamente insuficientes análises independentes. Televisão, revistas, jornais e rádio influenciam as redes sociais e estas se retroalimentam do que a mídia tradicional veicula.

É necessário, portanto, lançar mão de todos os recursos disponíveis e desenvolver outros novos que permitam apontar de que forma cada um dos meios influencia o outro, como se combinam e/ou se complementam, pois as pessoas já não conseguem identificar claramente como obtiveram determinada informação. E, para isso, é necessário desenvolver ferramentas e métricas que integrem estes dois mundos: mídias tradicionais e mídias sociais. Somente combinando tecnologia, capacidade estratégica e novas ferramentas de análise obteremos visões completas, necessárias para o sucesso no mundo dos negócios.

A sociologia credita grande importância à diferença existente entre o que o indivíduo pensa – tanto sua experiência com situações do mundo real quanto opiniões, expressas em mensagens ou percepções – e o que ele expressa quando responde, por exemplo, a um questionário. Se esse distanciamento é fato comprovado, como admitir que as manifestações dos indivíduos nas redes sociais sejam pura expressão de seus pensamentos e sentimentos?

Por todas as razões aqui expostas, entendemos a área de pesquisa em comunicação corporativa como uma área teórico-prática ainda em construção, dependente de uma postura multidisciplinar para seu desenvolvimento, uma vez que será necessário aproximar forma e conteúdo, cálculo e opiniões, *dashboards* e histórias de vida, para que as especificidades qualitativas das diferentes áreas permaneçam, de alguma forma, presentes nos indicadores e índices finais.

Referências

FRANÇA, Fábio. *Públicos*: *como identificá-los em uma nova visão estratégica*. São Caetano do Sul: Difusão Editora, 2005.

HERLINGER, Maximiliano; PERDIGÃO, Dulce Mantella; WHITE, Oriana Monarca (orgs.). *Teoria e prática da pesquisa aplicada*. São Paulo: Campus, 2011.

KELLER, Kelvin Lanne. *Strategic brand management*: *building, measuring, and managing brand equity*. 3. ed. Nova Jersey: Pearson Prentice Hall, 2008.

KUNSCH, Margarida M. Krohling. *Planejamento de relações públicas na comunicação integrada*. 4. ed. rev., atual. e ampl. São Paulo: Summus, 2003.

LIBAERT, Thierry; DE MARCO, André. *Les tableaux de bord de la communication*: *indicateurs de pilotage et évaluation des résultats*. Paris: Dunnod, 2006.

MALHOTRA, Naresh K. *Pesquisa de* marketing: *uma orientação aplicada*. Porto Alegre: Bookman, 2011.

PANELLA, Cristina. "Teorizar e medir: a pesquisa na gestão da imagem e reputação. Identidade, marca e gestão da reputação corporativa". *Organicom – Revista Brasileira de Comunicação Organizacional e Relações Públicas*, São Paulo, ECA-USP, a. 4, n. 7, 2. sem. 2007.

_____. *2011-2014 – Colunas mensais*. Disponível em: <http://www.aberje.com.br/acervo_colunistas_ver.asp?ID_COLUNISTA=36>. Acesso em: 3 out. 2015.

STACKS, Don W.; MICHAELSON, David. *A professional and practitioner's guide to public relations research, measurement, and evaluation*. 2. ed. Nova York: Business Expert Press, 2014.

YANAZE, Mitsuru. *Retorno de investimentos em comunicação*: *avaliação e mensuração*. São Caetano do Sul: Difusão Editora, 2010.

_____. *Gestão de* marketing *e comunicação*. 2. ed. São Paulo: Atlas, 2011.

10. Comunicação para o desenvolvimento organizacional

Vânia Bueno Cury

Visão geral do capítulo

Este capítulo pretende estimular a reflexão sobre interesses mútuos, sinergias possíveis e ações colaborativas entre as áreas Comunicação e Desenvolvimento Organizacional. Muitos desafios e oportunidades surgem dos novos contornos e das novas dinâmicas humanas dentro e fora das organizações. A conectividade já é realidade. Transparência virou condição. A gestão dos relacionamentos é estratégica. Organizações fazem a transição dos padrões ditados pela visão de curto prazo e pelo comando e controle do modelo conservador para formatos mais sustentáveis, orgânicos e inclusivos. Não há transformação sem comunicação, experiência e aprendizado. Na comunidade global, as micronarrativas ganham relevância e cada indivíduo, na qualidade de "comunicante", exerce poder e influência ao produzir e difundir conteúdos. Os desafios da inovação, do engajamento e da sustentabilidade corporativa, portanto, fazem que as áreas de comunicação e desenvolvimento organizacional sejam especial e estrategicamente exigidas.

Objetivos do capítulo

* Incentivar os profissionais de comunicação e de desenvolvimento organizacional a refletir sobre como podem trabalhar juntos por organizações mais humanizadas.
* Incentivá-los a adotar inovações desejáveis e necessárias na gestão de processos de comunicação e desenvolvimento organizacional nas organizações pós-modernas.

- Sensibilizá-los quanto à relevância da comunicação comportamental na gestão dos relacionamentos internos e externos.
- Resgatar e valorizar a qualidade dos relacionamentos internos como fundamento da identidade e da reputação das organizações.
- Apresentar instrumentos complementares para a convivência produtiva (técnicas de diálogo, prevenção e mediação de conflitos e abordagem apreciativa).

Introdução

Talvez nenhuma resposta seja tão assertiva e confiável nos dias de hoje quanto um autêntico "não sei". Rápidas transformações na tecnologia, na geopolítica, nos valores e costumes fazem que respostas conhecidas não solucionem novos dilemas. Diante da instabilidade constante que causa mudanças drásticas nas estruturas, instituições e identidades, deparamos cada vez mais com previsões duvidosas, tendências volúveis e planejamentos vencidos. Certeza mesmo só da incerteza. Por essa razão, este capítulo não tem a presunção de oferecer respostas, mas de provocar uma reflexão apreciativa sobre os novos contornos da comunicação nas organizações.

Ser parte dessa notável macrotransição, termo que o filósofo sistêmico Ervin Laszlo (2001) escolheu para definir os raros períodos da humanidade marcados por mudanças profundas e irreversíveis que acontecem, simultaneamente, em todos os níveis do sistema, pode ser percebido tanto como uma oportunidade estimulante quanto como uma experiência assustadora.

Tão ou mais perturbador que o ambiente de mudança em si é constatar a limitação na capacidade humana para compreender e adaptar-se ao novo cenário com a agilidade necessária, em virtude de padrões criados por uma sociedade que durante séculos se desenvolveu sob a crença de modelos precisos, procedimentos previsíveis e comportamentos controlados. Estamos todos, em maior ou menor medida, limitados pelas lentes de modelos mentais influenciados pela revolução científica e, mais recentemente, pelo positivismo, que, com base no saber fragmentado e linear, perseguem a certeza inconteste.

Os pilares da convicção positivista foram irremediavelmente abalados ao presenciarmos, no século XX, a incerteza inevitável eclodir em uma crise planetária que, segundo Edgar Morin (2011, p. 17), nos constrange a "aprender a navegar em oceanos de incerteza em meio a arquipélagos de certeza".

Serviços e informação ganharam primazia sobre a produção material, a comunicação e a indústria cultural tornaram-se difusores de novos valores e significados e a digitalidade aumentou a participação, a influência e o poder individual. Questões relativas ao uso consciente dos recursos humanos e naturais estão mudando a forma como empresas e sociedade podem garantir a sustentabilidade da espécie humana no planeta, e isso tem e terá forte impacto na maneira como as organizações se relacionam interna e externamente. As metanarrativas científicas, que impunham verdades totalitárias sobre o mundo, foram superadas pelo poder das micronarrativas, com seus fragmentos de conhecimento conectados com o cotidiano das pessoas que resistem ao controle e estimulam o diálogo entre os saberes (Lyotard, 2000).

É nesse contexto complexo que Jean-François Lyotard (2000) denomina "condição pós-moderna" e Zygmunt Baumam (2001) intitula "modernidade líquida" o período em que as organizações deixam de ser apenas lugares de trabalho e se tornam espaços relevantes para o desenvolvimento da identidade humana e a partilha de significados em estruturas maiores de poder (Mumby, 2010). Margarida Kunsch (2010c, p. 11) sintetiza assim esse desafio na introdução de um de seus livros:

> O que se anuncia é a superação do paradigma linear-cartesiano, causal, no qual os indivíduos estão submetidos à autoridade e aos desígnios da ordem de um todo que a tudo domina e controla, para um paradigma emergente, sistêmico e complexo, capaz de dar conta de novos desafios impostos pela diversidade, pela imprevisibilidade e pela complexidade.

Ao mesmo tempo que essa mudança em cadeia gera insegurança e temor, oferece também infinitas alternativas de aprendizado e evolução. Autores contemporâneos como Humberto Maturana (1998) e Edgar Morin (2011) celebram e exploram a constatação dos limites dos conhecimentos e a fragilidade das certezas como condição libertadora e estímulo positivo para o desenvolvimento de novas formas de pensar, aprender e agir.

Morin (2011, p. 13), aposta no "pensamento complexo, ecologizado, capaz de relacionar, contextualizar e religar diferentes saberes ou dimensões da vida". Defende ainda que, para que isso aconteça, "é fundamental criar espaços dialógicos, criativos, reflexivos e democráticos" (idem). Maturana (1998) enriquece esse ponto de vista ao rejeitar a concepção de inteligência individual e dar luz ao conceito de comportamento inteligente, isto é, o saber que se manifesta no contexto, na interação com o outro.

Ambos atentam para a urgência em combater a fragmentação do saber, que inibe a vinculação entre as partes e o todo e negligencia a realidade complexa. Fundamentam a convivência e a humildade como condições para a interação com a incerteza. Morin (2011, p. 18) defende que "a compreensão mútua entre os seres humanos, quer próximos, quer estranhos, é, daqui para frente, vital para que as relações humanas saiam de estado bárbaro de incompreensão". E dá relevância aos aspectos da comunicação, ao afirmar que "a compreensão é, a um só tempo, meio e fim da comunicação humana" (ibidem, p. 17).

É com essa perspectiva de incerteza e aprendizagem compartilhada que este capítulo faz um convite à reflexão e à busca de formas de integração, cocriação e gestão entre as áreas de comunicação e de desenvolvimento organizacional, tendo como princípio o fato de que, mesmo sendo plausível uma comunicação sem desenvolvimento organizacional, é impossível o desenvolvimento organizacional sem comunicação. Essas áreas, apesar de interdependentes, operam, dentro do modelo de administração convencional, como "silos" autônomos e, não raro, competindo entre si.

A transformação em curso demanda que, respeitadas a *expertise* e a autonomia de cada área, possa haver uma interação mais estratégica e tática entre os saberes da psicologia, da comunicação social e da administração. O reconhecimento das organizações em sua dimensão sistêmica pode contribuir para a remoção dos obstáculos e dar sentido ao trabalho mais inclusivo e colaborativo. Agentes da comunicação e do desenvolvimento organizacional podem investigar as interfaces de fortalecimento mútuo e ampliar ações conjuntas e sinérgicas que tragam benefícios para a convivência e para a produtividade das pessoas nas organizações.

Falar sobre comunicação é adentrar em universo complexo que já produziu centenas de teorias e muitos paradigmas. Mesmo reconhecendo o valor e a relevância da comunicação processual – que se ocupa da transmissão de mensagens –, as ideias aqui apresentadas encontram mais sintonia com os conceitos da semântica – cujo principal interesse é o significado – e os princípios da teoria comportamental da comunicação ou "nova comunicação", desenvolvida nos anos 1940, na Escola de Palo Alto. Sob a liderança do biólogo, antropólogo e grande pensador sistêmico e epistemólogo da comunicação Gregory Bateson, essa escola preconizou a interdisciplinaridade do saber ao formar um grupo de pesquisadores dos campos da antropologia, matemática, sociologia, psicossociologia, cibernética e filosofia, entre outros, para estudar os fenômenos da comunicação.

O grupo de Palo Alto questionou e rejeitou a teoria matemática que entendia comunicação por uma perspectiva linear e ferramental – emissor-sinal ou receptor-sinal –, representada pela imagem de um telégrafo. Como alternativa, a "nova comunicação" apresentou uma visão com base pragmática, como um fenômeno comportamental e de interação, que os autores associam à relação emissor/receptor, às manifestações observáveis da relação e à configuração de uma orquestra (Watzlwick, Beavin e Jackson, 1973).

Por ser um conceito pouco difundido no Brasil, vale esclarecer ainda, neste capítulo, o entendimento de desenvolvimento organizacional como o conjunto de ações de longo prazo, apoiadas pela alta gestão e que objetivam, a partir da visão integral e interativa da organização, provocar adequações e melhorias na cultura organizacional e, concomitantemente, nos processos de engajamento, aprendizagem e desenvolvimento de líderes e equipes. No Brasil, essas atribuições podem estar sob a responsabilidade das áreas de recursos humanos, gestão de pessoas, universidade corporativa ou similares, mas, para efeito de simplificação e priorizando processos de longo prazo, aqui serão tratadas como desenvolvimento organizacional.

Entre comunicantes e comunicadores

O termo "comunicante" define aquilo ou aquele que comunica, que estabelece comunicação. Se entendermos que a comunicação, para além da expressão verbal, inclui a comunicação incógnita presente na expressão facial, no olhar, no tom de voz e em componentes culturais como o vestuário, a gastronomia e outros hábitos, é possível compreender o primeiro axioma da teoria da "nova comunicação", que afirma ser impossível "*não* comunicar".

> O comportamento não tem oposto. Por outras palavras, não existe um não comportamento ou, ainda em termos mais simples, um indivíduo não pode *não* se comportar. Ora se está aceito que todo o comportamento, numa situação interacional, tem valor de mensagem, isto é, é comunicação, segue-se que, por muito que o indivíduo se esforce, é-lhe impossível *não* comunicar. (Watzlawick, Beavin e Jackson, 1973, p. 45)

Ao tratar comunicação e comportamento praticamente como sinônimos, a teoria comportamental da comunicação define que todos nós, o tempo todo, conscientemente ou não, estamos em comunicação. Mesmo o silêncio e a inatividade têm valor de mensagem e influenciam outros que, por não poderem *não* responder, também estão comunicando. No elevador, por exemplo, ou em qualquer situação na qual se evite intencionalmente o contato visual, as pessoas deixam claro que não querem falar com ninguém, no que, usualmente, são atendidas pela decodificação da mensagem. Ao não buscarem contato, os demais manifestam entendimento e, dessa forma, também se expressam, e "isto, obviamente, é tanto um intercâmbio de comunicação como a mais animada das discussões" (Watzlawick, Beavin e Jackson, 1973, p. 45).

Com base nesse conceito, é possível afirmar que todos somos seres "comunicantes". Utilizarei esse termo sempre para remeter ao indivíduo na perspectiva do sujeito da comunicação comportamental que ganha relevância no contexto atual, já que, segundo Kunsch (2010a, p. 13), "não somos mais meros espectadores. Somos atores".

O comunicador organizacional, por sua vez, é o "comunicante" que, por ter estudado comunicação social, ou por trabalhar nas áreas do jornalismo, relações públicas, publicidade ou mídias sociais, é o profissional responsável por elaborar políticas, estratégias e/ou gestão dos meios de comunicação de uma organização. Alguns de nós somos ou conhecemos especialistas dessa área que cresceu e se desenvolveu nas últimas décadas em grande velocidade e com alto nível de sofisticação, produzindo inegáveis avanços na forma de pensar e fazer comunicação. "Comunicação hoje, é mais do que nunca, um aspecto estratégico relevante e de grande impacto, mas que ainda migra lentamente de seu caráter mais operacional, informacional e administrativo." (Kunsch, 2010b, p. 45)

Apesar de reconhecer e valorizar as ferramentas e os processos comunicativos como meios, este texto estabelece como finalidade entender as bases e as condições sob as quais se produz a comunicação manifestada na convivência, na qualidade de comportamento. Quer ampliar o foco das questões tecnológicas, técnicas e operacionais, para lançar luz sobre o sujeito da ação comunicativa em sua concepção mais humana, interesse das ciências do comportamento. Pretende resgatar e reconsiderar o papel dos "comunicantes" insertos no ciberespaço e os aspectos de suas interações no ambiente corporativo, já reconhecido e valorizado como "capital social". Para ilustrar, basta pensar que o fato de um líder compartilhar com sua equipe os créditos pelo sucesso em um projeto pode fortalecer os laços de confiança e gerar grande motivação e resultados significativos. No sentido oposto, o comportamento inadequado em situações profissionais ou pessoais, como um ato preconceituoso ou de corrupção, pode produzir danos à reputação da organização e perdas para os negócios. Se no passado os impactos de atitudes individuais se limitavam ao raio de ação dos contatos diretos, hoje podem extrapolar muitas fronteiras.

Várias pesquisas apontam o tema comunicação como aspecto crítico nas organizações. Dando destaque para a comunicação no âmbito da liderança e dos relacionamentos, o estudo *The Ketchum leadership communication monitor* (Ketchum, 2014), publicado com base em levantamentos com mais de 6.500 pessoas em 13 países, sendo 500 no Brasil, indica a comunicação como o atributo desejável mais importante, com 74% das citações, mas constata também que apenas 29% da liderança em geral e 35% dos líderes corporativos se comunicam efetivamente, deixando 39 pontos de *gap* entre a expectativa e a realidade nesse quesito no mundo empresarial. Esse estudo, entretanto, apenas reforça um diagnóstico recorrente. Como consequência, o tema passou a ser valorizado e requisitado como aptidão essencial para o exercício da liderança e de engajamento de equipes e para o relacionamento produtivo com públicos de interesse, desde os acionistas até o pós-venda, o que faz que a complexidade acerca da comunicação se expanda na mesma proporção das demandas do mercado e da sociedade.

Assumindo que nunca houve tantas ferramentas disponíveis e recursos aplicados na comunicação, é pertinente questionar: o que justifica a percepção de uma comunicação tão deficitária? Os indivíduos foram devidamente preparados para ser agentes ativos e influentes na produção e gestão de informação dentro e fora das empresas? Estão conscientes do poder que conquistaram, bem como de suas responsabilidades sobre consequências positivas e negativas? O que se pode considerar comunicação de valor nesse contexto? O que é possível fazer para capacitá-los, tanto para o uso potencial das oportunidades que surgem quanto para a prevenção e o gerenciamento dos riscos inerentes? Como as organizações podem responder a esse importante desafio?

Para acolher e encaminhar esses questionamentos, propõe-se, sem excluir outras possibilidades, a ampliação do espaço de interação entre as áreas de comunicação e de desenvolvimento organizacional, para que, a partir da troca de conhecimentos específicos e da identificação de interesses comuns, sejam investigados, experimentados e implementados programas de comunicação para o desenvolvimento organizacional com o objetivo de sensibilizar e qualificar os indivíduos, líderes ou não, em seus novos papéis e atribuições na sociedade pós-moderna. Não se trata de formar outros comunicadores internos, e muito menos de substituir os que já desempenham essa função. Talvez a solução também não seja a produção de mais informação técnica e persuasiva. As pesquisas não indicam o desejo por mais informação – aliás, muito pelo contrário –, mas sinalizam, ainda segundo o citado estudo da Ketchum (2014), que o que se deseja é uma liderança que se manifeste pelo exemplo e pratique a comunicação aberta, honesta e transparente.

Esses indícios mostram que é preciso resistir à tendência de, diante de evidências de falhas na comunicação, pensar-se exclusivamente que é preciso criar ou incrementar ferramentas: mais *newsletters*, mais intranet, mais campanhas, mais vídeos, mais eventos. Claro que esses instrumentos são essenciais e merecem contínuo aprimoramento, mas essa interpretação técnica e tecnológica faz que os problemas de comunicação sejam percebidos como algo que está "lá", fora do indivíduo, e que é incumbência exclusiva do departamento de comunicação ou dos comunicadores resolvê-los, transferindo responsabilidades e impossibilitando que os "comunicantes" compreendam, assumam e aprimorem seu papel na parte fundamental que lhes cabe no processo. Gerar maior consciência quanto ao papel que passaram a acumular, apoiados por estruturas voltadas para o desenvolvimento humano, da edificação e do fortalecimento da identidade e da cultura organizacional, pode produzir ganhos nos processos de comunicação interna, engajamento, liderança, inovação e reputação, como será comentado mais adiante.

O custo da má comunicação

Para dar mais objetividade e clareza ao que o se entende como dimensão humana da comunicação e examinar outras evidências de que comunicação e comportamento são indissociáveis, introduz-se um estudo muito interessante. Com o objetivo de identificar sinais de alerta para riscos de homicídios no ambiente de trabalho, Christine Pearson e Christine Porath, ambas doutoras e professoras de tradicionais escolas de negócio norte-americanas, resolveram iniciar uma investigação. Elas suspeitavam que atitudes desrespeitosas e impensadas entre empregados poderiam semear atos de violência. O que descobriram durante suas observações, porém, as fez mudar o foco de seu trabalho. Durante mais de uma década realizaram, então, uma pesquisa audaciosa, com mais de 9 mil pessoas nos Estados Unidos e no Canadá, que resultou na publicação do livro *The cost of bad behavior: how incivility is damaging your business and what to do about it* (Pearson e Porath, 2009). O conteúdo surpreende pela abordagem e pelo conjunto de dados apresentados, mas é de fácil assimilação, pois representa a realidade que prevalece nas áreas de trabalho e transita pelos corredores do ambiente corporativo.

Para analisar e medir os impactos do mau comportamento nas organizações, as autoras associaram atitudes negativas à ideia de incivilidade, definida por elas como "a troca de atos e palavras rudes e aparentemente inconsequentes que violem as normas convencionais de conduta no ambiente de trabalho" (Pearson e Porath, 2009, p. 12). Essa abordagem permite que, à luz dos princípios da "nova comunicação", dados desse estudo contribuam para a melhor compreensão dos aspectos subjetivos da comunicação, que transcendem sua função tecnicista e utilitária, para incorporar a importância dos comportamentos, a qualidade dos relacionamentos, a influência da liderança e a criação das micronarrativas que, a partir de sua repercussão, provocam impactos na reputação e nos resultados financeiros das empresas. As descobertas e parametrizações que essa pesquisa oferece são úteis para dar sentido a aspectos relevantes da comunicação, que muitas vezes não são percebidos em sua real dimensão e, por isso, são desconsiderados nas tomadas de decisão e nas definições estratégicas.

Apesar de, infelizmente, não faltarem exemplos de abusos e agressões graves e explícitas no dia a dia empresarial, é importante esclarecer que o mau comportamento pode se infiltrar no cotidiano, parecendo inocente ou até mesmo divertido para alguns. Isso porque a incivilidade "não é um fenômeno objetivo; reflete a interpretação subjetiva de ações das pessoas e como essas ações fazem com que elas se sintam" (Pearson e Porath, 2009, p. 12). Para esclarecer o que está sendo dito, segue a lista dos comportamentos identificados como incivilidades no ambiente de trabalho, apresentada na abertura do livro das autoras (Quadro 1).

Quadro 1 – Incivilidades no ambiente de trabalho.

Apropriar-se do crédito de esforço alheio	Reter informações
Culpar outros por seus próprios erros	Deixar bagunça para que outros limpem
Checar e-mails ou enviar mensagens durante reuniões	Passar à frente o e-mail dos outros para fazê-los sentir-se mal
Enviar más notícias por e-mail para não ter de fazê-lo face a face com o receptor	Assumir para si tarefas fáceis, deixando as mais difíceis para os outros
Demonstrar desinteresse pela opinião de outras pessoas	Dar pouca atenção ou demonstrar pouco interesse pela opinião dos outros
Não ouvir	Evitar alguém
Espalhar rumores sobre colegas	Excluir alguém de uma rede ou da equipe
Transferir a culpa pelos próprios erros	Fazer "birra"
Não dizer "por favor" ou "obrigado"	Agir com irritação quando alguém pede um favor
Chegar atrasado ou abandonar reunião sem explicações	Fazer observações humilhantes ou depreciativas a alguém
Desconsiderar ou depreciar o esforço alheio	Tomar recursos de que outros precisam
Deixar mensagens arrogantes	Não retornar telefonemas ou e-mails

FONTE: PEARSON E PORATH, 2009.

Quantos desses comportamentos fazem parte da rotina dos profissionais? Pode-se reconhecer os impactos que provocam? Percebe-se como comunicam, instantaneamente, o caráter das pessoas e, no seu conjunto, a cultura organizacional?

Dificilmente qualquer um de nós não passou por situações como essas, de forma ativa ou passiva. Uma das descobertas mais alarmantes do estudo é que a incivilidade aumentou a ponto de tornar-se generalizada nas organizações, graças ao crescimento da tolerância a esses comportamentos desagradáveis. Para se ter uma ideia, a pesquisa de Pearson e Porath constatou que 96% dos entrevistados já haviam sido vítimas de atos de incivilidade e 48% ainda se sentiam assim atingidos pelo menos uma vez por semana.

Compartilham as autoras, na introdução do livro, que a motivação para sua publicação foi a constatação de que o crescimento na incidência de incivilidades registrado durante o levantamento dos dados devia-se em grande medida ao fato de poucos líderes estarem mobilizados para controlá-las ou reduzi-las. Isso porque não entendiam o problema como estratégico para o negócio e o justificavam como decorrência, principalmente, do estresse gerado pela pressão por resultados e pela falta de tempo. A pesquisa tratou então de mensurar quanto a incidência de atitudes grosseiras poderia se tornar um fardo econômico para as companhias. Os resultados se mostraram significativos em cifras, mas principalmente em valores intangíveis.

A partir de entrevistas com funcionários, gerentes, executivos, presidentes e CEOs, alguns dados desse estudo elucidam a extensão e alguns impactos das incivilidades:

- *Perda de produtividade*: pessoas tratadas com incivilidades, além de perderem sua *performance*, tendem também a punir suas organizações operando em níveis inferiores de desempenho. O estudo de Pearson e Porath aponta como as incivilidades geram perdas assustadoras de *performance*:

  48% diminuíram intencionalmente seu esforço de trabalho;

  47% diminuíram intencionalmente seu tempo passado no trabalho;

  38% diminuíram intencionalmente a qualidade de seu trabalho;

  80% perderam tempo no trabalho pensando no ocorrido;

  63% gastaram tempo evitando seu ofensor;

  64% afirmaram que seu desempenho caiu;

  74% disseram que seu compromisso com a organização diminuiu.

- *Ameaças para o trabalho de equipe*: por dependerem substancialmente dos laços sociais, da colaboração e da sinergia do grupo, as equipes são fortemente afetadas pelas incivilidades. Entraves nos relacionamentos e na comunicação afetam negativamente a motivação e, dizem Pearson e Porath (2009), podem se propagar, pois, quando um membro se comporta mal e não é punido por isso, a tendência é que os colegas passem a fazer o mesmo. Como um vírus, a incivilidade pode contaminar uma equipe e até mesmo toda a organização pela disseminação de emoções destrutivas.

- *Riscos para a reputação organizacional*: descobriu-se no mesmo estudo que cerca de 80% dos funcionários maltratados propagam sua mágoa dentro e fora da empresa, contando-as para colegas, clientes, familiares, amigos e outros. Clientes que testemunhem uma incivilidade podem decidir fazer negócios em outro lugar.
- *Consequências para o ofensor*: os ofensores, em sua maioria, segundo a mesma pesquisa, sofrerão em médio e longo prazos as consequências por sua conduta, seja nos reveses de carreira, na perda de reputação ou na perda de sucesso, isso quando não vierem a perder o emprego ou sofrer processos judiciais.
- *Danos à liderança*: Pearson e Porath (2009) afirmam que um terço dos ofendidos se recusa a trabalhar com seus ofensores ou mesmo colaborar diretamente com eles, o que pode colocar em risco o papel do líder. Identificaram, ainda, que as incivilidades ocorrem predominantemente no sentido *top-down* e que homens são duas vezes mais predispostos a elas.
- *Prejuízos financeiros*: as autoras atestam que a perda de horas de trabalho causada pelo mau comportamento pode ser calculada e propõem formas objetivas de se fazer isso. Além das impressionantes perdas de produtividade, citam como agravantes a perda de funcionários, os impactos na reputação e o efeito moral que a saída de um empregado tem sobre os demais e pelo fato de, ao saírem, levarem consigo suas conexões, seus conhecimentos e suas experiências. A decorrente falta de confiança, a competição interna e outros desgastes provocam o aumento de estresse, que, segundo as autoras, custaram às empresas americanas, em 2008, o equivalente a 300 bilhões de dólares.

Retomando-se o pressuposto de que comunicação e comportamento são praticamente sinônimos, concedeu-se aqui um espaço às descobertas de Pearson e Porath para que, por dedução, se possa tangenciar os efeitos da má comunicação sobre as relações no trabalho. Porém, mais do que apontar o problema, é possível, sob uma ótica apreciativa, intuir o valor e os benefícios que a *boa* comunicação pode proporcionar.

Por que refletir sobre isso agora

Há poucas décadas, a comunicação organizacional se resumia à criação e manutenção do discurso institucional, autocentrado, definido como verdade e pouco questionado. As mensagens unidirecionais eram administradas com o objetivo de projetar e manter a imagem desejada, utilizando mídias de massa para o cumprimento de objetivos estratégicos. Segundo Paulo Nassar (2011), "implantou-se uma narrativa autoritária e pobre, constituída de ordens, voltada para controle da informação nas linhas de produção e nos escritórios, que se afastou da autoria". Quando essas metanarrativas se mostravam insustentáveis, estabelecia-se uma crise a ser fortemente combatida para que a imagem se reconstituísse ou se ajustasse a um novo patamar de equilíbrio. Hoje, as grandes mudanças trazidas pelo mundo digital fazem que o controle da informação seja uma miragem, e isso exige que os processos de comunicação e a ação dos comunicadores sejam permanentemente monitorados, revistos e adequados. Se a comunicação esteve por muito tempo sob a influência do comunicador e do poder dos veículos de comunicação de massa, hoje a atividade do "comunicante" pauta e interfere nas decisões e atividades de ambos.

A ascensão e disseminação das micronarrativas permitem que relatos do cotidiano ofereçam fragmentos da realidade, em tempo real e em mídias globais alternativas, que vão, instante a instante, conformando ou distorcendo, construindo ou abalando a imagem e a reputação de pessoas, organizações, marcas e produtos. Com isso, o discurso formal das corporações é constantemente comparado, validado ou questionado em depoimentos espontâneos produzidos por diversos interlocutores que se manifestam fora de qualquer controle. Na comunidade global, torna-se cada vez mais comum que empresas, mesmo as que fazem grandes investimentos e contam com estruturas sofisticadas e profissionais competentes, precisem mobilizar-se para gerenciar a repercussão de um único *post*, publicado por um indivíduo, que pode estar do outro lado do mundo, mas é capaz de provocar perdas importantes e, algumas vezes, irreparáveis. Ou, por outro lado, que uma pessoa, um produto ou um serviço ganhe exposição e sucesso insuspeitáveis de um momento para outro, graças à sugestão daqueles que o psicossociólogo Gustavo Le Bon (*apud* Serra, 2007, p. 146) denomina "condutores de multidões".

Internamente, as organizações estão expostas aos mesmos riscos. Pensemos, por exemplo, em empresas que desenvolvem campanhas internas para estimular a inovação, mas que, na verdade, são conduzidas por uma cultura de controle e intolerância ao erro; ou nas que emitem mensagens de estímulo à colaboração, mas têm metas, reconhecimento e gratificação definidos exclusivamente pela *performance* individual. Há incoerência, e esse descompasso entre o discurso e a prática gera confusão, cria grande desconfiança, desestimula o engajamento e coloca a comunicação, os líderes e a gestão em descrédito. Em casos extremos, os materiais de divulgação produzidos não são sequer lidos, porque, no entendimento de seus leitores, estão vazios de significado. Dessa forma, toda a energia aplicada acaba se convertendo em prejuízo para todos. Talvez já fosse assim no passado; a diferença é que hoje é possível perceber, questionar e propagar essas distorções, dentro e fora da empresa, na velocidade de um clique.

No ambiente corporativo o padrão predominante é que a comunicação seja incumbência dos comunicadores em áreas próprias ou de agências e/ou consultores contratados, enquanto a gestão das pessoas – dos "comunicantes" – é foco e responsabilidade da área de recursos humanos e, em projetos específicos, da área de desenvolvimento organizacional. A interação entre essas áreas, no que diz respeito ao relacionamento interno, com raras exceções, limita-se a que os comunicadores atuem como fornecedores de serviços. Esse padrão de relação está muito vinculado à prática das teorias de administração que se preocupam em priorizar os interesses do capital acima dos interesses sociais e em criar mecanismos de comando e controle sobre a atividade humana nas organizações (Mumby, 2010). A comunicação tem sido usada como meio poderoso de persuasão para esses fins e, no ambiente interno, segundo Roseli Figaro (2010, p. 103), "trata-se menos de comunicação e mais de uma cibernética, visto que, por definição, esta última incorpora controle, unidirecionalidade, eficácia, quantificação". Ao reproduzir a configuração de poder hierárquico, a comunicação interna mostra-se anacrônica e, segundo Kunsch (2010b, p. 46), "é vista e trabalhada como transmissão de informações, dentro de uma visão linear. Os canais utilizados são de uma só via e a comunicação, portanto, é assimétrica". Mesmo que a intenção seja comunicar, o que de fato ocorre na maioria dos casos é apenas informar, o que, segundo Amorim (*apud* Leite e Martinez, 2010, p. 119), "está associado a um ouvinte potencial que se mantém na posição de observador passivo". Comunicar, segundo o autor, "significa que o ouvinte se transformou em participante capaz de firmar ou recusar compromissos" (idem).

Aos muitos motivos para que os modelos de gestão e de comunicação sejam mais voltados para as pessoas, o contexto de hoje acrescenta o sentido de urgência, já que a atual força de trabalho, formada pela geração Y, ou *millennials* (nascidos a partir de meados dos anos 1970), inaugura uma cultura dos "nativos digitais", que cresceram na cultura globalizada e estão habituados a se comunicar em tempo real e com uma intensidade nunca vista. Os integrantes dessa geração partilham experiências, trocam informações, têm forte autoestima. Diante de manobras de comando e controle tendem a não negociar seus valores pessoais e a não temer o enfrentamento de posições de poder e de autoridade. Para engajá-los no trabalho é preciso mais do que estímulo financeiro; eles buscam a construção coletiva de significados; e esses significados só podem ser construídos por formas de comunicação mais verdadeiras, transparentes, coerentes e humanizadas.

Por uma convivência mais produtiva

Depois de uma breve análise do contexto e da identificação de alguns riscos e oportunidades, a intenção é, a partir de uma abordagem apreciativa, como preconizam David Cooperrider e Diana Whitney (2006), apontar o potencial de desenvolvimento para essas questões. Identificar falhas e problemas é essencial para o despertar da necessidade e da urgência de mudanças, mas é, segundo os autores, a projeção positiva que gera e sustenta a energia da transformação. A seguir, alguns *insights* e proposições com foco no desenvolvimento das habilidades interativas dos "comunicantes" e o envolvimento das áreas de comunicação e de desenvolvimento organizacional.

A metacomunicação como caminho

Um aspecto primordial para a evolução da comunicação nas organizações é a criação de espaço para a metacomunicação, isto é, deixar de se usar a comunicação apenas para comunicar e empregá-la também para comunicar *sobre* comunicação (Watzlawick, Beavin e Jackson, 1973). O ritmo frenético de produzir mais informação, em maior escala e com maior rapidez faz que apenas os aspectos digitais da comunicação, ou seja, seu conteúdo racional e prático, sejam contemplados, negligenciando o nível metacomunicacional, que inclui as intenções e as relações envolvidas no processo. Impressos coloridos, bem ilustrados e com texto impecável não são suficientes se não forem produzidos considerando a complexidade do contexto e as peculiaridades, as expectativas e os anseios do interlocutor. Além de investigar essas relações, é possível, a partir do comunicar *sobre* comunicação, despertar nos "comunicantes" mais consciência de seu papel e suas habilidades para desempenhá-lo.

É necessário admitir que, como elucida Marshall Rosenberg (2006, p. 236), "herdamos uma linguagem que serviu a reis e a elites poderosas em sociedades baseadas na dominação" e que "não só nunca fomos educados para compreender nossas necessidades, como somos frequentemente expostos a uma formação cultural que bloqueia ativamente essa nossa consciência" (idem).

As organizações podem assumir um papel relevante ao criar programas de reflexão e aprendizagem sobre o tema, estabelecendo interfaces mais criativas e arrojadas entre as áreas de comunicação e de desenvolvimento organizacional, para que atuem estrategicamente na formação dos "comunicantes", bem como na gestão das inexoráveis interações que estabelecem entre si e com a comunidade global.

O diálogo como ponto de partida

Uma ideia parece ser consenso em publicações e debates sobre estudos e tendências nas áreas de comunicação, gestão e liderança: a necessidade imperativa de processos baseados no diálogo. A conclusão é correta, já que a abordagem empática promovida pelo diálogo promove a aproximação e aceitação de uns pelos outros, diminui as atitudes de defesa, estimula a criatividade e cria condições que conduzem a melhores soluções. Mas, apesar de estar presente em muitos discursos e impressos, corre-se o risco de que o termo se banalize sem que, de fato, tenha sido compreendido ou posto em prática, já que o diálogo demanda muito mais empenho do que possa parecer.

Enquanto muitas pessoas acreditam saber dialogar porque se sentem à vontade para falar e defender seus argumentos perante outros, os conceitos do diálogo exortam que, mais do que falar, dialogar é uma maneira especial de ouvir. É predispor-se a acolher o que o outro diz, sem reservas e, livre do desejo de se fazer prevalecer, abrir-se e deixar-se ser influenciado.

O psicólogo Carl Rogers (1982, p. 290) defende que "a maior barreira à comunicação interpessoal é a nossa tendência muito natural para julgar, para avaliar, para aprovar ou desaprovar as afirmações de outra pessoa ou de outro grupo". Ele alerta ainda para o fato de que o apego aos nossos próprios pontos de vista é a "maior barreira à comunicação intersubjetiva" (ibidem, p. 291). Praticar diálogo requer mais do que predisposição e boa vontade, dependendo de um trabalho intenso da comunicação no plano *intrapessoal* (conhecer a si mesmo, seus pensamentos e sentimentos) e no plano *interpessoal* (buscar compreender e interagir com os pensamentos e os sentimentos dos demais).

Pode parecer simples, mas Rogers (1982, p. 293) adverte que superar o padrão crítico e reativo exige muita coragem, já que "corremos o risco de sermos nós próprios a mudar. [...] Esse risco de se ver modificado é uma das mais terríveis perspectivas para a maioria de nós". Mas, complementa, "essas distorções defensivas acabam por si mesmas com uma rapidez espantosa, quando as pessoas compreendem que o único objetivo é compreender e não julgar" (ibidem, p. 296).

A prática do diálogo como finalidade de desenvolvimento para os "comunicantes" pode gerar, sem sombra de dúvida, resultados sistêmicos, duradouros e de grande impacto positivo. Muitos dos danos causados pelas incivilidades são fruto da inaptidão básica para o diálogo, da mesma forma que o conhecimento, a criatividade e a inovação são consequências naturais de espaços de abertura, convivência e partilha.

O trabalho cuidadoso e colaborativo entre as áreas de comunicação e de desenvolvimento organizacional pode ser decisivo para reverter o padrão da superespecialização, que compartimentaliza e fragmenta o saber. Para isso, Edgar Morin (2011, p. 16) admoesta:

> É necessário desenvolver a aptidão natural do espírito humano, para situar todas essas informações em um contexto e em um conjunto. É preciso ensinar os métodos que permitam estabelecer as relações mútuas e as influências recíprocas entre as partes e o todo em um mundo complexo.

Prevenção e mediação de conflitos

Se o diálogo oferece acolhimento para a diversidade e estimula a expressão de diferentes pontos de vista, é também, por consequência, terreno fértil para divergências. Sempre que uma ou mais ideias se apresentam como aparentemente incompatíveis, define-se um conflito, o que, em si, não é positivo ou negativo. Opiniões discrepantes podem tanto gerar rupturas e perdas quanto fomentar o aprendizado e a inovação. A diferença está na forma de encarar e lidar com as incompatibilidades.

A cultura baseada no diálogo é ideal para que os conflitos possam vir à tona e, a partir de vínculos de confiança, ser resolvidos de forma positiva. Quando conduzidos sem a emissão de julgamentos e tratados com abertura, transparência e respeito, conflitos tendem a contribuir para o fortalecimento da confiança, da lealdade e da motivação dos envolvidos. Em ambientes marcados pelo comando, pelo controle e pela punição, as divergências costumam, ao contrário, produzir manipulação, resistência e agressões diversas. Nesse caso, os conflitos tendem a ser evitados ou mascarados, o que tende a agravar o problema, como o que acontece com pequenos vazamentos em paredes que, escondidos sob quadros ou camadas de tinta, evoluem e corroem alicerces.

As áreas de comunicação e de desenvolvimento organizacional podem contribuir na prevenção e mediação de conflitos por meio de processos de sensibilização e de capacitação de lideranças e equipes com base em conceitos e práticas como as propostas por Marshall Rosenberg (2006, p. 21) em seu livro *Comunicação não violenta* , que se baseia em "habilidades de linguagem e comunicação que fortalecem a capacidade de continuarmos humanos, mesmo em condições adversas". Segundo o autor, a CNV é um modelo que contribui para que as pessoas aprendam a expressar-se honestamente e a receber com empatia os seguintes componentes da comunicação:

> As ações concretas que estamos observando e que afetam o nosso bem-estar;
>
> Como nos sentimos em relação ao que estamos observando;
>
> As necessidades, valores, desejos etc. que estão gerando nossos sentimentos;
>
> As ações concretas que pedimos para enriquecer nossa vida. (Rosenberg, 2006, p. 26)

Contar, na organização, com pessoas preparadas para conduzir situações de divergências interpessoais ou questões rotineiras como as que envolvem a ocupação de espaços, definição de tarefas e responsabilidade, distribuição de recursos, entre outros, pode reduzir tensões e gerar grandes benefícios. Situações mais complexas podem exigir a presença de um profissional isento em um processo mais longo e cuidadoso.

Relatos integrados: novos desafios para a gestão e a comunicação organizacional

Relatórios corporativos são peças de comunicação sofisticadas e complexas, pois têm a função de fornecer informações relevantes para diferentes públicos de interesse das organizações. A percepção do mercado e, em especial, dos analistas financeiros e investidores de que os relatórios tradicionais eram muito extensos e pecavam pela falta de clareza e padronização fez surgir, em 2011, o The International Integrated Reporting Council (IIRC), um movimento global que propõe um modelo de relato que contemple aspectos financeiros e socioambientais, de forma integrada e focado na criação de valor em curto, médio e longo prazos. Um projeto-piloto envolvendo aproximadamente 100 organizações em mais de 25 países, das quais 12 brasileiras, teve início em 2012. Unilever, Microsoft, PepsiCo, Hyundai, Deutsche Bank, Itaú Unibanco, Natura, BNDES, CPFL, entre outras empresas de grande porte, já publicaram suas versões experimentais e, considerando a repercussão do mercado, o IIRC mostra que veio para ficar e pode, em alguns anos, se tornar um padrão exigido e regulamentado.

O relato integrado, como é conhecido no Brasil, representa um desafio bastante arrojado, porque, mais do que uma forma diferente de prover informações, requer um novo modelo de gestão, baseado no pensamento sistêmico e em um trabalho que integre todas as áreas da organização, bem como toda a sua cadeia produtiva. Assim, departamentos que se mantinham distantes, como finanças e responsabilidade social ou suprimentos e gestão de pessoas, precisam estar envolvidos de forma direta e participativa na definição de estratégias, tomada de decisões, produção e demonstração de resultados.

É possível identificar, nesse caso, mais uma oportunidade de trabalho conjunto entre as áreas de comunicação e de desenvolvimento organizacional, já que para a produção do relatório será necessário facilitar o processo de aproximação entre lideranças, equipes e pessoas, além de habilitá-las na prática do diálogo e na mediação dos previsíveis conflitos nessa jornada para transcender distâncias e obstáculos criados por décadas de pensamento linear e gestão fragmentada. O relato integrado pode consistir em uma plataforma experimental que, por sua relevância estratégica, receba apoio e suporte da alta gestão, para que o processo se desenvolva com uma visão sistêmica e de longo prazo.

Considerações finais

Disse David Bohm (apud Senge *et al.*, 2007, p. 182) que "o mais importante que se tem a fazer é romper as barreiras entre as pessoas para que possamos atuar como uma inteligência única". Todas as ideias aqui apresentadas conspiram para esse fim. Pretendem estimular o entendimento de que, por mais que tenhamos uma percepção pulverizada, não há abismos a nos separar, apenas obstáculos a ser removidos.

"As ciências humanas são elas próprias fragmentadas e compartimentadas. [...] Paradoxalmente, assiste-se ao agravamento da ignorância do todo, enquanto avança o conhecimento das partes" (Morin, 2011 p. 43). Com isso "as mentes formadas pelas disciplinas perdem suas aptidões naturais para contextualizar os saberes, do mesmo modo que para integrá-los em seus conjuntos naturais" (Morin, 2011, p. 38).

Essa ponderação, no entanto, não deve ser recebida como uma avaliação restritiva, mas como um chamado que abre um universo de imensas possibilidades.

Para a comunicação e o desenvolvimento organizacional, um caminho de superação possível é o "pensar fora das caixas" de suas especialidades para que possa se encontrar e se reconhecer na esfera comum das relações humanas. A interação inteligente entre essas áreas pode operar como uma alavanca poderosa e, a partir de processos de comunicação mais coerentes e alinhados, sensibilizar e capacitar líderes e equipes para ações mais colaborativas e resultados mais significativos.

Foram abordados neste capítulo tanto aspectos subjetivos quanto implicações práticas para, deliberadamente, evitar o padrão de separação do isso "ou" aquilo, a escolha entre o racional e o intangível. A intenção é buscar um "e" que integre saberes distintos, tecnologia e presença, o individual e o coletivo, de modo a criar condições para uma convivência mais harmoniosa e produtiva entre essas áreas que, como irmãs siamesas, se conectam diretamente por suas raízes: a comunicação e o comportamento.

O caminho que conduz a transformações profundas é quase sempre longo e, muitas vezes, misterioso. A incerteza que afronta verdades cristalizadas é também a energia que impulsiona a aventura em busca do novo, do inesperado, do encantamento que dá sentido à vida. Acolher o "não sei" como resposta é deixar para trás o porto seguro das convicções datadas e abrir-se para a máxima de Sócrates (*apud* Platão, s/d): "Só sei que nada sei. Ao não supor saber o que não sei, torno-me um pouco mais sábio que aqueles que afirmam saber o que ignoram".

Reitera-se o convite à reflexão sobre o presente e o futuro da formação dos profissionais de comunicação e de desenvolvimento organizacional, bem como de suas práticas no ambiente corporativo e seus impactos sistêmicos. Que desaprender para aprender possa ser uma jornada compartilhada.

Referências

BAUMAN, Zygmunt. *Modernidade líquida*. Rio de Janeiro: Zahar, 2001

BOHM, David. *Diálogo*: comunicação e redes de convivência. São Paulo: Palas Athenas, 2005.

COOPERRIDER, David L.; WHITNEY, Diana. *Investigação apreciativa*. Rio de Janeiro: Qualitymark, 2006.

FIGARO, Roseli. "Relações de comunicação no mundo do trabalho e a comunicação das organizações". In: KUNSCH, Margarida M. Krohling (org.). *A comunicação como fa-*

tor de humanização das organizações. São Caetano do Sul: Difusão Editora, 2010, p. 93-109.

KETCHUM. *The Ketchum leadership communication monitor*. Nova York: Ketchum Inc., 2014. Disponível em: <http://www.ketchum.com/sites/default/files/klcm_executive_overview_2014.pdf>. Acesso em: 29 set. 2014.

KUNSCH, Margarida M. Krohling. "Comunicação, humanização e organizações". In: KUNSCH, Margarida M. Krohling (org.). *A comunicação como fator de humanização das organizações*. São Caetano do Sul: Difusão Editora, 2010a, p. 9-15.

_____. "A dimensão humana da comunicação organizacional". In: KUNSCH, Margarida M. Krohling (org.). *A comunicação como fator de humanização das organizações*. São Caetano do Sul: Difusão Editora, 2010b, p. 9-15.

KUNSCH, Margarida M. Krohling (org.). *A comunicação como fator de humanização das organizações*. São Caetano do Sul: Difusão Editora, 2010c, p. 41-60.

LASZLO, Ervin. *Macrotransição: desafio para o terceiro milênio*. São Paulo: Axis Mundi Editora; Antakarana Cultura Arte Ciência, 2001.

LEITE, Nildes P.; MARTINEZ, Victor de la Paz R. "Projeto de comunicação: viabilizando a expressão dos servidores da SEF/MG". *Revista de Gestão e Projetos*, v. 1, n. 1, 2010.

LYOTARD, Jean-François. *A condição pós-moderna*. São Paulo: José Olímpio, 2000.

MATURANA, Humberto. *Da biologia à psicologia*. Porto Alegre: Artes Médicas, 1998.

MORIN, Edgar. *Os sete saberes necessários à educação do futuro*. São Paulo: Cortez, 2011.

MUMBY, Dennis K. "Reflexões críticas sobre comunicação e humanização nas organizações". In: KUNSCH, Margarida M. Krohling (org.). *A comunicação como fator de humanização das organizações*. São Caetano do Sul: Difusão Editora, 2010, p. 19-39.

NASSAR, Paulo. *A comunicação: um novo papel*. Maio 2011. Disponível em: <http://observatoriodaimprensa.com.br/feitos-desfeitas/a-comunicacao-um-novo-papel/>. Acesso em: 16 dez. 2015.

PEARSON, Christine; PORATH, Christine. *The cost of bad behavior: how incivility is damaging your business and what to do about it*. Nova York: Penguin, 2009.

PLATÃO. *Apologia de Sócrates*. Disponível em: <http://www.revistaliteraria.com.br/plataoapologia.pdf>. Acesso em: 29 set. 2014.

ROGERS, Carl R. *Tornar-se pessoa*. São Paulo: Martins Fontes, 1982.

ROSENBERG, Marshall. *Comunicação não violenta: técnicas para aprimorar relacionamentos pessoais e profissionais*. São Paulo: Ágora, 2006.

SENGE, Peter *et al*. *Presença: propósito humano e o campo do futuro*. São Paulo: Cultrix, 2007.

SERRA, Paulo J. *Manual de teoria da comunicação*. Covilhã: Labcom, 2007.

WATZLAWICK, Paul; BEAVIN, Janet H.; JACKSON, Don D. *Pragmática da comunicação humana*. São Paulo: Cultrix, 1973.

11. Comunicação interna: conceitos, liderança e alternativas de gestão

William Antonio Cerantola

Visão geral do capítulo

Este capítulo aborda definições, conceitos e perspectivas da comunicação interna para as organizações ante a nova realidade dos negócios, das mídias sociais e dos novos processos organizacionais em mudança. Contextualiza a comunicação interna como determinante na criação de valor para as organizações, na medida em que estabelece clara sintonia com as necessidades de negócios, apoiando desde a configuração do clima organizacional até a construção da reputação corporativa. Destaca o indispensável papel das lideranças e o contínuo desafio do planejamento e da gestão das funções e atividades da comunicação interna, na busca incessante de valorização das relações humanas e do diálogo. Finaliza com alternativas de gestão e práticas dedicadas à comunicação que permitem explorar novas maneiras de conectar pessoas, valorizar experiências e identificar interlocutores válidos para a construção coletiva dos destinos da organização a partir da investigação apreciativa, da netnografia e de redes de influência.

Objetivos do capítulo

- Oferecer ao leitor aspectos contemporâneos da comunicação interna para a criação de valor no âmbito da organização.
- Relacionar a comunicação interna com a realidade dos negócios da organização.

- Reforçar o importante exercício da comunicação da liderança.
- Enfatizar a valorização das relações humanas no ambiente organizacional.
- Apresentar abordagens alternativas como a investigação apreciativa e o uso da netnografia e de redes de influência para a humanização das relações e vitalização de fluxos de comunicação interna.

Introdução

O fenômeno da comunicação acompanha o gênero humano desde suas origens e constituiu elemento diferenciador para a construção da vida em grupos e sociedade. Por isso, ele vem sendo exaustivamente estudado em seus aspectos antropológico, psicológico, sociológico, linguístico, entre outros.

A despeito de a comunicação ser um fenômeno humano ancestral, inicialmente abordado em termos de retórica e linguagem (França, 2008, p. 47), ela ganha vitalidade em cada novo ciclo de mudança social, econômica e tecnológica, tornando-se tema presente nas reflexões de especialistas a partir do advento recente das redes sociais e das consequentes mudanças sociais, culturais e comportamentais.

Ao observarmos o mundo das organizações, aqui entendidas, no conceito tradicional em administração, como a combinação de esforços individuais para o alcance de um propósito coletivo, sejam elas privadas ou públicas, com ou sem fins lucrativos, identifica-se o papel crescente e indispensável da comunicação para a consecução de seus objetivos e processos organizacionais, assim como para a construção de cultura e identidade organizacional.

O desenvolvimento de modelos em comunicação organizacional vem exatamente no sentido de propor uma compreensão abrangente, caminhando na direção de um entendimento de que a comunicação organizacional trata da comunicação humana e é um campo disciplinar em construção (Freire, 2009, p. 71).

Contemporaneidade da comunicação interna

Neste momento deparamos com um desafio que tem sido descrito por vários estudiosos em comunicação: o de que o escopo, significado e contexto de comunicação numa organização precisam ser revisitados. Inovações tecnológicas, mudanças comportamentais, novos contextos sociais e culturais, novas demandas de mercado e tantas outras variáveis que encerram incerteza e risco remetem a um contínuo questionamento e ao entendimento das transformações da comunicação nas organizações, numa perspectiva de adaptação de sua estrutura, sua função e seu significado.

A capacidade explicativa dos modelos em comunicação organizacional merece uma leitura em seu contexto histórico, social e cultural em que foi formulada. Sabemos que a área de comunicação vem se estruturando e ganhando compreensão sobre seu objeto, especialmente porque ela se preocupa com a construção de significados que possam dar sentido e gerar vínculos, inclusive afetivos, entre a empresa e seus interlocutores (Lopes Filho, 2014, p. 78).

Como comentam Rousiley Maia e Vera França (2003), as estratégias da comunicação constituem um processo de produção e compartilhamento de sentidos entre sujeitos interlocutores numa dada situação de interação e contexto sócio-histórico, entendendo-se uma organização como um ator social coletivo de constante interação entre esses sujeitos.

Adriana Casali e James Taylor (2003) assinalam que uma organização é um tecido de comunicação e torna-se necessário entendê-la com base em uma análise interpretativa de seus fenômenos sociais como processos simbólicos, especialmente porque também são construções calcadas nas práticas diárias de seus integrantes.

Esse é um dos motivos que torna a comunicação nas organizações algo tão instigante e desafiador. Algo tão intrínseco à natureza humana que a busca de seu entendimento depara com o desvendar das razões e paixões humanas, suas manifestações, seus ritos, suas crenças, seus significados e suas contradições. Aqui também reside um dos motivos pelos quais a busca da humanização das relações por meio da comunicação no contexto organizacional ganha importância, abrindo espaço para a manifestação de opiniões e posicionamentos, assegurando a participação nesse universo relacional e simbólico, garantindo sentido e significado ao fazer humano.

Entre os modelos apresentados, a abordagem sistêmica e sinérgica da comunicação organizacional integrada desenvolvida por Margarida Kunsch (2003) nos convida a tratá-la como uma filosofia que, em uma organização, congrega as diversas áreas, concretamente a comunicação interna, a comunicação institucional, a comunicação mercadológica e a comunicação administrativa. Esse sistema facilita a visualização das diversas dimensões da comunicação numa organização, sem perder de vista que sempre estamos considerando relacionamentos e interações com diversos públicos e com uso diferenciado de estratégias, canais e ferramentas.

Nessa perspectiva, a comunicação interna pode ser compreendida como todo o conjunto de esforços voltados a fluxos, redes formal e informal, canais e ferramentas de comunicação, que estabelecem as interações entre a organização e seus empregados. Como menciona Kunsch (2003, p. 154), "comunicação interna é um setor planejado, com objetivos bem definidos para viabilizar toda a interação possível entre a organização e seus empregados, usando ferramentas da comunicação institucional e até da comunicação mercadológica".

Nos últimos 20 anos a área de comunicação interna ganhou mais destaque, especialmente porque demonstrou sua importância no desenvolvimento da cultura organizacional e na construção de identidade corporativa. Uma comunicação interna eficaz alinha informações e conhecimentos com os empregados, auxiliando no engajamento e impactando positivamente no desempenho da organização. Como menciona Marlene Marchiori (2014), a comunicação interna pode atuar como formadora de embaixadores da organização, disseminando valores, práticas, produtos e serviços. Ressalta a autora que "a base dos valores – confiança, competência, comprometimento e credibilidade – está na qualidade do processo de comunicação que será vivenciado por todos" (2014, p. 110-11). Nesse particular, ela lembra que uma organização se comunica quando seus empregados em diferentes níveis organizacionais relatam a mesma história e os mesmos valores da organização para seus diversos públicos.

Seria possível dizer que a comunicação interna tem em si duas faces de uma mesma moeda: uma dimensão econômica ou de negócios e uma dimensão humana. A dimensão econômica ou de negócios da comunicação interna verifica-se pelo impacto favorável que pode trazer ao clima organizacional, auxiliando na retenção de talentos, na redução de rotatividade da mão de obra, na capacidade de mudança e de inovação, entre outros fatores. A dimensão humana reflete-se pelo grau de trocas e interações entre pessoas, pelo forjar de confiança, pela tessitura do diálogo, pelo engajamento e pela construção da identidade e reputação corporativa. São duas faces da mesma moeda, em que uma dimensão é extensão da outra.

Pode-se derivar que resultados de negócio mais consistentes e sustentáveis no tempo são mais facilmente construídos numa organização em que houver o entendimento e a valorização da condição humana. Resultados podem até vir em organizações em que não são considerados vários aspectos da condição humana, mas a que custo e por quanto tempo? Assim, um desafio da comunicação interna é a mediação das situações de tensão e das contradições entre as necessidades humanas individuais e aquelas da organização voltadas ao desempenho e ao alcance de resultados de negócios.

Comunicação interna e a vitalidade dos negócios

Como sabemos, o ambiente das organizações tem sistematicamente atravessado mudanças de caráter econômico, tecnológico, social e cultural, em contextos nos quais os meios de comunicação e os processos produtivos têm papel central. Como comentam Bruno Carramenha, Thatiana Cappellano e Viviane Mansi (2013), ao menos três assuntos merecem destaque no contexto das mudanças da comunicação interna com os empregados: as novas gerações; as novas mídias; e a aceleração do tempo e da inovação.

A presença de diferentes gerações de profissionais convivendo nas organizações, tais como os *baby boomers* (nascidos nos anos 1940 e 1950), a geração X (nascidos nos anos 1960 e 1980) e a geração Y (nascidos a partir de 1990), encerra relações que podem vir a ser tensas. Isso se deve, por um lado, ao fato de as gerações de profissionais terem expectativas e perspectivas diferentes das organizações; e, por outro lado, porque interpretam de modo diferente aspectos de convívio social e formas de relacionamento e utilizam mecanismos variados de comunicação.

Do ponto de vista das novas mídias, tais como Facebook, Twitter, Linkedin, Foursquare, entre outros, criaram-se novas formas de interação e relacionamento, mas, principalmente, uma forma de pensar mais veloz, em rede, abrangente e colaborativa (Carramenha, Cappellano e Mansi, 2013). Pode-se dizer que todos são emissores e receptores, sendo a autoria única ou compartilhada.

A aceleração do tempo e da inovação passou a ser determinante no ambiente competitivo das organizações, uma vez que fazer o primeiro lançamento de um produto ou relançar um que tenha características novas para o mercado tornou-se cada vez mais crítico para o sucesso dos negócios, numa época em que mais competidores atuam nos mesmos mercados com produtos e serviços muito semelhantes entre si.

Ao mesclarmos essas três mudanças envolvendo gerações, novas mídias e inovação, percebemos como as circunstâncias para a comunicação interna nas organizações tende a se tornar complexa. Naturalmente, as organizações estão em estágios e circunstâncias diferentes, mas, sem dúvida, todas elas enfrentam com maior ou menor intensidade a confluência dessas mudanças.

Ao voltarmos os olhos para a comunicação interna nesse novo contexto, podemos deparar com algumas questões contemporâneas que têm impacto na forma e no propósito da própria comunicação interna.

Os limites entre o interno e o externo numa organização diluem-se na proporção em que os indivíduos veiculam informações e comunicações em tempo real sobre si mesmos, suas atividades e sua empresa. Dispositivos móveis como *smartphones* e *tablets*, combinados aos aplicativos e às mídias sociais, criam um cenário sem precedentes, no qual os fluxos de informação e comunicação se tornam multidirecionais, instantâneos e ininterruptos.

Por outro lado, os profissionais assumem papéis e perfis diferentes nas várias comunidades virtuais e redes sociais das quais participam, ampliando sua capacidade de influenciar e de se manifestar sobre temas de caráter social, econômico, político ou cultural que afetem direta ou indiretamente a organização onde atuam. De fato, como comenta Lucia Santaella (2014), atuam em um sistema aberto, como redes de relações interdependentes, de forma colaborativa, num processo orgânico e dinâmico, assemelhando-se aos sistemas vivos, como descrito por Humberto Maturama e Francisco Varela (1995) na definição de autopoiesis.

Desse modo, a comunicação interna deve assumir papel ainda mais relevante na organização, podendo incluir ou reforçar em sua agenda algumas ações críticas, tais como: redefinir ou fortalecer os papéis dos líderes no processo de comunicação; ampliar canais de comunicação de mão dupla; proporcionar práticas e ferramentas que apoiem o diálogo e a troca de experiências entre as equipes; garantir transparência e clareza nos temas de interesse da organização; prover suporte e reflexão sobre o novo contexto da comunicação nas mídias sociais para todos os empregados; entender as redes formais e informais de comunicação na organização com o propósito de fomentar conhecimento.

Muitos autores têm trabalhado na perspectiva de responder a esses novos desafios, ao mesmo tempo que buscam uma comunicação interna que humaniza as relações entre os indivíduos. Assim, emergem sugestões para a melhoria do processo de gestão da comunicação interna como viabilizador de relações mais humanizadas e como potencializador dos resultados da organização.

Marchiori (2014) aponta atitudes a serem adotadas como estratégia para a comunicação interna nas organizações, entre as quais se destacam: mapear os funcionários; avaliar e abrir canais de comunicação; gerenciar conflitos; ouvir e falar; criar relacionamentos efetivos; comunicar efetivamente; buscar entendimento, consciência, compreensão e participação; identificar e analisar informações com os públicos; mudar a mentalidade de funcionários, lideranças e administradores.

Esse conjunto de ações, atitudes e estratégias, que reposicionam e fortalecem a comunicação interna, vem em parte sendo adotado pelas organizações ao longo do tempo e agora ganha ainda mais força, em função da velocidade das mudanças dentro e fora dos muros das organizações.

Comunicação da liderança e humanização das relações

Um primeiro olhar para esse cenário em mudança indicaria um conjunto de desafios que estariam fora do alcance ou do controle das organizações por representarem grandes transformações sociais, culturais e tecnológicas.

Pelo contrário, existe a possibilidade da adoção de ações propositivas nas organizações que podem garantir um alinhamento da estratégia de negócio com a construção de uma cultura organizacional em que se estabeleça um clima interno de reconhecimento dos indivíduos e o fortalecimento dos valores da organização.

Entretanto, esse processo não se dá ao acaso e requer um planejamento, uma execução e o estabelecimento de canais e ferramentas de comunicação para aprimorar o relacionamento entre todos os que atuam na organização.

Diferentes autores apontam que esse processo se inicia com as lideranças ou depende de seu papel essencial no contexto da comunicação na organização. Isso porque cabe às lideranças estabelecer a direção, o objetivo comum e estimular o relacionamento entre suas várias equipes e áreas funcionais. Liderança, nessa perspectiva, é o grau de influência e relacionamento de poder com os demais indivíduos numa organização (Bergamini, 2009).

Além disso, o exercício da liderança também é função da quantidade de orientação e da necessidade de apoio socioemocional de suas respectivas equipes. De fato, a liderança poderia estabelecer-se ponderando maneiras diferentes por meio de atitudes de determinar, persuadir, compartilhar e delegar.

O papel da liderança, portanto, não é apenas função de uma capacidade individual e carismática de comunicação, nem somente das escolhas adequadas de veículos e mensagens, mas vincula-se essencialmente aos públicos envolvidos, considerando sua maturidade, necessidade de apoio socioemocional e orientação para execução das tarefas.

Um dos grandes desafios é o de consolidar o papel de comunicador das lideranças no âmbito das organizações, não somente como práticas de orientação das equipes de trabalho, mas principalmente como agentes de transformação e adaptação organizacional.

A função de comunicação da liderança tem papel fundamental no alinhamento estratégico e na construção do clima organizacional, estimulando o fluxo de comunicação e ao preparar ambientes e situações de convívio mais abertos, flexíveis e dinâmicos, em que as trocas permitam avanços para a solução de problemas organizacionais.

O entendimento do processo de comunicação organizacional pela liderança como fenômeno integrado, articulando as dimensões interna, mercadológica e institucional, aponta para uma visão abrangente, sistêmica e complexa, ao mesmo tempo que possibilita um ajuste dinâmico com o ambiente (Kunsch, 2003).

Portanto, caberá à liderança estimular a criação de um ambiente organizacional que incentive a adoção de estratégias e práticas que fortaleçam as trocas, o diálogo e uma postura positiva, diante das realizações individuais e coletivas, entendidas como um repositório de conhecimentos que favoreçam os negócios, os relacionamentos e a comunicação.

Liderança apreciativa

Uma das maneiras de tornar concreto esse propósito é o exercício da liderança apreciativa, que reflete uma filosofia e uma forma de ser e pensar e que considera o potencial das pessoas um princípio para uma visão positiva da realidade e, finalmente, uma forma de ação. "Liderança apreciativa é a capacidade relacional de mobilizar potencial criativo e transformá-lo em poder positivo – pôr em movimento ondas positivas de confiança, energia, entusiasmo e desempenho – para fazer uma diferença positiva no mundo" (Whitney, Trosten-Bloom e Rader, 2011, p. 3).

Um dos primeiros aspectos da liderança apreciativa é que ela é relacional, uma vez que compreende que os relacionamentos existem e se esforça para ser consciente e entender os seus padrões de relacionamento e colaboração. Na prática, muito esforço de ver, ouvir, sentir, perguntar e observar. Outro aspecto da liderança apreciativa é aquele que a considera positiva por valorizar, respeitar e assegurar dignidade aos indivíduos. Trata-se praticamente de uma visão de mundo, das pessoas e das situações.

Líderes apreciativos acham que o copo está meio cheio. Eles procuram e conseguem ver consistentemente o potencial positivo inerente em qualquer situação, não importando quão desesperadora ela possa parecer. Eles entendem o valor das imagens positivas para inspirar e dar esperança. Eles compartilham histórias de sucesso e oferecem imagens de possibilidade para que os outros tenham um caminho positivo a seguir. [...] Sua visão positiva de mundo costuma tomar a forma de uma atitude empreendedora. (Whitney, Trosten-Bloom e Rader, 2011, p. 8)

Esse tipo de liderança tende a ser transformador a partir de seu potencial de poder positivo e de mobilizar pessoas e recursos no sentido de uma realização. A liderança apreciativa detém a habilidade de ver o potencial de cada pessoa e envolvê-la num conjunto de ações em que ela possa aplicar sua melhor capacidade.

Entende-se que a liderança apreciativa deve lançar mão de cinco estratégias centrais, que caminham na direção de fazer que: as pessoas na organização saibam que pertencem ao grupo; se sintam valorizadas por sua contribuição; saibam a direção da organização; percebam o que se espera delas; e sintam que contribuem para algo maior. Resumidamente, as cinco estratégias são:

- Investigação – perguntas poderosas de forma positiva: deixa saber que o líder as valoriza e suas contribuições;
- Iluminação – extrai o melhor das pessoas e das situações: ajuda as pessoas a entender como podem contribuir;
- Inclusão – envolve-se com as pessoas para atuar como coautor do futuro e dá a elas uma sensação de pertencimento;
- Inspiração – acorda o espírito criativo: fornece as pessoas uma sensação de direção;
- Integridade – faz escolhas pelo bem do todo: deixa as pessoas saberem que esperamos que elas deem o melhor de si para um bem maior, e que elas possam confiar que as outras façam o mesmo. (Whitney, Trosten-Bloom e Rader, 2011, p. 23-24)

Fica claro que o papel da comunicação da liderança é vital para a mudança organizacional no sentido da humanização das relações no ambiente de trabalho, facilitando condições que atribuam significado e sentido ao existir e ao fazer humano.

Enfim, uma das possibilidades do exercício de uma liderança para a mudança organizacional e valorização humana reside exatamente na prática da liderança apreciativa. A liderança apreciativa surge no contexto de uma teoria apreciativa que foi desenvolvida por David Cooperrider e faz uso da experiência vivenciada de indivíduos e grupos no âmbito da organização, valorizando o conhecimento tácito, consolidado pelos anos de experiência vivida por cada integrante. A fonte de soluções é interna e próxima à realidade da empresa.

A teoria apreciativa busca histórias individuais e coletivas bem-sucedidas, que, somadas e comparadas, evidenciam padrões e abordagens que deveriam ser perseguidos e multiplicados. Sua metodologia trabalha em quatro etapas, conhecidas como *discovery*, *dream*, *draw* e *destiny*, e se funda em um processo conversacional de relatos individuais, consensos coletivos e negociação de alternativas para modificar a realidade.

A etapa de descoberta (*discovery*) trata da troca espontânea de experiências individuais positivas, buscando a vitalidade e o que modulou aquela realização. O sonho (*dream*) é a segunda etapa, em que os envolvidos são encorajados a ver os pontos altos das descobertas e projetar para o futuro tudo o que poderia ser a partir das boas realizações do passado. A terceira etapa, de planejamento (*draw*), circunscreve o momento em que se definem propostas que têm potencial de realização. A última etapa de execução (*destiny*) trata da implementação das mudanças de acordo com o planejamento. (Cooperrider, Whitney e Stavros, 2009).

Netnografia e redes de influência

Outra abordagem que responde aos desafios atuais da comunicação nas organizações diante dos conflitos geracionais, das novas mídias e da inovação reside na netnografia, como uma forma de etnografia adaptada à realidade da sociedade e das relações mediadas por computadores e contatos virtuais (Kozinets, 2014).

A netnografia, que foi desenvolvida na área de pesquisa de marketing e consumo, observando grupos e comunidades *on-line*, nos permite obter informações e dados que nos levam a possíveis inferências sobre comportamentos e tendências. Os especialistas apontam as diferenças da comunidade *on-line* quando comparada com a relação face a face em termos de acessibilidade, abordagem e extensão potencial de inclusão (Kozinets, 2014).

De todo modo, estudos em comunidades virtuais fora e dentro das organizações vêm sendo aplicados com o objetivo de revelar os interesses, as necessidades e as demandas de clientes, consumidores e mesmo funcionários.

No âmbito interno das organizações, algumas aplicações vêm sendo realizadas com o intuito de mapear aqueles profissionais que estabelecem contatos e relacionamentos intensos com seus pares e demais colegas de diferentes áreas funcionais. Essa abordagem revela uma rede de influência informal, que, para além do organograma oficial, identifica os profissionais que são consultados, informados e envolvidos em uma gama de interações formais e informais.

O mapeamento pode ser feito por meio das trocas e interações dos canais virtuais (*e-mail*, intranet, aplicativos móveis, entre outros), associados ou não a uma pesquisa primária com os funcionários.

A riqueza dessa rede de influência reside no fato de que os influenciadores são definidos pela intensidade com que estabelecem interações e trocas, contando com o reconhecimento pelo domínio de um dado tema de interesse junto aos demais funcionários da organização.

Uma vez identificados a rede de influência e seus influenciadores, podem-se definir estratégias voltadas aos objetivos organizacionais de negócios e de pessoas, seja no sentido de mudanças organizacionais, seja na perspectiva de fortalecimento de relacionamentos e de valorização humana.

Se no passado algumas iniciativas de comunicação organizacional procuravam minimizar as redes informais, hoje essas redes de influência podem constituir uma importante alternativa para vitalizar as relações numa organização.

Considerações finais

A comunicação organizacional, especialmente a comunicação interna, vem ganhando destaque nas organizações em função das mudanças tecnológicas, sociais e culturais que mobilizam, integram e multiplicam as formas como as pessoas interagem, obtêm informações e manifestam suas opiniões.

As tensões entre gerações, as novas mídias, as inovações e a percepção de aceleração do tempo dão um tempero adicional a esse cenário, ganhando destaque o papel da comunicação da liderança como mediadora, facilitadora e mobilizadora das mudanças nas organizações.

Por fim, novas formas de estimular as relações humanas por meio de uma liderança e abordagem apreciativa, que valorizam os indivíduos e suas experiências, assim como o mapeamento de redes de influência interna nas organizações, surgem como propostas e alternativas para um novo patamar de comunicação interna que possa vir a ser mais estratégica e vitalizadora do convívio humano no ambiente organizacional.

Referências

BERGAMINI, Cecília Whitaker. *Liderança: administração do sentido*. 2. ed. São Paulo: Atlas, 2009.

CARRAMENHA, Bruno; CAPPELLANO, Thatiana; MANSI, Viviane. *Comunicação com os empregados: a comunicação interna sem fronteiras*. São Paulo: In House, 2013. p. 19-38.

CASALI, Adriana; TAYLOR, James. "Comunicação organizacional: uma introdução à perspectiva da 'Escola de Montreal'". *Estudos de Jornalismo e Relações Públicas*, Universidade Metodista de São Paulo, v. 1, n. 1, jun. 2003, p. 28-40.

COOPERRIDER, David; WHITNEY, Diana; STAVROS, Jacqueline M. *Manual da investigação apreciativa*. São Paulo: Qualitymark Editora, 2009. p. 117-221.

FRANÇA, Vera Veiga. "O objeto da comunicação/A comunicação como objeto". In: HOHLFELDT, Antonio; MARTINO, Luiz C.; FRANÇA, Vera Veiga (orgs.). *Teorias da comunicação: conceitos, escolas e tendências*. 8. ed. Petrópolis: Vozes, 2008, p. 39-60.

FREIRE, Otávio B. de Lamônica. *Comunicação, cultura e organização: um olhar antropológico sobre os modos de comunicação administrativa na perspectiva da comunicação integrada*. Tese (Doutorado em Ciências da Comunicação) – ECA-USP, São Paulo, 2009.

KOZINETS, Robert V. *Netnografia: realizando pesquisa etnográfica online*. Porto Alegre: Pensa, 2014, p. 9-25.

KUNSCH, Margarida M. Krohling. *Planejamento de relações públicas na comunicação integrada*. 4. ed. rev., atual. e ampl. São Paulo: Summus, 2003, p. 152-64.

LOPES FILHO, Boanerges B. "A comunicação nas organizações em uma realidade de ruptura: os ambientes empresariais sob a ótica do pensar e fazer renovadores". In: CONGRESSO INTERNACIONAL DE RELAÇÕES PÚBLICAS E COMUNICAÇÃO, XIV, Alarp, Salvador, 2014. *Anais...* Vol. I, cap. 1, 2014, p. 73-90.

MAIA, Rousiley C. M.; FRANÇA, Vera Veiga. "A comunidade e a conformação de uma abordagem comunicacional dos fenômenos". In: LOPES, M. Immacolata Vassallo de. *Epistemologia da comunicação*. São Paulo: Loyola, 2003, p. 187-203.

MARCHIORI, Marlene. "Comunicação interna: um fator estratégico no sucesso dos negócios". In: MARCHIORI, Marlene (org.). *Liderança e comunicação interna*. São Caetano do Sul: Difusão Editora, 2014, p. 107-25.

MATURANA, Humberto; VARELLA, Francisco. *A árvore do conhecimento: as bases biológicas da compreensão humana*. São Paulo: Palas Athenas, 1995, p. 85-92.

SANTAELLA, Lucia. "A relevância das comunidades virtuais na cultura organizacional". In: MARCHIORI, Marlene (org.). *Liderança e comunicação interna*. São Caetano do Sul: Difusão Editora, 2014, p. 77-90.

WHITNEY, Diana; TROSTEN-BLOOM, Amanda; RADER, Kae. *Liderança apreciativa: concentre-se no que funciona para impulsionar um desempenho vencedor e construir uma empresa próspera*. Rio de Janeiro: Alta Books, 2011, p. 3-24.

12. Os processos comunicativos e culturais na gestão de recursos humanos

Ana Maria Roux Valentini Coelho Cesar

Visão geral do capítulo

A área de recursos humanos das empresas tem evoluído, considerando o elemento humano como um tipo especial de recurso, de difícil imitação e que gera valor para o negócio. Não se trata de mais uma retórica, mas de uma visão pragmática. Pessoas fazem a diferença. Como já sinalizava há cerca de 20 anos um artigo numa revista de negócios, cada vez mais a diretoria da área participa de decisões estratégicas da organização, e não apenas cumpre as determinações que lhe são dadas. Todavia, planos de ação da área dependem de um processo de comunicação que facilite a disseminação das políticas e práticas propostas, devendo este alinhar-se à cultura organizacional. Este capítulo discute as diferentes abordagens para gestão do elemento humano e os macroprocessos enfatizados em cada abordagem. Mostra como a cultura organizacional alavanca a vantagem competitiva de uma organização e o papel da comunicação na consolidação dessa vantagem por meio da gestão estratégica de recursos humanos.

Objetivos do capítulo

- Apresentar a visão estratégica baseada em recursos (*resource-based view*).
- Apresentar práticas inovadoras que têm sido adotadas na área de recursos humanos.
- Analisar o conceito de cultura organizacional.

- Discutir a relação entre práticas inovadoras de recursos humanos e cultura organizacional, bem como o papel da comunicação interna na disseminação e sustentação dessas práticas.

Introdução

Gestão de recursos humanos, gestão de pessoas ou gestão de capital humano? Se formos procurar na literatura da área de recursos humanos, encontraremos esses três títulos, mas os livros têm conteúdo praticamente idêntico. De modo geral, todos apresentam: 1. uma visão estratégica de recursos humanos e a importância da área para o desempenho organizacional; 2. os macroprocessos da área, que são: recrutamento e seleção; treinamento e desenvolvimento; avaliação de desempenho; avaliação e análise de cargos; sistemas de remuneração; planejamento de carreira; questões ligadas às relações trabalhistas; 3. uma discussão sobre a importância da comunicação para a concretização da estratégia de recursos humanos. Pouco se discute sobre os aspectos que de fato diferenciam a visão do elemento humano na qualidade de recurso, pessoa ou um tipo especial de capital. Neste capítulo se propõe uma análise dos diferentes enfoques da gestão do elemento humano na última década.

Gestão de recursos humanos, gestão de pessoas, gestão de capital humano

Gestão de recursos humanos

Recursos são *input* de processos produtivos. De modo geral, são ativos, materiais ou capitais que, uma vez alocados em uma situação específica, garantem que um dado processo ocorra e gere os resultados previstos.

Quando se fala em gestão de recursos humanos, define-se que pessoas, uma vez alocadas em determinado processo produtivo, geram resultados. Essa alocação traz a ideia de que é preciso "achar o homem certo para o lugar certo". Pessoas são vistas como peças de uma engrenagem. Precisam ser claramente especificadas de acordo com as necessidades do processo produtivo. Trata-se da abordagem clássica para a gestão do elemento humano, na qual a ênfase está na força de trabalho qualificada. Embora essa abordagem tenha sido a corrente até cerca de 20 anos atrás (Marras, 2002), ela ainda está presente no dia a dia organizacional.

Nessa abordagem para gestão do elemento humano, entende-se que seja possível mensurar características humanas com tal precisão que, uma vez bem escolhidas, as pessoas certamente "funcionarão" bem em seus postos de trabalho. Trata-se da abordagem diagnóstica, na qual as decisões sobre os recursos humanos se dão dentro de um ciclo no qual se têm: 1. a avaliação de condições de trabalho (ambiente interno e externo da empresa); 2. a fixação de objetivos, com ações de planejamento da área e desenvolvimento de sistemas para controle do cumprimento desses objetivos; 3. a escolha dos principais macroprocessos da área, que são: o provimento dos cargos, o desenvolvimento do elemento humano para melhor adaptação ao cargo e o planejamento de condições para avaliar se o desempenho dos sujeitos está de acordo com os objetivos fixados; 4. a avaliação dos resultados obtidos pela área (Milkovich e Boudreau; 2000).

Entre os macroprocessos citados, o mais importante para a gestão de recursos humanos é o provimento dos cargos, que se desdobra em dois processos: 1. análise e descrição de cargos; 2. recrutamento e seleção de elementos humanos que possam preencher esses cargos. A análise e descrição de cargos, como o próprio rótulo diz, busca descrever detalhadamente o que se deve fazer quando se ocupa determinado cargo. Envolve a análise da situação onde ocorre o trabalho e quais são as características comportamentais e cognitivas que o candidato deve ter para ocupar o cargo (Dessler, 2003). Já o recrutamento e a seleção visam achar o elemento humano que preencha as exigências do cargo (Dessler, 2003).

Numa visão estreita, a análise/descrição de cargo considera o momento presente e não leva em consideração a possibilidade de evolução do funcionário na empresa e nem mesmo a sua motivação para exercer o cargo ou permanecer lá. Acredita-se que, se o candidato preenche as características exigidas para o cargo, seu bom desempenho acontecerá naturalmente.

Uma vez definido o cargo, o foco da gestão de recursos humanos passa ao processo de recrutamento/seleção: identificar onde se pode achar o futuro funcionário e como se pode fazer a escolha dele entre outros possíveis candidatos. Décadas atrás, o recrutamento tinha uma característica predominantemente local. Era frequente haver um grande tempo de espera entre a abertura de uma vaga e o encontro dos candidatos aptos para preenchê-la. Colocavam-se avisos em portas de fábricas, em igrejas ou associações de bairro, entre outros locais, ou eram feitos anúncios em jornais de circulação local. Hoje ainda há ações de recrutamento dessa natureza, especialmente para cargos com baixa exigência de requisitos específicos. Todavia, com o avanço das mídias sociais, atualmente se aposta no recrutamento *on-line*, o que possibilita a abertura de vagas para candidatos localizados remotamente em relação à posição à qual se candidatam (Sovilj e Vasković, 2014).

Considerando que o recrutamento tenha sucesso, cabe ao processo de seleção escolher, entre os candidatos possíveis, aquele que melhor se ajuste ao cargo. Nos dias de hoje ainda há ênfase nos testes psicométricos, nos quais são analisadas habilidades cognitivas como raciocínio e tomada de decisão (França, 2007). Também são considerados aspectos sociais e motivacionais, aumentando-se assim o escopo da tipificação psicológica do candidato no momento da candidatura, de modo que se garanta o alinhamento de seu perfil ao contexto da organização (Almeida, 2004).

Gestão de pessoas

Pessoas são seres vivos que interagem com o meio ambiente e transformam a realidade. Quando se analisa o papel da gestão do elemento humano sob essa ótica, tem-se como foco o desenvolvimento da pessoa e a contribuição que ela pode dar ao negócio e não mais apenas ao cargo que ocupa.

O foco do gestor de pessoas é diferente de recursos humanos; desloca-se das atividades-meio (recrutamento, seleção, treinamento, entre outras) para as atividades-fim (Araujo, 2006).

Assim, pode-se dizer que a gestão de pessoas promove uma mudança pragmática com tendência ideológica em relação à gestão de recursos humanos. Mudança pragmática porque considera o comportamento real dos sujeitos no dia a dia da organização e não o proposto pela gestão de cargos. Ela enfatiza a incoerência entre a retórica da gestão de recursos humanos e a realidade de suas práticas, nem sempre humanizadas. E tendência ideológica porque tem um posicionamento claro de que o elemento humano seja ético, reflita sobre o mundo e promova a autorreflexão. Obviamente, isso nem sempre é verdadeiro.

Um aspecto típico da gestão de pessoas é a ênfase na subjetividade, sendo dimensões desta: o estudo da cultura organizacional; o processo de interioridade; questões de gênero; emoção no ambiente de trabalho; o papel do prazer associado ao significado do trabalho; o processo de comunicação entre as pessoas. Enfatiza-se que pessoas têm a capacidade de combinar emoção e razão, objetividade e subjetividade em situações de trabalho (Davel e Vergara, 2001).

Deve-se destacar que, na qualidade de modelo de gestão, a gestão de pessoas não abdica das funções clássicas de recrutamento e seleção enfatizadas na visão da gestão de recursos humanos. Todavia, aumenta o papel das áreas de treinamento e de benefícios. Leva em consideração programas voltados para aspectos como satisfação no trabalho, motivação, qualidade de vida e outros temas que promovam o bem-estar. Preocupa-se com o desenvolvimento de equipes, mudanças culturais, o processo de comunicação (Araujo, 2006).

Como principal macrofunção da gestão de pessoas, o treinamento ganha contornos diferentes. Não é mais voltado apenas para a aquisição de conhecimentos, habilidades e atitudes inerentes ao cargo. Ganha caráter inovador, fazendo uso de práticas pouco convencionais e que valorizam a experiência vivencial, como os treinamentos vivenciais ao ar livre, entre outras possibilidades, que facilitam o desenvolvimento de habilidades comportamentais. Valoriza o desenvolvimento da pessoa e não apenas do funcionário.

Finalizando a discussão sobre gestão de pessoas, convém destacar a visão de Davel e Vergara (2001), autores para os quais o conhecimento pessoal tem um caráter social e seu domínio determina o poder dentro de grupos. Enquanto os processos clássicos da gestão de recursos humanos tendem a fazer que as pessoas percam o direito de ser diferentes, de manifestar sua individualidade, a gestão de pessoas busca resgatar esse direito para os sujeitos organizacionais.

Gestão do capital humano

A estrutura de capital de uma empresa é o conjunto de recursos pelos quais esta se financia. Em abordagens mais recentes, o capital não é apenas financeiro, mas envolve outros aspectos que contribuem para o desenvolvimento da empresa, entre eles a contribuição intelectual proporcionada pelas pessoas (Antunes *et al.*, 2009).

Como todo capital precisa ser remunerado, o foco da gestão de capital humano está nas suas formas de compensação e remuneração. Afinal, por que as pessoas cederiam seu capital às organizações? Os sistemas de remuneração estratégica foram desenvolvidos para remunerar a contribuição do elemento humano, de tal forma que houvesse um alinhamento entre atividades desempenhadas e o resultado obtido pela organização. Esses sistemas foram desenhados tendo em vista maior flexibilidade na estrutura organizacional e maior amplitude de ação do elemento humano na organização. Considera-se que todos os funcionários devem contribuir para a estratégia do negócio e, para tal, devem ter flexibilidade para mudanças e capacidade de adaptação a novos contextos (Wood Jr.; Picarelli Filho, 1999).

Na visão da gestão do capital humano, dois macroprocessos são enfatizados: 1. sistema de compensação e remuneração; 2. sistema de avaliação do desempenho funcional.

O sistema de compensação e remuneração está dentro dos sistemas de controle gerencial. Como toda organização tem metas, um dos papéis desse sistema é incentivar as pessoas para que as cumpram. Afinal, pessoas são mais propensas a dar resultados quando são recompensadas pelos seus esforços do que quando são punidas.

Um sistema de compensação e remuneração deve levar em conta alguns aspectos clássicos dentro da área da psicologia comportamental: 1. a recompensa pessoal é situacional; embora a remuneração satisfaça certas necessidades, ela pode deixar de ter grande impacto quando é atingido um nível de satisfação. Assim, a remuneração deve variar de acordo com o desempenho; 2. o sucesso do sistema depende de quanto a alta gerência valoriza as estratégias de remuneração, influenciando assim os gestores, que devem acompanhar o desempenho das pessoas com quem trabalha; 3. o *feedback* é parte importante do sistema, porque permite que as pessoas corrijam rumos de ação; 4. para que a retribuição pelo desempenho seja eficaz, deve haver uma proximidade entre o desempenho e a distribuição da remuneração; 5. as metas de desempenho devem ser exequíveis, pois, quando percebidas como inatingíveis, não movimentam as pessoas em direção à busca de seu alcance; 6. as pessoas devem participar ativamente da elaboração das metas, porque isso aumenta seu comprometimento com o resultado (Anthony e Govindarajan, 2008).

Quanto ao sistema de avaliação de desempenho, este se encaixa dentro da necessidade de prover *feedback* às pessoas. Esse sistema deve atingir alguns objetivos dentro da organização, tais como: identificar as necessidades de treinamento; encorajar a iniciativa das pessoas, fazendo que elas desenvolvam senso de responsabilidade em termos de alcance dos objetivos estratégicos (Ivancevich, 2007).

Assim, se pessoas são um tipo de capital, a cessão de suas competências à empresa precisa ser amplamente reconhecida. Um aspecto crítico dessa posição está no não envolvimento das pessoas na consecução das metas organizacionais. Em outras palavras, no não conhecimento das estratégias de competitividade da empresa.

Uma visão integrada: a gestão estratégica de recursos humanos

Uma definição de competitividade

Analisando-se o significado de competitividade, pode-se fazê-lo sob dois ângulos: 1. como desempenho, baseado na relação entre empresa e ambiente (competitividade revelada); 2. como eficiência, como uma forma de trabalhar a relação insumo-produto de modo a se obter rendimento máximo (competitividade potencial) (Cesar, Bido e Saad, 2007). De forma mais ampla, a competitividade é definida como a capacidade de uma organização de formular e implementar estratégias concorrenciais que lhe possibilitam aumentar a sua participação no mercado ou sustentar, de forma duradoura, a posição alcançada.

A gestão estratégica de recursos humanos se baseia na teoria da *resource-based view*, de Jay Barney (1991; 2002), segundo a qual são os recursos internos de uma organização que garantem a sua competitividade no mercado. A RBV baseia-se em dois pressupostos: 1. a heterogeneidade do recurso, que supõe que a empresa tem um conjunto de recursos que varia de organização para organização; 2. a imobilidade do recurso, que supõe que alguns recursos são muito caros para ser copiados (Barney, 1986; 1991; 2002). Esses dois pressupostos são adequados para a análise da visão da gestão estratégica de recursos humanos, a qual sustenta que o conjunto de pessoas que forma uma organização é único e de difícil imitação.

Todavia, não é qualquer recurso humano (heterogêneo ou imóvel) que gera vantagem competitiva. Ao longo de seu livro, Barney (2002) discute que o recurso precisa atender a quatro fatores: 1. ser valioso (o recurso humano, associado às capacidades da organização, deve garantir que esta responda às ameaças e oportunidades ambientais); 2. ser raro (o recurso é controlado apenas por algumas organizações); 3. ser inimitável (para as organizações que não têm o recurso, há alto custo para obtê-lo ou desenvolvê-lo); 4. ser organizável (a organização deve ter políticas e procedimentos para fazer a gestão do recurso).

A abordagem da *resource-based view* é bastante interessante para analisar as políticas e práticas de gestão do elemento humano. Para ser fator de competitividade, as pessoas devem ter um conjunto de competências que, uma vez aplicadas aos processos da organização, gerem resultados que permitam à organização ser competitiva no mercado.

A visão da gestão estratégica de recursos humanos

A gestão estratégica de recursos humanos deve dar respostas a duas questões: 1. Até que ponto a estratégia de recursos humanos se ajusta à natureza da empresa, ao local onde ela está instalada e à forma como ela atua? 2. Em que medida as macrofunções da área de recursos humanos são internamente complementares ou consistentes entre si? (Baron e Kreps, 1999).

Para dar respostas a essas questões, a gestão estratégica de recursos humanos deve analisar, de maneira ampla, os aspectos sociais, políticos, legais e econômicos do ambiente no qual a organização opera. Também deve avaliar se a força de trabalho preenche os requisitos para que a empresa alcance suas competências essenciais (Baron e Kreps, 1999), que são fundamentais para a sobrevivência da organização e centrais no delineamento de sua estratégia (Dutra, 2004).

Assim, não se pode pensar em competências humanas para um cargo específico, mas, sim, em competências individuais genéricas que, uma vez aplicadas à organização, gerem vantagem competitiva. Tais competências também devem ser passíveis de mensuração. As características de especificidade e mensurabilidade garantem que se possa fazer a gestão dessas competências.

A gestão estratégica de recursos humanos deve buscar compatibilizar as competências essenciais da organização com as competências individuais. Sua visão é de médio e longo prazos, considerando as demandas do negócio, e não apenas relacionada às características específicas de um cargo. Uma vez formado esse quadro, a empresa tem um conjunto de recursos que pode ser, de fato, inimitável. Contudo, deve-se destacar que parte das competências individuais está no conhecimento implícito, que não necessariamente é externalizado, tornando-se compartilhado.

Em relação à universalidade das práticas desenvolvidas sob o âmbito da gestão estratégica de recursos humanos, deve-se pensar que sempre será necessário um ajuste interno, de modo que se considerem as particularidades de cada base da organização, o alinhamento das práticas com o mercado de trabalho local, com as expectativas e o poder dos funcionários, com as capacidades gerenciais e com o nível de educação dos empregados de cada base da organização.

Concluindo a discussão sobre gestão estratégica de recursos humanos, não é retórica dizer que pessoas fazem a diferença em termos de competitividade. O recurso humano se diferencia muito dos demais recursos da organização porque tem uma força própria, que pode ser denominada subjetividade. Como sujeito, o elemento humano pensa, cria e sente. Os demais recursos se comportam de acordo com as especificações exigidas, mas gente não. Gente modifica o ambiente, e deve-se ter em mente que não é fácil fazer a gestão de um recurso tão instável.

A cultura organizacional

A cultura organizacional e a gestão estratégica de recursos humanos

A gestão estratégica de recursos humanos deve se ajustar à realidade organizacional, sendo parte importante dessa realidade a cultura organizacional, definida como um conjunto de normas de conduta, atitudes em relação ao trabalho, valores e pressupostos que governam o comportamento na organização (Baron e Kreps, 1999).

A cultura organizacional pode ser analisada em três níveis: 1. nível dos esquemas referenciais individuais, que não são claramente visíveis, mas que são responsáveis pela forma como as pessoas agem nos domínios social ou psicológico, porque estabelecem proposições; 2. nível das crenças e dos valores organizacionais, que regulam os comportamentos dentro da organização; 3. nível simbólico, que permite a transmissão de aspectos culturais por meio de objetos, histórias, códigos, cores, entre outros aspectos (Schein, 2007; Singh, 2004).

Do ponto de vista do impacto que a cultura organizacional pode exercer sobre o negócio, pode-se dizer que ela cria um sentido de direção a ele; facilita a adaptabilidade e flexibilidade da empresa em relação ao meio ambiente; alimenta o envolvimento dos funcionários; fornece uma consistência de atuação assentada sobre os seus valores (Denison *et al.*, 2012).

Todavia, nem sempre a cultura colabora para a competitividade organizacional. Ao se falar sobre valores compartilhados, não se sabe de fato até que ponto eles são conhecidos por todos os que trabalham na organização. Se são, em que extensão? Além disso, será que os valores da cúpula são totalmente aceitos pelos demais membros da organização? Quais são as ações intencionalmente desenvolvidas pela organização para a disseminação de valores e seu compartilhamento?

Deve-se considerar que as análises do ponto individualista e da consideração de existência de múltiplas vozes não levam à compreensão dos relacionamentos sociais. Como aponta Susan Wright (1999), pensar na existência de um consenso é inútil. Deve-se considerar que os relacionamentos e os processos de dominação estão no centro da explicação de como as pessoas situadas em diferentes níveis de poder contestam o significado de uma situação e a modificam.

Em termos de compartilhamento total dos valores, uma discussão presente no discurso organizacional se refere a esse compartilhamento como indício de culturas organizacionais fortes, atribuindo-se a isso a razão de seu sucesso (Cameron e Quinn, 1999). Essa visão traz embutida a ideia de que as culturas possam ser facilmente modificadas de acordo com os interesses organizacionais, bastando, para tal, mudar os valores compartilhados, introduzindo novos valores organizacionais. Mas isso não é verdade. Como afirmam Guy Adams e Virginia Ingersoll (1990), a cultura é para o ser humano como a água é para o peixe. A cultura é o meio no qual o elemento humano está submerso. O fato de existirem diferentes culturas, e, ainda, que elas tenham sido construídas pelas pessoas, não significa que a cultura seja facilmente maleável, principalmente em curtos horizontes de tempo.

Modelos para mensuração da cultura organizacional

Analisando a possibilidade de mensurar a cultura, Geert Hofstede *et al.* (1990) defendem que, quando se analisa a cultura de uma organização, podem-se levar em consideração as influências da cultura nacional. Seu modelo de estudo propõe a existência de cinco dimensões e afirma que as culturas de diferentes países podem ser comparadas de acordo com: baixa *versus* alta distância do poder; forte *versus* fraca evitação da incerteza; individualismo *versus* coletivismo; masculinidade *versus* feminilidade; orientação de curto *versus* de longo prazo (Hofstede, 1998).

O modelo de Hofstede foi largamente utilizado e o livro com que ele foi lançado, em 1991, recebeu tradução em 18 línguas e vendas de cerca de 400 mil cópias (Minkov e Hofstede, 2011). Todavia, também foi bastante questionado ao longo dos anos por diversos autores. As críticas predominantes eram: não se pode medir cultura usando *survey*; nações não são unidades de análise apropriadas; o estudo de subsidiárias de uma empresa não provê informação sobre o país; os dados usados para validar seu modelo teórico são obsoletos, porque foram coletados na década de 1970 (Hofstede, 1998). Em recente revisão de seus estudos, Minkov e Hofstede (2011) apontam que muitas críticas feitas ao seu trabalho se deveram ao uso inadequado do modelo, especialmente por não considerarem que Hofstede partiu do pressuposto de que diferenças nacionais relacionadas aos valores de trabalho, crenças, normas e outras variáveis sociais podem ser explicadas por grandes dimensões da cultura nacional (Minkov e Hofstede, 2011).

Outro modelo bastante utilizado para análise da cultura organizacional é o proposto por Kim S. Cameron e Robert E. Quinn (1999). Os autores desenvolveram um instrumento para diagnosticar a cultura organizacional denominado *organizational culture assessment instrument* (Ocai), que avalia crenças normativas e expectativas de comportamento compartilhadas, as quais podem se refletir em aspectos mais abstratos da cultura, como pressupostos e valores (Cooke e Lafferty, 1986).

O modelo teórico que embasa o diagnóstico é denominado *competing values framework*, no qual as culturas organizacionais são analisadas em dois eixos: 1. flexibilidade *versus* estabilidade e controle; 2. foco externo e diferenciação *versus* foco interno e integração. Esses dois eixos determinam quatro quadrantes, cada um deles com um tipo especial de cultura organizacional. No quadrante I tem-se a cultura de clã, caracterizada por flexibilidade e foco interno/integração; no quadrante II, a adhocracia, caracterizada por flexibilidade e foco externo/diferenciação; no quadrante III, a cultura hierárquica, caracterizada por estabilidade/controle e foco interno/integração; no quadrante IV, a cultura de mercado, caracterizada por estabilidade/controle e foco externo/diferenciação (Cameron e Quinn, 1999).

Finalizando a discussão sobre cultura organizacional numa perspectiva de diferenciação, pode-se dizer que, sejam quais forem os instrumentos adotados, poucos deles captam as chamadas subculturas existentes dentro de uma organização. Culturas não são monolíticas. Diferentes blocos culturais emergem dentro de uma organização e esses blocos podem desafiar, modificar ou mesmo trocar a cultura vigente. Assim, o consenso suposto pela abordagem funcionalista só existe no nível de subgrupos, cujas fronteiras culturais só podem ser analisadas pelas inconsistências na interpretação da cultura da organização (Kappos e Rivard, 2008).

Processos comunicativos e culturais na gestão estratégica de recursos humanos

Pode-se começar esta seção do presente capítulo perguntando: qual o papel dos processos comunicativos na gestão estratégica de recursos humanos?

Primeiro, deve-se enfatizar que os sistemas de gestão estratégica de recursos humanos foram propostos para integrar as diferentes visões acerca da gestão do elemento humano, tendo como norte o alinhamento das estratégias da área de recursos humanos aos objetivos estratégicos da organização. Alinhamento sugere comunicação. Não se pode falar em eficácia se não houver sinergia entre as diferentes áreas de uma organização.

Segundo, a comunicação tem diferentes papéis dentro das abordagens para gestão do elemento humano, sendo que as funções da comunicação – controle, motivação, expressão emocional e informação (Robbins, 2002) – se efetivam com diferentes ênfases em cada uma delas.

Considerando-se esses dois aspectos destacados, pode-se discutir o papel da comunicação nas diferentes abordagens de gestão do elemento humano e seu papel na abordagem da gestão estratégica de recursos humanos.

Comunicação e abordagem de recursos humanos

Na gestão de recursos humanos, compreende-se que haverá uma cooperação harmônica entre os órgãos de administração da empresa e as pessoas que nela trabalham (Nassar, 2008). Essa visão tem embutida a ideia de uma cultura organizacional estável, homogênea, amplamente disseminada na organização. Prevê o consenso entre valores individuais e organizacionais e não prevê espaço para aspectos que contradigam as práticas e os discursos organizacionais. As funções da comunicação são eminentemente de controle e informação.

Deve-se destacar que a visão de gestão de recursos humanos está dentro da abordagem funcionalista das organizações, que, conforme já discutido, supõe que se possa especificar claramente as demandas de recursos humanos e, a partir daí, achar esses recursos e alocá-los no processo produtivo. E qual é o papel da comunicação dentro dessa abordagem? É garantir que as normas sejam seguidas e que o discurso interno da organização seja uniforme. Em outras palavras, informar e desenvolver/manter uma forte cultura organizacional.

Assim, na gestão de recursos humanos, as mensagens e os fluxos da comunicação são predominantemente ordens de trabalho, mensagens descendentes de comunicação (da alta chefia, e assim sucessivamente, até atingir as bases), imperativas e, por isso, unidirecionais. Os meios de comunicação são "fichas" com instruções diretamente relacionadas ao cumprimento das normas e ordens de serviços (Nassar, 2008).

Comunicação e abordagem de gestão de pessoas

Quando a gestão do elemento humano se desloca para a gestão de pessoas, tornam-se presentes no discurso organizacional os elementos clássicos da escola de relações humanas, que tem as pessoas como um dos principais focos do processo de administração de uma organização.

De forma contundente, Afonso H. Lisboa da Fonseca (1988) expressa as características da sociedade até a década de 1980, quando começa a florescer a visão da gestão de pessoas. Em texto sobre o comportamento de pessoas em situações de grupo, o autor comenta a necessidade de novos movimentos que se contraponham ao individualismo compulsivo que responde pela desumanização das pessoas, levando-as a se comportar como seres de massa, o que, em suma, as impede de desenvolverem a constante revisão das necessidades, capacidades e sentidos específicos (Fonseca, 1988). Embora não seja objetivo declarado do autor em seu texto, sua visão acerca das formas de organização grupal, do ritmo das pessoas quando em grupo e da fugacidade dos momentos vividos está em nítida contradição com o enfoque da gestão de recursos humanos. Ele enfatiza que as pessoas mudam ao longo do processo, não sendo recursos estanques.

Essa abordagem humanista da psicologia também pode ser vista em outros textos da década de 1980, como o de Enrique Pichon-Rivière, o qual destaca que as pessoas devem ser consideradas "o homem-em-situação". Trata-se de abordagem pluridimensional que tem coerência com estudos em psiquiatria nos quais as pessoas são vistas como "um objeto único", devendo, como tais, ser consideradas em sua individualidade, mesmo em situações de interação grupal (Pichon-Rivière, 1988).

Embora pareça haver um paradoxo entre essas duas abordagens – homem social ou homem-indivíduo –, ambas trazem a noção de que pessoas são mais do que recursos. Pessoas têm uma rica vida interior, o que as torna únicas (e, portanto, indivíduos), mas também precisam do outro para realizar sua individualidade.

O papel da comunicação, dentro dessa abordagem, teria como uma de suas características a ênfase das situações que promovem o alinhamento das demandas organizacionais às individuais. A comunicação enfatizaria os aspectos subjetivos e teria um caráter "ascendente", que garantisse a possibilidade de a organização captar as demandas subjetivas.

Comunicação e abordagem estratégica de gestão de recursos humanos

Para a gestão estratégica de recursos humanos, a comunicação tem a função de informação disseminada de forma cada vez mais rápida e a de controle cada vez mais intensa. Todavia, a função de motivação pode ganhar outros contornos, tornando-se mais fluida; pode fugir do controle da organização e se colocar nas mãos dos próprios sujeitos organizacionais, que movimentam pessoas em direção de (ou contra) certos objetivos em questão de minutos. Isso é coerente com o que é destacado por Paulo Nassar (2008): as mensagens e os fluxos da comunicação preveem o desenvolvimento e a manutenção do envolvimento e da motivação do elemento humano.

Os meios de comunicação tradicionais são impressos, em formato de jornais, revistas ou boletins internos (Nassar, 2008). Mas, em consonância com uma visão estratégica da gestão de recursos humanos, a comunicação interna tem se tornado mais fluida, porque utiliza outros meios, especialmente o eletrônico. Enfatiza-se a rápida disseminação da informação de forma tridimensional (ascendente, descendente e lateral). Isso permite rápida leitura das demandas bem como a ampliação de ações estratégicas da área de recursos humanos, como a captação de talentos, a valorização de ações de treinamento não presenciais, a consolidação de valores organizacionais e a mudança organizacional como um todo.

Considerações finais

Deve-se enfatizar que a gestão estratégica de recursos humanos se fortalece em um momento em que o individualismo e o coletivismo encontram uma situação talvez única na história humana. Não é objetivo deste capítulo comentar as mídias sociais e sua evolução, mas não se pode ignorar o papel que exercem na vida das pessoas e no ambiente organizacional. Aquele sujeito social proposto por Fonseca (1988) não se concretiza somente nas equipes de trabalho ou nos demais grupos de interesse nos quais as pessoas mantêm contato. A noção de grupo, que prevê contiguidade e interação entre os membros, se desloca para um grupo no qual a contiguidade não é mais física, mas eletrônica.

Fica uma questão em aberto: qual será a função da comunicação como expressão emocional para essa coletividade cada vez mais conectada? Recentemente ouvi de um psicólogo a seguinte afirmação: no futuro teremos uma geração de jovens autistas, que evitam o contato físico e não suportam olhar uns nos olhos dos outros. Essa ideia me incomoda profundamente, até porque se percebe esse tipo de comportamento dessa geração a todo momento. Basta ir a uma festa de adolescentes para ver que eles conversam entre si pelo celular, embora estejam fisicamente próximos. Também é frequente ver casais almoçando juntos, mas cada um deles ligado em suas próprias redes sociais.

Finalizando, a comunicação em ambiente de gestão estratégica de recursos humanos sai dos muros da organização. Aproxima todos aqueles que de alguma forma têm interesses no negócio – os *stakeholders*. Deve-se atentar ao fato de que, cada vez mais, a sociedade cobra transparência, assim como os empregados.

Referências

ADAMS, Guy B.; INGERSOLL, Virginia Hill. "Painting over old works: the culture of organizations in an age of technical rationality". In: TURNER, Barry R. (ed.). *Organizational symbolism*. Inglaterra: Walter de Gruyter, 1990.

ALMEIDA, Walnice. *Captação e seleção de talentos*: repensando a teoria e a prática. São Paulo: Atlas, 2004.

ANTHONY, Robert N.; GOVINDARAJAN, Vijay. *Sistemas de controle gerencial*. 12. ed. São Paulo: McGraw-Hill, 2008.

ANTUNES, Maria Thereza P. *et al.* "Análise empírica da percepção dos gestores de controladoria e recursos humanos sobre a contribuição do capital humano para a criação de vantagem competitiva em empresas brasileiras". In: ENCONTRO NACIONAL DA ANPAD, XXXIII, Rio de Janeiro, set. 2009. *Anais...* São Paulo: Anpad, 2009.

ARAUJO, Luis Cesar G. de. *Gestão de pessoas*: estratégias e integração organizacional. São Paulo: Atlas. 2006.

BARNEY, Jay. "Organizational culture: can it be a source of sustained competitive advantage?". *The Academy of Management Review*, v. 11, n. 3, jul. 1986, p. 656-65.

_____. "Firm resources and sustained competitive advantage". *Journal of Management*, n. 17, 1991, p. 99-120.

_____. *"Gaining and sustaining competitive advantage"*. 2. ed. Nova Jersey: Prentice Hall, 2002.

BARON, James N.; KREPS, David M. *Strategic human resources*: frameworks for general managers. Nova York: John Wiley & Sons, 1999.

CAMERON, Kim S.; QUINN, Robert E. *Diagnosing and changing organizational cultures based on the competing values framework*. São Francisco: Addisson-Wesley Publishing Company, 1999.

CESAR, Ana Maria Roux.V. C; BIDO, Diógenes; SAAD, Sheila Madrid. "A 'evolução' da área de recursos humanos, em termos de importância estratégica e capacidade instalada: cinco anos de levantamento em empresas que atuam no Brasil". In: ENCONTRO NACIONAL DA ANPAD, XXXIII, Rio de Janeiro, 2007. *Anais...* São Paulo: Anpad, 2007.

COOKE, Robert A.; LAFFERTY, J. Clayton. *The organizational culture inventory*. Plymouth: Human Synergistics International, 1986.

DAVEL, Eduardo; VERGARA, Sylvia Constant (orgs.). *Gestão com pessoas e subjetividade*. São Paulo: Atlas, 2001.

DENISON, Daniel *et al. Leading culture change in global organizations*: aligning culture and strategy. São Francisco: Wiley & Sons, 2012.

DESSLER, Gary. *Administração de recursos humanos*. São Paulo: Prentice Hall, 2003.

DUTRA, Joel S. *Competências*: *conceitos e instrumentos para a gestão de pessoas na empresa moderna*. São Paulo: Atlas. 2004.

FONSECA, Afonso H. Lisboa da. *Grupo*: *fugacidade, ritmo e forma. Processo de grupo e facilitação na psicologia humanista*. São Paulo: Ágora, 1988.

FRANÇA, Ana Cristina L. *Práticas de recursos humanos – PRH*: *conceitos, ferramentas e procedimentos*. São Paulo: Atlas, 2007.

HOFSTEDE, Geert. "Attitudes, values and organizational culture: disentangling the concepts". *Organization Studies*, v. 19, n. 3, 1998, p. 477-92.

HOFSTEDE, Geert *et al.* "Measuring organizational cultures: a qualitative and quantitative study across twenty cases". *Administrative Science Quarterly*, v. 35, n. 2, jun. 1990, p. 286-316.

IVANCEVICH, John M. *Human resource management*. 10. ed. Nova York: McGraw-Hill, 2007.

KAPPOS, Antonio; RIVARD, Suzanne. "A three-perspective model of culture, information systems, and their development and use". *MIS Quarterly*, n. 32, v. 3. set. 2008, p. 601-34.

MARRAS, Jean Pierre. *Administração de recursos humanos*. São Paulo: Futura, 2002.

MILKOVICH, George T.; BOUDREAU, John W. *Administração de recursos humanos*. São Paulo: Atlas, 2000.

MINKOV, Michael; HOFSTEDE, Geert. The evolution of Hofstede's doctrine. *Cross Cultural Management, an International Journal*, v. 18, n. 1, 2011, p. 10-20.

NASSAR, Paulo. "Conceitos e processos de comunicação organizacional". In: KUNSCH, Margarida M. Krohling (org.). *Gestão estratégica em comunicação organizacional e relações públicas*. São Caetano do Sul: Difusão Editora, 2008.

PICHON-RIVIÈRE, Enrique. *O processo grupal*. São Paulo: Martins Fontes, 1988.

ROBBINS, Stephen. *Comportamento organizacional*. São Paulo: Prentice Hall, 2002.

SCHEIN, Edgard H. *Cultura organizacional e liderança*. São Paulo: Atlas, 2007.

SINGH, Nitish. "From cultural models to cultural categories: a framework for cultural analysis". *The Journal of the American Academy of Business*, Cambridge, set. 2004.

SOVILJ, Slaviša; VASKOVIĆ, Vojkan. V. "Exploring the usefulness of corporate online social networks in the human resource management". *Journal for Theory and Practice Management*, n. 70, 2014, p. 5-15.

WOOD JR., Thomaz; PICARELLI FILHO, Vicente. *Remuneração por habilidades e competências*: *preparando a organização para a era das empresas do conhecimento intensivo*. São Paulo: Atlas, 1999.

WRIGHT, Susan. *Anthropology of organizations*. Londres: Routdlegde, 1999.

13. Opinião pública, mídias e organizações

Luiz Alberto de Farias

Visão geral do capítulo

Organizações influenciam a mídia e seus conteúdos como fontes informativas e disseminadoras de informações com vistas à notícia, como elementos da própria notícia ou como usuárias de espaço pago para a disseminação institucional ou promocional. A intermediação entre esses agentes – organizações e mídia – é um dos pilares das relações públicas. Acredita-se ainda que, de modo substancial, é dessa relação – entre públicos estratégicos para a área de relações públicas – que se originam os componentes para a formação da opinião pública, seja em formato *off-line* ou *on-line*. A sociedade pauta suas discussões nas enunciações midiáticas, e estas são influenciadas, entre outros elementos, pelo agir organizacional e por sua ação intencional de envio e acompanhamento de informações, em especial os veículos de comunicação, que ressignificam essas mensagens e as transformam em material para o processamento e a geração de sentido, levando à formação da opinião e à geração de posicionamento social, político e mercadológico.

Objetivos do capítulo

- Possibilitar a compreensão das ligações estabelecidas ou estabelecê-la entre o papel das relações públicas e a mediação dos veículos de comunicação de massa na formação da opinião pública.
- Discutir os conceitos de formação da opinião pública.
- Avaliar a influência das organizações como fontes na formação da opinião pública.
- Analisar impactos da opinião pública sobre as organizações.

Introdução

Para muitos, as relações públicas são tão somente uma área instrumental; outros tantos defendem a premissa de ela ter cientificidade em seu fazer e pensar. Trata-se de um termo polissêmico, que nos permite várias interpretações: profissão, campo, área de pensamento etc.

Profissões tendem a ter um olhar instrumental, em diversas medidas, e isso não é diferente em tantas outras, mesmo algumas consideradas clássicas. Portanto, a tese de ser a profissão apenas instrumental parece irrelevante. Por outro lado, novos espaços, muitas vezes renomeados, ganham força e dão impulso a novas iniciativas que estejam mais no campo do pensar e menos no do fazer. Talvez esteja aí mais um significado para relações públicas.

Uma área cuja origem tem em sua essência trabalhar a controvérsia não poderia ser, em seu desenvolvimento, diferente simbolicamente do que a materializou. Ainda que no Brasil, muitas vezes, vejam como sinônimas as expressões relações públicas e comunicação organizacional, as duas áreas têm pontos peculiares e específicos que as caracterizam como dois campos independentes.

Relações públicas e processos de comunicação: organizações e contemporaneidade

Por se tratar de uma profissão, as relações públicas estão ligadas a pilares específicos, como formação convencional – ofertada em nível de bacharelado desde os anos 1960 –, legislação que a regulamenta (Lei nº 5.377) e conselho profissional que a representa e fiscaliza o seu exercício. Tudo isso nem valeria tanto se não houvesse como pano de fundo um conjunto de pesquisadores e de profissionais que deram aporte teórico para a sua prática e reflexão.

Quanto à comunicação organizacional – também denominada em nosso país comunicação empresarial, comunicação corporativa, comunicação institucional etc. –, em muitos casos ela se refere também às relações públicas, justamente pelo largo trânsito de diferentes profissionais. Assim, muitas vezes, quando se fala de comunicação organizacional fala-se de relações públicas. E vice-versa. Enfim, o que podemos entender é que a comunicação organizacional tem escopo específico também, e trata dos processos de geração de sentido entre as pessoas e as organizações, entre organizações e organizações. E isso tanto no ambiente interno quanto no externo, sem deixar de lado o ambiente virtual, este extremamente volátil. Ainda nesse espaço se poderia entender comunicação organizacional como um espaço em que, nos últimos anos, têm sido desenvolvidas pesquisas em nível de pós-graduação *stricto sensu*, dando respaldo conceitual às práticas de mercado e valorizando-as, além de lhes dar amparo teórico-conceitual, o que se mostra cada vez mais interessante e necessário, além de também ser valorizado nos dias correntes.

Assim, não se pratica ou se pensa relações públicas sem que a comunicação organizacional esteja presente e lhe dê amparo e substância, mas, ao mesmo tempo, é por meio das relações públicas que se pode utilizar a comunicação organizacional de forma estratégica. Do ponto de vista de Fábia P. Lima e Fernanda de Oliveira S. Bastos (2012, p. 31), é necessário "envolver a construção conceitual de um objeto de conhecimento que emerge pelo recorte comunicacional com que analisamos os fenômenos sociais", e esses fenômenos estão presentes nas mais diversas formas de construção de sentido nos ambientes organizacionais.

Cabe ainda lembrar que muitas vezes se associa às relações públicas a ideia de radar, de antena coordenadora de ações de geração de limite, o que, em última análise, pode ser reflexo de determinadas políticas, mas que também pode estar (e está) presente em diversas outras atividades intelectuais e profissionais.

Assim, conectar a atividade de relações públicas, trabalhada por meio da comunicação presente no contexto das organizações, à geração de sentido controlado pode ser um exagero equivocado, a menos que se relativize esse poder e se pense em sua influência sobre os processos que se dão no campo das organizações, nas relações com a mídia e, finalmente, na formação das opiniões públicas.

Fatos são interpretados e semantizados de acordo com o idioma, a ideologia, a cultura. Portanto, os fatos não são absolutos, são relativizados pela realidade que os contornam e embalam. Os fatos, geradores por natureza das opiniões, são enxergados de formas diversas a partir de cada olhar, seja de um indivíduo, seja de uma corporação de qualquer área, de qualquer setor, de todo porte.

As mídias e suas relações: jornalismo, publicidade e relações públicas como agentes de influência sobre a opinião pública

A transmidiatização presente na contemporaneidade é um fenômeno de extrema relevância para os processos de comunicação. Novos formatos, linguagens, suportes passam a convergir e gerar mensagens que, ao menos no que se objetiva, conversam entre si.

Vai daí a maior importância a ser dada para as mídias, além das próprias ações organizadas de comunicação. Jornalismo, publicidade e relações públicas sempre dialogaram, mas a simultaneidade de seus interesses parece ter crescido substancialmente. Isso pode ser visto até mesmo por ações que levam a uma quase massificação de iniciativas, transbordando entre os campos e fazendo-se em alguns momentos verdadeiras unanimidades. Para ilustrar, poderíamos falar do fenômeno do *storytelling,* que se tornou uma febre e pode ser encontrado, de forma integrada ou individualmente, em todas as propostas: mercadológica, interna, institucional e noticiosa.

O uso de multiplataformas com que se enunciam mensagens cresce em termos de diversidade e também em sintonia. Pode-se encontrar como nunca a presença de áreas-limite nas diversas mensagens enunciadas. O jornalismo se faz presente na publicidade, que utiliza a agenda para pautar os processos informativos promocionais. Vale-se, a seu tempo, das mensagens oriundas das relações públicas – fonte vital para a sobrevivência do jornalismo no atual modelo praticado –, de forma a manter-se conectado com a informação diretamente das fontes, condição essencial para a manutenção informativa em tempos de formatos corporativos enxutos, com equipes reduzidas e rejuvenescidas de forma gritante nos espaços de trabalho jornalísticos. As relações públicas, por sua vez, conectam-se cada vez mais às mensagens vindas dos espaços promocionais, repletos de simbolismos e de geração de significados, sem deixar de lado a tradição da interface com a pauta jornalística.

A isso somam-se elementos como os cidadãos-mídia – presentes em todos os espaços como consumidores, geradores e críticos de conteúdo – e a relevância da ficção como geradora de novas demandas informativas e impactantes sobre a formação da opinião pública. Sejam porta-vozes (*speakers*), intérpretes ou autores (Goffmann, 1999), os públicos impactam a formação da opinião majoritária de acordo com o palco em que estejam gerando as suas representações, potencializando o espaço-tempo e sendo influenciados por ele, a partir do momento em que estão em constante volatilidade de seus ambientes.

As profissões ora descritas também se transformam à medida que a sociedade tem se reinterpretado, se reinventado em diversos processos e sistemas. Os limites recorrentemente se rompem por questões de interesse de capital, pela opção de buscar em outros espaços mercados que apresentam possível potencial de absorção, de desenvolvimento.

Assessoria de imprensa e seu impacto sobre formação de opinião

A ideia segundo a qual a imprensa tem gigantesco papel na condução do debate e potencial de formação de opinião é relativa e relativizada de acordo com os interesses do momento. Desde o "início" do processo de relacionamento organizado entre imprensa e organizações – depois dos agentes de imprensa e já com a solidificação da assessoria de imprensa, base instrumental da consolidação da área de relações públicas –, houve certo resguardo de ambas as partes no sentido de defender que se trata de uma relação equidistante, mediada pela transparência e imparcialidade.

São duas palavras-conceito inalcançáveis, bem se sabe, mas que ainda assim salvaguardam a ideia de que à organização interessa somente a disseminação de informações que possam levar à opinião pública, por meio da imprensa, a adequada orientação sobre a sua conduta. À imprensa, por sua vez, cabe a defesa de sua plena independência e de seu absoluto desinteresse, definindo-se como imparcial, o que é absolutamente impossível, pois seu texto traz de forma subjacente seus pontos de vista – nada mais lícito, destaque-se, pois, afinal, todos têm os seus pontos de partida.

Outro aspecto que hoje se defende fortemente é que as mídias sociais *on-line* têm mais poder e credibilidade, além de maior penetração que a mídia convencional, chamada comumente de analógica. De fato, esse pensamento é merecedor de reflexão, visto que a capacidade de geração de demanda por debate e por ação ainda é massiva a partir das mídias tradicionais. O chamado empoderamento, proposto por muitos como resultante das redes sociais *on-line*, talvez possa estar, em termos de origem, muito mais no espaço das redes sociais analógicas que preexistiam às redes sociais digitais e *on-line*.

Sem qualquer relativismo, pode-se dizer que a mídia dita tradicional tem grande poder de influência e, nesse espaço, a imprensa se mantém forte e destacada. Por isso, a assessoria de imprensa mantém-se com gigantesco poder, pois há muito se vive a realidade na qual as redações demandam apoio externo por causa de sua formatação, que se tornou dependente desse auxílio externo. Nesse encontro de desejo e de demanda, a geração de notícias organizacionais ganha espaço e força, havendo interação entre o ser e o meio, em permanente disputa de significados.

Essa disputa pode ser amplificada fortemente pelo simbolismo e pela mitificação em torno dos profissionais a partir de seus *habitus*, o que constrói personas-profissionais, mesmo que o mito seja a base para essa demanda.

Falas das organizações

Heróis são recorrentes em histórias em quadrinhos, no cinema, na literatura romanceada e na histórica. O herói é parte da ideia de perfeição – ou de imperfeição, porque de alguma forma representa de modo muito claro o conceito de maniqueísmo. No conceito de Michel Foucault (2009) os heróis se misturam aos anti-heróis. As organizações buscam também, por meio da comunicação, formar a imagem de heróis entre seus representantes e, ao mesmo tempo, podemos encontrar situações nas quais, por meio de processos de animização, as próprias organizações assumem a figura do herói, dando a si características especiais que lhe confiram *status* diferenciado entre as demais. Isso pode ser decorrência de características que a personifiquem ou, também, desdobramentos do processo de busca de midiatização: adesão a temas-bandeira, investimento em causas de impacto etc.

E ainda reforça que organizações e pessoas têm vocações para a geração de narrativas pessoais, grupais ou institucionais (mas não desconectadas da realidade que as circunde): gritos de guerra, palavras-chave, *slogans* de produtos ou empresas. Permanentemente buscam-se discursos-rótulo que permitam gerar informação e persuasão sobre enunciação e enunciador. Os produtos-ideia são embalados em discursos que possam gerar reações desejadas: afetivas, cognitivas e comportamentais.

Se os discursos movem para a formação de opinião, podem mesmo ser vistos como embalagens geradoras de mensagens de prestígio, diferenciação, atração, efeito espelho, sedução e informação – enfim, criar em torno de si um elemento de proteção e de ampliação que, mesmo sendo simbólico e imaterial, pode gerar ganhos efetivos, inclusive no âmbito material.

Mais do que uma ideia simplista de elementos que formam tríades perfeitas (pessoas, planeta e lucro) que dão sustentação às mensagens, as próprias mensagens são autogeradoras de sentido e de tensões entre o interesse (interno) e a reação a ele (externo). A mensagem que sai do eu-organização chega ao tu-público e referenda uma nova possibilidade de relacionamento. É nesse sentido que se pode questionar como a opinião é impactada pelos produtos comunicacionais. E a fala organizacional, manifestada por diversos sentidos, é geradora do processo de interação.

Nesse aspecto, as linguagens adotadas, expressas pelas organizações, são claros instrumentos de representação e de informação do mundo, sendo também instrumento de ação dentro dele, influenciando pessoas e estabelecendo relações a partir de sua função comunicativa (verbal e não verbal), cujo entendimento é objeto da cultura e de suas gerações de sentido.

Em diversos momentos, as organizações e suas falas estão diretamente associadas a atos retóricos, a endossos, pelo uso da eloquência e da persuasão, atuando a partir dos códigos verbais, buscando a geração de sentidos, utilizando perguntas retóricas, visando "guiar o interlocutor através do próprio raciocínio do narrador, num modo lógico-argumentativo" (Sousa, 2008, p. 160).

A comunicação organizacional pode, então, ter fins de retórica, manifestada de diversas formas – ensimesmada, oculta ou da maneira clássica. Isso presente em um enunciado, que é um processo comunicativo que se vale do verbal e do não verbal e, ao mesmo tempo, é constitutivo da cultura, juntando-se a outros enunciados que já tenham se dado simultaneamente ou mesmo estejam por vir.

As relações das organizações com os públicos com vistas à formação da opinião pública carregam consigo elementos de intradiscursividade, que é a "perspectiva de análise da mensagem em sua estrutura, seus aspectos de coerção interna, pois o ser no discurso obedece a regras e se dá em manifestação das estruturas imanentes do discurso/texto" (Trindade, 2012, p. 27-28). A interdiscursividade "remete ao aspecto subjetivo e ao contexto histórico dos discursos, de rede de discursos que compõe uma memória discursiva, do que está no contexto, extratexto ao objeto analisado, mas que a ele se remete e configura o modo de ser no discurso, a partir de outros discursos" (idem), gerando extradicursividades que vão além dos sentidos, mas ao mesmo tempo os conectam.

Talvez possamos entender que o sentido das mensagens institucionais destinadas a constituir a base de entendimento da formação da opinião pública seja projeção, representações concretas do mundo das aparências. E a aparência é, em si, retórica.

Exemplo disso é a própria representação da *persona* digital, que assume escopos, desenhos absolutamente etéreos em seu nascedouro: a fama se cria a partir do simulacro, da simulação de uma realidade que muitas vezes não se sustenta, que pode não ter outros vínculos com a realidade a não ser a ideia de construção simbólica.

Fontes de informação e criação de notícias

Olhar a comunicação pela perspectiva de fontes de informação é cada dia mais complexo, visto haver um deslocamento dos espaços e das formas de emissão. A clássica ideia de fonte se ressemantizou, ganhou novos contornos. As fontes deixaram de ser única e tão somente direcionadas para a imprensa, passando a ter seus próprios nichos e sujeitos-destino.

Alguns pontos podem ser destacados nesse movimento de mudança de eixo: geografia e abrangência, oferta e modelo de informação, legislação e regulamentação, hibridização de formas e de suportes. Mesmo que se diga que o espaço físico já não tem tanta relevância, isso perde força ao se imaginar quanto de um lugar empodera a mensagem e a sua forma de se receber: assim, a geografia se reinventa – talvez torne-se mais fluida, menos estática, com bordas ajustáveis, mas ainda assim com grande impacto sobre a interpretação – e permite novos modos de abrangência, de *status* para a ação comunicante. A ideia de desterritorialização também impactou a proposta de entendimento de fontes e de notícias em muitos aspectos, o que pode ser um equívoco. Isso porque o espaço e o tempo dão a qualquer fato dimensão que ele não tem sem a ideia de espacialidade. De acordo com Sodré (2012, p. 116), "para uma determinada linhagem crítica, a cultura em seu pleno sentido tem uma outra economia, uma vez que os seus bens circulariam num 'tecido intersticial que separa e religa os sujeitos'". Para Mondzain (*apud* Sodré, 2012, p. 116), "cultura é essa capacidade que tem o sujeito de inscrever no tempo a sua relação imaginária com todos os outros sujeitos por meio de operações simbólicas".

Saindo do eixo convencional de mídia, novas ofertas estão presentes, mas sem deixar de dialogar em certa medida com as mídias tradicionais. A profusão de origens amplia a ideia de obesidade informativa, mas não altera o processo de busca de filtros que possam dar confiabilidade à informação e transformá-la em base sólida para a construção de opinião. Para Eduardo C. Torres (2009), "essa época é a da obesidade informativa. Os indivíduos são sujeitos, ou sujeitam-se, por vontade própria, a demasiada informação: é um vício".

Assim, a cultura da mídia se reinventa, mas não fragiliza os suportes convencionais. Talvez o que se tenha destacado com evidência, nos últimos tempos, seja a presença cada dia mais forte e indispensável das assessorias de imprensa como fornecedoras de notícias aos veículos de comunicação – impressos, eletrônicos ou digitais. Mesmo os grandes *players* da mídia não mais sobreviveriam sem o aporte permanente das assessorias de imprensa e áreas que atuam como fontes, naturalmente interessadas na disseminação da notícia. Como questiona Farias (2011, p. 15), "por qual boca falam as organizações? Por quais ouvidos elas recebem informações para que se posicionem de um ou de outro modo?" Quanto mais palavras enunciam organizações de todo tipo, no que se incluem as jornalísticas, tanto mais são os suportes e as mensagens pelos quais se recebem as metáforas informativas que se recriam diuturnamente.

Nesse cenário complexo de novos desenhos organizacionais, de formas mutantes de comunicação e de mudanças na relação entre públicos com a formação de opinião, as alterações nos processos organizacionais contemporâneos – fusões, aquisições, disjunções, internacionalização etc. – também levam a um novo perfil de relações com a imprensa. E não se pode esquecer que "as origens e a evolução das organizações se fundamentam na natureza humana" (Kunsch, 2003, p. 21) e, por causa disso, as transformações da sociedade impactam os homens e as organizações, e o que se passa nestas reverbera também sobre as demais. A própria migração dos profissionais – muitos até mesmo qualificados para essa nova função – do jornalismo para o trabalho na área de relações públicas em empresas dos mais diversos setores, no que se destacam as agências, também é reflexo do sistema já transformado dos veículos de comunicação, bem como impacta fortemente o processo de informação fonte-veículo.

Pode-se entender que a mudança nas organizações informativas e as novas maneiras de informar levam a um cenário bastante interessante de fontes de informação e de criação de notícias. Reposicionamento da base para posições intermediárias ou até o topo da pirâmide da cadeia informativa leva a novos processos de negociação. Novos enunciados levaram o que antes poderia ser um receptor a ser um enunciatário e emissores à condição de enunciadores.

Produção da notícia: tratamentos nas fontes e pelos jornalistas

A notícia, formal e eticamente tida como imparcial, sofre naturalmente adaptações aos interesses explícitos ou implícitos de cada emissor/enunciador. Seja veículo, seja indivíduo, não se escapa do direcionamento opinativo, mesmo no que se convencionou chamar de informativo ou interpretativo. Isso é fato. A escolha de um fato-notícia, por si, já é um direcionamento.

Com novos *designs* informativos e novos *designers*, a informação se descristaliza a cada momento, pois pode ser retrabalhada instantaneamente. Isso pode servir a dois propósitos:

- atender a uma demanda de vazio investigativo, que muitas vezes leva à publicação de notícias sem lastro de pesquisa e, graças à instantaneidade, pode ser reeditada indefinidamente;
- inserir *spins* para redirecionamento da atenção opinativa.

Segundo Patrick Charaudeau (2012, p. 178-79), "como o comentário pressupõe a veracidade do fato, é preciso então explicar o porquê e o como, abordando-se de um ponto de vista global e distanciado". Ainda nesse sentido, o autor reforça a necessidade de reconstituir o fato e raciocinar sobre ele, pois "desvendar as intenções dos atores dos acontecimentos é mostrar que se tem o poder de passar para o outro lado do espelho" (idem).

A notícia é uma fala e a enunciação é parte do *script* a partir do qual se entendem atores – e cada vez mais e mais diversidade de agentes é parte do processo de informar e de noticiar – diversos e deslocalizados espacial e temporalmente, com intenções mais complexas que as das tradicionais mídias, mais facilmente compreendidas em suas fragilidades e seus interesses comerciais, ideológicos e políticos. Citando George Lukács (*apud* Berman, 2007), os poderes materiais e imateriais decorrentes dos interesses diversos acabam por tornar mais denso e mais cinzento o espaço de compreensão.

Informação colaborativa

Dentro do conceito de colaboracionismo insere-se uma nova visão sobre o processo de produção e disseminação de notícias, o que leva à potencial formação de opinião. A possibilidade de utilização de novas redes em plataformas digitais – tão importantes e reputadas quanto as tradicionais redes sociais, analógicas e decorrentes de ações relacionais presenciais –, se não massivas, potencialmente volumosas, mostra nova leitura sobre o conceito de ação colaborativa.

A ideia de opinião colaborativa, em certa medida, é quase um elemento natural nesse processo de construção, mas hoje a ação colaborativa acabou por se tornar evidência da cultura, em especial de novas gerações, que trabalham com pensamento de coletivo e de colaboracionismo.

Trata-se de uma mudança de cultura decorrente, talvez, da agilidade midiática das plataformas disponíveis, ou talvez resultante da visão de empoderamento de rede já apregoada por Paulo Freire. Certamente ele é efetivo em diversas frentes: mercadológica, institucional, interna e individual. A partir dessa perspectiva, a ideia de informação e opinião decorrentes de ações colaborativas torna-se mais fortalecida e inserida em novo traço cultural.

Opinião pública e sua natureza

Opinião é um processo de formação complexo, que remete a dados externos interagindo com elementos internos, preexistentes e transexistentes. Walter Lippmann (2008, p. 112) nos lembra de que "a forma como vemos as coisas é uma combinação do que há lá e o que esperamos encontrar". Talvez seja uma alternativa para que possamos entender o processo de formação das opiniões: a verdade externa em contraposição à verdade interna, formando uma verdade opinativa própria. Essa verdade opinativa, ou simplesmente opinião, depara com tantas outras opiniões, participando de um verdadeiro processo de representação e de reconstrução de significados entre os agentes informativos e os processos opinativos. As enunciações são carregadas de história e de interesse antes mesmo de uma opinião se dar:

> Todo falante é por si mesmo um respondente em maior ou menor grau: porque ele não é o primeiro falante, o primeiro a ter violado o eterno silêncio do universo, e pressupõe não só a existência do sistema da língua mas também de alguns enunciados anteriores – dos seus e alheios – com os quais o seu enunciado entra nessas ou naquelas relações (baseia-se neles, polemiza com eles, simplesmente os pressupõe já conhecidos do ouvinte). Cada enunciado é um elo na corrente complexamente organizada de outros enunciados. (Bakhtin, 2003, p. 272)

A opinião é mutante e vem de um constructo baseado em interações e interesses; quando se torna opinião pública, é por processo de maximização de significações de interações e negociações de interesses concretos e simbólicos. O fato concreto é simbolizado, tornando-se intangível, mas carregando em si a ideia da concretude representada-reapresentada, notadamente com doses de ficção, de literatura, de efetiva projeção e, acima de tudo, de interpretação. A imbricação entre o fato e a sua representação será a construção do posicionamento diante de dado assunto:

Não pode haver enunciado isolado. Ele sempre pressupõe enunciados que o antecedem e o sucedem. Nenhum enunciado pode ser o primeiro ou o último. Ele é apenas o elo na cadeia e fora dessa cadeia não pode ser estudado. Entre os enunciados existem relações que não podem ser definidas em categorias nem mecânicas nem linguísticas. Eles não têm analogias consigo. (Bakhtin, 2003, p. 371)

A representação do fato concreto noticiado – portanto, ausente o próprio fato, substituído por sua representação simbólica, como toda representação parece ser – é que leva à opinião, por natureza mutável, porque "aquelas coisas, acerca das quais possuímos em simultâneo uma convicção verdadeira, podem ter uma falsa aparência" (Aristóteles, 2001, p. 99). A legitimação da representação baseia-se em um conjunto de fatores entrelaçados, supera o concreto e "consolida" a opinião.

Considerações finais

A formação da opinião, por natureza volátil, depende de elementos como ampla informação e pleno debate. Para a volatilidade contribuem importantes elementos como espaço-tempo e conjuntura, que lhe darão forma e conteúdo. De acordo com Roberto L. Baronas (2011, p. 112) "a noção-conceito de formação discursiva se complexifica nos trabalhos concretos dos historiadores do discurso com base nas noções de efeito de conjuntura e de estratégia discursiva". Portanto, elementos componentes do ambiente influenciarão a percepção – e consequente formação de opinião –, bem como o desenho que se dará à informação.

Dessa ideia pode-se entender que o conceito de emissor-receptor oriundo do "Modelo de Lasswell" – e, aqui, faça-se a menção à simplicidade e lógica delineada pelo autor do conceito, sem deixar de lado a sua relevância no seu tempo – pode ser substituído por algo mais amplo e inclusivo, além de complexo, e então podemos recorrer à ideia de enunciador e enunciatário a partir do entendimento do enunciado.

Organizações e pessoas buscam, em última análise, licença para atuar. A referência aqui é a qualquer tipo de licença, mas sem perder de vista a licença simbólica, a licença social, que facultará a quem quer que seja a possibilidade de transacionar produtos, serviços e, especialmente, mensagens.

O estudo das formações discursivas em uma formação social, em suas relações de hegemonia, de alianças, de antagonismo e de seus deslocamentos estratégicos, em uma conjuntura dada, está em via de elaboração. (Robin, 1977, p. 29)

Pode-se intuir daí que, desde a época em que foi feita essa afirmação até a contemporaneidade, os processos de formação de poder e de opinião são mutáveis e que

as interações comunicativas que se estabelecem entre diferentes setores e grupos da sociedade organizada tendem a gerar redes e fluxos de informações que se expandem para públicos cada vez mais amplos. Os processos de articulação dos indivíduos em redes potencializam não só as oportunidades de aprofundamento reflexivo de conversações informais, mas também alimentam práticas cívicas e participativas, colaborando para um aumento das trocas e debates críticos entre diferentes grupos sociais. (Matos, 2009, p. 210)

As mídias ditas tradicionais, geradoras de sentido por função de convicção, ainda que de modo geral sem explicitação, trafegam em vias cada vez mais complexas, porque, paralelamente, novos atores ali se apresentam, ali se expressam. Desse modo, a licença simbólica dada pelos meios de comunicação de massa passa a ser mais claramente dividida com os grupos sociais, que podem organizar-se de modo mais simples e rápido.

A ideia de poder, todavia, ainda se expressa pelo volume, pela capacidade de alcance, no que se destaque o fato de meios tradicionais, analógicos ainda deterem respeito e penetração.

As organizações continuam a buscar o sentido e a licença da opinião por meio de processos de sentido múltiplos, densos e ao mesmo tempo mais simplificados por novos acordos e novos *players*. Cabe a cada cidadão-comunicador a participação na construção de conceitos e na geração de sentido, pois, afinal, a opinião pública, ainda que não seja sólida, desmancha no ar.

Referências

ARISTÓTELES. *Da alma (De anima)*. Trad. de Carlos Humberto Gomes. Lisboa: Edições 70, 2001.

BAKHTIN, Mikhail. *Estética da criação verbal*. Trad. de Paulo Bezerra. São Paulo: Martins Fontes, 2003.

BARONAS, Roberto Leiser (org.). *Análise do discurso*: apontamentos para uma história da noção-discurso de formação discursiva. São Carlos: Pedro & João Editores, 2011.

BERMAN, Marshall. *Tudo que é sólido desmancha no ar.* Trad. de Carlos Felipe Moisés e Ana Maria L. Ioriatti. São Paulo: Companhia das Letras, 2007.

CHARAUDEAU, Patrick. *Discurso das mídias*. São Paulo: Contexto, 2012.

FARIAS, Luiz Alberto de (org.). *Relações públicas estratégicas*: técnicas, conceitos e instrumentos. São Paulo: Summus, 2011.

FOUCAULT, Michel. *Vigiar e punir*: história da violência nas prisões. Trad. de Raquel Ramalhete. 36. ed. Petrópolis: Vozes, 2009.

GOFFMAN, Erving. *A representação do eu na vida cotidiana.* Trad. de Maria Célia Santos Raposo. 8. ed. Petrópolis: Vozes, 1999.

KUNSCH, Margarida M. Krohling. *Planejamento de relações públicas na comunicação integrada.* 4. ed. rev., atual. e ampl. São Paulo: Summus, 2003.

LIMA, Fábia Pereira; BASTOS, Fernanda de Oliveira Silva. "Reflexões sobre o objeto da comunicação no contexto organizacional". In: OLIVEIRA, Ivone de Lourdes; LIMA, Fábia Pereira (orgs.). *Propostas conceituais para a comunicação no contexto organizacional.* São Caetano do Sul: Difusão Editora, 2012.

LIPPMANN, Walter. *Opinião pública.* Trad. de Jacques Wainberg. Petrópolis: Vozes, 2008.

MATOS, Heloiza. *Capital social e comunicação*: interfaces e articulações. São Paulo: Summus, 2009.

ROBIN, Régine. *História e linguística.* São Paulo: Cultrix, 1977.

SODRÉ, Muniz. *A narração do fato*: notas para uma teoria do acontecimento. Petrópolis: Vozes, 2012.

SOUSA, Alcina Maria Pereira de. "Retórica e poder: representações do discurso empresarial em textos multimodais nos *media*". *Organicom – Revista Brasileira de Comunicação Organizacional e Relações Públicas*, São Paulo, ECA-USP, v. 5, n. 9, 2008, p. 144-65.

TORRES, Eduardo Cintra. "A obesidade informativa e a luta pelo jornalismo". *Público*. 2009. Disponível em: <http://www.publico.pt/opiniao/jornal/a-obesidade-informativa-e-a--luta-pelo-jornalismo-302445>. Acesso em: 30 nov. 2014.

TRINDADE, Eneus. *Propaganda, identidades e discurso*: brasilidades midiáticas. Porto Alegre: Sulina, 2012.

14. Redes e mídias sociais: desafios e práticas no contexto das organizações

Carolina Frazon Terra

Visão geral do capítulo

A ideia deste capítulo é, inicialmente, apresentar a evolução da comunicação organizacional e das relações públicas desde o seu surgimento no Brasil até os dias atuais, com forte influência da comunicação digital. Em seguida, mostraremos como as organizações estão fazendo uso das redes e mídias sociais, ilustrando ao longo de todo o texto casos reais e situações vivenciadas pelas marcas. Também é objetivo nosso abordar a comunicação e as relações públicas com o viés digital. Por meio de casos e exemplos, focalizaremos situações bem-sucedidas, além de outras desafiadoras, e como as organizações se saíram diante delas. Os exemplos foram escolhidos de maneira intencional, mas com a finalidade de elucidar, sobretudo, o relacionamento, a presença e o engajamento digitais, com casos que destacam tanto o setor privado quanto o setor público e um referente ao terceiro setor. Por fim, pretendemos destacar boas práticas e recomendações que podem servir de base ou inspiração para quem tem interesse pela temática.

Objetivos do capítulo

* Apresentar a evolução da comunicação organizacional e das relações públicas.
* Mostrar como as organizações estão fazendo uso das redes e mídias sociais.
* Realizar análises de *cases* e situações.

- Ilustrar casos variados que sejam representativos a todos os tipos de organização que queiram criar ou planejar suas presenças no ambiente digital.
- Entender se a prática atual das organizações nos *sites* de redes sociais se pauta pelo amadorismo, pela experimentação ou pelos relacionamentos estratégicos.
- Destacar as boas práticas e recomendações sobre o tema.

Introdução

Diante do cenário de interesse das organizações pelas mídias sociais e pela presença massiva dos consumidores no ambiente digital, faz-se necessário conhecer quais são as possibilidades de atuação nesse meio, que boas práticas acontecem, que situações merecem atenção e que elementos são fundamentais. Nesse contexto, as áreas de relações públicas e de comunicação organizacional têm papel crucial, pois são as responsáveis pelos relacionamentos entre uma organização e seus públicos, independentemente do meio em que isso venha a ocorrer. Assim, o objetivo deste capítulo é passar pela evolução histórica das relações públicas e da comunicação organizacional, comentar a situação das organizações no ambiente digital e, por fim, apresentar alguns exemplos de atuação.

De Ivy Lee ao usuário-mídia: um apanhado da evolução das relações públicas diante do contexto digital

A atividade de relações públicas tem seus fundamentos ligados à opinião pública, pois, em uma sociedade democrática em que esta tem papel significativo no processo político, haverá de se estabelecer o diálogo e a necessidade de relacionamento e comunicação com os diversos grupos e movimentos sociais (Pinho, 2008).

A sistematização da atividade, como é reconhecida nos dias de hoje, só veio a ocorrer a partir de meados do século XIX e do início do século XX, quando surgiram os monopólios nos Estados Unidos, com a concentração de riqueza nas mãos do patronado e um descontentamento por parte dos trabalhadores. Era grande a pressão da sociedade sobre as empresas e a mídia. Na época, mais concretamente em 1914, John D. Rockefeller contratou o jornalista Ivy Lee para tentar melhorar a situação de sua corporação diante da opinião pública. Era conhecida a frase de Rockefeller: "O público que se dane!" Uma das primeiras recomendações de Lee foi a diminuição da jornada de trabalho. Ele também iniciou um relacionamento com a imprensa, divulgando informações favoráveis às empresas, sob a forma de notícias. Assim, começaram as primeiras atividades e técnicas de relações públicas no mundo.

No Brasil, foi em 1914, em São Paulo, com a criação de um departamento de relações públicas na antiga concessionária de iluminação pública Light & Power Co. Ltd., que se iniciaram as relações públicas. O departamento tinha a função de relacionar-se com a imprensa e o governo. Sua direção coube a Eduardo Pinheiro Lobo. Apenas em 1954 seria fundada a Associação Brasileira de Relações Públicas (ABRP).

Com um início ligado à assessoria de imprensa e ao relacionamento com alguns poucos públicos, as relações públicas serviram, por muito tempo, aos canais tradicionais de comunicação, de característica unidirecional e mais reativa. Nos dias atuais, as relações públicas defendem a comunicação organizacional integrada, bidirecional e de caráter relacional. Margarida Kunsch (2003) entende que, para se relacionar com o universo de públicos ligados à empresa, a comunicação deve ser integrada em um *mix* comunicacional, contemplando a comunicação institucional, a mercadológica, a interna e a administrativa. Esse, para Elizabeth Saad Corrêa (2003), é o cenário que engloba a comunicação digital nas empresas: uma comunicação que se dá de forma estratégica e integrada ao composto comunicacional nas organizações.

Até o final da década de 1980, a comunicação nas empresas era realizada pelos meios impressos ou audiovisuais tradicionais. Hoje, a comunicação organizacional, além dos meios tradicionais, utiliza as tecnologias digitais como meio e instrumento para atingir seus objetivos. Segundo Kunsch (2005, p. 11-12),

> as mudanças na sociedade, na mídia, no trabalho, na economia, nas tecnologias e nos mercados estão comandando uma revolução nas organizações e, com isso, as atividades de comunicação tornam-se mais complexas, estratégicas e vitais para a sobrevivência da empresa numa economia movida a informação e conhecimento.

A comunicação organizacional dos anos 1970, 1980 e de parte da década de 1990 se resumia a fazer propaganda e boletins internos ou promover confraternizações entre os funcionários, festas de final de ano, celebrações e campeonatos internos. Ou seja, era tida e vista como assunto secundário.

Com o fim da ditadura militar vigente de 1964 a 1985 e a redemocratização do país, a comunicação organizacional nacional voltou-se para o momento histórico e político, alinhando-se ao novo momento da opinião pública e abrindo-se mais para a imprensa. Tal fato permitiu que a comunicação fosse além da divulgação de produtos, passando a focar a construção de uma imagem positiva diante dos públicos, o que incluía diálogo e transparência. Paulo Nassar (2007, p. 37) pontua que a comunicação organizacional entrava na "era da imagem".

Nos anos 1980, concretamente em 1985, o *Plano de comunicação social* da Rhodia[1] adotava uma estrutura de comunicação que, administrada por uma Gerência de Comunicação Social, delineava o que poderia ser considerado o início de uma "comunicação integrada" nas empresas nacionais (Kunsch, 2003, p. 183). Como formadora de imagem e de posicionamento, nos anos 1990, a comunicação organizacional se apresentou como um dos agentes de destaque no desenho de políticas de relacionamento das organizações com a sociedade e com os diversos públicos.

No final dos anos 1990 e início dos anos 2000, as organizações perdem um pouco do controle na área da comunicação, devido, em grande parte, ao surgimento da internet e da consequente ruptura do espaço-tempo, que tornaram a regulação do processo de comunicação quase impossível. Diante do mundo digital e de toda uma mudança de postura por parte dos consumidores e cidadãos, todos têm potencial de ser produtores ou, ao menos, compartilhadores, disseminadores de conteúdo. E tal cenário gera uma transformação significativa na comunicação das organizações: é preciso prever vias de mão dupla, desobstruídas, para se relacionar com os públicos de interesse. A comunicação unidirecional cede espaço a ambientes interativos. Segundo Kunsch (2012), as organizações evoluíram gradativamente dos modelos mecânicos de transmissão de informações para processos de comunicação mais interativos e simétricos.

Rudimar Baldissera (2009) defende outra abordagem para a comunicação organizacional, vendo nela três dimensões, pois acredita que a comunicação não se restringe ao âmbito da organização, à fala organizada, aos processos formais, à comunicação da/na organização. As três dimensões da comunicação organizacional, para ele, se resumem assim: a comunicada (os processos formais, a fala autorizada); a comunicante (que ultrapassa a dimensão comunicada e se dá quando qualquer sujeito estabelece relação com a organização); e a falada (os processos de comunicação informal indiretos, que acontecem fora do âmbito organizacional, mas dizem respeito à organização). Entendemos que é na dimensão "falada" que

---

1. Disponível em: <http://pt.scribd.com/doc/7327237/Plano-de-Comunicacao-da-Rhodia-1985>. Acesso em: 5 ago. 2014.

se localiza o conteúdo gerado pelos usuários nas mídias sociais sobre as organizações, seus produtos, seus serviços, suas experiências e suas opiniões. Entendemos, porém, que as mídias digitais também podem estar na dimensão "comunicada", quando a própria organização está presente com seus perfis oficiais, e na "comunicante", quando os usuários estabelecem contato com a organização.

Outro aspecto que mostra a evolução das relações públicas e da comunicação organizacional diz respeito à influência. Para Edelman e Technorati (2006), estamos mudando da tradicional pirâmide de influência (de cima para baixo[2]) para um paradigma mais fluido, colaborativo e horizontal, no qual as marcas e as reputações corporativas são construídas tentando engajar múltiplos *stakeholders* por meio de diálogo contínuo. Podemos ainda dizer que as organizações não constroem sozinhas as suas imagens, dependendo, muitas vezes, das opiniões e expressões de seus consumidores e usuários nas redes digitais.

Pelo modelo tradicional de relações públicas, os profissionais "brifam" ou tentam influenciar grupos formadores de opinião, e estes, por sua vez, alcançariam as audiências pelos meios de comunicação de massa e pela imprensa. No novo modelo, esclarece Edelman, os públicos são informados pelas companhias e postam e comentam sobre elas. Os consumidores falam diretamente com pessoas com interesses similares aos seus. As comunidades, os *sites* colaborativos e os *sites* de reclamação de empresas, como o Reclame Aqui ou o Consumidor.gov, são exemplos de como o relacionamento entre organizações e seus públicos se modificou. Isso sem mencionar expressões de consumidores diretamente em *fanpages* de empresas. Abre-se um canal de comunicação direto e sem intermediários, se assim quiser o consumidor/usuário/interagente.

Assim, a comunicação adquire não só a função de influenciar e convencer a imprensa/mídia ou os públicos de relacionamento da organização, mas também de identificar e cultivar os formadores e influenciadores de opinião *on-line* com mais credibilidade e confiança.

O pensador norte-americano Clay Shirky (2012) discute a ideia de que as tecnologias de rede social disponibilizam aos indivíduos meios para se organizar sem a intermediação de empresas, partidos e outras instituições, de forma a compartilhar informações, produzir de maneira colaborativa e até planejar ações coletivas de grande porte.

---

2. De um grupo pequeno de pessoas ou organizações (incluindo-se a mídia) para as audiências.

As organizações estão sujeitas ao contingente de usuários das redes, que ressignificam, satirizam ou ovacionam a marca, seus produtos ou seus serviços. E mais: muitas vezes o consumidor passa a criar em torno da marca de que gosta e pode até causar problemas ou situações de embaraço para as organizações. Um exemplo foi o caso de uma fã do produto Nutella, que criou o "World Nutella Day"[3], uma espécie de dia comemorativo para os amantes do produto. A empresa, assim que soube, entrou em contato com a usuária por meio de seu departamento jurídico e pediu que ela removesse toda e qualquer divulgação do dia e do produto. O resultado foi um estrondoso movimento liderado pelos usuários contra a marca e com ampla repercussão na imprensa do mundo todo criticando a atitude da Ferrero, dona da marca Nutella, fazendo que a empresa voltasse atrás em sua decisão.

Uma aquisição hostil dos internautas sobre uma marca é um dos problemas com que a comunicação organizacional e as relações públicas têm de lidar nos dias atuais, em razão da comunicação digital e móvel e da ampla adesão do público consumidor a esse tipo de iniciativa. Apenas a título de ilustração, ao se pesquisar, entre as principais operadoras de telefonia celular do país, o quanto os usuários já criaram mecanismos para expor suas insatisfações em relação aos serviços prestados, encontramos manifestações em todas as plataformas de mídia digital:

- Vivo: @odeioavivo (Twitter)[4]
- Claro: /euodeioaclaro (Facebook)[5]
- Tim: Eu odeio a Tim (*blog*)[6]
- Oi: Eu odeio a Oi (*site*)[7]

A receita, se é que se pode usar o termo, não está em tentar "derrubar", processar ou solicitar a remoção de tais iniciativas do ar, mesmo porque tais atitudes ainda depõem contra as companhias, mas sim em inspirar os usuários na produção de conteúdos positivos, e isso só se dá com a satisfação deles. A primeira ação possível e necessária, por parte das organizações, liderada pelas relações públicas, é monitorar o *buzz*[8] das redes: o conteúdo que o usuário produz, de

---

3. Disponível em: <http://www.nutelladay.com/>. Acesso em: 5 ago. 2014.
4. Disponível em: <https://twitter.com/odeioavivo>. Acesso em: 5 ago. 2014.
5. Disponível em: <https://www.facebook.com/euodeioaclaro>. Acesso em: 5 ago. 2014.
6. Disponível em: <http://timnao.blogspot.com.br/>. Acesso em: 5 ago. 2014.
7. Disponível em: <http://euodeioaoi.com/>. Acesso em: 05/08/2014.
8. Podemos traduzir o termo *buzz* das redes como burburinho, mas também como o conteúdo produzido pelo consumidor/usuário.

onde o faz, quem são os influenciadores, como agem, por quais canais espalham suas mensagens, por que estão insatisfeitos ou defendem a organização, e assim por diante.

Corrêa (2008) observa que, em função da necessidade, da evolução e do surgimento ainda recente das novas mídias, precisamos definir seu modelo epistemológico e sistematizar estudos e pesquisas que descrevam e expliquem os fenômenos comunicacionais da realidade na qualidade de uma disciplina constituída a partir – mas não simplesmente transposta – do campo da comunicação. A autora enfatiza que vivenciamos claramente um processo de construção temática.

Depois de apresentar um panorama breve da evolução da comunicação organizacional e das relações públicas, falaremos, a seguir, da situação das organizações diante do fenômeno das redes digitais, sobretudo das mídias sociais.

Organizações nas redes: amadorismo, experimentação ou novo formato com seus públicos?

O brasileiro é um povo gregário, comunicativo e social por natureza. Assim sendo, é natural que as redes sociais tenham ganhado expressividade no país. O uso pelos brasileiros das principais plataformas de mídia social, como Twitter, Facebook e YouTube, só fica atrás dos Estados Unidos.

Em um estudo de campo com 36 empresas, Kunsch (2012) concluiu que os canais mais utilizados para a comunicação nas organizações são os meios *on-line*, em função da adoção de novas mídias e meios digitais para a difusão de mensagens internas e externas. Tal pesquisa, embora apresente um resultado particular das organizações participantes, já demonstra a importância do meio digital na comunicação das organizações.

Apenas para dar um panorama da situação das principais plataformas de mídias sociais do Brasil, falaremos brevemente sobre alguns números e dados a seguir.

Pesquisa feita pela Hitwise, ferramenta líder global de inteligência em marketing digital da Serasa Experian[9], evidenciou que o Facebook é a rede social com maior visitação da audiência de internet brasileira, seguida pelo YouTube e pelo Yahoo Respostas.

---

9. Disponível em: <http://noticias.serasaexperian.com.br/facebook-e-lider-entre-redes-sociais-
-em-fevereiro-no-brasil-de-acordo-com-hitwise/>. Acesso em: 5 ago. 2014.

Figura 1 – *Sites* de redes sociais e fóruns mais populares no Brasil.

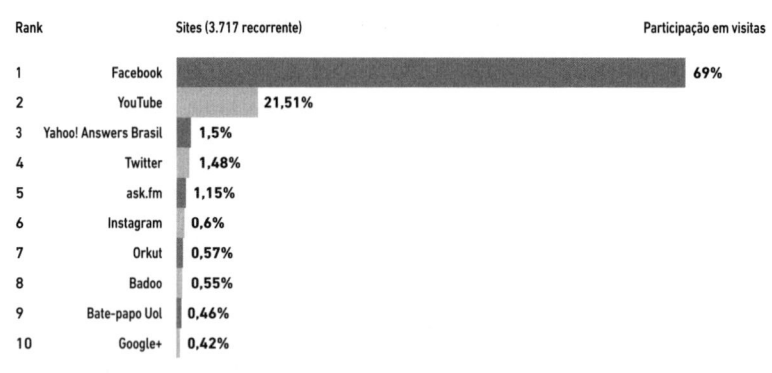

FONTE: HITWISE/SERASAEXPERIAN, FEV. 2014.

Já os anunciantes – marcas, mídia e outras instituições – preferem outro *mix* ao difundir suas iniciativas, conforme revela o *site* Proxxima[10] com dados da ferramenta de mensuração de *performance* em mídias sociais SocialBakers (Figura 2):

Figura 2 – Distribuição dos investimentos publicitários em mídias sociais.

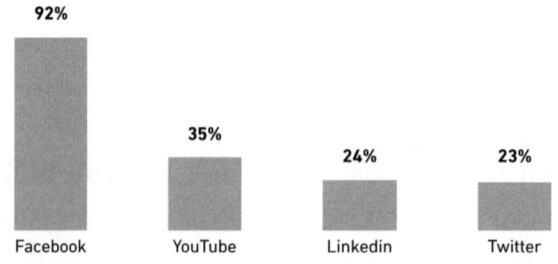

FONTE: PROXXIMA/SOCIALBAKERS, MAR. 2014.

De acordo com dados divulgados pelo próprio Facebook, somente em junho de 2014 foram mais de 29 milhões de usuários ativos por dia. O Facebook fechou 2013 com 67,96% da audiência no Brasil entre as redes sociais em dezembro, segundo dados da Hitwise[11] divulgados em janeiro de 2014. Foram mais de 83 milhões de brasileiros em dezembro de 2013, de acordo com dados do Internet Data Center (IDC Brasil) divulgados pelo portal da revista *Exame*[12].

---

10. Disponível em: <http://www.proxxima.com.br/home/social/2014/03/25/Pesquisa-as-4-redes--sociais-mais-populares.html>. Acesso em: 5 ago. 2014.

11. Disponível em: <http://g1.globo.com/tecnologia/noticia/2014/01/facebook-fecha-2013-com--6796-da-audiencia-no-brasil-em-redes-sociais.html>. Acesso em: 5 ago. 2014.

12. Disponível em: <http://exame.abril.com.br/tecnologia/noticias/os-numeros-do-facebook-dez--anos-apos-sua-criacao#5>. Acesso em: 5 ago. 2014.

O YouTube[13] é a segunda plataforma digital de maior acesso no Brasil. No mundo todo, possui mais de 1 bilhão de usuários únicos todos os meses e mais de 6 bilhões de horas de vídeo são assistidas por mês. Além disso, 80% do seu tráfego vem de fora dos Estados Unidos.

O Twitter, outra plataforma de destaque entre os usuários brasileiros, embora não divulgue a audiência no país, revelou[14] que 97% dos usuários brasileiros assistem à TV e, enquanto fazem isso, buscam produtos para comprar (44%), procuram informações sobre o que estão vendo (32%) ou usam seus celulares (50%). Quando questionados sobre por que seguem marcas, 64% dos participantes da pesquisa dizem fazer isso para saber sobre novos produtos, enquanto 56% apontam que é para ficar por dentro das atividades da empresa. Ainda, 50% disseram que seguem esses perfis para interagir com a companhia e 49% admitem estar lá em função do atendimento ao consumidor, cada vez mais comum nesses perfis. Exemplo a ser citado como referência de interação no Twitter no Brasil é o perfil da empresa Ponto Frio (https://twitter.com/pontofrio), com mais de 167 mil seguidores em agosto de 2014.

O Instagram, rede social dedicada a imagens e vídeos curtos de até 15 segundos, divulgou, em março de 2014, que havia ultrapassado a marca dos 200 milhões de usuários ativos por mês[15].

Assim, é possível afirmar que a comunicação digital é, na sociedade da informação, a forma comunicativa que integra os indivíduos. Ela institui um novo modo de comunicação, que afeta o conjunto das relações sociais, não apenas as estritamente comunicacionais, mas em todos os níveis – nas relações pessoais e interpessoais, no trabalho, nas instituições, na indústria. Não há hoje órgão produtivo que não esteja, direta ou indiretamente, vinculado a algum tipo de relação de comunicação digital.

Diante da presença dos usuários brasileiros nas mídias sociais, é esperado que as organizações também estejam presentes no ambiente digital. Não há pesquisas recentes que nos subsidiem com números de quantas e quais organizações – sejam elas públicas, privadas ou do terceiro setor – estejam presentes nas mídias sociais. As próprias plataformas de mídias sociais não revelam a quantidade de usuários

---

13. Disponível em: <https://www.youtube.com/yt/press/pt-BR/statistics.html>. Acesso em: 5 ago. 2014.

14. Disponível em: <http://idgnow.com.br/internet/2014/04/17/infografico-twitter-revela-perfil--dos-seus-usuarios-no-brasil/>. Acesso em: 5 ago. 2014.

15. Disponível em: <http://instagram.com/press/>. Acesso em: 5 ago. 2014.

que o Brasil ou qualquer outro país têm. Assim, a área carece de volumes que endossem o que acabamos por saber pelos veículos de mídia e por nossos usos pessoais: estamos nas redes, relacionamo-nos por lá tanto no âmbito pessoal quanto profissional e fazemos dessa ambiência digital um terreno para interagir com marcas, produtos, serviços, instituições etc.

Sobre a nossa questão inicial para este tópico – se as organizações presentes nas redes sociais se caracterizam pelo amadorismo, pela experimentação ou por um novo formato de relacionamento com seus públicos –, podemos afirmar categoricamente que elas perpassam todos esses estágios e ainda não temos nenhum exemplo organizacional que se destaque por completo em todo o *mix* de comunicação, o que seria considerado ideal, em nosso ponto de vista.

Assim, no tópico a seguir, ilustraremos algumas boas práticas de organizações que estão fazendo bom uso das mídias sociais na perspectiva da comunicação organizacional e das relações públicas.

Casos reais e boas práticas

Neste tópico, discorreremos sobre organizações presentes nas mídias sociais que exercem boas práticas, pois respondem às características das relações públicas no ambiente digital: presença institucional oficial; relacionamento, interação ou colaboração; monitoramento/acompanhamento; e planejamento estratégico. A escolha das organizações foi totalmente intencional e a título de exemplificação dos atributos que consideramos fundamentais para uma boa atuação nas mídias digitais, os quais acabamos de abordar.

Ponto Frio

Uma das organizações de maior destaque no cenário do Twitter no Brasil é o Ponto Frio[16], uma empresa varejista de comércio eletrônico, criada em agosto de 2008, a partir da separação das operações de vendas pela internet e de televendas. O perfil no Twitter existe desde outubro de 2008 e se destaca pela criação do Pinguim, um personagem que interage com os usuários comuns/clientes/consumidores. A estratégia nas mídias sociais não se restringe ao Twitter, tendo eco também no Facebook, no Google Plus, no YouTube e no Pinterest. Para este capítulo,

---

16. Disponível em: <https://twitter.com/pontofrio>. Acesso em: 5 ago. 2014.

nos concentraremos apenas na estratégia do Twitter e nas categorias criadas por nós – presença oficial, relacionamento, interação ou colaboração, monitoramento/acompanhamento e planejamento estratégico.

- Presença oficial: em destaque no *site* institucional da marca[17], demonstrando a preocupação em evidenciar ao internauta em que plataformas está presente.
- Relacionamento, interação ou colaboração: mensagens que falam diretamente ao consumidor.
- Monitoramento/acompanhamento: a organização monitora e acompanha as interações com a marca.
- Planejamento estratégico: percebido pelos tipos de postagens, interações, monitoramento etc. Um exemplo foi uma oferta-relâmpago postada em 5 de agosto de 2014, dia em que esfriou muito em São Paulo. Na ocasião, a organização ofereceu uma panela de *fondue* com desconto[18] aos seus seguidores.

Figura 3 – Interação de consumidora com o @PontoFrio no Twitter.

FONTE: TWITTER.

---

17.   Disponível em: <http://www.pontofrio.com.br/>. Acesso em: 5 ago. 2014.

18.   Disponível em: <https://twitter.com/pontofrio/status/496733058809466880>. Acesso em: 5 ago. 2014.

Chocolates Garoto

Optamos pela marca da Chocolates Garoto por termos trabalhado na organização de abril de 2013 a agosto de 2014 e participado da construção da estratégia digital da marca, que foi uma das patrocinadoras da Copa do Mundo de Futebol de 2014, realizada no Brasil, e não tinha mídia tradicional à disposição para alardear o apoio.

A Garoto, fundada em 1929 pelo imigrante alemão Henrique Meyerfreund, está localizada em Vila Velha (ES). Hoje filiada à Nestlé, é a maior fábrica de chocolates da América Latina, contando com uma linha de mais de 100 produtos, comercializados em todo o Brasil e também no exterior. Entre os produtos destacam-se os ovos de Páscoa, bombons (caixa amarela), tabletes e coberturas de chocolate para uso culinário.

Como a maior parte das grandes organizações, sua estratégia digital se estende do *site* corporativo ao Facebook, Twitter, YouTube, Instagram, Google Plus, Foursquare, entre outros.

- Presença oficial: em destaque no *site* institucional da marca[19], demonstrando a preocupação em evidenciar para o internauta em que plataformas a Garoto está presente.

- Relacionamento, interação ou colaboração: diversas iniciativas que solicitam a participação do consumidor e sua interação. Exemplo disso é uma aba dentro da fanpage que solicita ao usuário que personalize a embalagem de Baton para uso em festas ("Baton Embalagem Personalizada"[20]).

- Monitoramento/acompanhamento: a marca é reconhecida por, em seus perfis, responder de maneira ágil às interações de seus usuários.

Figura 4 – Exemplo de interação e resposta à fã da página.

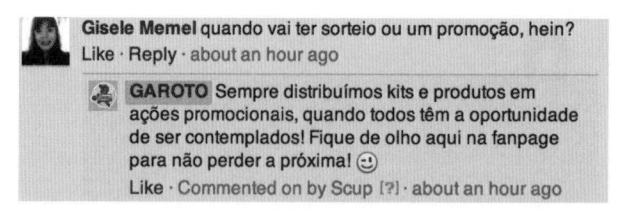

FONTE: FACEBOOK.

---

19. Disponível em: <http://www.garoto.com.br/>. Acesso em: 5 ago. 2014.

20. Disponível em: <https://www.facebook.com/garoto/app/1492474704359381/>. Acesso em: 10 dez. 2015.

- Planejamento estratégico: percebido pelos tipos de postagens, interações, monitoramento etc. Quando o jogador da seleção brasileira Neymar Jr. se machucou na Copa do Mundo, a empresa publicou uma mensagem de apoio no mesmo dia do ocorrido.

Figura 5 – *Post* de apoio ao atleta Neymar Jr. durante a Copa do Mundo de 2014.

FONTE: FACEBOOK.

Prefeitura de Curitiba

A prefeitura de Curitiba destaca-se no ambiente digital pela quantidade de informações que oferece a cidadãos, turistas, empresas, servidores e investidores. Sua presença se inicia no *site*[21] e se expande pelas mídias sociais (Facebook, Twitter, YouTube e Instagram).

- Presença oficial: em destaque no *site* institucional, demonstrando a preocupação em evidenciar ao internauta em que plataformas está presente.
- Relacionamento, interação ou colaboração: linguagem informal e próxima do cidadão, buscando a interatividade e a participação dos usuários.

---

21. Disponível em: <http://www.curitiba.pr.gov.br/>. Acesso em: 5 ago. 2014.

Figura 6 – Exemplo de interação da Prefeitura de Curitiba com seus fãs.

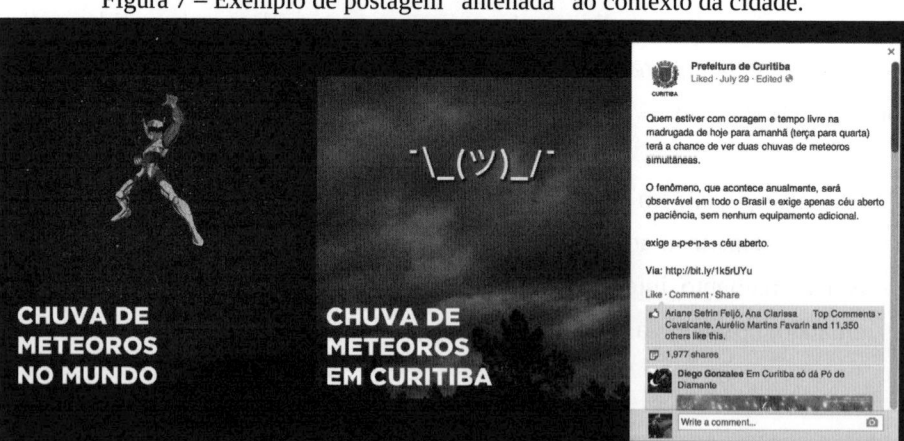

FONTE: FACEBOOK.

- Monitoramento/acompanhamento: o próprio exemplo anterior mostra a preocupação da prefeitura em acompanhar o que os cidadãos estão dizendo e interagir e colaborar com eles.
- Planejamento estratégico: percebido pelos tipos de postagens, interações, monitoramento etc. Quando ocorreu uma chuva de meteoros, a *fanpage* da prefeitura manifestou-se convidando os cidadãos a vê-la nas ruas.

Figura 7 – Exemplo de postagem "antenada" ao contexto da cidade.

FONTE: FACEBOOK.

Organização não governamental Clube dos Vira-Latas

A rede tem servido aos propósitos de divulgação e visibilidade de causas sociais, como é o caso da ONG Clube dos Vira-Latas[22], com mais de 616 mil curtidas. O Clube dos Vira-Latas é a maior ONG de cuidado animal do Brasil. Com 13 anos de existência, abriga mais de 500 animais e já contabilizou mais de 7 mil adoções.

- Presença oficial: em destaque no *site* institucional[23], demonstrando a preocupação em evidenciar para o internauta em que plataformas está presente: Facebook, Twitter, Instagram e YouTube.

- Relacionamento, interação ou colaboração: em tom de *storytelling*, a ONG comove e emociona os seus seguidores com histórias dos cães e tenta dar visibilidade à causa.

- Monitoramento/acompanhamento: não notamos respostas aos comentários dos fãs/seguidores. Entendemos que, por ser uma ONG, o recurso de monitoramento e acompanhamento seja escasso. No entanto, seu trabalho tem visibilidade devido ao apelo emocional e acaba por mobilizar os usuários em torno da causa.

- Planejamento estratégico: notamos que há postagens de contexto, como no caso da Copa do Mundo, e histórias dos animais disponíveis para adoção.

Figura 8 – Exemplo de postagem contextualizada no momento.

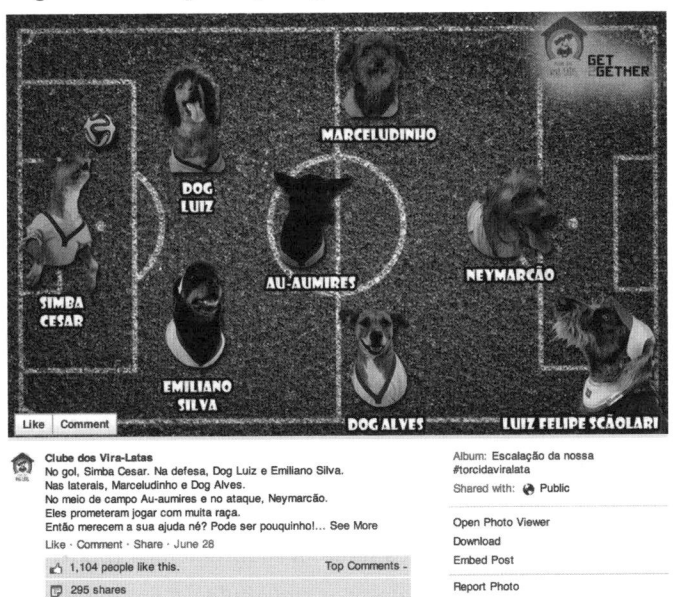

FONTE: FACEBOOK.

---

22. Disponível em: <https://www.facebook.com/ClubeDosViraLatas>. Acesso em: 7 ago. 2014.
23. Disponível em: <http://www.clubedosviralatas.org.br/>. Acesso em: 7 ago. 2014.

Como exemplos de boas práticas, notamos que ter uma estratégia de conteúdo, divulgação e relacionamento é essencial para uma presença digital. Isso deve fazer parte de um plano global de comunicação que inclua as mídias digitais como plataformas de comunicação das marcas diante da audiência que possuem.

Notamos, também, diferenças de atuação e comportamento de acordo com a condição da empresa. As organizações privadas têm, em geral, departamentos ou setores que se responsabilizam pelo digital e, normalmente, possuem orçamento disponível para todas as etapas que consideramos adequadas a uma presença digital – planejamento, gestão de conteúdo, criação, bons leiautes, monitoramento/acompanhamento e métricas. Muitas das organizações públicas ou não estão presentes no ambiente digital da forma mais correta ou pecam por uma comunicação unilateral. Não se trata do caso da prefeitura de Curitiba, que apresentamos aqui. E as organizações do terceiro setor são as que mais sofrem, justamente pela questão da suposta falta de verba. Elas dependem da boa vontade de organizações que criem sua presença digital e de verbas de doações que são direcionadas para as atividades-fins das ONGs e não para a comunicação.

Considerações finais

Construir uma estratégia de comunicação digital, para Corrêa (2009), passa por sua integração ao plano global de comunicação organizacional: representar a cultura, os propósitos e os públicos nas ambiências digitais; estabelecer um processo comunicacional fundamentado em hipermedialidade, interatividade e multimedialidade; oferecer tudo isso por meio de uma grade de sistemas e ferramentas específicos para o contexto digital.

Em tempos de tecnologias e ferramentas da web 2.0, a comunicação digital em redes sociais presume mais simetria entre emissores e receptores e constante troca de papéis entre eles, além da aceitação de diálogos, conversações e colaborações. Tudo isso obriga a organização a se posicionar estrategicamente em termos de comunicação, primando por comunicações *on-line* e *off-line* sistematizadas, harmônicas e sabendo que suas ações terão desdobramentos (podendo ser alvo de manifestações de usuários, consumidores e *stakeholders* em geral), sejam eles no meio físico ou digital. Basta acessar as páginas de marcas nas mídias digitais para conhecer o amor e o ódio dos consumidores por elas, seus produtos e serviços e comprovar a premissa acima.

Outro destaque das mídias sociais é, por exemplo, o quanto elas ajudam cidadãos em regimes repressivos a divulgar notícias reais, tentando contornar a censura, ainda que levemente. Vejam-se os casos da divulgação dos protestos ocorridos no mundo árabe, conhecidos como "Primavera árabe"[24]. O fim da primazia do discurso por parte dos conglomerados de mídia acaba até pela natureza da política (Shirky, 2009).

As relações públicas e a comunicação organizacional, ao se decidirem por uma estratégia ativa de participação nas redes sociais, devem definir objetivos que passam por ampliar o contato com o público, expandir as fronteiras empresariais e mensurar se esses canais de relacionamento geram vendas, atendem aos clientes, se relacionam com os usuários e consolidam a marca. Conhecer e monitorar tanto o ambiente digital quanto seus influenciadores, usuários, consumidores, grupos de pressão etc., com estratégias de relacionamento e divulgação, não é mais uma opção, mas, sim, uma necessidade das organizações.

Referências

BALDISSERA, Rudimar. "Comunicação organizacional na perspectiva da complexidade". *Organicom – Revista Brasileira de Comunicação Organizacional e Relações Públicas*, a. 6, n. 10/11, 2009, p. 115-20.

CORRÊA, Elizabeth Saad. *Estratégias para a mídia digital*: internet, informação e comunicação. São Paulo: Senac, 2003.

_____. "Digital age 2.0: o dilema da superexposição da marca, do produto, da pessoa". *Blog Intermezzo*. 2008. Disponível em: <http://imezzo.wordpress.com/2008/10/07/digital-age-20-o-dilema-da-super-exposicao-da-marca-do-produto-da-pessoa/>. Acesso em: 8 out. 2008.

_____. "Comunicação digital e novas mídias institucionais". In: KUNSCH, Margarida M. Krohling (org.). *Comunicação organizacional*. São Paulo: Saraiva, 2009, p. 317-35.

EDELMAN; TECHNORATI. *Public relationSHIPS: communications in the age of personal media*. Winter, 2006. Disponível em: <http://edelmaneditions.com/wp-content/uploads/2010/12/edelman-public-relationSHIPS-2006.pdf>. Acesso em: 20 fev. 2015.

KUNSCH, Margarida M. Krohling. *Planejamento de relações públicas na comunicação integrada*. 4. ed. rev., atual. e ampl. São Paulo: Summus, 2003.

_____. "Auditoria da comunicação organizacional". In: DUARTE, Jorge; BARROS, Antonio. *Métodos e técnicas de pesquisa em comunicação*. São Paulo: Atlas, 2005.

_____. "As dimensões humana, instrumental e estratégica da comunicação organizacional: recorte de um estudo aplicado no segmento corporativo". *Intercom – Revista Brasileira de Ciências da Comunicação*, São Paulo, v. 35, n. 2, jul./dez. 2012, p. 267-89.

---

24.   Disponível em: <http://pt.wikipedia.org/wiki/Primavera_%C3%81rabe>. Acesso em: 7 ago. 2014.

Nassar, Paulo. "Aberje 40 anos: uma história da comunicação organizacional brasileira". *Organicom – Revista Brasileira de Comunicação Organizacional e Relações Públicas*, São Paulo, ECA-USP, a. 4, n. 7, 2. sem. 2007, p. 30-43.

Pinho, Júlio Afonso. "O contexto histórico do nascimento das relações públicas". In: Moura, Cláudia Peixoto de (org.). *História das relações públicas: fragmentos da memória de uma área.* Porto Alegre: Edipucrs, 2008. Disponível em: <http://www.pucrs.br/edipucrs/historiarp.pdf>. Acesso em: 5 ago. 2014.

Shirky, Clay. *Lá vem todo mundo: o poder de organizar sem organizações.* Rio de Janeiro: Zahar Editores, 2012.

_____. *Clay Shirky: como a mídia social pode fazer história.* TED@State. Filmado em jun. 2009. Acesso em: 2 jul. 2014.

15. Comunicação oral nas organizações nos processos de gestão e de relacionamento

Reinaldo Polito
Marlene Theodoro

Visão geral do capítulo

Neste capítulo são abordadas técnicas e reflexões ligadas à eficiência da comunicação oral e do comportamento dos gestores para aprimorar o relacionamento e a convivência de todos que se envolvem na vida corporativa. As orientações deste capítulo permitirão que o gestor esteja capacitado para falar bem diante dos mais diferentes tipos de plateias, tanto nas apresentações diante do público interno quanto no contato com grupos externos, como clientes e fornecedores. Serão observados todos os aspectos estéticos referentes a voz, vocabulário e expressão corporal. Serão desenvolvidos também conceitos relevantes sobre as técnicas para apresentação da mensagem e o planejamento de apresentações eficientes. Todos os aspectos importantes da boa comunicação serão estudados tendo em vista sempre as características e o estilo do gestor, para que ele possa se expressar de forma espontânea e natural. Os conceitos teóricos foram considerados sempre visando à sua aplicação prática.

Objetivos do capítulo

* Orientar os gestores para que se expressem de maneira correta e competente nas reuniões com público interno e externo da organização, apresentando de forma clara e persuasiva projetos, procedimentos e propostas.

- Capacitar os gestores com instrumentos que lhes permitam afastar resistências e objeções às suas ideias, aos seus planos e às suas orientações.
- Discutir questões relacionadas à organização lógica e concatenada do raciocínio.
- Analisar os aspectos estéticos das apresentações – voz, vocabulário, expressão corporal.
- Abordar pontos da comunicação prática do dia a dia, como técnicas para transmitir a mensagem, discutindo qual a mais apropriada para cada circunstância, como leitura em público e recursos de apoio.
- Considerar as situações que cercam os gestores no seu cotidiano, como o uso correto de recursos audiovisuais e a participação em reuniões.

Introdução

A comunicação oral é uma das competências essenciais nas suas atividades como gestor. Com frequência cada vez maior você precisa participar de reuniões e processos de negociação, apresentar projetos e propostas, proferir palestras, abrir e fechar seminários, conceder entrevistas, motivar equipes e enfrentar inúmeras outras situações em que falar em público faz parte de suas atribuições. Se a comunicação for deficiente, poderá prejudicar o resultado de suas ações e até comprometer o desenvolvimento de sua carreira. De maneira prática e objetiva, vamos tratar dos aspectos mais relevantes da comunicação oral e mostrar como o gestor poderá aplicar conceitos simples para aprimorar a qualidade de suas apresentações.

Aspectos fundamentais da boa comunicação

Fale com naturalidade

Quanto mais natural e espontânea for sua comunicação, melhor será a qualidade de suas apresentações em público. A naturalidade poderá ajudá-lo a conquistar confiança e credibilidade. Por outro lado, o artificialismo talvez faça que os ouvintes duvidem de suas intenções.

Ao falar em público, avalie se está se comunicando da mesma forma como conversa com alguns amigos. Quando você tiver condições de levar para a frente do público a forma natural como se comunica com as pessoas do seu relacionamento mais próximo, estará explorando o que existe de melhor no seu potencial de comunicação.

Antes de se preparar para uma apresentação, procure conversar bastante sobre o assunto antes de enfrentar o público. Não basta apenas escrever o que deseja expor. Há grande diferença entre a comunicação escrita e a comunicação oral. O ritmo, a cadência, as pausas, o vocabulário e tantos outros aspectos da comunicação mostram-se distintos para falar e para escrever. Se você pretender falar da mesma maneira como escreve, é quase certo que não fará uma boa apresentação.

Esse é um bom exercício para se apresentar bem em público: conversar antes com algumas pessoas a respeito do assunto que irá expor. Essa preparação fará que você descubra os termos apropriados, o ritmo certo, a entonação adequada. Depois, diante da plateia, bastará manter o mesmo comportamento: falar de maneira animada.

Fale com emoção

Não basta apenas falar com naturalidade. Para envolver os ouvintes, também é preciso falar com disposição, energia, emoção. Se você não demonstrar interesse pelo tema que transmite, não poderá pretender que os ouvintes se envolvam pelo assunto. Antes de envolver o público, você precisará mostrar entusiasmo e interesse pela matéria.

A conjugação da espontaneidade com o envolvimento permitirá que você conquiste credibilidade e também a participação e o envolvimento dos ouvintes.

Demonstre conhecimento

Para que a sua comunicação seja eficiente, além de falar com naturalidade e emoção, é preciso que demonstre conhecimento sobre o assunto que irá apresentar.

Entre todos os aspectos importantes para o sucesso da comunicação, o mais relevante é o conteúdo. Por isso, estude o assunto com profundidade. Saiba muito mais do que precisará para expor. Deixe sobrar informações. Primeiro, porque esse conhecimento lhe dará mais confiança diante do público. Depois, porque essa demonstração de domínio da matéria poderá dar maior credibilidade à sua apresentação.

Seja objetivo

A maioria julga, erroneamente, que falar bem significa necessariamente falar pouco. Quase sempre a pessoa que se expressa com eficiência sabe expor suas ideias com objetividade, tem capacidade de síntese e fala pouco, mas essa característica não deve ser encarada como regra geral e imutável. O conceito de objetividade precisa ser observado, além do tempo consumido na apresentação, também com base na qualidade do conteúdo e do seu objetivo.

Qual será a vantagem de falar pouco tempo se você não puder transmitir a mensagem que deseja ou não tiver condições de persuadir os ouvintes? Todavia, continuar falando, após ter concluído a mensagem e persuadido os ouvintes, pode ser visto como falha de comunicação.

Veja a seguir cuidados você deve ter para que sua fala seja objetiva e eficiente.

Identifique e delimite o assunto

Após saber exatamente qual será o tema da sua apresentação, faça uma relação dos argumentos que poderá utilizar. Para que a sua fala seja objetiva, elimine aqueles que sejam inconsistentes e preserve apenas os que julgar essenciais. Cuidado também para não se apegar e ficar repetindo algum argumento que considere fundamental, pois esse tipo de repetição, além de enfraquecer a argumentação, pode fazer que você pareça prolixo.

Se não afastar as objeções dos ouvintes, no final eles não concordarão com sua proposta. Entretanto, não fique combatendo resistências que não existem, caso contrário, além de correr o risco de criar objeções infundadas, consumirá tempo e se estenderá desnecessariamente.

Oriente os ouvintes

Se os ouvintes já souberem qual o tema que será abordado e tiverem sido informados sobre o problema a ser solucionado, você poderá ir diretamente ao assunto sem explicações preliminares. Porém, essa fase da preparação não poderá ser suprimida se os ouvintes ainda desconhecerem qual assunto será tratado e não tiverem informações do problema que será discutido.

Atenção! Mesmo que os ouvintes já saibam qual assunto será exposto, você não consumiria muito tempo para revelar essa informação. Por exemplo: "Como é do conhecimento de todos, hoje vamos discutir nossas metas de vendas". Não gastaria mais de cinco segundos. Da mesma forma, se os ouvintes já souberem qual problema receberá proposta para solução, bastará fazer uma rápida menção a ele, sem a necessidade de dar explicações detalhadas. Por exemplo: "Minha intenção é mostrar como o índice de rejeição dos produtos acabados poderá ser reduzido". Essa simples frase poderia ser suficiente para que as pessoas, que já conhecem o problema, saibam do que se trata. O fato de você não explicar com muitos detalhes o problema já conhecido dará a impressão de que a comunicação está sendo objetiva.

Escolha bem as ilustrações

Algumas histórias usadas como ilustração acabam consumindo mais tempo do que a própria mensagem. Por isso, se desejar a objetividade nas apresentações, prefira exemplos concretos, que são mais curtinhos e servem também para reforçar a linha de argumentação.

Aspectos estéticos da boa comunicação

Todos os aspectos da comunicação precisam atuar de forma harmoniosa para que o resultado de suas apresentações seja eficiente. Vamos analisá-los de maneira isolada apenas para finalidades didáticas, mas a aplicação prática deverá considerar a participação conjunta de todos eles.

Os aspectos fundamentais para falar bem em público são: a voz, o vocabulário e a expressão corporal.

Voz

Se você tem voz melodiosa, sonora, bem timbrada, suas chances de sucesso se ampliam de maneira considerável, entretanto não significa necessariamente que ela deva ser bonita. Alguns líderes políticos, religiosos e empresariais entraram para a história como grandes oradores sem que sua voz possuísse esses recursos estéticos. O importante é que ela tenha personalidade. Para isso, fique atento e aprimore as seguintes qualidades da voz: volume, velocidade, ritmo e dicção.

Volume

O volume da sua voz deve ser apropriado a cada ambiente em que se apresentar. Você deverá falar mais alto ou mais baixo dependendo da acústica do local, da distância em que se encontrar do último ouvinte da plateia e dos ruídos que possam interferir na compreensão do público. Por isso, de maneira geral, evite falar alto quando estiver próximo de poucas pessoas em uma pequena reunião, assim como é desaconselhável falar muito baixo sem auxílio de microfone diante de plateias numerosas.

Se fizer uso de microfone, procure posicioná-lo um pouco abaixo da boca, aproximadamente na altura do queixo, para que o campo de ganho do aparelho possa captar bem a sua voz. Cada microfone possui sensibilidade específica; por isso, mesmo que a regra geral sugira que a boca deva ficar distante dele cerca de dez centímetros, observe sempre se há necessidade de se afastar ou de se aproximar para que a voz seja bem captada.

Velocidade

Você não deve se preocupar muito com o fato de falar rapidamente ou lentamente. Cada pessoa possui determinada característica para a velocidade da fala. Se você fala rápido, faça pequenas adaptações para que essa maneira de se expressar participe de forma positiva do seu processo de comunicação.

Quem fala rápido precisa pronunciar bem as palavras, pois, com boa dicção, será mais bem compreendido. Esse jeito de falar exige que você aprenda a finalizar as frases com a inflexão de voz própria de quem está mesmo encerrando, pois essa pausa dará oportunidade ao público de assimilar melhor o que acabou de ouvir. Desenvolva também a habilidade de repetir as informações importantes com palavras distintas, para que os ouvintes tenham mais chances de compreender a mensagem. Com esses cuidados, mesmo falando rápido, poderá desenvolver um estilo positivo de comunicação.

Por outro lado, se você fala lentamente, continue olhando para os ouvintes durante as pausas, para manter a linha de comunicação que o liga ao público; procure ficar em silêncio absoluto para evitar sons como *ããã*, *ééé*, característicos de quem fala devagar. Se a pausa for muito prolongada, ao voltar a falar, pronuncie o início da frase seguinte com mais ênfase, valorizando assim os momentos de silêncio. Com essas técnicas simples você poderá continuar falando devagar e manter um estilo eficiente de comunicação.

Ritmo

Alterne o volume da voz e a velocidade da fala para construir um ritmo agradável e envolvente. Se você se apresentar com fala monótona e monocórdia, em pouco tempo os ouvintes provavelmente deixarão de se interessar pela sua mensagem. Um bom exercício para desenvolver o ritmo é fazer leitura de poesia em voz alta alguns minutos por dia. É um treinamento simples, fácil de ser cumprido e que proporciona resultados excelentes.

Dicção

Não se preocupe em desenvolver uma dicção perfeita, com a pronúncia de todos os sons, especialmente o "s" e o "r" finais, pois isso poderá tornar sua maneira de falar muito artificial. Mas não negligencie essa importante qualidade da comunicação. Pronunciando bem as palavras, além de facilitar a compreensão dos ouvintes, você se valerá de um subtexto importante para que o público identifique seu preparo e sua formação.

Vocabulário

Muitas pessoas conseguem conversar bem no dia a dia e encontrar com facilidade as palavras para identificar os pensamentos. Entretanto, quando precisam dirigir a palavra a um grupo de pessoas em situações formais, mudam a maneira de se expressar e começam a procurar palavras diferentes para construir as frases. Como não estão familiarizadas com essa forma de se comunicar, elas se perdem na sequência do raciocínio e prejudicam o resultado da apresentação. Por isso, o primeiro passo para que seu vocabulário seja mais eficiente ao falar em público é fazer uso das palavras que já estão disponíveis em sua comunicação do cotidiano.

Se conseguir falar em público usando as mesmas palavras com as quais se comunica nas conversas do dia a dia, você se sentirá mais à vontade e certamente projetará uma imagem mais segura e confiante.

Cuidado com o vocabulário vulgar

Tome cuidado com palavrões e gírias. Esse tipo de vocabulário poderá prejudicar sua imagem e comprometer o resultado de suas apresentações. Em situações bem informais, diante de amigos ou familiares, é provável que um palavrão ou outro até seja útil para tornar a conversa mais descontraída e agradável. Assim como certas gírias, usadas de vez em quando com inteligência e propriedade, poderão fazer que você se aproxime dos ouvintes e os torne mais receptivos à mensagem. Entretanto, o excesso, o exagero, de maneira geral, só atrapalham.

Evite os termos incomuns

Palavras incomuns, que dificilmente são usadas no cotidiano, geralmente dificultam o entendimento dos ouvintes. É provável até que, quando já estiver no meio da apresentação, algumas pessoas ainda estejam tentando compreender o que foi dito no início. Se o público for muito bem preparado intelectualmente, o vocabulário mais sofisticado não atrapalha a compreensão da apresentação, pois, mesmo que os ouvintes não entendam alguma palavra isoladamente, pela boa formação que possuem, perceberão seu sentido no contexto da mensagem.

Reserve o vocabulário técnico para os iguais

Ao utilizar vocabulário técnico, específico de sua atividade diante de colegas de profissão, além de facilitar a compreensão deles, será também um excelente recurso para projetar sua imagem profissional. O mesmo não ocorrerá quando os ouvintes são de áreas distintas da sua. Por esse motivo, reserve o vocabulário técnico apenas para falar com as pessoas que estejam familiarizadas com sua atividade. Fique bem atento, porque você pode estar tão acostumado com o jargão profissional que nem percebe que as palavras são inadequadas para determinados tipos de ouvintes.

O estrangeirismo tem lugar apropriado

Cada vez mais tenho treinado executivos acostumados a se comunicar em outras línguas, especialmente em inglês. Para esses profissionais, falar em língua estrangeira é uma atitude corriqueira. Se, diante dessas pessoas, você usar algumas palavras em inglês, de certa maneira fará parte daquele grupo e não encontrará resistências. Entretanto, há outros grupos que trabalham em empresas que não têm esse hábito, pois ele não faz parte da sua cultura organizacional. Se você abusar do estrangeirismo ao se apresentar diante desses ouvintes, correrá o risco de ser avaliado de forma negativa.

O melhor uso do vocabulário

Se você usar as palavras com as quais se comunica no dia a dia, afastar os termos vulgares, não se expressar com palavras rebuscadas e preservar as expressões técnicas para quem estiver acostumado com elas, terá um vocabulário objetivo, de bom nível e que poderá ser adaptado às mais diferentes circunstâncias.

Expressão corporal

Há dois erros básicos que precisam ser evitados na gesticulação. O primeiro deles é a ausência de gestos, pois os movimentos do corpo são importantes no processo de comunicação da mensagem. O outro, geralmente mais grave que o primeiro, é o exagero de gestos. Provavelmente o resultado da sua apresentação será muito mais positivo se, ao invés de exagerar na gesticulação, você não fizer gestos.

O posicionamento das pernas

Como orientação de ordem geral, sem que se constitua em regra cristalizada, para que o posicionamento seja correto, procure se postar com equilíbrio sobre as duas pernas, evitando ficar apoiado ora sobre a perna esquerda, ora sobre a direita. Observe se elas não ficam demasiadamente abertas, para que não tornem sua postura deselegante, ou, ao contrário, se não permanecem muito juntas, para que sua mobilidade não seja prejudicada.

É importante também que você se movimente diante do público, mas sempre com objetivo e alguma finalidade. Se você se desloca de um lado para o outro da sala para dar ênfase a determinada informação, ou para recuperar a atenção de pessoas que começam a se desconcentrar, estará agindo de maneira correta. Se, todavia, os movimentos ocorrerem apenas por não se sentir confortável e na tentativa de se sentir mais à vontade, é quase certo que esteja se comportando de forma inadequada.

Os braços e as mãos

Ao gesticular, é recomendável fazer os movimentos acima da linha da cintura e alternar a posição de apoio dos braços, deixando-os às vezes ao longo do corpo, em outros momentos gesticulando apenas com um deles, para em seguida atuar com os dois. Dessa forma, evitará a rigidez da postura e tornará os gestos mais elegantes e harmoniosos. Se, eventualmente, por pouco tempo, com naturalidade, você puser os braços nas costas ou as mãos nos bolsos, esse poderá até ser um comportamento recomendável. Mas, se agir assim com frequência e por tempo prolongado, talvez demonstre desnecessariamente aos ouvintes que está inseguro e desconfortável.

Evite também esfregar ou apertar nervosamente as mãos, principalmente no princípio, quando essas atitudes são mais comuns. Tome cuidado ainda para não coçar a cabeça o tempo todo, ou ficar segurando sucessivamente a gola da blusa ou do paletó. Quase sempre os ouvintes têm a impressão de que, quando o orador domina o assunto da sua apresentação, não fica nervoso diante do público. Portanto, mesmo que essa interpretação não seja correta, essas demonstrações de hesitação podem até comprometer o resultado da sua exposição.

O semblante e a comunicação visual

O semblante é a parte mais expressiva do corpo. É ele, principalmente, que dá ou não autenticidade à mensagem. Como os ouvintes poderiam acreditar em suas palavras se você relatasse acontecimentos alegres mantendo o semblante pesado?

Ao se apresentar, olhe com calma para todos os lados da plateia. Agindo assim, você poderá observar como os ouvintes reagem ao que está dizendo e terá condições de se adaptar à realidade do público. Como demonstrará que está olhando na direção das pessoas, elas se sentirão incluídas, fazendo parte do ambiente. Ao girar o tronco de um lado para o outro para olhar a plateia, você afastará a postura rígida e, com essa movimentação, seu posicionamento parecerá mais espontâneo.

Como planejar apresentações eficientes

Aprenda a planejar corretamente suas apresentações para ter certeza de que ordenará bem o pensamento e facilitará a compreensão dos ouvintes. Qualquer que seja o tipo de exposição que venha a fazer, você precisa ter todas as etapas ordenadas de maneira lógica e concatenada, desde o princípio até a conclusão. Veja uma forma simples de fazer esse planejamento.

Descubra qual é o objetivo da apresentação

Talvez essa seja a falha mais comum da arte oratória: não saber exatamente qual é o objetivo da apresentação. Após saber qual o assunto a ser exposto, analise o que pretende conseguir com a mensagem:

Solucionar um problema?

De maneira geral, o objetivo de uma apresentação é propor solução a determinado problema. Se você concluir que essa é a finalidade a ser atingida, verifique como poderá ajudar os ouvintes a compreender melhor o problema a ser solucionado, pois é evidente que a plateia só poderá assimilar a proposta de solução se conhecer bem o problema que está sendo apresentado.

Expor uma informação atual?

Pode ser ainda que o objetivo da sua presença diante do público seja expor uma novidade, uma informação atual. Se você perceber que essa é a finalidade da apresentação, o melhor recurso para facilitar a compreensão dos ouvintes é fazer um retrospecto, mostrar como o tema evoluiu ao longo do tempo, até chegar ao momento presente.

Mostrar as vantagens de uma solução?

Finalmente, é possível que o objetivo seja mostrar as vantagens ou pormenores da solução de um problema. Neste caso, para ajudar o entendimento da plateia, a melhor técnica é mostrar antes qual foi o problema solucionado.

Faça a exposição do assunto

Depois de ter esclarecido aos ouvintes qual é o problema que pretende solucionar, ou a novidade que deseja expor, ou as vantagens que mostrará, faça a apresentação do assunto com o apoio de argumentos (exemplos, estatísticas, pesquisas, estudos técnicos ou científicos, teses, testemunhos). Lance mão de ilustrações (histórias reais ou imaginárias, como parábolas e fábulas) para facilitar ainda mais a compreensão dos ouvintes.

Elabore o final e o começo

A conclusão e o início são as duas últimas partes a ser planejadas.

A conclusão

Na conclusão, você deverá fazer que os ouvintes reflitam ou ajam de acordo com as propostas da sua mensagem.

Evite encerrar com frases vazias ou inconsistentes, como, por exemplo, "Era isso o que tinha para dizer. Muito obrigado".

Para encerrar, você poderá usar os mesmos recursos da introdução. Portanto, sabendo como iniciar, saberá também como finalizar a apresentação.

O início

A introdução é a última etapa a ser elaborada, pois somente depois de ter noção das dificuldades que deverá ultrapassar e das resistências a ser vencidas é que terá condições de saber o melhor tipo de início para a sua exposição.

Aqui também você deverá se concentrar nos objetivos. Analise cuidadosamente qual deve ser a finalidade da introdução. Será que deseja conquistar a atenção e o interesse dos ouvintes? Será que o objetivo é angariar a simpatia do público? Será que você precisará usar as primeiras palavras para afastar possíveis resistências da plateia? Ou será que precisará de mais de um ou de todos esses objetivos?

Para conquistar o interesse e a atenção das pessoas, você poderá se valer dos seguintes recursos:

a. Usar uma frase que possa provocar impacto: faça-o de tal forma que as pessoas percebam pela força da informação que a mensagem é importante.

b. Apresentar um fato bem-humorado: observe algum fato nascido no ambiente ou no contexto do que pretende transmitir e, com sua presença de espírito, exagere essa informação, transformando-a em um fato bem-humorado. Quando essa técnica é explorada de maneira eficiente, os resultados são muito positivos.

c. Contar uma história interessante: as histórias possuem um poder mágico de conquistar a atenção dos ouvintes. Entretanto, tome cuidado para que a história seja curta e bem contextualizada, pois histórias longas e fora de contexto, por melhores que sejam, podem prejudicar a concentração do público.

d. Levantar uma reflexão: ao levantar uma reflexão, você fará que os ouvintes sejam instigados a acompanhar a mensagem com maior interesse.

e. Mostrar os benefícios do assunto: especialmente na vida corporativa, em que constantemente se buscam vantagens, mostrar à plateia que ela se beneficiará de alguma forma com a mensagem será um recurso excepcional para manter os ouvintes atentos.

Para angariar a simpatia e a benevolência dos ouvintes, você poderá: contar com seu próprio comportamento (valem aí sua simpatia, gentileza, humildade, demonstração de envolvimento com o assunto tratado e com o ambiente); elogiar de forma sincera os ouvintes (quando o público percebe que os elogios que você fez a ele são verdadeiros, naturalmente passa a torcer pelo sucesso da sua apresentação).

f. Afastar resistências: para afastar resistências da plateia, você precisará antes identificar quais são as restrições apresentadas pelos ouvintes: se são em relação a você, ao assunto ou ao ambiente.

Na primeira, a plateia é resistente em relação ao orador quando não confia em sua autoridade. Por isso, procure, logo nos primeiros momentos, de forma sutil, mostrar que você possui conhecimento sobre o assunto que irá expor. Fale, por exemplo, a respeito de um empreendimento ou projeto que esteve sob sua responsabilidade, ou de uma tarefa da qual esteve à frente. Ao perceber essa sua intimidade com o tema, as pessoas começarão a sair da posição defensiva.

Na segunda, se os ouvintes se sentirem prejudicados pelos rumos da apresentação, irão se fechar defensivamente. O melhor recurso nessa circunstância é relacionar os pontos com os quais você concorda com a plateia e iniciar sua exposição a partir desses tópicos, de tal forma que as pessoas entendam que existe identidade de pensamento e que podem ouvir sua explanação despoliciadas.

Na terceira, se os ouvintes se sentirem desconfortáveis no ambiente da apresentação, seja por ruídos excessivos, seja por temperatura muito baixa ou muito alta, ou incomodados porque precisam cumprir compromissos assumidos, a melhor saída é dizer que não consumirá muito tempo, que a apresentação será breve.

Percorrido esse caminho, você terá todas as condições para planejar bem a sequência da sua apresentação. Basta apenas agora organizar as etapas na ordem correta.

Dê ordem natural

A ordem natural das diversas etapas de uma apresentação é:

- Introdução – conquistar os ouvintes.
- Proposição – contar em uma ou duas frases qual é o assunto.
- Narração – explicar qual o problema a ser solucionado, ou o histórico do tema atual, ou a solução que será detalhada.
- Divisão – informar quais são as partes do assunto que serão cumpridas. Por exemplo, se o tema fosse imprensa, a divisão poderia ser: imprensa escrita, falada e televisionada.
- Assunto central – aplicar o que foi preparado. Desenvolver o assunto prometido na proposição, solucionar o problema, atualizar o histórico ou mostrar as vantagens da solução. Apoiar com argumentos. Ilustrar com uma história para facilitar o entendimento dos ouvintes.
- Refutação – defender os argumentos das possíveis objeções do público.
- Conclusão – fazer que os ouvintes reflitam ou ajam de acordo com a proposta.

Técnicas de apresentação

Você poderá expor sua mensagem diante da plateia usando o recurso com o qual se sinta mais à vontade. Se você se sentir mais confortável com um roteiro escrito, escreva algumas frases na sequência que pretende seguir. Diante do público, leia a frase e em seguida faça os comentários que desejar. Concluídas as observações, leia a frase seguinte e faça outras considerações. Continue assim até terminar a apresentação.

Se a exposição for menos complexa, você poderá utilizar um cartão de notas. Anote as palavras mais importantes, números e cifras, em uma cartolina, mais ou menos do tamanho da palma da mão – diante dos ouvintes, irá se certificando de que está seguindo a sequência planejada.

Se tiver muito domínio do assunto, poderá recorrer a um esquema mental. Você guardará mentalmente quatro ou cinco etapas que deseja cumprir, o que fica simples de memorizar, e durante a apresentação se apoiará nelas para nortear o raciocínio.

Se você for convidado para falar de improviso, sem tempo para se preparar, a melhor saída, antes de entrar no assunto principal, que é o objetivo de sua apresentação, é que fale sobre outro tema que conheça com profundidade. Em seguida encontre uma forma de ligar o tema que domina ao assunto que precisa ser abordado. Assim, terá tempo para se preparar e passará aos ouvintes a impressão de que domina bem toda a matéria. O público receberá a mensagem como se fosse uma só e, ao demonstrar domínio sobre o primeiro assunto, deduzirá que o seu domínio é sobre tudo o que abordou em sua explanação.

Você deverá ler o discurso: se tiver de apresentar informações técnicas, que não possam conter erros, pois só com a leitura estará seguro de que os dados são transmitidos de forma correta; se representará a vontade de um grupo, por exemplo, no agradecimento de uma homenagem em que tenha de falar sobre a forma de pensar das pessoas que esteja representando, ou como orador de turma, que fala em nome dos colegas; e em discursos de posse, quando apresentará as bases da sua administração, ou quando deixar o cargo de presidente, para fazer um balanço de suas realizações.

Recursos audiovisuais

Se você precisar fazer o lançamento de um produto, promover um evento para falar dos planos para o próximo exercício ou reunir o pessoal para dar uma injeção de ânimo no grupo, provavelmente apoiará suas apresentações com recursos audiovisuais. A qualidade da sua mensagem e a imagem da sua empresa dependerão muito da eficiência dessas projeções. Por isso, é importante saber como usar bem esses recursos.

Comece evitando o exagero. É comum observar apresentações que utilizam tecnologia tão sofisticada que mais parecem demonstrações de programas de computação gráfica. Não fica um recurso de fora. Os palestrantes recorrem a todos os sons, cores, movimentos e tipos de imagens que tiverem à disposição. O espetáculo dos visuais é tão impressionante que no final os ouvintes mal conseguem se lembrar de qual foi o assunto tratado. Resista à tentação e seja moderado na utilização dos recursos de apoio.

Por isso, se a sua apresentação estiver apoiada por 60 ou 70 telas, ao reduzir esse número para cerca de 20 a 25 *slides*, provavelmente o resultado será melhor, pois você se sentirá mais livre para interagir com os ouvintes, sem perder as vantagens dos recursos.

Apresentações eficientes e de boa qualidade, normalmente, contam com o apoio dos recursos audiovisuais. Sua importância é demonstrada pelo resultado de estudos que concluíram que, se uma mensagem for apresentada apenas oralmente, depois de três dias os ouvintes se lembrarão apenas de 10% do que lhes foi transmitido. Entretanto, se essa mesma mensagem for apresentada com o auxílio de um visual, depois desse mesmo tempo eles se lembrarão de 65% do que lhes foi comunicado.

Quando usar um visual

Um visual deve ser utilizado se atender a três objetivos principais:
- Destacar as informações importantes.
- Facilitar o acompanhamento do raciocínio.
- Possibilitar a lembrança do assunto por tempo mais prolongado.

Esta é uma pergunta que você precisa fazer ao produzir um visual: esse *slide* atenderá a esses três objetivos? Se a resposta for positiva, inclua-o na apresentação. Se, ao contrário, a resposta para um dos itens for negativa, prepare-se para eliminá-lo.

Não use um visual se ele servir apenas como ilustração para tornar a exposição mais atraente, tomar o lugar de informações que poderiam ser transmitidas verbalmente, funcionar como simples roteiro ou, o que é pior, imitar outros palestrantes que sempre se apoiam nesses recursos. Dispense-o também se o custo e o tempo de preparação não puderem ser compensados pelos resultados pretendidos, nem pela importância do evento.

Dez regras básicas para produzir um bom visual

1. Coloque um título.
2. Faça legendas.
3. Escreva com letras legíveis.
4. Limite a quantidade de tamanhos de letras.
5. Crie frases curtas.
6. Use poucas linhas.
7. Use cores.
8. Apresente apenas uma ideia em cada visual.
9. Utilize apenas uma ilustração em cada visual.
10. Retire tudo que for dispensável ou incompatível com a mensagem.

Outros cuidados

Posicione o equipamento e a tela de tal maneira que as informações possam ser vistas com facilidade por todos os ouvintes. Tenha cuidado com relação ao pessoal responsável pela logística do evento. Se contar com curiosos sem experiência, correrá o risco de encontrar de tudo, desde banquinhos até listas telefônicas servindo de base.

Se você projetar as imagens numa tela frontal à plateia, posicione-se no espaço à esquerda do auditório, num lugar anterior à linha imaginária que passa da ponta da tela até o primeiro ouvinte da extremidade esquerda. Sendo necessário, sacrifique alguns lugares dessa extremidade para que o campo de ação seja maior.

Inicie explicando a informação que desenvolverá, projete o visual, faça alguns comentários complementares e, se não precisar mais dele, retire a informação da tela. Quando tiver de apresentar gráficos, a situação muda um pouco. Nesse caso, dê a explicação inicial sobre o que projetará, volte-se para a tela e, com a ajuda de um *laser pointer*, acompanhe os detalhes com a plateia. Encerrada a exposição do gráfico, comente alguns pontos que julgar relevantes sobre o que foi projetado, olhando novamente para o público.

Tomando essas precauções você aproveitará melhor o uso dos visuais e contribuirá para projetar uma imagem positiva da sua empresa.

Finalmente, você deve se preparar muito bem para falar com a ajuda dos visuais, mas também precisa estar pronto para falar sem eles se ocorrer qualquer falha no equipamento ou na compatibilidade dos aparelhos.

Participação em reuniões

As reuniões fazem parte do seu dia a dia como gestor. Com frequência você precisa se reunir com subordinados, pares, superiores, clientes ou fornecedores com o objetivo de debater os mais diversos temas relacionados à sua atividade. Portanto, o resultado das reuniões pode ter grande influência no desempenho de suas funções. Algumas delas são malsucedidas por não serem bem planejadas e conduzidas de forma adequada.

Questões que poderiam ser solucionadas por telefone, com alguns *e-mails*, ou até com rápidas trocas de informações na sala das pessoas envolvidas, acabam interrompendo o trabalho de profissionais importantes, para que participem de reuniões.

Se as reuniões forem planejadas e conduzidas da maneira correta, podem dar excelentes resultados. Vejamos os cuidados que precisam ser tomados para que esses encontros sejam sempre produtivos.

Estabeleça uma pauta para começar

Avalie sempre se a reunião é realmente necessária. Se julgar que ela deve mesmo ocorrer, analise todos os temas que pretende discutir e faça uma pauta considerando os assuntos prioritários. Embora a questão pareça ser elementar, muitas reuniões fracassam por falta de pauta. Para saber qual será o horário de seu encerramento, determine o tempo que pretende consumir com cada um dos tópicos. Dessa forma, se a discussão de um item passar do tempo previsto, para fazer a compensação bastará que reduza ou até elimine os pontos que ainda não foram tratados.

Organize os passos da reunião

Cada passo da reunião deve ser planejado para facilitar a participação dos envolvidos, possibilitar a troca de informações, direcionar as decisões e esclarecer possíveis dúvidas ou divergências.

Para atingir bons resultados a reunião pode ser dividida em quatro etapas.

Esclarecimentos iniciais

O líder poderá usar a primeira parte da reunião para fazer uma rápida explanação e mostrar com clareza os temas que serão debatidos, o objetivo a ser atingido, tópicos ou informações já discutidos, enfim, tudo que for importante para que o grupo tenha boa participação e conquiste os resultados desejados.

Discussão dos temas

Depois dos esclarecimentos iniciais, os participantes começam o debate dos temas, detalhando as questões e apontando soluções.

Conclusões

Durante a discussão algumas opiniões são relevadas, enquanto outras, por serem mais consistentes, são consideradas. A partir das sugestões que prevaleceram é que as conclusões são elaboradas.

Recapitulação

Essa última etapa da reunião precisa ser avaliada com bastante critério, pois a recapitulação é a última oportunidade de esclarecer dúvidas e eliminar possíveis equívocos. Se até esse instante existir ainda dúvida sobre algum dos pontos debatidos, é prudente voltar à discussão até que a dúvida seja esclarecida.

Como liderar bem a reunião

A boa atuação do líder é essencial para o resultado da reunião. Ao liderar uma reunião, você deverá buscar os seguintes objetivos:

- Motivar a participação de todas as pessoas.
- Acompanhar atentamente o pensamento do grupo.
- Fornecer informações para que a discussão tenha continuidade.
- Manter o tema da discussão dentro dos limites dos problemas levantados e dos objetivos perseguidos.
- Manter a descontração.
- Propiciar um comportamento informal, sem cair na vulgaridade.
- Evitar e suplantar as situações delicadas.
- Usar com propriedade a presença de espírito.

- Fazer perguntas que estimulem o desenvolvimento e a concatenação das ideias do grupo.
- Ser pontual para começar e concluir a reunião.
- Evitar opiniões pessoais.
- Manter a calma, a cordialidade e a tolerância.
- Reconhecer a importância de cada participante.

Como participar bem da reunião

Sua reputação profissional é construída também pela forma como participa das reuniões. Nessas circunstâncias quase sempre poderá opinar sobre questões relevantes da empresa e mostrar as tarefas que tem realizado. Quando participar de reuniões, observe os seguintes procedimentos:

- Quando for questionado, responda de maneira firme, convicta e segura.
- Fale com voz pausada e audível.
- Quando seus conhecimentos e experiência puderem ajudar, peça a palavra sem hesitar.
- Não responda a perguntas dirigidas a outros participantes, salvo quando não forem respondidas, e tenha certeza de estar colaborando com a sua intervenção.
- Restrinja-se a conversar sobre o tema abordado e, mesmo assim, evite os diálogos paralelos, ainda que se trate de assunto da reunião.
- Ao falar, olhe para todos os participantes; quando ouvir, olhe para quem fala.
- Não crie antipatias ridicularizando os colegas ou usando ironias desnecessárias.
- Se precisar refutar, cuidado para não magoar os grupos participantes; use "diplomacia", entendendo o ponto de vista contrário.
- Não fale sozinho, dê oportunidade aos outros.

Considerações finais

Falar em público deve ser uma atividade natural, como se você estivesse mesmo conversando com as pessoas da plateia. Entretanto, para atingir esse estágio na sua comunicação, precisará praticar bastante. Por isso, aproveite todas as oportunidades que tiver para se apresentar.

Não recuse convites. A tendência normal da maioria das pessoas é dar uma desculpa e dizer que não pode fazer determinada apresentação. Não faça isso. Se tiver tempo para se preparar, aceite o convite. Mesmo que sofra bastante, porque terá de enfrentar a plateia, encare o desafio e vá em frente. Com o tempo você se sentirá muito mais confiante e talvez até se oferecerá espontaneamente para fazer apresentações.

Inscreva-se em um bom curso de expressão verbal. Você ficará surpreso ao ver como será possível adquirir confiança e desembaraço com poucas horas de treinamento. Leia livros sobre a arte de falar em público. Assista a palestras sobre o tema. Enfim, procure se aperfeiçoar cada vez mais nessa atividade, porque, conforme já foi comentado no início, daqui para a frente cada vez mais você "correrá o risco" de ter de falar diante de uma plateia. E sua competência nessas circunstâncias poderá ser fundamental para o futuro e o sucesso da sua carreira.

Espero sinceramente que a boa comunicação esteja sempre ao seu lado nos momentos das grandes conquistas. Boa sorte.

Referências

ARISTÓTELES. *Arte retórica e arte poética*. Trad. de Antonio Pinto de Carvalho. Rio de Janeiro: Tecnoprint, s/d.

MONEGAL Y NOGUÉS, Esteban. *Compendio de oratoria sagrada*. 4. ed. Barcelona: Imprenta de Eugenio Suborana, 1923.

POLITO, Reinaldo. *Gestos e postura para falar melhor*. 23. ed. São Paulo: Saraiva, 2002.

_____. *Recursos audiovisuais nas apresentações de sucesso*. 7. ed. São Paulo: Saraiva, 2010.

_____. *Assim é que se fala*: como organizar a fala e transmitir ideias. 28. ed. São Paulo: Saraiva, 2013a.

_____. *Como falar corretamente e sem inibições*. 111. ed. São Paulo: Saraiva, 2013b.

_____. *Como falar de improviso e outras técnicas de apresentação*. 10. ed. São Paulo: Saraiva, 2013c.

_____. *Superdicas para falar bem*. São Paulo: Saraiva, 2014.

QUINTILIEN, Marcus F. *Instituition oratoire*. Trad. de Henri Bornecque. Paris: Librairie Garnier Frères, 1933-4, 4 vol.

VIANA, Mario Gonçalves. *A arte de falar em público*. Porto: Editorial Domingos Barreira [ca. 1950].

PARTE III

Comunicação: mercado, avaliação e consumo

A partir de uma visão de marketing como função gerencial, baseada em fluxos sistêmicos das entradas, transformações e saídas e suas conexões com as relações públicas, esta terceira parte explora vertentes como: as novas formas nas relações de consumo e suas consequências na produção da comunicação mercadológica, particularmente da publicitária; o papel da comunicação na aplicação e eficácia do uso do *balanced scorecard* (BSC); a avaliação e mensuração de resultados com suas respectivas métricas e possíveis modelos para atender às novas demandas do mercado, que clama por eficiência, eficácia e efetividade nas ações comunicativas; as relações entre o cliente e as agências de comunicação e design nos processos criativos; a importância da "alfabetização visual" de quem contrata os serviços; e novas realidades na elaboração do planejamento publicitário diante da evolução de um modelo de mídia comandada pelos veículos e anunciantes para um novo formato controlado pelos receptores.

16. Marketing e relações públicas nas organizações: desafios e perspectivas

Mitsuru Higuchi Yanaze

Kleber Markus

Visão geral do capítulo

Este texto analisa o marketing no cotidiano das empresas. Expande a afirmação de que ele, longe de uma simples ferramenta estratégica, é uma função gerencial que abrange os *inputs* e *throughputs* das organizações para produzir *outputs* adequados à manutenção do equilíbrio desejado entre seus potenciais e os potenciais dos segmentos de mercado almejados. Discorre sobre as funções que compõem o processo gerencial de marketing, indicando os níveis e as áreas de competência decisória, bem como os tipos e os graus de complexidade da participação dos diferentes setores da organização, como compras, produção, vendas, finanças, recursos humanos, relações públicas, contabilidade, entre outros. Apresenta os 14 objetivos que compreendem a comunicação como um processo. Tal modelo sistêmico é capaz de guiar o trabalho dos profissionais, porque identifica, já no planejamento, os objetivos e metas que devem ser alcançados, o foco das ações a ser implementadas e os investimentos realizados.

Objetivos do capítulo

*   Analisar o marketing como processo gerencial sistêmico com base na "teoria dos três puts".
*   Estabelecer uma intersecção entre os setores da organização no desenvol-

vimento de estratégias eficazes para a venda de produtos, bem como para a construção de marcas organizacionais.

- Discutir conceitos mercadológicos a partir de suas aplicações nas organizações.
- Discutir pontos de intersecção entre marketing e relações públicas.
- Ampliar a visão sistêmica do composto mercadológico.
- Proporcionar material de reflexão sobre as transformações advindas do conceito de "marketing reverso".

Introdução

O marketing busca desenvolver uma consciência empresarial e um roteiro de administração voltado à integração de uma empresa, dedicando-se não apenas ao mercado consumidor, mas também ao mercado fornecedor. A comunicação está presente em todo o processo sistêmico de marketing.

Neste capítulo, analisamos que marketing não é uma função isolada dentro da empresa, mas, sim, um princípio de trabalho e a cultura de uma consciência integradora, que deve impregnar todos e cada um de seus sustentadores (*stakeholders*) e colaboradores, desde o presidente ao mais humilde funcionário. Dessa forma, a consciência e a criação dessa cultura dependem de uma eficiente e constante comunicação.

Entendemos também que nenhuma organização está separada do ambiente em que se acha inserida. Ela tem de se relacionar com outros públicos, além de seus consumidores. Há os fornecedores e um universo de entidades da política e das administrações pública e privada que interferem em sua atividade e em sua própria existência, e ela precisa manter relacionamento até mesmo com concorrentes. Todo esse relacionamento desenvolvido externa e internamente depende da comunicação para ser mantido em níveis adequados aos objetivos do empreendimento.

Competências comunicacionais

Os objetivos de uma organização em relação aos mercados comprador e fornecedor podem ser assim estruturados:

- Ser conhecida pelos mercados (suscitar interesse e prover conhecimento).
- Conquistar os mercados.
- Manter os mercados.
- Expandir mercado.
- Lucrar com os mercados.

Definimos comunicação mercadológica como o processo de administrar o fluxo de informações com os públicos-alvo que compõem os mercados da empresa, isto é, com parcelas de público (interno ou externo) interessadas em reagir favoravelmente às negociações e transações oferecidas pela empresa ou entidade emissora. As ações de comunicação mercadológica mais utilizadas são:

1. Propaganda (tevê, rádio, mídia impressa, mídia externa, internet, cinema etc.).
2. Promoções de venda (equipe de vendas, canais de venda, cliente final etc.).
3. *Merchandising*/exibitécnica (design de produtos, embalagem, *displays*, cartazes de ponto de venda, vitrinismo, ergonomia de vendas etc.).
4. Organização e/ou participação em eventos promocionais e de negócio.
5. Televendas.
6. Venda pessoal.
7. *Product placement* e propaganda *tie-in*.
8. Comunicação digital (*website*, *link* patrocinado, redes sociais, *blog*, *e-business* etc.).

É necessário considerarmos que a propaganda é apenas uma das ferramentas da estratégia de comunicação, que, por sua vez, faz parte do planejamento estratégico de marketing da empresa. Dessa forma, seus objetivos devem ser coerentes com as definições estratégicas do planejamento que a antecedeu. Se na estratégia de produto se decidiu pela alteração da embalagem, a propaganda deverá levar ao público-alvo essa mudança, e explicitar essa vantagem. Também deverá informar ao potencial cliente em que lugar o produto poderá ser encontrado. Enfim, é sua função tornar comum aos consumidores todos os fatos, relatos e curiosidades com bom potencial comunicativo relativos à empresa. "A comunicação de marketing representa a 'voz' da marca e é o meio pelo qual ela estabelece um diálogo e constrói relacionamento com os consumidores" (Kotler e Keller, 2006, p. 532).

A comunicação mercadológica eficiente da empresa para seus fornecedores é aquela que informa objetivamente as necessidades de compra da empresa (matéria-prima, insumos, equipamento material e humano, *know-how*, informações, serviços etc.), ou seja, apresenta especificações claras da qualidade e da quantidade desejada, parâmetros de preços e prazos de entrega, formas de pagamento possíveis e interessantes para ambos os lados, compromissos mútuos, entre outras. Michiel Leenders e David Blenkhorn (1991), em seu livro *Marketing reverso*, enfatizam que nenhuma relação comprador-fornecedor será profícua sem um adequado elo de comunicação. Já no início dos anos 1990, anteviam a importância da tecnologia como força impulsionadora do marketing reverso, ou seja, do momento em que a área de compras de uma empresa lança mão de estratégias para conseguir melhorar o posicionamento no mercado fornecedor, antecipando-se às ações dos vendedores.

Atividades de comunicação bastante eficientes são também: a organização de eventos conjuntos entre a empresa compradora e seus fornecedores; a escolha e premiação sistemática dos melhores fornecedores; a explicitação e valorização dos produtos e das marcas dos fornecedores na comunicação publicitária.

Já a comunicação administrativa trata das estratégias e dos meios de comunicação a serviço das atividades de gestão das empresas, ou seja, do planejamento, da organização, da coordenação e do controle. Nela, incluem-se todos os fluxos contínuos de informação, que interligam os diferentes setores da empresa, vertical ou horizontalmente, de baixo para cima ou vice-versa. Ela abrange também a comunicação entre a empresa e seus diferentes *stakeholders* visando proporcionar aos gestores conhecimento para a tomada adequada de decisões.

Apesar de todas as possibilidades que a comunicação propicia às empresas, muitas delas ainda erram ao não valorizar o básico, que é a comunicação entre pessoas. Hoje, esse problema é agravado com a crescente utilização dos meios eletrônicos e digitais de informação. Grande parte dos problemas que uma empresa enfrenta ocorre como consequência de comunicação deficiente. No trajeto que a informação percorre entre o emissor e o receptor há várias possibilidades de interferência, que necessariamente prejudicam o processo comunicativo.

Ou seja, o meio utilizado deve ser adequado, tanto para quem transmite quanto para quem recebe, e os signos e códigos utilizados na comunicação devem ser de uso comum. Fatores como inadequação do momento da transmissão, forma inábil utilizada para a comunicação, estado emocional frágil do receptor, atitude e comportamento alterados do emissor, entre outros, tendem a criar barreiras efetivas no ato de se "tornar comum" uma informação. Gaudêncio Torquato (2002, p. 36) atribui também aos gerentes responsabilidade por grande parte dos ruídos na comunicação, quando afirma que "parcela ponderável dos problemas de comunicação organizacional situa-se, por exemplo, na esfera das fontes e não só no âmbito dos canais ou das linguagens, como costumeiramente se considera".

Enquanto isso, a comunicação institucional, mais uma das competências comunicacionais, também assume uma importância cada vez maior no marketing.

Ela tem a importante função estratégica de dar suporte às empresas no compartilhamento com seus diferentes públicos, internos e externos, dos fundamentos corporativos que caracterizam sua identidade, ou seja: missão, visão e valores.

As relações da empresa, que antes se resumiam basicamente a vínculos comerciais de compra (com os fornecedores) e de venda (com os clientes), tornaram-se complexas, exigindo dela o desempenho de vários papéis e a adoção de diferentes atitudes e comportamentos, nas interações com os inúmeros públicos que hoje a cercam e a afetam. Os fundamentos corporativos, quando bem comunicados, propiciam às empresas condições favoráveis para alcançar seus objetivos institucionais:

> Ser conhecida pelos diferentes públicos (suscitar interesse e prover conhecimento); conquistar confiança e credibilidade; manter e fortalecer imagem (percepção da identidade pelos diferentes públicos); ganhar poder institucional; conquistar reputação diferenciada; valorizar sua marca, negócios, patrimônios tangíveis e intangíveis. (Yanaze, 2011, p. 458)

Tanto a comunicação administrativa quanto a comunicação institucional são fundamentais para o desenvolvimento das estratégias das empresas. Por isso, elas devem interagir de forma completa com a comunicação mercadológica. Em geral, quando a comunicação administrativa ou a comunicação institucional é esquecida para um esforço único em comunicação mercadológica, os valores das empresas se perdem e resultam em um desequilíbrio nos resultados.

É importante, ainda, considerar o ambiente de negócio. Jerome McCarthy e William Perreault Jr. (1997) discorrem sobre esse assunto, reforçando que os administradores de marketing não planejam estratégias a partir de um vácuo, mas, antes, escolhem mercados-alvo, considerando as variáveis ambientais.

Para Graham Hooley, John Saunders e Nigel Piercy (2001), o ambiente de marketing pode ser dividido em dois: o ambiente competitivo (as áreas da empresa, os concorrentes e clientes) e o macroambiente (uma ampla gama de instituições e organizações que compõem o cenário político, econômico e social). Já Philip Kotler (2006) classifica os ambientes de mercado em: ambiente demográfico, econômico, natural, tecnológico, político, legal e sociocultural. Como o ambiente mercadológico está em constante processo de mudança, mais do que um planejamento eficiente e adequado, a empresa deverá implementar os princípios do marketing como gestão estratégica dinâmica e eficaz, assunto que abordamos no próximo tópico.

Processo gerencial sistêmico

Considerando que o objetivo final do marketing de uma empresa é estimular e consolidar o consumo dos produtos que oferece ao mercado, é necessário discorrer sobre as condições que se apresentam como imprescindíveis para sua organização, sua operação e, consequentemente, sua sobrevivência. Apresentamos, a seguir, o modelo que desenvolvemos para ampliar a abrangência e a eficácia do marketing diante da realidade atual. É o modelo que denominamos "3 puts" (Quadro 1).

> *Input*, em inglês, quer dizer "aquilo que se coloca para dentro"; por exemplo, um componente de produção.
> *Throughputs* quer dizer "o que se produz por intermédio de, por meio de".
> *Output* significa "o que sai, o resultado, o produto".

Quadro 1 – Fluxograma sistêmico de uma empresa.

Inputs	Throughputs	Outputs
Recursos financeiros • Investimento • Capital de giro	**Processos** • De produção • De compras	• Produto(s)/serviço(s) • Preço/remuneração • Distribuição/vendas • Comunicação
Recursos humanos • Administrativos • Operacionais	**Sistemas** • Administrativos • Financeiros • Contábeis	
Recursos materiais • Infraestrutura • Equipamentos • Matéria-prima • Insumos • Embalagens • Veículos • Outros	**Políticas de** • Gestão • Vendas • Lucro • Relacionamento com a comunidade	
Informações	**Cultura organizacional**	
Tecnologia/know-how	**Clima empresarial** **Logística**	

Como se vê, os *inputs* compreendem todos os elementos que são incorporados à organização para viabilizar suas operações, ou seja, são os recursos necessários para o seu funcionamento. Os *throughputs* indicam a maneira como esses elementos são trabalhados e transformados internamente. Constituem-se nos processos, nos sistemas, nas políticas, bem como na cultura e no clima empresarial. A logística, definida como administração e organização do fluxo e da movimentação de bens, serviços e informações inerentes a qualquer operação, pertence à categoria dos *throughputs*. Finalmente, os *outputs* são os resultados obtidos da interação dos processos anteriores. Como a palavra em inglês indica, *output* refere-se a tudo aquilo que a empresa exterioriza e disponibiliza para o mercado. "Por meio dos *outputs* é que a empresa interage com o mercado consumidor, oferecendo, promovendo e disponibilizando o que produz e cobrando por tudo isso." (Yanaze, 2011, p. 54)

A adequação da quantidade e da qualidade dos *inputs* é fundamental para possibilitar à empresa a "produção", o oferecimento e a disponibilização de *outputs* que estejam de acordo com as necessidades e as expectativas do mercado consumidor. Novamente, é importante destacar que a necessidade de se organizar de forma a conseguir *inputs* apropriados não é premissa relevante apenas para as empresas comerciais e industriais, mas também – e até mais importante – para instituições que não auferem receitas e dependem de apoio e de recursos para sobreviver. O marketing reverso assume, portanto, um papel fundamental.

Os *throughputs* de uma empresa exercem a função de intermediação dos extremos do modelo, ou seja, são responsáveis por transformar *inputs* em *outputs*. Sendo o consumo a causa primária e o efeito final pretendido pelo marketing, que é a consolidação lógica e ordenada dos procedimentos que conduzem ao êxito de uma empresa voltada para o fornecimento de bens, com ou sem finalidade de lucro, pode-se apontar como condição indispensável o perfeito entrosamento e a adequação dos *inputs*, *throughputs* e *outputs*.

Por meio dos *outputs* é que a empresa interage com o mercado consumidor, oferecendo, promovendo e disponibilizando o que produz e cobrando por tudo isso. Dessa forma, não se trata de exagero afirmar que todas as empresas devem se organizar em função de seus *outputs.* Essa condição não está restrita apenas a empresas comerciais ou industriais que têm como objetivo o ganho financeiro; instituições sem fins lucrativos, como uma organização assistencial de idosos, devem ser organizadas em função de seus *outputs*, ou seja, do serviço que prestarão aos necessitados, do custo e do ganho social do serviço, do acesso e da disponibilização do serviço e da comunicação voltada aos necessitados e aos apoiadores. Também para Margarida M. Krohling Kunsch (2003, p. 153),

> tudo o que desenvolvemos com base na teoria de sistemas nos leva a privilegiar a comunicação como algo fundamental nos processos das entradas (*inputs*), transformações (*throughputs*) e saídas (*outputs*). O fazer organizacional, no seu conjunto, transforma os recursos em produtos,

serviços ou resultados. E para isso é fundamental e imprescindível valer-se da comunicação, que permeia todo esse processo, viabilizando as ações pertinentes, por meio de um contínuo processamento de informações.

Assim, entende-se que marketing, longe de ser uma atividade de um simples departamento, é uma responsabilidade que envolve todos os elementos que compõem a organização. É uma administração sistêmica que mobiliza todos e cada um dos seus setores, com o objetivo de atender de forma adequada e equilibrada às demandas e condições do mercado em que a empresa está inserta e do qual não pretende ser alijada.

A comunicação, em suas três instâncias, está presente ativamente no processo sistêmico dos "3 puts": garantindo condições favoráveis comerciais vantajosas com fornecedores na obtenção de *inputs* adequados (comunicação mercadológica); apoiando a gestão de *throughputs* para a otimização dos recursos (comunicação administrativa); tornando comum persuasivamente os *outputs* com os clientes (comunicação mercadológica), promovendo uma imagem positiva da empresa perante todos os públicos, internos e externos (comunicação institucional).

Na visão de Kleber Markus (2012), muitas empresas têm concentrado esforços oportunistas nos *outputs*, com mensagens comunicacionais que nem sempre refletem, de fato, as ações que realizam, como é o caso do setor de responsabilidade socioambiental. Ele entende que o desafio da comunicação é integrar as áreas institucionais, administrativas e mercadológicas de forma adequada com os públicos internos e externos, pois todas as relações que são efetivadas por uma empresa e que se espera ser duradouras envolvem percepção de imagem positiva, persuasão/negociação e gestão das atividades de interesses recíprocos.

A proposta de Markus é que a comunicação integrada só pode ser efetiva quando todas as formas de comunicação da empresa estão associadas ao que a marca organizacional comunica. "Se deslocarmos nossos olhares para a marca organizacional, imediatamente receberemos um fluxo de informações que advém do trinômio missão, visão e valores." (Markus, 2012, p. 68)

Não é difícil depreender que quaisquer problemas que ocorram nos *inputs* ou nos *throughputs* acabam influenciando um ou mais elementos do *outputs*. Isso nos leva a uma conclusão importante: por serem resultantes dos processos internos de uma organização, torna-se claro que a atribuição de produzir *outputs* adequados é de toda a organização.

Objetivos de comunicação

Os conceitos de marketing podem ser também aplicados no âmbito interno das empresas. Se todos os setores entenderem que suas relações verticais e horizontais dentro do organograma funcional são, na realidade, relações de marketing, ou relações de "produto e cliente", certamente os fluxos operacionais das organizações melhorarão, com resultados concretos na adequação dos *outputs*. Entendemos que, quanto mais detalhado o processo, melhor será a definição das ações de comunicação mais adequadas para fazer frente às etapas previstas.

Segundo Mitsuru Yanaze (2013, p. 86), "todo processo de mensuração parte de um pressuposto comum: definição precisa e entendimento claro dos objetivos de comunicação que deverão ser quantificados sempre que possível". Sistematizando, apresentamos os objetivos que compõem o processo da comunicação:

- *Despertar consciência* – as necessidades são inerentes aos seres humanos, conforme abordamos anteriormente. Mas, em muitos casos, algumas delas não estão no nível do sentido ou da percepção. Despertar certo grau de consciência das necessidades e carências, relacionadas com o objeto da comunicação, deve ser a primeira etapa do processo de comunicação.
- *Chamar atenção* – a pessoa que já tenha certo grau de consciência de suas necessidades e carências certamente terá sua atenção despertada com maior facilidade. Obviamente, mensagens repletas de elementos criativos, exóticos, engraçados e até grotescos tendem a chamar a atenção. No entanto, se o receptor não tiver nenhuma consciência da relevância da mensagem para ele, o processo se extingue na atenção.
- *Suscitar interesse* – dado grau de consciência prévia direciona a atenção do indivíduo, despertando interesse. Para isso, é importante que os elementos, utilizados na chamada de atenção para a mensagem, estejam relacionados ao despertar da consciência.
- *Proporcionar conhecimento* – o receptor interessado está pronto para receber uma informação mais detalhada e obter ou ampliar seus conhecimentos sobre o objeto da comunicação. Nessa etapa, a mensagem deve ser mais informativa e consistente, a fim de facilitar a compreensão.
- *Garantir identificação, empatia* – as informações devem ser elaboradas e transmitidas levando-se em consideração as características e as possibilida-

des de percepção do receptor – seu vocabulário literário e gráfico e perfil psicossociodemográfico –, para que ele se identifique com o objeto da comunicação e estabeleça uma relação de empatia.

- *Criar desejo e/ou suscitar expectativa* – uma vez que o indivíduo se identifique com as propostas, as mensagens e os produtos apresentados, o processo de comunicação deve lançar mão de elementos que criem desejo de compra ou suscitem expectativa favorável à efetiva aquisição, posse e uso do bem, serviço, ideia ou conceito oferecido.
- *Conseguir a preferência* – como a empresa emissora da comunicação não está sozinha no mercado, o próximo passo do processo exige argumentos que garantam a preferência do indivíduo, a despeito das ofertas dos concorrentes. Algumas empresas conseguem levar os receptores até a fase anterior, do desejo ou expectativa, mas não conseguem evitar que os potenciais clientes comprem produtos de seus concorrentes.
- *Levar à decisão* – depois de conseguir a preferência do receptor, a comunicação deverá levá-lo a se decidir pela compra ou a realizar aquilo que o objeto da comunicação preconiza.
- *Efetivar a ação* – muitas vezes, a tomada de decisão não é imediatamente seguida pela ação objetivada pela comunicação. São vários os fatores que podem interferir no prosseguimento da sequência: ausência de recursos financeiros para consumar a aquisição; falta de tempo para se dirigir ao local de vendas; surgimento de outras prioridades etc. A comunicação deve identificá--los previamente e procurar minimizar seus efeitos ou valorizar outros fatores que levem seu público-alvo à ação. Trata-se da principal consagração de todo esforço de marketing. Mas não é a única nem a final.
- *Garantir e manter a satisfação pós-ação* – os sistemas de atendimento ao cliente (SACs) e os serviços de treinamento e orientação do cliente são alguns dos aparatos à disposição das empresas para manter uma relação positiva com os compradores, mesmo depois da realização da venda. Anúncios e mensagens diretas que elogiam a decisão de compra (ou da ação) e que ratificam o bom gosto e a inteligência da preferência pela marca (ou da realização) geralmente contribuem para a manutenção de certo nível de satisfação, mesmo que o produto em si (ou a ação em si) não o proporcione.
- *Estabelecer interação* – as novas tecnologias, principalmente as relacionadas com a internet, possibilitam às empresas estabelecer um fluxo contínuo, de

duas mãos, com seus interlocutores. As reclamações e as sugestões, se bem recebidas e processadas, podem se transformar em elogios e em desenvolvimento efetivo dos negócios da empresa em um processo constante e consistente de melhoria de relações com seus públicos.

- *Obter fidelidade* – manter o cliente constitui um grande desafio para as empresas. Muitas são as razões que podem levar um comprador de determinado produto de uma empresa a passar a adquirir mercadoria de outra. A empresa deverá identificar as razões e estudar como revertê-las. Caso haja argumentos, fazer que o público se conscientize deles e tenha respaldo – racional ou emocional – para se manter fiel à organização.
- *Gerar disseminação de informações pelos interlocutores* – o último estágio pressupõe a formação de agentes geradores e disseminadores de comunicação positiva a partir dos públicos-alvo. A empresa deverá estabelecer estratégias de comunicação específicas para incentivar seus clientes satisfeitos a emitir seus sentimentos e compartilhar suas experiências positivas com outras pessoas de suas relações. Assim procedendo, a empresa conseguirá ampliar seus canais de comunicação.

Considerações finais

Podemos afirmar que a adequada gestão dos "3 puts" se constitui no grande desafio de qualquer empresa, tendo como condição preliminar a disposição de níveis hierárquicos superiores para aplicar o modelo a toda a empresa. Todos e cada um de seus elementos funcionais (divisões, departamentos, gerências e funcionários de todos os níveis) devem ser conscientizados do papel da empresa no mercado e na sociedade, além de estarem eficazmente capacitados para pautar suas atuações conforme as normas sistêmicas de relacionamento a partir de um marketing processual, sem nunca perder de vista a razão de ser e os objetivos da empresa.

A aplicação do modelo dos "3 puts", possibilitando a abrangência e a eficácia do marketing e das relações públicas, propicia como vantagem adicional a racionalização do relacionamento interdepartamental e interfuncional, facilitando, assim, a definição e o controle das atribuições e aumentando a consciência de interdependência e da interação de todos os elementos da empresa.

Referências

HOOLEY, Graham; SAUNDERS, John; PIERCY, Nigel. *Estratégia de marketing e posicionamento competitivo*. São Paulo: Prentice Hall, 2001.

KOTLER, Philip; KELLER, Kevin Lane. *Administração de marketing*. 12. ed. Trad. de Monica Rosemberg, Claudia Freire e Brasil Ramos Fernandes. São Paulo: Pearson, 2006.

KUNSCH, Margarida M. Krohling. *Planejamento de relações públicas na comunicação integrada*. 4. ed. rev., atual. e ampl. São Paulo: Summus, 2003.

LEENDERS, Michiel R.; BLENKHORN, David L. *Marketing reverso*: um novo conceito no relacionamento comprador-vendedor. Trad. de Bárbara Theoto Lambert. São Paulo: Makron; McGraw Hill, 1991.

McCARTHY, Jerome; PERREAULT JR., William D. *Marketing essencial*. São Paulo: Atlas, 1997.

MARKUS, Kleber. "O futuro quatro horas atrás: comunicação ecosófica nas organizações". In: GALINDO, Daniel dos Santos. *Comunicação institucional e mercadológica*: expansões conceituais e imbricações temáticas. São Bernardo do Campo: Universidade Metodista de São Paulo, 2012.

TORQUATO, Gaudêncio. *Tratado de comunicação organizacional e política*. São Paulo: Pioneira Thomson Learning, 2002.

YANAZE, Mitsuru Higuchi. *Gestão de marketing e comunicação*: avanços e aplicações. 2. ed. São Paulo: Saraiva, 2011.

_____. *Retorno de investimentos em comunicação*: avaliação e mensuração. 2. ed. Rio de Janeiro: Senac; Difusão Editora, 2013.

17. Comunicação e mercado: metamorfoses teóricas e práticas

Daniel dos Santos Galindo

Visão geral do capítulo

As relações de produção foram há muito tempo substituídas pelas relações de consumo. É nesse contexto que novas práticas comunicacionais, tal qual o consumo, assumem uma readequação, uma ressignificação e um repensar conceitual caracterizado por uma fluidez jamais presenciada. Novos aportes sociotécnicos e a contínua e crescente maquinodependência dos consumidores contemporâneos embalam a postura hedônica das relações de consumo, ao mesmo tempo que as organizações até então posicionadas como emissoras são alertadas a exercer a função de receptoras e a compartilhar a construção do arcabouço simbólico de suas marcas e seus produtos com os seus *stakeholders*. É nessa ambiência de alternâncias que o fazer publicitário, promocional e institucional retrabalha seus conceitos e suas práticas, buscando visibilidade em um novo espaço constituído pelo público-privado. O espaço público e o espaço privado perderam suas fronteiras e hoje fazem parte do espaço intermédio ou espaço-rede.

Objetivos do capítulo

- Caracterizar o que denominamos de 4Cs, ou seja: cenários, consumidor, consumo e comunicação.
- Evidenciar que a condição de ambiências mutantes reflete na busca por novas soluções práticas-teóricas, derivadas pelas relações dos 4Cs.
- Caracterizar que o espaço público e o espaço privado perderam suas fronteiras e hoje fazem parte do espaço intermédio ou espaço-rede.

- Mostrar que é nesse contexto que as imagens institucionais e as práticas comunicacionais ganham nova visibilidade e interferências na criação e no consumo de sentidos.

Introdução

Há muito tempo ouvimos falar do futuro como uma entidade que está por acontecer ou por vir. No entanto, é possível a cada dia ouvir e sentir um futuro muito presente, ou, ainda, uma nova compreensão do que está para acontecer. Tudo acontece agora e vivemos uma serie de presentes que têm substituído o futuro, ou mesmo o caracterizado como algo não previsível e quase sem expectativas, pois o cotidiano tem sido por demais rico em novidades e complexidades. É nessa cotidianidade, marcada pelo aqui e agora, que os sujeitos sociais e as organizações intensificam suas relações e convivência diante de mutações nem sempre assimiladas, mas levadas por uma velocidade sem proporções. O aqui e agora transformou-se num hipercenário em que os atores sociais, como bem colocado por Michel Maffesoli (1987, p. 108), assumem múltiplos papéis:

> A pessoa (*personna*) representa papéis, tanto dentro de sua atividade profissional quanto no seio das diversas tribos de que participa. Mudando o seu figurino, ela vai, de acordo com seus gostos (sexuais, culturais, religiosos, familiares), assumir o seu lugar, a cada dia, nas diversas peças *do theatrum mundi*.

O teatro do cotidiano se apresenta como uma constante, porém os seus cenários alternam-se de forma rápida, promovendo novos olhares, novas posturas, novas falas e novos figurinos que permitam uma coerência e lógica tão caras aos humanos que sofrem com suas habilidades perceptivas na busca de dar sentido e ordenamento às suas reações. O momento presente tem condicionado um novo jogo e, com ele, um novo aprendizado tanto para pessoas físicas como para as jurídicas. Esse é o recorte a ser trabalhado neste texto, na tentativa de caracterizar os cenários mutáveis nas práticas da comunicação com o mercado e em suas abordagens conceituais, que se ajustam, se sobrepõem, se mesclam e se abrem à multidisciplinaridade em busca de suportes teóricos que lhes garantam atuar nos sucessivos presentes. Ou seja, em um metamorfosear contínuo e necessário para a sobrevivência e a ocupação de mercado.

Nesse sentido, elegemos quatro pontos que se articulam em uma visão mais contemporânea da comunicação com o mercado, iniciando por: a. cenário sociocultural, cuja complexidade tem interferido em leituras mais pontuais da sociologia e até mesmo do que foi pontuado como sociologia econômica: b. o consumidor como sujeito ativo e reativo, visto aqui em sua dimensão biopsíquica a sociotecnocultural; c. o consumo e o seu deslocamento da produção de *commodities* para a produção da demanda e da fruição do intangível; e d. a comunicação em sua condição de articuladora simbólica e essencialmente relacional, buscando assumir o papel clássico de ponte, diante de aportes sociotécnicos que incentivam ao diálogo e ao compartilhamento.

Os aportes teórico-conceituais necessariamente são revistos diante dos diversos cenários que surgem de forma fractal, em movimento e em camadas. No entanto, é possível perceber como os ajustamos em uma nova percepção dos contextos que aqui denominamos ambiências mutáveis.

Em um consistente trabalho de prospecção sobre o início deste novo milênio, Rowan Gibson (1998) lança o livro *Repensando o futuro: repensando negócios, princípios, concorrência, controle e complexidade, liderança, mercados e o mundo*. A proposta é por demais ousada, pois, afinal, como fazer leituras e inferências sobre o que está por vir? A solução encontrada foi muito feliz. Ele simplesmente solicitou a nada menos que 16 grandes nomes de reconhecimento mundial, usualmente chamados de gurus das áreas de negócios, de gestão e do mundo corporativo, que simplesmente escrevessem suas impressões e deduções sobre os eventuais cenários neste início de novo milênio, ou seja, não era uma profecia sobre o futuro, mas um exercício de prognostico a partir da visualização de cenários. A primeira conclusão de Rowan foi de que o pensamento linear é inútil em mundo não linear. Nesse sentido, ele nos diz que escrever sobre novos tempos pede novas organizações, recorrendo à imagem de um lugar inóspito ou irregular, como a superfície lunar, e alerta que isso requer um novo veicular organizacional, bem diferente dos grandes carros de luxo do passado.

> Os vencedores do século XXI serão aqueles que conseguirem transformar suas organizações em algo que mais se assemelhe a um jipe – um veículo com tração nas quatro rodas, totalmente adaptado a terrenos irregulares, enxuto, competitivo e com alta capacidade de manobra (Gibson, 1998, p. xxv).

O uso dessa metáfora nos remete à real preocupação com o deslocamento em terrenos irregulares que nos permitam mudanças de direção diante das alterações nos ambientes comerciais e concorrenciais, ou, ainda, mudanças de necessidades e desejos de um consumidor autônomo em suas escolhas e impiedoso em sua fidelidade a serviços, a produtos e a marcas. Em 24 de junho de 2014 o jipe-robô Curiosity completou um ano de atividades em solo marciano e, para marcar o seu aniversário, ele simplesmente enviou à Terra uma *selfie*[1], mostrando que está antenado com as nossas práticas sociais de visibilidade. Isso mostra que não se trata apenas do deslocamento, ou da capacidade de transitar em circunstâncias adversas, mas, sobretudo, de criar e manter uma interação permanente com a dimensão sociocultural na qual as organizações nascem, desenvolvem-se e perpetuam-se, por meio de um metamorfosear-se necessário das organizações que deveriam, sim, fazer suas *selfies*, para analisar suas imagens inseridas nos vários cenários.

A *selfie* do cenário sociocultural

A tentativa de inserir-se nesse cenário constitui-se em fazer uma *selfie* e, com isso, compromete-se com o retrato ou faz parte dele. É exatamente isso que nos caracteriza como sujeitos sociais. Ao descrever a sociedade, não podemos dizer que não fazemos parte dela, pois, afinal, a nossa dimensão social está implícita em sua existência. A complexidade de abordagem sociocultural incomoda, pois estamos diante de uma nova paisagem social, onde variáveis econômicas e tecnológicas interpenetram no social e no cultural, de tal forma que deveríamos adotar outra nomenclatura. Ciente de tal circunstância, usarei o termo "nova paisagem social" como sinônimo de cenário sociocultural.

Para caracterizar a condição de mutação da sociedade em toda a sua dimensão, talvez possamos iniciar com o resgate da proposta de Platão sobre a sua divisão entre o mundo das ideias e o mundo do sensível. Sua caracterização foi precisa ao atribuir ao mundo das ideias o caráter essencial e permanente, contrapondo-o ao mundo da existência humana e da mutação contínua, ao que denominou sensível. Daí a compreensão de que "tudo o que está em mutação o está por ação daquele que o causa [...]. Nada pode, separado daquele que o causa, assumir o devir" (Platão, 1987, p. 28a). Nesse sentido, é possível entender quanto

---

1. Ver: <http://canaltech.com.br/noticia/ciencia/Jipe-robo-Curiosity-completa-um-ano-marciano-
-com-selfie-e-grandes-descobertas/>. Acesso em: 2 set. 2014.

de mutação a humanidade traz em sua trajetória existencial, reconhecendo ou não a ação daquele que o causa.

É no espaço social, ou mundo do sensível, que os sujeitos em suas interações desempenham seu papel de agentes de mutações. A sociologia tem nos dado respostas sobre essas mutações no espaço social, como a antropologia tem demarcado as mutações em nossos ritos, a psicologia tem contribuído para analisar nossos comportamentos individuais e coletivos e a economia tem apontado as mutações em nossa relações de produção e consumo.

As mutações no espaço social têm recebido rótulos, como marcadores de tempo e de mudança; todavia, essas caracterizações não se justificam quando chegamos a um momento sociocultural eminentemente híbrido e multifacetado, em que traços da denominada sociedade moderna afloram diante da sociedade pós-industrial, pós-moderna, hipermoderna ou, ainda, da pós-humana, contexto no qual poderíamos também considerar a sociedade do consumo, do conhecimento, da informação, do espetáculo, etc. Daí a nossa proposta de assinalar uma *nova paisagem social* que resulta desse caldeirão em que organizações privadas, religiosas, governamentais, não governamentais, midiáticas, educacionais ou qualquer outra, bem como os cidadãos, de forma autônoma, ou em comunidades, tribos, órgãos de classe, fisicamente ou por meio de seus avatares, agem e reagem em suas interações e consequentes mutações.

Ao abordar a comunicação de mercado no contexto contemporâneo, Fuat Firat e Lars Thoger Crististense (2005, p. 223), ao redigirem o capítulo "Marketing communications in a postmodern world", destacaram as mudanças contínuas e a perda de ancoragem ou centralidade: "Uma das mais importantes implicações da pós-modernidade é a perda de controle, consistência e previsibilidade que a perspectiva moderna de comunicação tinha como certo". A constatação dessa perda de ancoragens amplia-se diante da inevitável fragmentação, descentralização e tolerância diante da diferença e da multiplicidade. Certamente, a fragmentação é uma condição dessa sociedade contemporânea, cujos atores sociais vivenciam experiências desconectadas, ou desarticuladas, em sua cotidianidade. É visível nessa nova paisagem social a perda de uma identidade fixa e estável dos sujeitos sociais; ao contrário, suas identidades são fragmentadas e abertas, em constante alternância. As identidades se tornaram "desvinculadas – desalojadas – de tempos, lugares, histórias e tradições específicas e parecem 'flutuar livremente'" (Hall, 2000, p.75), assim como o ambiente no qual elas habitam.

Esta característica possibilita algo que em outros tempos não se via, a faculdade de selecionar e descartar identidades, o que, na pós-modernidade, garante liberdade individual, intrinsecamente relacionada ao papel de consumidor ativo, exigente e participativo. Neste cenário, a autoidentificação do sujeito por meio do uso dos objetos e suas relações com o simbólico modificam o mercado e suas estratégias de comunicação (Galindo e Malta, 2014, p. 25).

O espaço sociocultural apontado por Fredric Jameson (1985, p. 26) refere-se a uma sociedade em que "a transformação da realidade em imagens, a fragmentação do tempo em uma série de presentes perpétuos são ambos consentâneos com este processo". Ou seja, ele aponta para aquilo que chamamos de sociedade midiática, na qual a realidade se materializa em imagens veiculadas, distribuídas e compartilhadas. A identificação se dá pelo acesso ao inimaginável processo de visibilidade em que a sociedade alimenta a nova paisagem social, segundo proposta de Jesus Timoteo Álvarez em sua obra *Gestão do poder diluído* (2006). Nesse sentido,

> sua proposta sobre a influência social da mídia, passa pela compreensão do poder social e da organização do poder social, considerando como hipótese de que os medias não são apenas meios de informação ou mediadores, eles vão além de intermediar entre outros agentes (políticos e de mercado), mas converter tudo em espetáculo, ou seja os medias são o próprio poder. Eles podem criar a opinião pública independente dos criadores tradicionais como os partidos políticos, instituições, organizações, sindicatos e similares. (Galindo e Malta, 2014, p. 5)

Essa é a nova realidade sociocultural, pois, segundo o autor, graças à integração de três indústrias – mídia, informática e telecomunicações –, surge um novo tempo, o *on-time*, que não é cronológico, mas ocupa o aqui e agora. Também se apresenta um quarto espaço, o *on motion*, que não está em nenhum lugar, pois não é geográfico, tratando-se de um espaço em movimento. Finalmente, apresenta-se uma nova lógica de relacionamento, o *on-line*, que, por ser em rede, não tem inicio ou fim (Álvarez, 2006). Com isso podemos visualizar que é nessa sociedade midiática, suportada tecnologicamente, que surge uma nova noção de espaço público e privado, como colocado por Michael Beaud (*apud* Álvarez, 2006, p. 204):

Passamos de um espaço público dominado por velhos antagonismos que estruturam as representações políticas e sociais (esquerda/direita, capital/trabalho, por exemplo) a um espaço público dominado por problemas sociais fixados pela imprensa, que é quem determina as representações sociais...uma nova paisagem social.

As novas relações socioculturais contam com a presença da mídia institucionalizada, do sujeito social como mídia e das organizações que já assumiram o termo mídia proprietária. Em suma, estamos diante de uma nova opinião pública, entendida como opinião do público; e uma nova noção de espaço e de tempo, que incidem em um novo habitar ou um novo estar no mundo como proposto por Maffesoli (1987). Isso nos leva à *selfie* do consumidor, que, tal como as organizações, está aprendendo a caminhar em meio a um mundo marcado pela desregulamentação, pela liberdade individual e por suas múltiplas identidades, inclusive trazendo ao espaço público suas manifestações de caráter privado.

A *selfie* do consumidor

As diversas abordagens do consumidor sempre foram realizadas a distância e abrigadas em uma rubrica genérica: "comportamento do consumidor". Lá sempre coube uma série de informações e ponderações, basicamente de ordem comportamental, obtida por meio de uma anamnese típica de um consultório. À medida que entendemos o consumidor como um público de interesse e, portanto, de relacionamento, seja com as organizações, as marcas ou, mais ainda, outros consumidores, não podemos ignorá-lo como mídia e como um ser que age e reage no espaço-mercado. Galindo (2012b) aponta que esse espaço-mercado tornou-se mais complexo, até porque as relações comerciais estão mais competitivas e o aporte tecnológico avança nos processos produtivos, na gestão e na comunicação, o que tem proporcionado uma *redescoberta* do consumidor como um ser humano, e, por isso, ele se relaciona, até porque é um ser social e, como tal, ele fala, comunica. Aliás, o consumidor contemporâneo é

resultante não de uma seleção natural darwiniana, mas de uma construção bio-psico-social--tecno-cultural, que o transforma não mais em um mero participante passivo no jogo do consumo, mas em um parceiro deste jogo, um ser ativo e coparticipante na construção ou desconstrução das estratégias comerciais e das imagens corporativas. (Galindo, 2012b, p. 10)

Não parece razoável imaginar o consumidor como uma entidade abstrata. Ele é real e transita em meio a um volume jamais presenciado de informações, depoimentos, opiniões e questionamentos, que tornam as imagens corporativas, mais frágeis ou desnudas diante de um público que já foi alvo e agora tornou--se flechas ou setas a ser disparadas a cada momento. Quando as organizações o consideram um *stakeholder*, já é possível tê-lo ao seu lado em uma *selfie*. Não se trata de dar-lhes poder, mas de reconhecer nele um poder real e crescente, embora nem sempre internalizado ou mesmo praticado pelo consumidor contemporâneo, que como sujeito social experimenta sua liberdade, suas múltiplas identidades, suas tribos e sua nova condição relacional. Ou seja, como um ser conectado e atuando em rede, com seus milhares de amigos desconhecidos, mas acionados em tempo real quando alimentados por um simples movimento binário de "curtir" ou "não curtir", ou com fragmentos de *posts*, ou ainda pela convocação: compartilhe em sua lista.

É desnecessário assumir a condição de metamorfose do consumidor. As mudanças simplesmente ocorrem, revelando que, em uma sociedade da informação, do conhecimento ou da inteligência conectiva, as mudanças se constituem em uma constante. Todavia, esse caráter relacional, apontado por Jeremy Refkin (2001), Georges Chetochine (2006), Henry Jenkins (2008), Philip Kotler *et al.* (2010) e Daniel Galindo (2012b), entre outros, atribui ao aporte tecnológico o fator desencadeador ou facilitador de uma nova condição relacional.

Ao escrever *A era do acesso: a transição de mercados convencionais para networks e o nascimento de uma nova economia*, Refkin (2001) constatava não apenas uma mudança comportamental do consumidor, mas uma nova condição tecnológica que lhe garantia uma postura diferenciada. Ressaltamos a fala de Michel Shrage (*apud* Refkin, 2001, p. 82), da MIT Sloan School, de que "precisamos nos afastar da noção de ter uma tecnologia que gerencie informações e adotar a ideia da tecnologia como um meio de relações". Aliás, as relações e não produtos são processados nessas tecnologias, cuja opção é por denominá-las tecnologias R, referenciando-as como tecnologias de relações.

George Chetochine, ao publicar *O blues do consumidor* (2006, p. 19), apontava para um consumidor cujo comportamento perceptivo é cada vez mais moldado pelo coletivo, o que não elimina as suas decisões de caráter estritamente pessoal, mas apenas o insere num novo contexto de contato e compartilhamento de uma percepção coletiva. Os comportamentos coletivos nas práticas de consumo derivam da compreensão dos conceitos mais elementares da sociedade, como liberdade, direito do cidadão, religião, ou ainda do significativo papel dos meios de comunicação que compartilham situações *comuns* com uma grande coletividade; diante disso, podemos colocar até mesmo as práticas de consumo que, transplantadas por vários países, simulam uma presença mundial e/ou global.

Henry Jenkins, em seu livro *Cultura da convergência* (2008), proporcionou algumas reflexões importantes, pois, além de descaracterizar o termo *convergência* da então noção de *devices* de múltiplo uso, foi além ao mencionar que "a convergência ocorre dentro dos cérebros de consumidores individuais e em suas interações sociais com outros" (ibidem, p. 28). Aqui temos, novamente, o relacional inserido entre o individual e os outros. Porém, o autor explora em sua abordagem o fato de a produção coletiva de significados no campo da cultura popular incidir na mudança do funcionamento das religiões, da educação, do direito, da política, da publicidade e do setor militar. Em relação ao consumidor, temos mais uma comprovação conceitual sobre sua dimensão relacional, pois "as reações coletivas ajustam a recepção individual das comunicações de marketing. Organizações de consumidores podem fazer, com êxito, exigências que os consumidores individuais não podem" (ibidem, p. 117).

Em seu livro *El consumidor postmoderno una persona relacional: anclajes conceptuales*, Daniel Galindo (2012b) resgata as teorias da Escola de Chicago, mais precisamente o interacionismo simbólico e a análise do comportamento coletivo. Para tanto, volta-se para os trabalhos de Herbert Blumer (1986), que, no livro *Symbolic interactionism: perspective and method*, apresentava sua definição sobre o interacionismo simbólico, contemplando três premissas: significado, linguagem e pensamento.

1. Significado: os seres humanos agem em relação às pessoas e aos objetos do mundo físico com base nos significados por eles atribuídos.

2. Linguagem: a língua dá aos seres humanos um meio que os conduz à negociação do significado por meio de símbolos.

3. Pensamento: o pensamento consolida-se ou modifica-se por meio do processo interpretativo usado pela pessoa para lidar com os símbolos.

Considerando que Blumer tinha como ambiência sociocultural uma sociedade mergulhada na comunicação massiva, ele avançava ao apontar que os receptores não eram desprovidos de uma postura crítica ou que estavam à mercê de um processo massivo e unidirecional de mensagens, padronizadas. O comportamento coletivo sempre passou pela compreensão das interações simbólicas; isso porque a capacidade dos seres humanos de lidar tanto com o processo de codificação quanto com o da articulação de suas mensagens, como também na decodificação destas, conta com a mediação interpessoal ou dos seus pares, ou seja, ninguém é desprovido ou desprotegido no jogo da interação com o mundo em que vive ou que o cerca.

Nessa mesma linha, Vygotsky, em seu livro *Mind in society: the development of higher psychological processes* (1978), apresentava em seu trabalho, originado nos anos 1930, a ideia de mediação simbólica como decorrência da teoria sociocultural. Nesse recorte, consideramos os seguintes pontos de sua proposta:

1. É na interação social que se origina e se propulsiona toda a aprendizagem e, consequentemente, o desenvolvimento intelectual. Isso implica todas as demais funções do desenvolvimento do ser humano.
2. Esse fenômeno ocorre primeiro no nível social (interpessoal) para depois acontecer no nível individual (intrapessoal).

Portanto, é no aspecto da individualidade que se dá o sentido e a percepção de nossas ações. Contudo, ela é fundamentada pelas interações do indivíduo, por meio da ação do *eu* e, inevitavelmente, regulado pelo *nós* construído socialmente.

Em meio a tantas mudanças, o consumidor vem demonstrando ter consciência de seu papel nos processos de troca e que não necessariamente responde de forma simplista ou mecânica ao jogo de sedução das corporações que ainda insistem em fórmulas comportamentais behavioristas e ignoram o poder do comportamento coletivo, resultante não apenas da repetição de gestos individuais, mas essencialmente das mediações entre os atores sociais.

Olhar para a *selfie* do consumidor é olhar a partir do *self* das pessoas como produtos sociais. Ou, como apontado por Galindo (2012b, p. 21):

> O consumidor contemporâneo, como um ser essencialmente conectado, atuando em diversas redes sociais *on-line* e caracterizado como uma unidade móvel de comunicação é, dessa forma, produto e produtor deste espaço simbólico, hoje um pouco mais complexo, midiatizado.

A *selfie* do consumo

Em uma sociedade excessivamente rotulada, não se pode ignorar também mais uma classificação: sociedade do consumo. O consumo está atrelado ao ser humano de tal forma que transcende sua definição meramente econômica, no sentido do uso de um bem cuja utilidade atende a um desejo até à destruição de sua utilidade, ou seja, consome-se. Antes de considerarmos o trabalho de Zygmunt Bauman, em sua obra *Vida para consumo*, é possível encontramos no texto *The theory of the leisure class: an economic study of institutions* (2008), publicado em 1899 pelo economista e sociólogo norte-americano Thorstein Bunde Veblen, as premissas de uma concepção do consumo muito próxima do que praticamos na atualidade. O seu livro, traduzido, foi lançado no Brasil em 1987, com o título *A teoria da classe ociosa: um estudo econômico das instituições*.

Entre as suas concepções históricas sobre o consumo, Veblen apontava que o conceito clássico dos economistas, baseado na satisfação das necessidades de subsistência, isto é, racional e pragmático, certamente ia além quando se consideravam alterações comportamentais. Partindo da observação sobre o fator acumulação *versus* necessidades, ele contrapõe a exibição de *status* com a distinção social (vale lembrar que ainda não existiam o marketing ou os publicitários e seus discursos persuasivos) e a presença do que se denominou-se *inveja social*.

Sua contribuição para a compreensão das práticas de consumo é visível quando ele diz que a acumulação de bens, por meio da conquista, sobrepujando o derrotado, confere ao ganhador a carga simbólica da vitória, da honra e do mérito. Afinal, "a propriedade foi inicialmente presa conseguida como troféu em incursões armadas. [...] A propriedade de coisas ou pessoas era útil principalmente pela comparação odiosa que se estabelecia entre o possuidor e o inimigo de quem as tomara" (Veblen, 1987, p. 17).

A acumulação nesse momento histórico já possuía uma carga simbólica, denominada por ele "honorifica", pois se tratava de um processo de diferenciação, que mais adiante resultaria no consumo como "emulação", cuja leitura redundava no exibicionismo e na competitividade, certamente algo presente em pleno século XXI.

O estágio seguinte foi a valorização da acumulação, ou seja, obter o melhor, o mais distinto, o nobre. Enfim, ele falava do consumo "conspícuo", algo semelhante ao que hoje denominamos consumo de luxo, uma prática atrelada ao processo de inovação, sofisticação, diferenciação e, portanto, atrelado a "significados" ou ao simbólico. Ou ainda,

> pela sua própria natureza, o desejo de riquezas nunca se extingue em indivíduo algum, e evidentemente está fora de questão uma saciedade do desejo geral ou médio de riqueza na comunidade, por mais geral, igual ou "justa" que seja a sua distribuição, levará mesmo de longe ao estancamento das necessidades individuais, porque o fundamento de tais necessidades é o desejo de cada um de sobrepujar todos os outros na acumulação de bens. (Veblen, 1987, p. 19)

A compreensão do consumo como um ato simbólico e, assim, assumido como uma dimensão comunicativa está presente na visão acentuadamente apocalíptica de Jean Baudrillard, em sua obra *A sociedade do consumo* (2003), na qual o autor correlaciona o ato do consumo como um processo de comunicação. Para ele, o consumo comunica, agrega significados para o ator social e lhe dá um código em meio ao espaço social. Dessa forma, Baudrillard acentua que o consumo se dá no cotidiano e como tal ele se constitui em um ritual em que o simbólico se sobrepõe ao utilitário, exatamente como todo e qualquer projeto de construção de imagem de marca que se constitui em um índice de valor, reconhecimento e desejo sobre uma dimensão material. Essa carga simbólica, intangível, imaterial é o que temos de mais concreto e competitivo no mercado contemporâneo.

O sociólogo polonês Zygmunt Bauman, em sua extensa obra, tem se dedicado a olhar para a sociedade contemporânea de uma forma panorâmica. Contudo, as suas observações sobre as relações de consumo ganham relevância a partir de suas críticas sobre a transformação possível de tudo em mercadoria; em suma, a crescente mercantilização de toda a atividade humana. Sua visão precisa de que só há valor se houver troca tem implicado uma busca desesperada da sociedade como um todo por adquirir, obter, gerar ou promover valor. O consumo nada mais é que "um investimento em tudo que serve para o 'valor social' e a autoestima do indivíduo" (Bauman, 2008, p. 76). Talvez possamos aqui fazer uma aproximação com García-Canclini (1997), quando ele aponta o consumo como uma função integradora e como processo de socialização em que os conflitos de classes se encontram e as diferenças entre distribuição e apropriação de bens se tornam cenário de disputa. Entretanto, Bauman horizontaliza tudo em um mundo-mercado e uma vida-consumo. Pois a "sociedade de consumidores", em outras palavras, representa o tipo de sociedade que promove, encoraja ou reforça a escolha de um estilo de vida e uma estratégia existencial consumistas, e rejeita todas as opções culturais alternativas". (Bauman, 2008, p. 71)

A *selfie* do consumo não seria completa sem a contribuição de Colin Campbell (2001), que aponta para um consumo autoilusivo, baseado em um consumidor hedonista em busca de compensação psíquica de ordem pessoal. Para tanto, sua contribuição perpassa pelas seguintes constatações: 1. a engrenagem que move sua insaciabilidade por produtos é o desejo de experimentar; 2. cada novo produto é visto como se oferecesse uma possibilidade de concretizar essa ambição; 3. os prazeres perfeitos proporcionados por devaneios e ilusões não podem ser encontrados na realidade. Daí a noção de um consumo autoilusivo praticado por um consumidor ávido por experiências prazerosas, que se extinguem tão logo sejam vivenciadas.

> No hedonismo moderno e autoilusivo, o indivíduo é muito mais um artista da imaginação, alguém que tira imagens da memória ou das circunstâncias existentes e as redistribui ou as aperfeiçoa de outra maneira em sua mente, de tal modo que elas se tornam distintamente agradáveis. [...] O hedonista contemporâneo é um artista do sonho, que as especiais habilidades psíquicas do homem moderno tornaram possível. (Campbell, 2001, p. 115)

Finalmente entramos no consumo entendido como economia psíquica, termo trabalhado pelo psicanalista social Charles Melman, em seu livro *O homem sem gravidade: gozar a qualquer preço*, publicado no Brasil em 2008. Nele o autor evidencia a dependência do prazer relacionada ao consumo, apontando a sociedade de consumo como um convite permanente a ultrapassar os limites da satisfação. No entanto, em uma entrevista realizada em 2004 pela revista *IstoÉ On-line*, com o título de "Era do prazer" (Côrtes, 2004), em resposta à primeira pergunta da revista, "O que é a nova economia psíquica?", Melman responde:

> Hoje a saúde mental já não se origina mais da harmonia com o ideal de cada um, mas do objeto que possa trazer satisfação. Não há limites. Há uma nova forma de pensar, de julgar, de comer, de transar, de se casar ou não, de viver a família, a pátria e os ideais. Essa nova economia psíquica é organizada pela exibição de prazer e implica novos deveres, dificuldades e sofrimentos. A partir do momento em que há no sujeito um tipo de desejo, ele se torna legítimo, e é legítimo esse indivíduo encontrar sua satisfação. A posição ética tradicional, metafísica, política, que permitia às pessoas orientar seu pensamento, está em falta. O excesso se tornou a norma.

As práticas de consumo, no contexto da contemporaneidade, revestem-se do ainda vigente valor social, ou da emulação, assumido hoje como ostentação e, dessa forma, traduzido em mensagens de "quem sou eu", bem como de uma busca por satisfação contínua por meio do devaneio no ato de troca que se revela melhor e mais prazeroso que a própria posse de um bem. Diante dessa dimensão pessoal da fruição contínua e legítima – pois eu mereço, eu quero, eu posso, e eu não posso sofrer, pois a minha felicidade deve ser vivenciada aqui e agora –, demarca uma nova postura comunicacional, em que impera o imaterial, uma vez que os bens perderam a sua condição de tangibilidade para se converter em acontecimentos efêmeros, ou autoilusivos, essencialmente simbólicos, e em mensagens emanadas pelo consumidor em seu espaço social, ou circuladas entre consumidores, ou, ainda, internalizadas pelos consumidores que se autorrealizam.

A *selfie* da comunicação com o mercado

A proposta de caminhar pelos 4Cs encerra-se na comunicação, que, sem dúvida nenhuma, está presente nas realidades de cada tópico aqui apresentado. Ao enfocar a comunicação com o mercado em suas diversas formas, optamos por caracterizá-las dentro do escopo da comunicação mercadológica, na proposta de Galindo (2012a, p. 96), que assim a define:

> A comunicação mercadológica é a produção simbólica decorrente do plano estratégico de uma organização em sua interação com o mercado, constituindo-se em uma mensagem multidirecional elaborada com conteúdos relevantes e compartilhados entre todos os envolvidos nesse processo, tendo como fator gerador as ambiências socioculturais e tecnológicas dos seus públicos de interesse e dos meios que lhe garantam o relacionamento contínuo, utilizando as mais variadas formas e tecnologias para atingir os objetivos comunicacionais previstos no plano.

Por produção simbólica entendemos a condição de todo e qualquer produto comunicacional. A interface produção simbólica materializa-se nas diversas ambiências presentes nas relações de mercado, o que implica a construção de pontes entre as organizações e seus *stakeholders*. Certamente, nessa breve recuperação, associamos a metáfora da *selfie* como uma foto instantânea e compartilhada de um momento específico, aliás, disponibilizada de imediato para marcar esse presente pontual.

Valendo-nos do trabalho de Jesus Timoteo Álvarez (2006), encontramos uma equação que ajuda a visualizar o papel e a importância da comunicação na sua dimensão simbólica, ao agregar valor adicional aos bens ofertados. Isso acontece por meio da fórmula $Vf = Vu + Vc$, onde: Vf significa valor final, o que inclui o seu preço e a sua colocação, ou disponibilização no mercado ou a determinado utilizador; Vu significa valor de utilidade, ou o seu valor de uso para satisfazer as necessidades do utilizador; e Vc significa a composição de toda a carga simbólica, composta pelas características intangíveis que configuram esse produto/serviço, bem como as decisões de compra e uso pelo consumidor, usuário, ou seja, é o seu valor de comunicação. A cada dia a variável Vc é solicitada com maior ênfase, pois é ela e nela que se encerram a diferenciação e a mais-valia no processo de trocas.

A crescente participação das tecnologias de relacionamento vem alterando o fazer comunicacional junto a uma sociedade, descentralizada, autônoma, fragmentada, mas aberta à tolerância e à multiplicidade dos atores sociais que a compõem e que sentem a cada momento a perda de ancoragem ou da historicidade de outrora. A ideia de uma nova paisagem social passa por um novo habitar desse sujeito, a cada momento mais maquinodependente do aporte tecnológico disponibilizado em aparatos que se constituem em extensões vitais desse sujeito (em sua dimensão física ou jurídica) contemporâneo. A perda da identidade fixa é de imediato substituída por uma multiplicidade de perfis, que lhe possibilitam entrar e sair das múltiplas tribos/comunidades virtuais às quais o acesso se dá pelo domínio dos aparatos sociotecnológicos.

Em primeiro lugar devemos lembrar que um meio de comunicação é em si uma tecnologia que permite a comunicação, como define Lisa Gitelman (*apud* Jenkins, 2008, p. 39). Essa visão de meio como sistema de distribuição é ainda trabalhado pela autora em sua segunda dimensão: "Um meio é um conjunto de protocolos associados às práticas sociais e culturais que cresceram em torno dessa tecnologia". Atribuímos a essa colocação a chave para compreendermos como caminhar por um novo fazer da comunicação, hoje atrelado atavicamente ao aporte tecnológico. O segredo parece estar na visualização desses protocolos que são dados pelas ambiências sociocultural e do consumidor.

Isso implicaria a inversão de uma postura consagrada na comunicação de mercado, cuja preocupação sempre foi impressionar o consumidor, no sentido de gerar impressões (mensuração por consumidor exposto/impressionado), mesmo diante da contínua carência da atenção do consumidor contemporâneo que, ao ser bombardeado por informações não solicitadas ou não desejadas, se torna naturalmente impermeável aos apelos invasivos que tentam impressioná-lo. Essa inversão vem ocorrendo e será mais contundente a partir da fala de Scott Donaton (*apud* Jenkins, 2008, p. 100):

> À medida que os anunciantes perderem a capacidade de invadir o lar e a mente dos consumidores, serão obrigados a aguardar um convite. Isso significa que os anunciantes têm de apreender que tipos de conteúdo publicitário os clientes estarão realmente dispostos a procurar e receber.

A substituição da cultura do impressionar por uma postura relacional que valorize a expressão significaria a inversão de um protocolo vital para transitar na sociedade-rede, na qual o consumidor está tendendo a valorizar sua capacidade de expressão. Nesse sentido, esses consumidores não estão apenas assistindo às mídias ou consumindo-as, mas também articulando entre seus pares, ou melhor, compartilhando entre si seus conteúdos, por meio de listas de discussão, recomendação de um produto ou serviço a amigos, ou mesmo parodiando alguns comerciais que circulam pela internet. "A expressão pode ser vista como um investimento na marca, e não simplesmente uma exposição a ela" (Jenkins, 2008, p. 101).

Consideramos uma significativa contribuição para essa temática o conceito de espaço intermédio, apresentado por Silvano Tagliagambe, no livro *El espacio intermedio: red, individuo y comunidad* (2009). Distante da profundidade teórica desse trabalho, optamos por pinçar algumas pontas do *iceberg*. Podemos começar pela constatação do espaço intermédio como o universo entre o espaço público e o privado, espaços que se entrelaçam e se cruzam cada vez mais, fazendo de nossa vida cotidiana um contínuo ir e vir entre esses polos, o que resulta num efeito de retroalimentação e transformação entre essas duas realidades, modificando-as cada vez mais. Essa dinâmica incide na mudança de nossa identidade pessoal, como também na ideia de sociabilidade e de sujeito coletivo, modificando-a da mesma forma. Essa é uma das noções do espaço-rede, que, longe de ser uma fronteira ou limite, é, ao contrário, um espaço de encontros, transformações e hibridizações a gerar uma nova configuração entre todos os elementos e, seguramente, do próprio espaço.

O autor faz questão de buscar referências sobre a *intimidade entre público e privado* no trabalho de Joshua Meyrowitz (1985), em *No sense of place: the impact of electronic media on social behaviour*. Este apontava os impactos dos meios eletrônicos no espaço social. Na visão do autor, os meios eletrônicos tendem a fundir tanto a esfera pública como a pessoal, provocando com isso o embaçamento da linha divisória entre o comportamento público e o privado. É exatamente esse borrão ou espaço intermédio que agora é discutido com maior rigor, pois se trata não da perda da divisão entre espaços, mas de um terceiro espaço, definido por Meyrowitz (1985, p. 154) como a noção de palco e bastidores que foi ampliado pelos meios de comunicação:

> Instaura-se um comportamento de espaço intermédio quando os espectadores assumem uma perspectiva de palco lateral. Isto é eles veem algumas partes dos bastidores tradicionais e algumas partes do palco tradicional; veem o ator passar dos bastidores para o palco e vice-versa.

As organizações e seus públicos de interesse estão exatamente nessa condição de habitar no espaço-rede, proposto por Tagliagambe, que, avançando na visão de palco, define a rede como um espaço-matriz relacional, no qual ocorre a formação mais profunda da identidade pessoal, com a qual o autor se refere à totalidade das relações internas e externas que formam a vida de cada indivíduo. A rede é um espaço catalisador, transformador, e efetivamente uma matriz. Essa condição tecnossocial possibilita o surgimento de um novo *eu*, caracterizado por Derrick Kerckhove (2009, p. 221): "O eu *on-line* não se apoia em nenhum tipo de tempo, espaço ou corpo e é, sem dúvida, um presente". Isso decorre do aporte tecnológico que estende, amplifica e potencializa o poder de nossas mentes, nossas percepções e nossa produção de sentidos, resultando daí um novo *eu*, ou o eu compartilhado no espaço *on-line*, ou ainda a expansão do ego do seu espaço mental privado para a rede, enquanto o espaço social imediato fica dedicado à privacidade.

A ênfase nos aparatos tecnológicos ou no sujeito contemporâneo dotado de acesso não pode ocultar a parte mais profunda do *iceberg*. Afinal, "não são os indivíduos que têm a primazia, mas as suas relações" (Maffesoli, 1996, p. 125). A dimensão relacional é a razão de ser da comunicação com o mercado na contemporaneidade, porque uma nova relação de poder aflorou – ou, como pontua Javier Cremades (2007, p. 14), surgiu o micropoder, que

> não é outra coisa que o poder individual de manifestar sua opinião e decidir como votante, como consumidor, acionista, etc. Este poder individual que foi desvalorizado pelo poder institucional ao longo da história. Hoje, graças as comunicações eletrônicas é mais relevante que nunca.

A *selfie* da comunicação mercadológica apresenta os diversos públicos de interesse em sua condição de alguém que mais fala do que ouve. Ou ainda, como mencionado por Dominique Quessada (2003, p. 12), "na verdade não são as marcas e os consumidores que se comunicam, mas os consumidores entre si, no reconhecimento recíproco de um mesmo pertencimento, pela consciência de encontrar um objeto comum na trivialidade do consumo", avançando na comunicação entre consumidores – na web ou no espaço físico. Quessada apresenta o princípio do *extramídia*, considerado o deslocamento da publicidade dos espaços convencionais ou clássicos para inserir-se em novas possibilidades ou, melhor, disponibilizar--se para o consumidor que vive a sua cotidianidade nas duas versões – *off* e *on*. Sua disposição em *expressionar* (termo usado por Jenkins para a capacidade de expressão do consumidor) evidencia sua postura ativa e contrapõe-se ao deixar-se impressionar por uma comunicação distanciada do diálogo, do compartilhamento e inevitavelmente transformada em uma incomunicação.

Considerações finais

O recorte aqui trabalhado, longe de cobrir o fenômeno em questão, dá conta de que estamos em meio a um processo de transformações socioculturais, tecnológicas e econômicas que ocorrem em um futuro presente. Em uma visão mcluhaniana, a metamorfose ocorre no sentido de que toda e qualquer nova tecnologia gradualmente cria um novo ambiente para o ser humano e isso implica a percepção de que novas tecnologias geram novos modelos de negócios, os quais apresentam riscos e oportunidades que irão influenciar os negócios no presente e no futuro.

A comunicação com o mercado encontra-se nessa dinâmica, pois os atores sociais estão vivenciando um novo ambiente, decorrente simultaneamente do aporte tecnológico e dos novos modelos de negócios. Todavia, alguns conceitos e teorias estão mudando no sentido de ressignificar a comunicação em sua capacidade primeira de tornar comum e promover relacionamento. Certamente, o poder advindo de uma comunicação dialógica em que as organizações e seus *stakeholders* ganham visibilidade e trânsito no novo espaço público constitui-se em um novo momento a ser assimilado pelos que pretendem avançar no jogo aberto das relações de trocas. Finalmente, o reconhecimento e o domínio dos novos meios e de seus protocolos socioculturais indicam o sucesso ao caminhar pelas diversas ambiências.

Estamos diante de um novo *self* dos sujeitos sociais, sejam eles pessoas físicas ou jurídicas, pois a construção coletiva de percepções decorre de um novo habitar caracterizado pelo espaço intermédio, ou matriz relacional, em que o metamorfosear-se é uma constante. As organizações deveriam, tal qual os seus públicos, fazer *selfies* constantes e disponibilizá-las para garantir a visibilidade de sua trajetória nessa sociedade imagética.

Referências

ÁLVAREZ, Jesus Timóteo. *Gestão do poder diluído*. Lisboa: Edições Colibri, 2006.

BAUDRILLARD, Jean. *A sociedade de consumo*. Lisboa: Edições 70, 2003.

BAUMAN, Zygmunt. *Vida para consumo:* a transformação das pessoas em mercadoria. Rio de Janeiro: Zahar, 2008.

BLUMER, Herbet. *Symbolic interactionism: perspective and method*. Berkeley: University of California Press, 1986.

CAMPBELL, Colin. *A ética romântica do espírito do consumo moderno*. Rio de Janeiro: Rocco, 2001.

CHETOCHINE, Georges. *O blues do consumidor*. São Paulo: Prentice Hall, 2006.

CÔRTES, Celina. Era do prazer. Entrevista com Charles Melman. *Revista IstoÉ On-line*, 22 set. 2004. Disponível em: <http://www.istoe.com.br/assuntos/entrevista/detalhe/10556_A+ERA+DO+PRAZER?pathImagens=&path=&actualArea=internalPage>. Acesso em: 6 jun. 2011

CREMADES, Javier. *Micropoder: la fuerza del ciudadano en la era digital*. Madri: Espasa, 2007.

FIRAT, Fuad; CHRISTENSEN, Lars T. "Marketing communications in a postmodern world". In: KIMMEL, Allan J. (ed.). *Marketing communication*. Nova York: Oxford University, 2005.

GALINDO, Daniel dos Santos. "Comunicação mercadológica: uma revisão conceitual". In: GALINDO, Daniel (org.). *Comunicação institucional & mercadológica: expansões conceituais e imbricações temáticas*. São Bernardo do Campo: Umesp, 2012a, p. 74-112.

_____. *El consumidor postmoderno, una persona relacional: anclajes conceptuales*. Madri: Editorial Fragua, 2012b.

GALINDO, Daniel dos Santos; MALTA, Renata Barreto. "A comunicação de mercado: vicissitude e alteridades do pós-moderno". In: GALINDO, Daniel dos Santos; KUHN, Martin (org.). *Comunicação com o mercado: evidências humanas e tecnológicas*. Engenheiro Coelho: Unaspress, 2014. p. 15-33.

GARCÍA-CANCLINI, Néstor. *Consumidores e cidadãos: conflitos multiculturais da globalização*. Rio de Janeiro: Ed. URFJ, 1997.

GIBSON, Rowan. *Repensando o futuro: repensando negócios, princípios, concorrência, controle e complexidade, liderança, mercados e o mundo*. São Paulo: Makron Books, 1998.

HALL, Stuart. *A identidade cultural na pós-modernidade*. Trad. de Tomaz Tadeu da Silva e Guacira Lopes Louro. 4. ed. Rio de Janeiro: DP&A, 2000.

JAMESON, Fredric. *Pós-modernidade e sociedade de consumo*. *Novos Estudos Cebrap*, São Paulo, n. 12, 1985.

JENKINS, Henry. *Cultura da convergência*. São Paulo: Aleph, 2008.

KERCKHOVE, Derrick. *A pele da cultura*. São Paulo: Annablume, 2009.

KOTLER, Philip. *et al. Marketing 3.0: as forças que estão definindo o novo marketing centrado no ser humano*. Rio de Janeiro: Elsevier, 2010.

MAFFESOLI, Michel. *O tempo das tribos: o declínio do individualismo nas sociedades de massa*. Rio de Janeiro: Forense Universitária, 1987.

_____. *No fundo das aparências*. Petrópolis: Vozes, 1996.

MEYROWITZ, Joshua. *No sense of place: the impact of electronic media on social behavior*. Nova York: Oxford University Press, 1985.

MELMAN, Charles. *O homem sem gravidade: gozar a qualquer preço*. Entrevistas por Jean-Pierre Lebrun. Rio de Janeiro: Companhia de Freud Editora, 2008.

PLATÃO. *Diálogos: Timeu*. São Paulo: Cultrix, 1987.

QUESSADA, Dominique. *O poder da publicidade na sociedade consumida pelas marcas: como a globalização impõe produtos, sonhos e ilusões*. São Paulo: Futura, 2003.

REFKIN, Jeremy. *A era do acesso: a transição de mercados convencionais para* networks *e o nascimento de uma nova economia*. São Paulo: Makron Books, 2001.

TAGLIAGAMBE, Silvano. *El espacio intermedio: red, individuo y comunidad*. Madri: Fragua, 2009.

VEBLEN, Thorstein. *A teoria da classe ociosa: um estudo econômico das instituições*. Trad. de Olívia Krähenbühl. São Paulo: Abril Cultural, 1987.

VYGOTSKY Lev S. *Mind in society: the development of higher psychological processes*. 14. ed. Boston: Harvard University Press, 1978.

18. O uso do *balanced scorecard* no alinhamento e na comunicação da estratégia organizacional

Flavio Hourneaux Junior

Visão geral do capítulo

O capítulo tem como tema principal o uso do *balanced scorecard* como ferramenta para o alinhamento e a comunicação da estratégia nas várias instâncias de uma organização. Trata-se de um dos instrumentos de gestão mais utilizados em organizações de diferentes setores em todo o mundo, atualmente. Primeiro, discute-se o que é estratégia e qual a sua relação com os resultados de sua formulação e implementação, que caracterizam o que se entende por desempenho. Em seguida, apresentam-se os chamados – genericamente – modelos de mensuração de desempenho, introduzindo-se, ao final, o *balanced scorecard* (BSC) e seus principais conceitos, elementos, aplicações e tendências, além de seu impacto na gestão estratégica do desempenho organizacional. Ainda são abordados os impactos do uso (e da ausência) de ferramentas como o BSC para o alinhamento estratégico nas organizações e a comunicação efetiva da estratégia nos vários níveis e estruturas organizacionais.

Objetivos do capítulo

- Conhecer os aspectos básicos do gerenciamento estratégico.
- Entender os conceitos e as aplicações de ferramentas de gestão estratégica, como o *balanced scorecard*.
- Compreender as vantagens da gestão estratégica e integrada.

- Perceber as barreiras para a comunicação da estratégia na organização e os efeitos do uso do *balanced scorecard* para o alinhamento estratégico.
- Incentivar as práticas do gerenciamento estratégico nas organizações.
- Adotar uma postura mais efetiva nas atividades relacionadas à administração estratégica.

Introdução

Em uma pesquisa recente realizada nos Estados Unidos, verificou-se que apenas 14% dos funcionários sabiam qual era o seu papel no que se referia à estratégia da empresa na qual (ou para a qual) trabalhavam (Schiemann, 2009). Em outras palavras, eles não tinham nenhuma noção de como deveriam ou poderiam contribuir para os resultados que a organização esperava deles. Consequentemente, isso poderia levar a dificuldades quanto à melhoria de resultados e de processos, e, ainda, sob outro ponto de vista, a perdas em aspectos motivacionais e até a alienação do sentido do trabalho, uma vez que eles não perceberiam uma relação entre suas ações e os resultados delas.

Um símbolo desse fenômeno é apresentado em um dos quadrinhos da série Dilbert, cujo autor, Scott Adams, satiriza o ambiente empresarial como poucos. Em uma das tiras, o chefe de Dilbert revela que um *hacker* invadiu os sistemas da empresa e teve acesso ao que seria o plano estratégico. Ao saber disso, Dilbert pergunta ao chefe: "Ele postou na internet? Eu gostaria de ler isso". Diante do silêncio do chefe e dos colegas, ele completa: "Estou curioso para saber os meus objetivos para esse ano. Você tem o e-mail dele?[1]"

Outro relato, dos aclamados Robert Kaplan e David Norton (1997), apontava, de forma talvez ainda mais dramática, que apenas 5% dos funcionários conheciam a estratégia da empresa, de acordo com um levantamento feito por eles. Tal diagnóstico levou os dois estudiosos a criar o *balanced scorecard*, que será analisado no decorrer deste capítulo como uma eficaz ferramenta de implementação e comunicação da estratégia organizacional (Malina e Selto, 2001).

De qualquer forma, tais argumentos levam a uma constatação: a estratégia, ou o plano estratégico, muitas vezes é algo que não é compartilhado e comunicado da forma como deveria ser. A comunicação da estratégia, também muitas vezes chamada de *cascateamento* ou desdobramento, tem se tornado um desafio para as organizações e é a temática para desenvolvimento deste capítulo. Primeiro, abordaremos os principais conceitos aqui envolvidos sobre estratégia, sua função e importância para

---

1. Disponível em: <http://dilbert.com/strip/1999-11-20>. Acesso em: 10 dez. 2015.

a gestão em uma visão integrada e a relação da estratégia com o desempenho da organização; em seguida, trataremos de um dos modelos de implementação e controle da estratégia, o *balanced scorecard*, uma das ferramentas de gestão mais conhecidas na atualidade, descrevendo suas principais características, funções e importância; e, complementando, faremos algumas reflexões sobre as implicações do uso de tais conceitos e ferramentas. Espera-se que, com este capítulo, o leitor possa ter uma visão geral sobre o assunto, talvez até em seu primeiro contato com o tema, e que isso possa levá-lo a ter uma melhor compreensão e uma postura que o leve a lidar com a administração estratégica de forma mais efetiva e crítica.

Gestão estratégica: do planejamento ao desempenho

A literatura sobre o tema da estratégia é extremamente ampla. Considerando o objetivo deste capítulo, não cabe aqui um aprofundamento maior. No entanto, devemos distinguir alguns dos pontos mais relevantes do tema para entender a sequência do texto.

A estratégia pode ser vista como as regras de decisão que orientam o comportamento da organização quanto à realização de seus propósitos (Ansoff, 1977). Em uma definição mais detalhada,

> a estratégia refere-se aos planos da alta administração para alcançar resultados consistentes com as missões e os objetivos gerais da organização. [...] A administração estratégica consiste em decisões e ações administrativas que auxiliam a assegurar que a organização formula e mantém adaptações benéficas com seu ambiente. (Wright, Kroll e Parnell, 1998, p. 24)

Percebe-se que as palavras *objetivos*, *decisão* e *resultados* são recorrentes nessas definições e serão repetidas outras vezes no decorrer deste capítulo.

O resultado do que acontece na organização – e, em tese, definido anteriormente pela estratégia – é o desempenho. Este pode ser considerado, mais estritamente, "um parâmetro usado para quantificar a eficiência e/ou a eficácia de uma ação passada" (Neely, Adams e Kennerley, 2002, p. xii), ou, de uma forma mais abrangente, como a "habilidade da organização na obtenção de suas metas, utilizando-se de seus recursos de um modo eficiente e eficaz" (Daft e Marcic, 2004, p. 10).

De forma geral, o desempenho estará relacionado a duas dimensões: a eficiência e a eficácia, ambas presentes nas definições de desempenho apresentadas. Segundo Antonio Maximiniano (2004, p. 32), eficiência pode ser a "palavra usada para indicar que a organização utiliza produtivamente, ou de maneira econômica, seus recursos. Quanto mais alto o grau de produtividade ou economia na utilização dos recursos, mais eficiente a organização". Já eficácia é a "palavra usada para indicar que a organização realiza seus objetivos. Quanto mais alto o grau de realização dos objetivos, mais a organização é eficaz" (idem). É importante lembrar que as duas dimensões não são excludentes, e sim complementares, e que o desempenho da organização estará relacionado a uma ou a outra, dependendo da natureza da atividade e, principalmente, da forma como foram definidos os objetivos estratégicos.

Assim, a estratégia e o desempenho podem ser vistos como intrinsecamente relacionados e devem ser considerados de forma integrada. Para atender a essa necessidade, existem os chamados sistemas de mensuração de desempenho (SMDs), "um sistema de informações que os administradores usam para rastrear a implementação da estratégia do negócio, comparando-se os resultados reais aos objetivos e [às] metas estratégicas" (Simons, 2000, p. 337). Cada organização teria seu próprio SMD, com características básicas e procedimentos semelhantes, mas partindo de contextos e recursos disponíveis diferentes.

Com o passar do tempo e a evolução da administração, foram desenvolvidos diversos modelos ou ferramentas para desenho de SMDs. Tais modelos, que vão se tornando mais amplos e complexos, podem partir de diferentes abordagens, tais como, entre outras: qualidade (os prêmios nacionais de qualidade institucionalizados em vários países; o Prêmio Nacional de Qualidade, no caso brasileiro); gestão do conhecimento (*skandia navigator*, criado na Suécia); sustentabilidade (*sigma sustainability scorecard* e *performance prism*, ambos britânicos) (Hourneaux Jr., 2005). Desses modelos, talvez o mais famoso seja o *balanced scorecard* (BSC), que será o tema da próxima seção.

O *balanced scorecard*

Origem e características

No início da década de 1990, Robert Kaplan, professor da Universidade de Harvard, e David Norton, consultor empresarial, desenvolveram o *balanced scorecard* (BSC). Os autores o definem como o meio pelo qual se traduziria a missão e a estratégia da organização em objetivos e medidas, facilitando a comunicação, a informação e o aprendizado (Kaplan e Norton, 1997, p. 24).

A partir da sua criação, o BSC passou rapidamente a ser adotado em larga escala por organizações no mundo todo. Já em 1998, estimava-se que 60% das empresas presentes na relação da revista *Fortune* utilizavam ou tencionavam utilizar o *balanced scorecard* (Silk, *apud* DeBusk, Brown e Killough, 2003). Em outra pesquisa atestou-se que, de 1.910 empresas atuantes nos Estados Unidos, 43% afirmavam utilizar o método de Kaplan e Norton (Maisel, 1999). Os próprios criadores do BSC afirmam que, em um estudo realizado pela empresa de consultoria Bain & Company, descobriu-se que nos Estados Unidos 55% das empresas já utilizavam o *balanced scorecard*, enquanto que na Europa o número era de 45% (Kaplan e Norton, 1999). Os motivos que teriam levado o BSC a tal aceitação e sucesso seriam, entre outros, a "simplicidade" do modelo e o peso dos autores nos meios acadêmico e profissional (Perrin, 1998; Kenny, 2003).

O BSC é dividido em quatro diferentes perspectivas que "equilibram os objetivos de curto e longo prazos, os resultados desejados e os vetores de desempenho desses resultados, as medidas concretas e as medidas subjetivas mais imprecisas" (Kaplan e Norton, 1997, p. 26). A primeira delas, *financeira*, refere-se aos objetivos e resultados relativos aos acionistas; a segunda, *clientes* (também chamada de mercado), é relativa aos consumidores da organização e à proposta de valor oferecida; a terceira, *processos internos*, diz respeito às atividades que levariam à satisfação do cliente e do acionista; e a última delas, *aprendizado e crescimento* (também chamada de inovação), inclui aspectos relativos às pessoas da organização e a seu desenvolvimento, em função das estratégias organizacionais. Cada uma delas deve contemplar um objetivo principal, que pode ser representado por uma "questão a ser respondida", e pode ser identificada por meio de medidas, que serão as formas de mensurar o desempenho, como apresentadas no Quadro 1.

Quadro 1 – As quatro perspectivas do *BSC*.

Perspectivas do *balanced scorecard*	Questões a ser respondidas	Medidas gerais
Financeira	"Para sermos bem sucedidos financeiramente, como devemos aparecer para nossos acionistas?"	Retorno sobre investimentos e valor econômico adicionado
Clientes	"Para atingir nossa visão, como devemos aparecer para nossos clientes?"	Satisfação, fidelização, participação de mercado
Processos internos	"Para satisfazer nossos acionistas e clientes, em que processos de negócio devemos ser excelentes?"	Qualidade, tempo de resposta, custo e introdução de novos produtos
Aprendizado e crescimento	"Para atingir nossa visão, como deveremos sustentar nossa capacidade de mudar e melhorar?"	Satisfação dos empregados e disponibilidade dos sistemas de informação

FONTE: ADAPTADO DE KAPLAN E NORTON, 1997.

De acordo com a proposta do BSC, a estratégia e a visão da organização são condições estabelecidas *a priori*. Os criadores da metodologia buscam estabelecer o que chamam de relações de causa e efeito entre os vários elementos dentro das quatro perspectivas, configurando as inter-relações entre os indicadores de desempenho (Kaplan e Norton, 1997, p. 26).

Como apresentado, o BSC não se restringe apenas à tradicional abordagem financeira e trabalha, em um nível estratégico, com enfoques não financeiros, embora não tenha sido o pioneiro a trazer isso na literatura (DeBusk, Brown e Killough, 2003, p. 217). Essa característica tem ajudado a consolidar sua relevância estratégica, indo da mensuração dos resultados *per se*, que anteriormente tinha sido sua origem (Kaplan e Norton, 2004, p. 10).

O BSC e os mapas estratégicos

Os autores Kaplan e Norton têm ampliado continuamente o uso do *balanced scorecard*. Em sua obra de 2004, eles chamam a atenção para o uso dos chamados mapas estratégicos, uma "representação visual das relações de causa e efeito entre os componentes da estratégia de uma organização" (Kaplan e Norton, 2004, p. 10), uma abordagem complementar dos conceitos anteriores do BSC. Para ambos, a elaboração dos mapas estratégicos deve ser baseada nos seguintes princípios:

- A estratégia equilibra forças contraditórias (articulação dos conflitos entre objetivos financeiros de curto prazo e de aumento da receita no longo prazo).
- A estratégia baseia-se em proposição de valor diferenciada para os clientes (a satisfação dos clientes é a fonte de criação de valor sustentável para a organização).
- A criação do valor se dá por meio dos processos internos (as atividades de gestão operacional, gestão dos clientes, inovação e atividades regulatórias e sociais promovem a criação de valor).
- A estratégia compõe-se de temas complementares e simultâneos (a identificação e prática desses temas geram benefícios e crescimento sustentáveis à organização).
- O alinhamento estratégico determina o valor dos ativos intangíveis (o capital humano, o capital da informação e o capital organizacional), que devem estar alinhados com a estratégia, permitindo que a empresa tenha "uma capacidade de mobilizar e sustentar o processo de mudança necessário para executar a sua estratégia" (Kaplan e Norton, 2004, p. 10-14).

Seguidas essas premissas, com a elaboração do mapa estratégico, a organização poderia perceber e determinar de que forma os ativos intangíveis podem alavancar a criação de valor para os clientes, acionistas e demais *stakeholders* organizacionais (Kaplan e Norton, 2004).

Um exemplo de um mapa estratégico genérico é apresentado na Figura 1.

Figura 1 – Exemplo de mapa estratégico genérico.

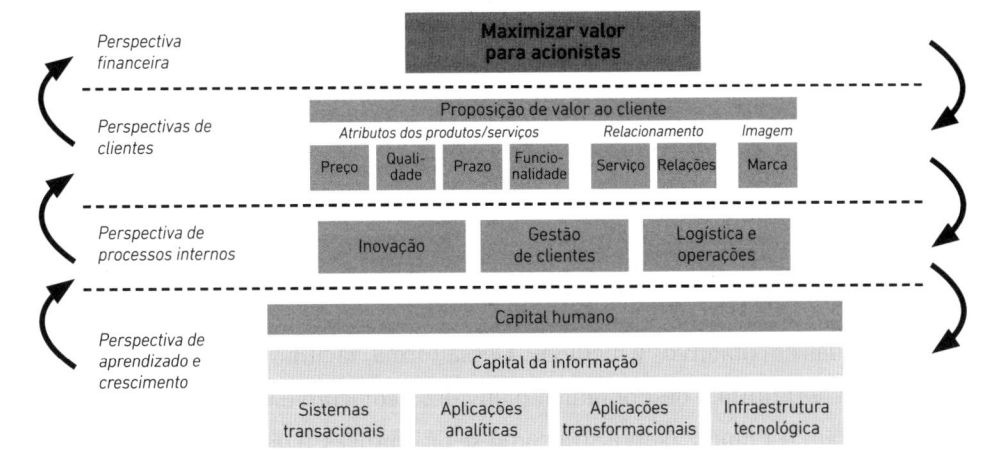

FONTE: KAPLAN E NORTON, 2004.

Pode-se perceber de forma mais transparente os objetivos ou elementos críticos para a estratégia organizacional e também as relações entre esses elementos. Com tal visualização da estratégia da empresa, fica mais claro como se dá a definição dos objetivos, das metas e das consequentes atividades, promovendo uma visão mais ampla e integrada.

Assim, o mapa estratégico seria uma referência fundamental para a comunicação da estratégia. Ele conteria os demais elementos associados à estratégia, como a missão da organização (que deve incluir a proposta de valor ao cliente, que por sua vez aparece na perspectiva Clientes), além dos diversos objetivos ou fatores críticos de sucesso (representados pelas elipses apresentadas no mapa); e também permitiria alinhar metas e planos de ação ou projetos, que não são representados no mapa, mas são definidos a partir dele. Além, é claro, de evidenciar as chamadas "relações de causa e efeito" que ocorrem entre os vários processos organizacionais. Pesquisas têm indicado que o uso de mapas estratégicos consistentes pode alavancar ainda mais os benefícios de do BSC (Lucianetti, 2010).

O BSC e o alinhamento estratégico

Uma importante contribuição do *balanced scorecard* para a organização seria o alinhamento entre os processos administrativos chave e a estratégia (Kaplan e Norton, 2001a; 2001b). O alinhamento preconiza que as ações e atividades realizadas na organização deveriam ser decorrentes daquilo que foi definido pela estratégia; em outras palavras, nada aconteceria por acaso, tudo teria um porquê. A premissa é muito simples. No entanto, sua concretização muitas vezes não se realiza. O alinhamento permitiria que a administração e os demais colaboradores pudessem enxergar mais claramente as relações entre o que é definido na estratégia corporativa e seus desdobramentos em toda a estrutura organizacional, seja nas unidades de negócios, nos departamentos ou áreas funcionais ou até mesmo no nível do indivíduo.

O BSC é definido como "uma ferramenta completa que traduz a visão e a estratégia da empresa num conjunto coerente de medidas de desempenho" (Kaplan; Norton, 1997, p. 24) e um meio pelo qual a missão e a estratégia da organização são traduzidas em objetivos e medidas. Dessa forma, facilitaria a comunicação da estratégia e permitiria o desdobramento ou *cascateamento* da estratégia para toda a organização. A Figura2 demonstra como se dá o processo de alinhamento, tendo o BSC como elemento central.

Figura 2 – O *balanced scorecard* e o alinhamento estratégico.

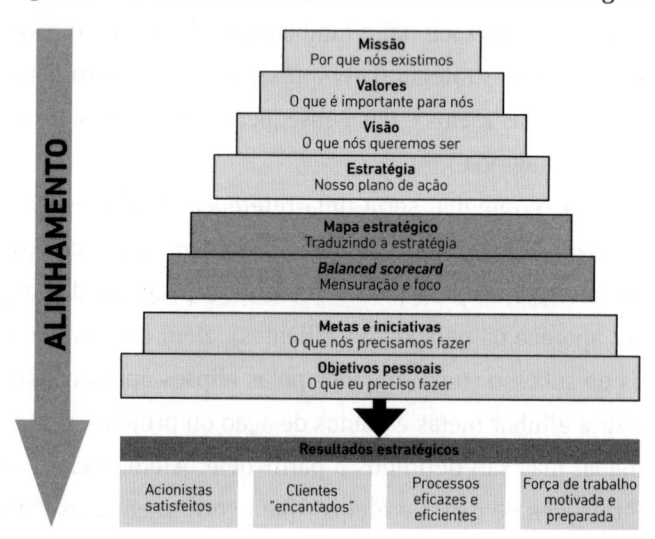

FONTE: ADAPTADO DE KAPLAN E NORTON, 2004.

Kaplan e Norton (2001a), ao ampliarem o conceito do *balanced scorecard*, assinalam cinco princípios que devem ser seguidos para que se tenha um foco estratégico efetivo: traduzir a estratégia em termos operacionais; alinhar a organização à estratégia; transformar a estratégia em tarefa de todos; converter a estratégia em um processo contínuo; e mobilizar a mudança por meio da liderança. Assim, o BSC pode se consolidar como um meio de comunicação de estratégia, em vez de ser considerado uma ferramenta de controle.

O BSC e a comunicação da estratégia

Além do que já foi destacado, Kaplan e Norton apontam uma série de vantagens advindas do uso do *balanced scorecard*, tais como: esclarecimento e atualização da estratégia; comunicação da estratégia a toda a organização; alinhamento das metas de departamentos e indivíduos à estratégia; identificação e alinhamento das iniciativas estratégicas; associação dos objetivos estratégicos com as metas de longo prazo e os orçamentos anuais; alinhamento das revisões estratégicas e operacionais; e obtenção de *feedbacks* para fins de conhecimento e aperfeiçoamento da estratégia (Kaplan e Norton, 2001a).

Dessa forma, o BSC proporcionaria uma ligação entre o que é definido no planejamento estratégico (o que deve ser feito e qual deve ser o resultado: objetivos e metas), a execução (o como fazer: planos de ação, iniciativas e projetos) e o processo de mensuração (quanto e qual o resultado: indicadores). Além disso, como os elementos do mapa estratégico são definidos de forma relacional, o caráter integrativo do modelo é reforçado. A Figura 3 representa essa integração entre cada um dos elementos e as perspectivas do BSC.

Tal configuração poderia significar um grande avanço nas questões apresentadas no início deste capítulo, que apontam uma enorme dificuldade de se passar as informações e recomendações originadas pelo planejamento estratégico a todas as instâncias organizacionais. Percebe-se, assim, que a administração poderia ser tratada como efetivamente estratégica.

Figura 3 – Desdobramento da estratégia pelo BSC.

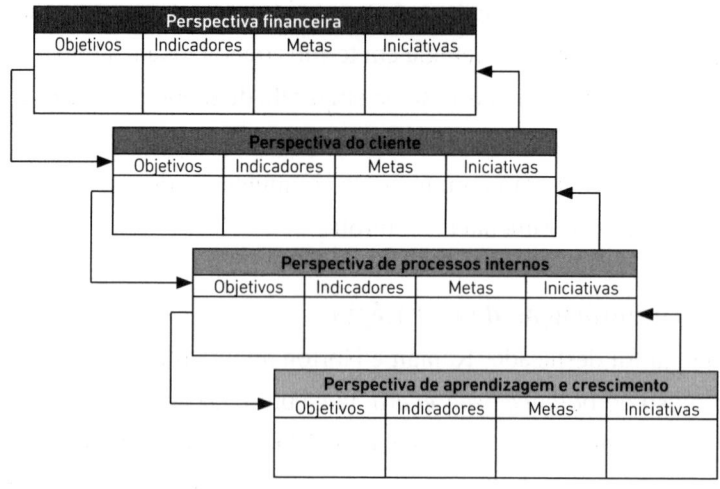

FONTE: KAPLAN E NORTON, 1997.

Considerações finais

Os objetivos deste capítulo foram, de modo geral, apresentar os aspectos básicos do gerenciamento estratégico, com base na necessidade de se implementar um efetivo mecanismo de verificação, monitoramento e controle da estratégia e do desempenho esperado e realizado.

Para tornar concreta tal iniciativa, apresentamos os principais conceitos sobre o *balanced scorecard*. O BSC tem sido reconhecido como uma das principais ferramentas utilizadas mundialmente para viabilizar uma redução nas barreiras para a comunicação da estratégia na organização, com a promoção do alinhamento da estratégia a todos os níveis organizacionais.

É importante fazer uma ressalva: em uma pesquisa realizada nos Estados Unidos, demonstrou-se que a comunicação foi um motivo de implantação de um sistema de mensuração de desempenho (SMD) em apenas 8% dos casos, sendo que os motivos mais citados foram: em primeiro lugar, controle e avaliação dos indivíduos e do grupo, com 30% das respostas; em segundo, planejamento estratégico, com 19%; em terceiro, tomada de decisão diária, com 18%; e em quarto, validação estratégica, com 12% (Marr, Neely e Bourne, 2004). Ou seja, embora a comunicação não seja um elemento de motivação para a efetivação de um SMD como o *balanced scorecard*, ela tem se tornado, sem dúvida, um efeito benéfico às organizações que seguem esse caminho.

Finalmente, é importante destacar o papel das pessoas nesse processo. Nos diversos níveis organizacionais, elas serão usuários e participantes das diversas atividades na tomada de decisão. Seu envolvimento no processo de criação, desenvolvimento e implantação de ferramentas como o BSC também reforçará positivamente a efetivação da estratégia e a consecução do desempenho esperado.

Referências

ANSOFF, Igor. *Estratégia empresarial*. São Paulo: McGraw-Hill, 1977.

DAFT, Richard L.; MARCIC, Dorothy. *Understanding management*. Versalhes: Thomson/South-Western, 2004.

DEBUSK, Gerald K.; BROWN, Robert M.; KILLOUGH, Larry N. "Components and relative weights in utilization of dashboard systems like the balanced scorecard". *The British Accounting Review*, v. 35, 2003.

HOURNEAUX JR., Flavio. *Avaliação de desempenho organizacional: estudo de casos de empresas do setor químico*. Dissertação (Mestrado em Administração) – Universidade de São Paulo, 2005.

KAPLAN, Robert S.; NORTON, David. P. *A estratégia em ação:* balanced scorecard. Trad. de Luiz Euclides Trindade Frazão Filho. 13. ed. Rio de Janeiro: Campus, 1997.

_____. "Building a strategy-focused organization". *Balanced Scorecard Report*, v. 1, n. 1, set./out., 1999.

_____. *Organização orientada para a estratégia: como as empresas que adotaram o balanced scorecard prosperam no novo ambiente de negócios*. Trad. de Afonso Celso da Cunha Serra. 4. ed. Rio de Janeiro: Campus, 2001a.

_____. "Transforming the balanced scorecard from performance measurement to strategic management – part II". *Accounting Horizons*, v. 15, n. 2, p. 147-160, 2001b.

_____. *Mapas Estratégicos* – Balanced scorecard: *convertendo ativos intangíveis em resultados tangíveis*. Trad. de Afonso Celso da Cunha Serra. 1. ed. Rio de Janeiro: Elsevier, 2004.

KENNY, Graham. "Strategy: balanced scorecard – why it isn't working". *New Zealand Management*, Auckland, 2003.

LUCIANETTI, Lorenzo. "The impact of the strategy maps on balanced scorecard performance". *International Journal of Business Performance Management*, v. 12, n. 1, 2010.

MAISEL, Lawrence S. "Performance measurement practices survey results: executive summary". *American Institute of Certified Public Accountants*, Inc., p. 9, 1999. Disponível em: <http://ftp.aicpa.org/public/download/cefm/perfmeas.doc>. Acesso em: 28/01/2014.

MALINA, Mary A.; SELTO, Frank H. "Communicating and controlling strategy: an empirical study of the effectiveness of the balanced scorecard". *Journal of Management Accounting Research*, v. 1, n. 1, p. 47-90, 2001.

MARR, Bernard; NEELY, Andy; BOURNE, Mike. "Business performance measurement – what is the state of use in large US firms?" In: *Performance measurement and management: public and private conference*. Edinburgh, 2004.

MAXIMINIANO, Antonio C. A. *Introdução à administração*. São Paulo: Atlas, 2004.

NEELY, Andy; ADAMS, Chris; KENNERLEY, Mike. *The performance prism: the scorecard for measuring and managing business success*. Londres: Prentice Hall, 2002.

PERRIN, Burt. "Effective use and misuse of performance measurement". *American Journal of Evaluation*, v. 19, n. 3, 1998.

SCHIEMANN, William A. "Aligning performance management with organizational strategy, values, and goals". In: SMITHER, James. W.; LONDON, Manuel. *Performance management: putting research into action*. São Francisco: Jossey-Bass, 2009.

SIMONS, Robert. *Performance measurement and control systems for implementing strategy*. Upper Saddle River: Prentice Hall, Inc., 2000.

WRIGHT, Peter; KROLL, Mark J.; PARNELL, John A. *Administração estratégica: conceitos*. São Paulo: Atlas, 1998.

19. Avaliação e mensuração em relações públicas e em comunicação organizacional

Visão geral do capítulo

A mensuração em comunicação e relações públicas está associada a resultados considerados intangíveis e tem se apresentado como um desafio a profissionais e acadêmicos da área. Ao longo da última década o tema manteve-se atual e de interesse para o campo, sendo objeto de reflexão e investigação tanto pela academia quanto pelo mercado. Embora muitos profissionais conheçam os modelos de mensuração encontrados na literatura especializada no tema, ainda afirmam ter dificuldade de aplicá-los. Por esse motivo, o capítulo busca discutir os modelos de mensuração e refletir a respeito de suas convergências e, consequentemente, acerca de procedimentos básicos a ser observados para a condução do processo de mensuração de resultados. Além disso, apresenta o debate conduzido por entidades como a International Association for the Measurement and Evaluation of Communication (Amec) e o Institute for Public Relations (IPR) sobre a adoção de padrões de mensuração.

Objetivos do capítulo

* Apresentar os modelos de mensuração propostos na literatura especializada.
* Identificar os pontos de convergência entre os modelos descritos.
* Evidenciar etapas do procedimento básico de mensuração de resultados.

- Apresentar os "Princípios de Barcelona", proposta de padrões de mensuração elaborada por organizações setoriais.
- Levantar o *status* do debate sobre a adoção de padrões de mensuração pelo mercado.

Introdução

No início da primeira década dos anos 2000, o tema mensuração de resultados em comunicação organizacional e em relações públicas ganhou relevância tanto no mercado quanto na academia. Na ocasião foram defendidas a primeira dissertação de mestrado[1] e a primeira tese de doutorado[2] sobre o assunto na Escola de Comunicações e Artes da Universidade de São Paulo (ECA-USP), sob orientação da profª dra. Margarida Maria Krohling Kunsch. Nesse mesmo período, a *Organicom – Revista Brasileira de Comunicação Organizacional e Relações Públicas*, em uma iniciativa pioneira, publicou o seu segundo dossiê, "Avaliação e mensuração em comunicação organizacional", reunindo artigos de profissionais e de pesquisadores nacionais e internacionais dedicados à mensuração de resultados, que ainda hoje é considerado uma referência sobre o tema. Desde então, a produção e o debate a esse respeito têm sido ampliados, sendo que os cursos de pós-graduação *lato sensu*, a exemplo do Curso de Gestão Estratégica em Comunicação Organizacional e Relações Públicas (Gestcorp), da ECA-USP, atualmente oferecem essa disciplina e muitos cursos de graduação incluíram a temática em sua estrutura curricular.

Embora o acesso à produção acadêmica e a troca de experiência pelo mercado sejam uma realidade, propiciando a disseminação de diferentes modelos de mensuração encontrados na literatura, nossa experiência docente, tanto em nível de graduação quanto de pós-graduação, tem sinalizado a necessidade de não apenas disseminar os modelos encontrados na bibliografia sobre avaliação e mensuração de resultados em comunicação, como também conduzir uma discussão acerca da aplicação dessas propostas.

A pesquisa conduzida pela International Association for the Measurement and Evaluation of Communication (Amec, 2013) junto aos egressos de seu programa de formação profissional – Public Relations Academic –, ainda que retrate uma realidade distinta, corrobora esse cenário. Os dados obtidos pelo levantamen-

---

1. Gilceana Soares Moreira Galerani (2003).
2. Valéria de Siqueira Castro Lopes (2005).

to apontam para a mensuração como uma das três principais lacunas no conjunto de habilidades dos entrevistados, com 44% do total de respostas. Por esse motivo, serão apresentados neste capítulo, cronologicamente, o "Modelo PII" (Cutlip, Center e Broom, 1985), o modelo "Régua da efetividade" (Lindenmann, 1993, 2006), o modelo "Relacionamento com *stakeholders*" (Grunig e Hon, 1999), o "Modelo de curta duração" (Watson, 2001) e o "Modelo contínuo" (Watson, 2001), discutindo-se as suas particularidades e convergências.

Modelos de mensuração

Os modelos são estruturas que nos auxiliam a compreender a complexa realidade organizacional sem, entretanto, apreendê-la. Cada um dos modelos a seguir enfatiza algum dos aspectos do objeto em análise, em busca de sua ordenação, por isso não são definitivos. A escolha do modelo, de certa forma, se dá pela sua aderência ao plano de comunicação e pela afinidade de leitura entre profissional e pesquisador. Por isso, é importante que o profissional compreenda os modelos para que possa identificar aquele que será adotado como estrutura para o processo de mensuração de seu plano de comunicação.

Modelo PII (Planejamento, implementação e impacto)

O modelo é proposto no livro *Effective public relations*, de Scott M. Cutlip, Allen H. Center e Glen M. Broom (1985), hoje em 11ª edição, como forma de minimizar o equívoco de mensuração recorrente entre os profissionais de comunicação: a troca de medidas. Por esse motivo, o modelo é baseado nas diferentes etapas do planejamento, ou seja, a elaboração do plano de comunicação, o processo de implementação, a execução dos programas e a avaliação. Na etapa de avaliação, o modelo oferece medidas para demandas distintas: a medida de retorno, relacionada ao *feedback* gerado pelo programa, e a medida de impacto, resultado ou efeito gerado pelo programa no público ao qual o programa se destinava.

Assim, de acordo com Tom Watson (2001), a principal contribuição do modelo é a separação das medidas de avaliação, uma vez que auxilia os profissionais a detalhar e, consequentemente, compreender o processo de comunicação e os resultados a ser alcançados por meio dele, evitando deslizes no procedimento de mensuração, como, por exemplo, considerar o número de mensagens endereçadas a um público, uma medida de implementação, uma medida de impacto. Além disso, Watson pontua como limitação do modelo o fato de os autores desconsiderarem a natureza distinta de objetivos e das metodologias necessárias à mensuração na implementação de atividades de curto e longo prazos.

Por outro lado, observa-se que dois dos princípios do modelo – o estabelecimento do plano e o cuidado em separar e, de certa forma, categorizar os resultados a ser atingidos pelo plano de comunicação – são adotados no processo de mensuração por todos os demais modelos, incluindo os que serão propostos por Walter Lindenmann (1993) e Tom Watson (2001).

Régua da efetividade de relações públicas

Walter Lindenmann (1993) avança no debate ao compreender em seu modelo os diferentes níveis e as distintas técnicas empregadas na mensuração de resultados em relações públicas e ao oferecer padrões para medir sua efetividade. O modelo parte da definição de objetivos e metas a ser alcançados pela área ou pelo programa para que, a seguir, possam ser definidos os níveis de medida. O autor afirma existirem três níveis de avaliação da efetividade e, para identificá-los, após definir os objetivos e as metas, o profissional precisa determinar o que intenta medir: sua produção, o alcance (quem recebeu a mensagem?), o impacto (a mensagem atraiu a atenção do público?) e/ou o efeito dos esforços de comunicação (o público passou a pensar ou agir diferentemente por causa de seus esforços de relações públicas?). Com base na resposta obtida a essas questões, é possível identificar os diferentes níveis de medida:

1. Nível 1 – são avaliados os produtos (*outputs*). É considerado nível básico por ser uma medida relativamente fácil e simples de obter por meio do levantamento e da análise de dados secundários: contagem de inserções na mídia, quantidade e qualidade de eventos ou publicações institucionais produzidos, quantidade de mídia espontânea obtida e análise do conteúdo veiculado.

2. Nível 2 – avaliam-se o alcance, a compreensão e retenção das mensagens pelos *stakeholders* da organização. É considerado nível intermediário por exigir o emprego de técnicas mais sofisticadas de coleta de dados de caráter tanto quantitativo quanto qualitativo, como *focus groups*, entrevistas em profundidade e pesquisas com grupos de audiências.

3. Nível 3 – busca-se avaliar os resultados do trabalho de relações públicas por meio da mudança de opinião, comportamento e atitude por parte dos públicos utilizando-se pesquisas experimentais, análise de conteúdo, análise psicográfica, auditoria de comunicação etc.

Embora Lindenmann não explicite a separação do processo de mensuração dos resultados de curto e de longo prazo, os níveis estabelecidos pela "Régua de efetividade" fazem essa dissociação, ainda que implicitamente, o que aproxima sua proposta àquela que seria elaborada por Watson, *a posteriori*, em que os modelos são pensados com base na temporalidade do plano. Cabe, ainda, destacar que o modelo não abarca a contribuição dos esforços de área aos resultados organizacionais, o que de certa forma está presente no modelo de James Grunig e Linda Childers Hon (1999).

Indicadores de qualidade de relacionamento

O documento organizado por Grunig e Hon (1999) e publicado pelo Institute for Public Relations, como parte de uma série de diretrizes desenvolvidas com o propósito de fornecer bases para um processo de mensuração efetiva pelos profissionais de relações públicas, discute os efeitos, em longo prazo, dos programas de relações públicas sobre o desempenho organizacional. Os autores partem dos resultados obtidos pelo estudo Excellence in Public Relations and Communication Management, conduzido pela International Association Business Communication Research Foundation, sob a coordenação de Grunig (1992); eles indicam como organizações eficientes aquelas capazes de alcançar seus objetivos. Na análise dos pesquisadores envolvidos no projeto, isto ocorreria porque tais organizações escolhem objetivos que são valiosos para si e para seus públicos estratégicos. Por isso, a organização consegue minimizar os esforços dos públicos em interferir nas decisões organizacionais. A oposição dos públicos aos objetivos e às decisões organizacionais frequentemente resultam em problemas e crises, razão pela qual o processo de desenvolvimento e manutenção de relacionamento de longo prazo com públicos é um componente crucial da administração estratégica e gerenciamento de crises e objetivo fundamental de relações públicas.

A incorporação dos objetivos, dos interesses e das preocupações dos públicos no processo de decisão estratégica das organizações evidentemente não é fácil, em razão da diversidade de públicos com os quais elas se relacionam e seus respectivos objetivos. Entretanto, as organizações que demonstram maturidade ao tomarem decisões que contemplam os interesses de seus *stakeholders,* em vez de simplesmente tentar persuadi-los a aceitar os objetivos organizacionais após uma resolução ter sido tomada, obtêm melhor desempenho. Essa postura garante um entendimento entre administração e públicos, diminuindo a probabilidade de se comportarem de forma a trazer consequências negativas aos interesses das partes.

A área de relações públicas colabora para a eficiência e eficácia organizacional quando é capaz de identificar os públicos estratégicos como parte do processo da administração estratégica, bem como de conduzir os programas de comunicação no sentido de desenvolver e manter relacionamentos de longo prazo entre a administração e esses públicos. Dessa forma, garante relações estáveis e duradouras que permitem a existência da organização e a manutenção de um ambiente estável de negócios. Para os autores, o valor das relações públicas pode ser mensurado pela qualidade dos relacionamentos estabelecidos com os *stakeholders* e geridos pela área.

Partindo dessa premissa, o modelo considera que as estratégias de manutenção de relacionamentos[3] podem ser mensuradas por meio dos seguintes indicadores de sucesso:

> *Controle mútuo* – para que um relacionamento seja o mais estável e positivo, organização e públicos devem ter algum grau de controle um sobre o outro.
>
> *Confiança* – confiança é um conceito complicado, que possui uma série de dimensões "submersas". Uma delas é integridade, a crença de que uma organização é íntegra e justa. A segunda, é a crença de que a ação organizacional será coerente com seu discurso. A terceira é a competência, ou seja, a organização tem habilidades e competências para cumprir com sua promessa. No contexto do relacionamento organização-público, o valor da reputação digna de confiança é tão grande que ela se torna racional não para tentar aproveitar-se de qualquer vantagem em curto prazo.
>
> *Satisfação* – uma parte sente favoravelmente a outra porque expectativas positivas sobre o relacionamento foram reforçadas. A satisfação também ocorre quando uma parte acredita que os comportamentos da outra parte do relacionamento são positivos.
>
> *Responsabilidade* – uma parte acredita e sente que o relacionamento é merecedor de que se empregue energia para mantê-lo e promovê-lo. As dimensões da responsabilidade são responsabilidade contínua, a qual se refere a uma linha de ação, e responsabilidade afetiva, que está relacionada à orientação emocional. (Grunig e Hon, 1999, p. 19-20, tradução nossa)

---

3. Detalhes sobre as estratégias de manutenção de relacionamentos podem ser encontrados em: Grunig e Hon (1999); e Grunig e Huang (2000).

Em artigos posteriores, Grunig (2005; 2008) identifica quatro níveis de análise em relações públicas: nível do programa, nível funcional, nível organizacional e nível social. Trataremos apenas dos três primeiros, por sua conexão com este debate.

O nível *do programa* avalia os programas de comunicação – como, por exemplo, com empregados, com a comunidade ou com a imprensa – que fazem parte da função de relações públicas em uma organização. A eficácia do programa é medida pelo alcance de seus objetivos específicos, os quais em boa parte estão associados aos efeitos comunicacionais sobre a opinião, a atitude e o comportamento dos públicos e membros da organização (Grunig, 2008). Ainda nesse nível, são encontradas medidas de processo, relacionadas à frequência e à forma de comunicação com um público, o que significa ir além da medida de produto. Pode-se verificar esse nível equivale à "régua da efetividade".

O nível *funcional* refere-se à avaliação da área de comunicação como função organizacional; para que alcance a eficácia, a área depende da integração de seu planejamento com o plano estratégico da organização.

Já o nível *organizacional* faz menção à contribuição da área à eficácia organizacional, que, segundo o autor, significa fixar objetivos valiosos para si e seus públicos, o que seria a contribuição da área aos objetivos organizacionais – demonstrar que um ambiente estável para a condução dos negócios ou o cumprimento da missão organizacional foi atingido por meio da função comunicacional. É nesse nível que se encontra a discussão acerca dos indicadores da qualidade do relacionamento acima explicitados.

A adoção desse modelo parece ser mais adequada a planos que tenham como tônica a gestão de relacionamentos. Entretanto, de acordo com o exposto, os indicadores sinalizam o que talvez seja o principal obstáculo à sua adoção: organizações dispostas a implementar práticas de comunicação simétrica, com efeitos para ambas as partes envolvidas na relação, e a investir continuamente em pesquisa para monitoramento e avaliação dos relacionamentos organizacionais.

Modelos de curta duração e contínuo

Tom Watson (2001) faz uma crítica ao modelo de Cutlip, Center e Broom (1985) e ao de Lindenmann (1993), anteriormente apresentados. Ele parte da premissa de que o processo de comunicação é contínuo, não sendo, portanto, suspenso para a condução da mensuração de resultados. O autor propõe dois modelos, o de curta duração e o contínuo, que enfatizam a necessidade de proceder à mensuração distinta de ações cujo resultado pode ser verificado em curto prazo e daquelas cujo resultado é auferido em longo prazo, principal crítica feita por ele ao modelo de Cutlip, Center e Broom (1985).

O "modelo de curta duração" (Figura 1) está voltado à mensuração de resultados de curto prazo, por meio da verificação do alcance ou não de objetivos e metas preestabelecidos para a ação. Os resultados aqui são basicamente averiguados pelo alcance de uma mensagem-chave, sem que sejam mensurados os efeitos dessa comunicação nos públicos envolvidos. Por conseguinte, o modelo baseia-se em técnicas de verificação de produtos, o que o aproxima da "régua da efetividade" em seu nível básico e, em parte, no nível intermediário no que diz respeito à recepção da mensagem pelo público – impacto e cobertura. Dessa forma, o "modelo de curta duração" também pode ser associado à prática dos modelos de relações públicas do tipo "agência de imprensa" e "informação pública" (Grunig e Hunt, 1984), fundamentados em comunicação de mão única e de efeitos assimétricos, e aproxima-se do que Grunig (2008) denomina nível do programa.

Figura 1 – Modelo de avaliação de curta duração.

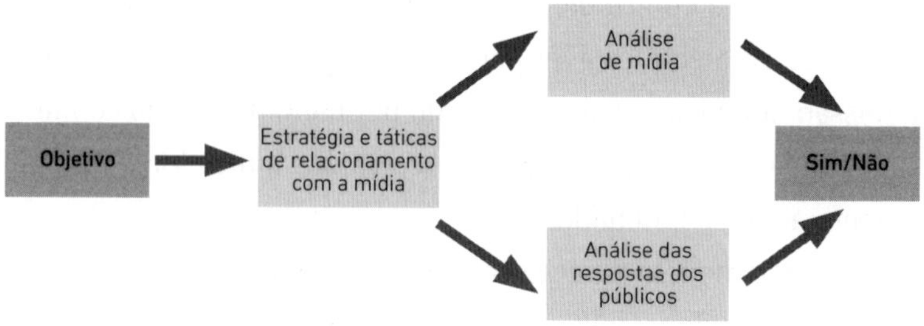

FONTE: FIGURA ADAPTADA DE WATSON (2001, P. 267).

Já o "modelo de avaliação contínua" (Figura 2) busca verificar o impacto desejado pelas ações de comunicação vinculadas aos objetivos de longo prazo, motivo pelo qual o modelo é denominado contínuo. Pode-se afirmar que ele está relacionado à prática dos modelos de relações públicas de duas vias assimétricas e de duas vias simétricas (Grunig e Hunt, 1984), que pressupõem averiguar se o *feedback* dado pelos públicos aos esforços de comunicação organizacional são aqueles declarados no planejamento.

Figura 2 – Modelo de avaliação contínua.

Nesse modelo há a possibilidade de avaliação do desempenho da área, como proposto por Grunig (2008) no nível funcional, por meio da mensuração de resultados obtidos pelo plano de comunicação, bem como de contribuição aos resultados organizacionais, considerando-se objetivos de área alinhados aos objetivos da organização.

Diante do exposto, verifica-se que os modelos comentados possuem pontos de convergência os quais evidenciam procedimentos básicos a ser observados e necessários à condução do processo de mensuração: a compreensão do papel exercido pela comunicação na estrutura organizacional, fundamental à clareza do tipo de resultado que a área poderá gerar (de curto ou de longo prazo); a aderência ao plano de área ao planejamento estratégico da organização (imprescindível à mensuração de contribuição da área aos resultados de negócio); o estabelecimento de metas que permitam a quantificação dos resultados, bem como a consecução dos resultados desejados dentro dos prazos preestabelecidos.

Os princípios de Barcelona

O Institute for Public Relations (IPR) e a International Association for the Measurement and Evaluation of Communication (Amec), com a participação da Public Relations Society of America (PRSA), da International Communications Consultancy Organization (Icco) e da Global Alliance, propuseram o estabelecimento de padrões de mensuração ao mercado. O debate foi instituído no encontro anual promovido pela Amec, o European Summit Amec, realizado em Barcelona, em 2010. O evento buscou impulsionar um novo pensamento em pesquisa e mensuração de resultados em comunicação, o que culminou no documento denominado Princípios de Barcelona[4], reproduzido parcialmente a seguir.

---

4. O documento original está disponível em:<http://amecorg.com/2012/06/barcelona-declaration-of-measurement-principles/>.

Princípio 1 – A importância da definição de objetivos e mensuração

O estabelecimento de objetivos e metas é colocado pelo documento como aspecto fundamental para a mensuração. A necessidade de quantificação dos resultados (quando e quanto o programa de relações públicas visa atingir) é enfatizada, bem como a relevância de indicação dos efeitos desejados tanto junto aos públicos envolvidos (mudanças na consciência, compreensão, atitude e comportamento) quanto aos resultados do negócio.

Princípio 2 – Prefira a mensuração de efeito sobre os resultados à mensuração de produção

O segundo princípio sugere o uso preferencial da mensuração de efeito, sempre tendo como referência o alinhamento aos objetivos de negócio e aos objetivos das atividades de relações públicas. O documento indica, preferencialmente, as pesquisas quantitativas, sem descartar o uso de metodologia qualitativa como complemento à mensuração de resultados. Aos profissionais aconselha-se, ainda, que sejam adotados os procedimentos metodológicos padrão, incluindo desenho de amostra, estrutura e fluxo de questionário e a análise estatística, e aplicados com total transparência.

Princípio 3 – O efeito nos resultados do negócio pode e deve ser aferido quando possível

Esse princípio vincula-se aos resultados obtidos por programas de relações públicas em marketing, motivo pelo qual o caminho apontado para medir a contribuição de relações públicas aos resultados do negócio é a seleção dos efeitos dos esforços da área (quantidade e qualidade) sobre vendas ou outras métricas de negócio.

Princípio 4 – Mensuração de mídia requer quantidade e qualidade

A mensuração de mídia, seja em canais tradicionais ou *on-line*, deve considerar tanto o alcance do veículo entre o público de interesse quanto a qualidade da cobertura da mídia, que abarca aspectos como: tom; credibilidade e relevância da mídia para o *stakeholder* ou audiência; distribuição da mensagem; inclusão de um terceiro ou porta-voz da empresa; destaque da notícia; a qualidade da notícia (negativa, positiva ou neutra).

Princípio 5 – A equivalência do valor de propaganda não é valor de relações públicas

O documento reforça a inadequação da equivalência do valor de propaganda como medida de valor das relações públicas ao reafirmar que seu uso apenas aponta para ela o custo de espaço na mídia. Para tanto, sugere-se que em seu lugar devem ser utilizadas métricas validadas, indicadas para valoração, e que refletem a qualidade da cobertura (ver Princípio 2) e a cobertura geográfica, incluindo-se a porção da cobertura que é relevante, entre outros aspectos.

Princípio 6 – A mídia social pode e deve ser medida

A mensuração de mídia social é uma disciplina e não uma ferramenta, que abarca uma variedade de métricas. Para tanto, é preciso que: as organizações determinem objetivos e resultados para a mídia social; a medida esteja concentrada na "conversa" e nas "comunidades" e não apenas na "cobertura"; a análise de conteúdo de mídia considere qualidade e quantidade como na mídia convencional, e que seja complementada por dados de vendas, de *Customer Relationship Management* (CRM) e de pesquisa, entre outros.

Princípio 7 – Transparência e replicabilidade são primordiais à disseminação da mensuração

A mensuração de relações públicas deve ser feita de uma forma que seja transparente e replicável para todas as etapas do processo, especialmente no que diz respeito à metodologia da pesquisa.

Considerações finais

É interessante verificar que muitos dos "princípios de Barcelona" já vinham sendo discutidos por duas das entidades envolvidas na proposição do documento, o Institute for Public Relations (IPR) e a International Association for the Measurement and Evaluation of Communication (Amec), além de eles estarem presentes na literatura sobre mensuração de resultados. No entanto, os profissionais dedicados a esse debate e que participaram da elaboração dos princípios afirmam que a opção por iniciar o trabalho pelo que denominam padrões básicos se deveu à maior probabilidade de ser alcançado um consenso entre os *players* do setor de comunicação. Além disso, considerou-se a facilidade de adesão, que atualmente, segundo David Geddes (Paarlberg, 2014), ex-presidente do Institute for Public Relations (IPR) e dirigente do Grupo de Estudos de Padrões de Pesquisa e Avaliação em Relações Públicas, ainda é o maior desafio para o setor; para ele, a falta de mensuração de forma adequada em relação aos objetivos desclassifica cerca de 80% dos trabalhos submetidos às premiações setoriais.

Ainda assim, o especialista aponta para um cenário favorável. Os padrões existentes estão sendo testados há quase dois anos por quatro grandes corporações que estão trabalhando com suas agências na adoção: o Council of Public Relations Firms (CPRF), a Global Alliance for Public Relations and Communication Management, a International Association for Measurement and Evaluation of Communication (Amec) e a Public Relations Society of America (PRSA). A experiência reportada, em longo prazo, servirá de base para comentários e revisão dos padrões. O cumprimento das normas é voluntário e a mencionada coalizão não conduz nenhum processo de fiscalização, limitando-se a incentivar as organizações a aderir aos padrões com a aspiração de fortalecer o setor.

Referências

AMEC – International Association for the Measurement and Evaluation of Communication; IPR – Institute for Public Relations *et al*. "Barcelona Declaration of Measurement Principles". In: *European summit on measurement*, II, Barcelona, jul. 2010. Disponível em: <http://amecorg.com/2012/06/barcelona-declaration-of--measurement-principles>. Acesso em: 21 ago. 2014.

CUTLIP, Scott M.; CENTER, Allen H.; BROOM, Glen M. *Effective public relations*. 6. ed. Nova Jersey: Prentice Hall, 1985.

GALERANI, Gilceana Soares Moreira. *Avaliação em relações públicas*: perspectivas teórico práticas e estudo de cases do prêmio opinião pública. 169 f. 2003. Dissertação (Mestrado em Ciências da Comunicação) – Escola de Comunicações e Artes, Universidade de São Paulo, São Paulo, 2003.

GRUNIG, James E. *Excellence in Public Relations and Communication management*. Hilsdale: Erlbaum, 1992.

_____. "Guia de pesquisa e medição para elaborar e avaliar uma função excelente de relações públicas". *Organicom – Revista Brasileira de Comunicação Organizacional e Relações Públicas*, a. 2, n. 2, p. 46-69, 1. sem. 2005.

_____. "Conceptualizing quantitative research in public relations". In: VAN RULER, Betteke; VERCIC, Ana Tkalac; VERCIC, Dejan (Ed.). *Public relations metrics*: research and evaluation. Nova York; Londres: Routledge, 2008, p. 88-119.

GRUNIG, James E.; FERRARI, Maria Aparecida; FRANÇA, Fábio. *Relações públicas: teoria, contexto e relacionamentos*. São Paulo: Difusão Editora, 2009.

GRUNIG, James E.; HON, Linda Childers. *Measuring relationship in public relations. A Report of the Commission on Public Relations Measurement and Evaluation*. Gainesville: University of Florida, Institute for Public Relations, 1999. Disponível em: <http://www.instituteforpr.org>. Acesso em: 10 set. 2014.

GRUNIG, James E.; HUANG, Christine Yi-Hui. "From organizational effectiveness to relationship indicators: antecedents of relationships, public relations strategies and relationship outcomes". In: LEDINGHAM, John A; BRUNING, Steve D. *Public relations as relationship management: a relational approach to the study and practice of public relation*. Mahwah: Lawrence Erlbaum Associates, 2000, p. 23-53.

GRUNIG, James E.; HUNT, T. *Managing Public Relations*. Nova York: Holt, Rinehart & Winston, 1984.

LINDENMANN, Walter. "An 'effectiveness yardstick' to measure public relations success". *Public Relations Quarterly*, Nova York, v. 38, n. 1, 1993, p. 7-9.

_____. *Public Relations research for planning and evaluation*. Resource Booklet. Gainesville: University of Florida, Institute for Public Relations, 2006. Disponível em: <http:// www.instituteforpr.com>. Acesso em: 3 mar. 2015.

LOPES, Valéria de Siqueira Castro. *Gestão da imagem corporativa: um estudo sobre a mensuração e a valoração dos resultados em comunicação corporativa e relações públicas*. 2005. Tese (Doutorado em Ciências da Comunicação) – Escola de Comunicações e Artes, Universidade de São Paulo, São Paulo, 2005.

PAARLBERG, Bill. *David Geddes on the value of measurement standards*. Entrevista com David Geddes. Disponível em: <http://www.instituteforpr.org/measurement--standards-value-pledge/>. Acesso em: 04 set. 2014.

PUBLIC RELATIONS ACADEMY, AMEC – International Association for the Measurement and Evaluation of Communication. *Qualifications for communicators trends survey*. 2013. Disponível em: <http://amecorg.com/2013/03/measurement-is-students-skills--gap>. Acesso em: 9 set. 2014.

WATSON, Tom. "Integrating planning and evaluation". In: HEATH, Robert L. *Handbook of public relations*. Thousand Oaks: Sage, 2001.

WEINER, Mark; BARTHOLOMEW, Don. *Dispelling the myth of public relations multipliers and other inflationary audience measures*. Institute for Public Relations, ago. 2006. Disponível em: <www.instituteforpublicrelations.org>. Acesso em: 2 set. 2014.

WRIGHT, Donald *et al*. *Global survey of communications measurement 2009: final report*. Londres: Association for Measurement and Evaluation of Communication, 2009. Disponível em: <http://amecorg.com/wp-content/uploads/2011/08/Global-Survey--Communications_Measurement-20091.pdf>. Acesso em: 9 set. 2014.

20. Alfabetização visual: a interferência do cliente na peça de comunicação

Dorinho Bastos

Visão geral do capítulo

O termo "alfabetização visual" foi utilizado pela professora Donis A. Dondis, em sua obra *La sintaxis de la imagen: introducción al alfabeto visual*, em 1973. E, provavelmente inspiradas por Dondis, muitas obras surgiram com o discurso da importância de o indivíduo tornar-se um "alfabetizado visual". Achamos oportuno apresentar alguns conceitos propostos por esses autores para os profissionais com o perfil do aluno do Curso de Gestão Estratégica em Comunicação Organizacional e Relações Públicas e gestores de comunicação, que, mesmo não tendo a função de criar a peça de comunicação, terão a missão de analisar uma peça proposta por um profissional de criação. A alfabetização visual colabora muito para o bom relacionamento entre cliente e agência de propaganda ou estúdio de design, provavelmente gerando mais qualidade no trabalho final. Para ilustrar o conteúdo deste capítulo, apresentaremos dois trabalhos que exemplificam e justificam esse posicionamento.

Objetivos do capítulo

*   Pontuar a importância da formação e do conhecimento do cliente na figura do profissional que irá aprovar ou não um trabalho criativo/visual.
*   Apresentar de forma genérica a existência de um "alfabetismo visual", que é proposto pela renomada obra da profª Donis A. Dondis.

- Valorizar e mostrar o caminho possível para essa alfabetização visual, refletindo sobre obras de Ellen Lupton e Robin Willians.
- Incentivar profissionais que lidam com agências de propaganda e estúdios de design a buscarem informação sobre os princípios básicos do design e da direção de arte.
- Mostrar dois exemplos de trabalhos, de um diretor de arte e de um *designer*, que tiveram o respaldo de clientes "alfabetizados visualmente".

Introdução

Primeiro, uma história...

Faz mais de cinco anos, fui almoçar com jovens amigos, donos de uma pequena agência de propaganda que tinha a ambição lógica de se tornar média.

Eles estavam muito chateados. No dia anterior, tinham perdido a conta de um cliente que, para eles, era importante. O cliente era um senhor, segundo eles, não muito simpático e muito ranzinza. Tinham uma dificuldade enorme de aprovar materiais produzidos para ele. O produto era um bufê para festas e eventos. As peças criadas não passavam de anúncios isolados, mas meus amigos viam neles não exatamente um degrau, mas pelo menos uma soleira para o sucesso. Afinal, agências pequenas atraem clientes do mesmo tamanho.

E no dia anterior ao meu almoço com os amigos criativos, eles haviam recebido a visita do cliente ranzinza. Ele foi solicitar a criação de novo anúncio e chegou lá com um conjunto de fotos ainda em papel. Parece que as fotos tinham qualidade razoável. Teriam que ser escaneadas em ótima resolução, pois não haveria tempo e estrutura para nova produção das imagens. As fotos eram de um evento real, uma noiva descendo de um Rolls Royce, desses que vivem de carregar noivas pra cima e pra baixo, em busca do "glamour" do acontecimento. E isso tendo ao fundo a entrada do bufê.

O problema de todas as imagens era um infeliz vaso de plantas, que encobria a frente do Rolls Royce. E isso foi dito ao cliente, tendo-se perguntado se ele não teria outras fotos, num ângulo mais favorável da cena. Não, não havia outras fotos. E aí começou o problema. O cliente ficou espantado com a pergunta e propôs que o diretor de arte tirasse o vaso no "photoshop", para que o Rolls Royce aparecesse na sua plenitude. Perplexos, meus amigos criativos disseram: "Mas...

se tirarmos o vaso, ficará um buraco branco na foto!". Foi quando o ranzinza cliente reuniu todas a fotos e, desqualificando a agência, falou: "Meu Deus, o que estou fazendo aqui? Vocês não entendem nada de computação gráfica!". Foi-se embora e nunca mais voltou.

Essa história é verdadeira. E foi uma das primeiras coisas que me vieram à cabeça quando fui convidado para escrever um capítulo sobre direção de arte e design gráfico, agora para este segundo livro do Gestcorp da ECA-USP, em comemoração aos 15 anos de existência do curso. Logo pensei em um capítulo específico ao público com o perfil dos nossos alunos do Gestcorp. Numa classe de 50 alunos, são raríssimos os que lidam profissionalmente com direção de arte ou design gráfico. Porém, são muitos os que cuidam da gestão de marcas e de comunicação em suas funções dentro das corporações. Profissionais que têm estreito e permanente contato com agências de propaganda e estúdios de design. Assim, imagino um capítulo que seja útil a todo profissional que lide com a comunicação corporativa. Um capítulo no qual tentarei, humildemente, colaborar com as duas partes, clientes e agências/estúdios, que vivem um dinâmico processo de conceituação, criação, aprovação e produção de trabalhos na área de comunicação.

É bem conhecido o discurso da interferência do cliente na construção da comunicação corporativa. "Aumentar o logotipo", "aumentar o corpo do texto", "reduzir o tamanho da foto", "colocar cores mais vivas"... São frases muito conhecidas na área. E o raciocínio do cliente pode ser simplificado em duas frases: "Eu que entendo do meu negócio" e "Eu que estou pagando". E esta última acaba tendo um peso grande no processo da comunicação. Francesc Petit (1991, p. 38), na sua obra *Propaganda ilimitada*, escreve: "Noto que sempre existe alguma coisa de muito errado nas relações cliente e agência, sempre paira uma nuvem de desconfiança, de desamor, são permanentes altos e baixos". Também Julio Ribeiro (1998, p. 40), em *Fazer acontecer*, traz reflexões que reforçam nosso discurso: "A parceria entre anunciante e agência é complicada porque a relação de poderes é desigual. Como o dinheiro é do cliente, ele tem em geral o poder de determinar os caminhos que quer trilhar. Mesmo que errados".

E o que percebo é que, com a computação gráfica, todo esse processo de construção da comunicação acabou tendo uma interferência mais contundente nos trabalhos criativos, por parte do cliente. Em reflexões próprias, cheguei à conclusão de que, antes do computador, o cliente tinha um poder de abstração maior.

Explico: se olharmos antigos leiautes que eram apresentados aos clientes e depois olharmos a peça finalizada e impressa num veículo de comunicação, vamos ver que são produções totalmente diferentes.

Na apresentação de um anúncio, o *layoutman* da agência fazia, sob a batuta do diretor de arte, o que chamávamos de marcação de leiaute. Essa marcação era feita com lápis de cor, guache, ecoline, giz/pastel... O leiaute, como sempre defini em aula, seria uma simulação da peça final. Após a aprovação, essa peça seguia para a fase de arte-final. Ele seria a diretriz da imagem pretendida pelo diretor de arte e que orientaria o fotógrafo ou o ilustrador. Os textos seguiam para a composição final. Tudo feito, vinha a fase de montagem e *paste-up* – termo tão usado na "antiguidade da propaganda" e hoje tão esquecido, que nada mais era do que a diagramação dos textos, sempre seguindo o leiaute. Afinal, este já tinha o aceite e a assinatura do cliente no verso.

Em meu olhar, em outras épocas, o leiaute era muito valorizado pelo cliente. Ao ver uma marcação/desenho/esboço de uma mulher no anúncio, ao ver um título, com a perfeita definição em guache da família tipográfica escolhida pelo diretor de arte, o cliente tinha total consciência de que ele não sabia fazer aquilo.

Figura 1 - Leiautes de Gerard Wilda

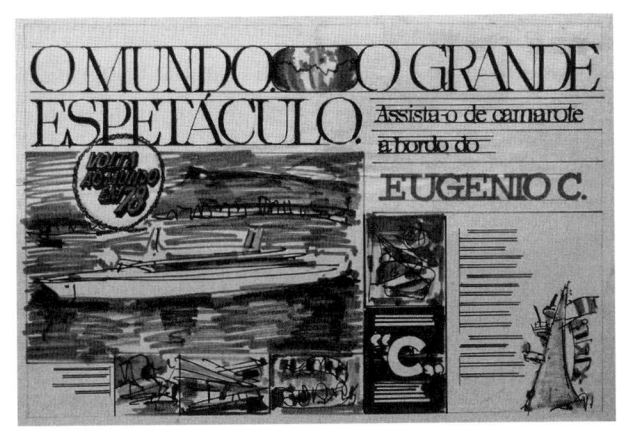

Aqui, dois leiautes de Gerard Wilda, um dos grandes diretores de arte da propaganda brasileira. Vindo da Alemanha em 1936, ainda jovem, ele trouxe consigo a experiência de trabalhos feitos em Londres. Mas, principalmente, trouxe seu olhar crítico para a peça gráfica. Influenciado pela Bauhaus, escola que surgiu no seu país de origem, Wilda conseguiu aliar alguns conceitos racionalistas à comunicação da época, normalmente muito poluída. Lembremo-nos de que estávamos no início da historia da nossa propaganda.

Hoje, com a computação, a apresentação de uma peça de comunicação, por princípio, pouco emociona e impressiona o cliente. A construção da imagem digital tornou-se comum e a computação gráfica "vende" o rótulo da facilidade de construção dos trabalhos gráficos. Assim, penso que a interferência do cliente torna-se mais efetiva. "O acesso irrestrito a programas de edição de imagem e de design, juntamente com a exacerbação, por parte da mídia fervorosa, de tudo que se faz na área, criou uma maré de fazedores de design externos à nossa profissão", dizem Ellen Lupton e Jennifer Cole Phillips (2014).

O alfabetismo visual

Se existe uma relação complexa entre cliente e diretor de arte ou *designer*, um dos fatores para isso é o olhar distinto de ambos. Normalmente "o que é visto" pelo criativo gráfico é diferente do que é visto pelo cliente. Um diretor de arte ou um *designer* vê uma peça gráfica com detalhes que passam despercebidos a uma pessoa afastada da área. A prática do trabalho gráfico nos dota de uma percepção mais apurada para a leitura da linguagem visual. E, ao longo de nossas vidas profissionais, procuramos e analisamos soluções gráficas apresentadas em trabalhos à nossa volta.

O olhar de um profissional da área gráfica para um simples *flyer* deixado na portaria do seu prédio será sempre de forma crítica. Mesmo inconscientemente, e com muita rapidez, ele percebe a utilização de determinada família tipográfica, um leiaute mais elaborado ou não, formas adotadas na diagramação de textos, qualidade das imagens – enfim, todos os elementos que possam evidenciar os fundamentos do design. Isso acontece em função de determinado conhecimento da linguagem visual. Quando se conhece tal linguagem, a partir de estudos/leituras, somos informados da existência de um léxico e de uma sintaxe dessa linguagem. Esse domínio nos leva a um grau de conhecimento que resulta numa percepção aguçada da peça gráfica. Afinal, percebemos com mais clareza as coisas que são pontuadas e nomeadas.

Em seu livro *Design para quem não é designer*, sintético, mas objetivo, Robin Williams (1995) traz uma história que ilustra esse raciocínio. De forma poética, chama esse fundamento de "princípio da iúca". Conta que há muitos anos ganhou de presente de Natal um livro de identificação de árvores. Acabou ficando intrigada com determinada espécie: a iúca, uma árvore bem estranha. Ela tinha certeza de que a espécie não existia na região onde morava e de que nunca tinha visto uma. Muito curiosa com o livro e tentando identificar espécies, saiu caminhando pelas ruas do condomínio de seis casas, onde seus pais moravam. Olhando mais atentamente os jardins, percebeu que, das seis casas, quatro tinham a tal iúca. Espantada com a descoberta, andou por mais algumas ruas e, pelo seu relato, chegou à conclusão de que 80% das casas a possuíam. Quando se conscientizou da existência da árvore, quando pôde classificá-la, passou a vê-la em todos os lugares. E concluiu que o fato de poder dar nome a algo significa que estamos conscientes desse algo, de que temos poder sobre ele, de que o possuímos e o temos sob nosso comando.

Essa passagem expressa que saber nomear coisas é o caminho para percebê-las. Com isso, é enfática no discurso de que conhecer alguns fundamentos do design pode ser importante a vários profissionais. Não só para os especialistas da área. Saber "olhar" uma peça gráfica, ter um conhecimento básico dos fundamentos do design são fatores importantíssimos, por exemplo, para quem vai validar essa peça. Afastamos o discurso do "isso não está bom, eu não gosto, mas não sei direito o que me incomoda". O conhecimento deve levar a análises, que ficam mais claras e podem gerar um diálogo proveitoso para o bem do trabalho.

Podemos dizer que o alfabetismo nos torna participativos. Transforma os indivíduos em observadores ativos. "Alfabetismo significa inteligência visual. E facilita a compreensão de todos os significados assumidos pelas formas visuais, a ampliação do espírito criativo", escreve Jean Masaoka (1994, p. 36) Mas, por outro lado, querer que profissionais de áreas distintas da direção de arte ou do design compartilhem a mesma percepção de um trabalho gráfico é querer muito. A imersão nos estudos específicos cabe àqueles que irão propor os resultados gráficos. Assim, faço aqui outra recomendação aos gestores corporativos que mantêm contato com os profissionais de criação gráfica: *olhem!*

Estar atento ao mundo, olhar o que é feito, perceber mudanças no comportamento dos trabalhos ao longo dos tempos são fundamentais. Existem obras que fazem um relato e se constituem na memória da comunicação/propaganda desses quase 120 anos da propaganda brasileira. Esses livros pontuam que a propaganda brasileira nasce na virada do século XIX para o XX, como mostram, por exemplo, Nelson Cadena (2001) e Pyr Marcondes (2001). Conhecer a evolução da comunicação ao longo do tempo vai colaborar muito com a percepção, o entendimento e a consequente aprovação das propostas do presente, além de nos levar a nos posicionar e nos preparar para as propostas do futuro.

O cliente ideal

Depois das breves exposições do item anterior, que acabam tendo a intenção de valorizar o trabalho dos diretores de arte e dos *designers*, apresento um pensamento que imagino ser universal: o cliente ideal é aquele que acredita e confia no trabalho apresentado pelo profissional de criação; se ele o questionar, é para um crescimento do projeto. Afinal, o cliente passa a ser mais um olhar na criação, o que pode ser positivo. Em conversas com amigos da área, não é incomum ouvirmos que tal detalhe foi uma sugestão dele. Provavelmente alguém que tem alguma proximidade com a linguagem visual.

É importante avaliar aqui um detalhe que pode otimizar a relação dos profissionais para o bom resultado do trabalho: além de um *briefing* competente, cabe ao diretor de arte ou ao *designer* conhecer aspirações e desejos do seu cliente. E atendê-los. Lógico, sem ferir conceitos estéticos adquiridos com estudos e a pratica profissional. Francesc Petit (1991), em *Propaganda ilimitada*, faz uma afirmação que não deixa de ser curiosa por parte de quem foi um dos maiores diretores de arte da nossa propaganda. Vejo sua afirmação como absolutamente correta, mas para alguns ela talvez possa parecer estranha. Ele diz que certa vez descobriu que um cliente não gostava de fundos pretos. Talvez fosse questão de gosto, superstição ou o cliente, simplesmente, talvez só apreciasse anúncios mais claros e luminosos. Ele raciocinou que não era o fundo preto que iria fazer o anúncio ser melhor ou pior. E chegou à conclusão de que uma observação como essa do cliente devia ser sempre atendida. Sem dúvida, conhecê-lo muito bem é um grande passo para eliminar atritos. Mas se solucionar relações complexas entre clientes e criativos dependesse só de eliminar fundos pretos, tudo seria mais fácil e mais interessante. Normalmente, quando acontecem, os conflitos na área da criação são mais problemáticos. E é desestimulante quando criamos algo em que, como profissionais, acreditamos muito e nosso cliente não consegue ter o mesmo olhar e a mesma percepção e não o aprova.

E agora quero aqui fazer uma confissão. Quando pensei no assunto e no conteúdo deste capítulo, imaginei refletir sobre a relação entre cliente e diretor de arte e *designer*, mas apresentando, relatando e analisando casos de conflitos profissionais nessa área. Achei que teria muito o que contar e, principalmente, mostrar. Somos rodeados de uma infinidade de trabalhos graficamente mal resolvidos. E não são poucos aqueles que saíram das mesas de profissionais competentes, mas nos quais o "olhar do cliente" acabou interferindo negativamente. Sei de muitos casos. E, desses, alguns aconteceram exatamente comigo. Empolgado com a ideia de mostrar o "lado B" da profissão, achava que comentar tais peças seria uma forma de auxiliar o leitor quanto a essa temática da criação. Mas acabei atentando para um detalhe: eticamente, não seria nada agradável mostrar uma peça com solução discutível por ter tido interferência do cliente. Ainda mais deixando isso explícito no texto e em um livro. E não poderia haver forma mais prática de perder um cliente ou criar uma eterna inimizade.

E, na busca de trabalhos para ilustrar o capítulo, achei interessante apresentar um de publicidade, feito por um diretor de arte, e um de design gráfico, feito por um *designer*. O critério de escolha seria único: os dois autores teriam de ser excelentes profissionais. Se minha "tentação" inicial era mostrar peças de qualidade discutível, feitas por criativos competentes, mas que tinham clientes "cegos", recebi desses criativos escolhidos a mesma posição e o mesmo raciocínio que eu já tinha elaborado solitariamente. Os dois tiveram inúmeros casos de interferência negativa de clientes, mas os dois se sentiram mais felizes em falar de trabalhos que tiveram o olhar de cumplicidade do cliente. Um olhar com observações, mas que valorizaram a criação e a direção de arte. E isso existe. E, pensando bem, mostrar o lado positivo da relação cliente *versus* criativo também não deixa de ser didático. E, talvez, até mais persuasivo. Assim, mostro a seguir dois ótimos trabalhos, criados por dois ótimos profissionais e aprovados, logicamente, por ótimos clientes.

Autan: um anúncio de um diretor de arte

A grande vantagem de se ter a conta publicitária de um produto como Autan é que ele é da Bayer. Grande multinacional do ramo químico-farmacêutico, ela deve ter um competente e experiente departamento de marketing. E, para a agência de propaganda que atende a conta, isso é ótimo.

Em 1997, na década em que a comunicação mercadológica passou a valorizar a imagem em relação ao texto, a agência Almap propõe a seu cliente quatro peças "minimalistas" naquele momento, de certa forma surpreendentes ao nosso mercado.

Sempre quando falamos de "passado", temos de contextualizar as coisas. As décadas de 1970 e 1980 são tidas, na propaganda brasileira, como as décadas dos redatores. O texto contava a história. Nos anos 1990, a propaganda "deu ouvidos" às imagens. A história estava na imagem e não no texto.

Trata-se de algo complexo, mas essa campanha em mídia impressa para Autan pode ser citada como uma das referências dessas mudanças nas estratégias de persuasão da mensagem publicitária. Pelo menos no mercado brasileiro. Ao meu ver, é um trabalho que exemplifica claramente as reflexões de Roland Barthes (1980), quando pontua e esclarece a estratégia desse tipo de apelo da comunicação, falando de polissemia da imagem. Para ele, toda imagem é polissêmica, podendo o observador pressupor uma cadeia de significados. O texto acaba tendo um valor decisivo na tradução do significado da imagem. Ou seja, uma imagem é totalmente esclarecida se houver o apoio de um texto. Assim, essa imagem pode se tornar estranha, num primeiro momento. O texto, em corpo discreto, outra característica da década, resolve a mensagem. E a publicidade usa essa estranheza como apelo da mensagem. A persuasão está na imagem.

Há muito tempo tenho mostrado e analisado dessa maneira esse trabalho. E, sendo bastante ético, esclarecia que não sabia do processo real de aprovação por parte do cliente, mas sempre falei de como deve ter sido difícil aprovar um trabalho em que o produto aparece com uns cinco centímetros de altura, numa peça de grande formato. E, em função do convite para este capítulo e definido seu tema, achei excelente a oportunidade de buscar a verdade sobre a origem e o processo desse trabalho. E essa busca foi fácil, já que ele teve como um dos criativos o competente diretor de arte Julio Andery, um dos profissionais mais premiados da propaganda brasileira. Um profissional que gosta de falar e passar seus conhecimentos para as futuras gerações de profissionais. Nossos esporádicos encontros são sempre acompanhados de grandes ideias para a melhoria do ensino da comunicação. Quem sabe um dia elas sejam colocadas em prática...

Mas o mais interessante de nosso último encontro – e voltando para a campanha de Autan – foi ficar sabendo que a aprovação do trabalho tinha sido rápida. Eu, que esperava um longo discurso de um criativo, expondo as tradicionais angústias vivenciadas em reuniões de aprovação de campanhas, fiquei impressionado com a frase muito objetiva: "Foi muito fácil aprovar esse trabalho". Foram apresentadas quatro alternativas de campanhas e o cliente aprovou exatamente aquela em que os criativos e a agência acreditavam mais.

Na criação, Julio trabalhou em dupla com outro excelente profissional, o redator Ricardo Chester. Como já dito, na época os dois trabalhavam na agên-

Figura 2 – Esboço de anúncios da campanha de Autan.

Aqui, um rafe e um esboço da peça criada por Julio Andery e Richardo Chester em 1997. O apelo está na imagem. A princípio estranha, a mensagem torna-se clara com a leitura do texto, que é curto e discreto: "Os insetos vão ter que mudar de dieta. Salve sua pele". Foi um trabalho muito premiado, inclusive com o Leão de Ouro em Cannes, naquele ano.

cia Almap. Julio conta que o *job* era pequeno. Tratava-se de simples cartazes para farmácias, mas que a solução criativa tornou um *job* grande. Ganhou vários prêmios no Brasil e no exterior, culminando com um Leão de Ouro no Festival Internacional de Publicidade de Cannes, no mesmo ano, 1997. E, mais uma vez, como é recorrente entre criativos, a ideia surgiu de forma muito simples, do diálogo com uma namorada, que, preocupada com a sua estética, dizia que teria que mudar de dieta.

Enfim, parece-me lógico que um cliente que aprovou essa proposta, sem a necessidade de grande defesa, há quase 20 anos, não é um cliente comum. É um profissional que acredita no trabalho e nos profissionais que o rodeiam. Como diz Julio Andery: "Esse cliente foi o cliente ideal. Ele olhava e via aquilo que eu também via". Onde o cliente ajudou? Aprovando a campanha.

Millôr Fernandes 100+100: uma capa de um *designer*

Na Feira do Livro de Paraty de 2014, a Flip 2014, o autor homenageado foi Millôr Fernandes. E o Instituto Moreira Salles, que abriga o acervo gráfico do autor, hoje com cerca de 9 mil itens, lançou o livro *Millôr 100 + 100: desenhos e frases* (Fernandes, 2014), com desenhos escolhidos por outro cartunista, o carioca Cássio Loredano, e com as máximas de Millôr selecionadas pelo jornalista Sérgio Augusto. A seleção das frases, que faziam parte da edição dedicada a Millôr dos

"Cadernos de Literatura Brasileira", do mesmo Instituto Moreira Salles, de 2003, segundo Sérgio Augusto, foi tarefa difícil. E é compreensível se imaginarmos a responsabilidade de escolher apenas 100 frases entre as mais de 15 mil cunhadas pelo autor. Mas, aqui, quero falar do projeto gráfico da obra – ou, melhor, do livro, segundo Millôr. Este não gostava do termo "obra". Dizia que quem faz obra é pedreiro. Em respeito ao homenageado, adoto o termo "livro".

O projeto gráfico do livro coube ao *designer* Daniel Trench. Com trabalhos reconhecidos no mercado, Daniel tem muitas qualidades. A primeira, obviamente a mais importante para mim, é que ele é meu filho. E outra, fundamental para um profissional: ele tem a felicidade de se relacionar com bons clientes. Dentro do design gráfico, desenvolve trabalhos na área cultural. Programação visual de eventos culturais, programação de espaços expositivos e criação de peças gráficas fazem parte de um portfólio criativo e com forte apelo visual. Com formação em artes plásticas, atento ao processo e às manifestações do design, participando de entidades nacionais e internacionais da área, tem conseguido propor algo novo numa área que, em muitos casos, tende a se repetir.

Na imagem a seguir aparece clara a evolução do projeto de capa do livro de Millôr. Os primeiros estudos tornam-se simplórios em comparação com o resultado final. E isso é ótimo. O inverso é sempre pior. O princípio do design da capa é cor[1] e tipografia. Cor porque Millôr a usava com total desprendimento, valendo-se sempre de cores fortes, numa escala quase básica. E a valorização da tipografia foi uma maneira de fugir do óbvio, que seria a utilização de um desenho de Millôr. Mas, com a mesma dificuldade que Sergio Augusto teve de escolher dez frases num universo de 15 mil, seria muito difícil definir um único desenho para a capa, dentro de uma produção tão efetiva. Além disso, é possível afirmar aqui que a solução *alltype* e geométrica da capa faz um contraponto com o desenho orgânico de Millôr. Deixa claro que a capa não é dele, mas trata-se de uma homenagem expondo e valorizando seu nome. É interessante e rara a proposta de três capas diferentes, que, numa exposição adequada, revela num grande corpo de texto o nome "Millôr". E, segundo o *designer*, o bom relacionamento com o cliente e

---

1. Sugiro conferir o livro *Psicodinâmica das cores em comunicação*, publicado pelo saudoso prof. Modesto Farina, em 1986. Vinte anos depois, na 5ª edição, em 2006, a obra foi atualizada e ampliada, a pedido da Editora Edgard Blücher, sem perder o foco da versão original, que já passara a ser um ícone das bibliografias acadêmicas das últimas décadas. Essa tarefa coube a mim, que já tinha sido autor da capa e do projeto gráfico original. Para a atualização, contei com a parceria da professora Clotilde Perez, especialista em semiótica, também professora do Curso de Propaganda da ECA-USP.

Figura 3 – Capas do livro de Millôr Fernandes.

Capas do livro *Millôr 100 + 100: desenhos e frases,* de Millôr Fernandes (2014). A proposta de três capas diferentes valoriza o projeto e a obra. Uma homenagem merecida a Millôr. E que seria impossível sem a boa relação entre o *designer* Daniel Trench e o cliente.

sua proximidade com a linguagem visual colaboraram muito para a evolução e a boa solução do projeto. Como diz Daniel: "foi um trabalho a quatro mãos". Mas... melhor do que escrever é mostrar.

Considerações finais

Finalizo meu capítulo utilizando a frase com a qual Donis Dondis (2007) inicia seu excelente livro *Sintaxe da linguagem visual*: "Quantos de nós veem?" De forma clara, ela mostra a importância de os indivíduos se tornarem visualmente alfabetizados. Refletindo sobre a complexidade do caráter e do conteúdo do que denomina "inteligência visual", ela, numa valorização de seus estudos, discursa que seu livro vai pesquisar a natureza da experiência visual, mediante explorações, análises e definições que permitam desenvolver uma metodologia capaz de instruir *todas as pessoas,* aperfeiçoando ao máximo sua capacidade, não só de criadores, mas também de receptores das mensagens visuais. Ou seja, o objetivo de sua obra e de seus estudos é transformar os indivíduos em seres visualmente alfabetizados.

Como comento ao longo deste texto, penso que o objetivo da professora Donis, com sua obra, apesar de louvável, é uma missão difícil. O olhar para o gráfico ou o visual é sempre mais atento para o profissional da área. Não só o criativo. O crítico ou teórico também, mas da área.

Se é difícil imaginarmos que a leitura e o conhecimento de uma obra sobre o assunto vai transformar os leitores em indivíduos visualmente alfabetizados, não é difícil imaginarmos que essa atitude pode ser o início de uma aproximação desse indivíduo com a linguagem visual. Daí, a experiência do olhar e o tempo podem se encarregar de finalizar essa alfabetização. Enquanto esse tempo, que pode ser longo, não passa e a alfabetização não acontece, aconselho aos profissionais que têm a função de aprovar ou não um trabalho gráfico que confiem nos profissionais que contratam.

Referências

BARTHES, Roland. *A câmara clara*. Rio de Janeiro: Nova Fronteira, 1980.

CADENA, Nelson V. *Brasil, 100 anos de propaganda*. São Paulo: Referência, 2001.

DONDIS, Donis A. *Sintaxe da linguagem visual*. São Paulo: Martins Fontes, 2007.

FARINA, Modesto; BASTOS, Dorinho; PEREZ, Cotilde. *Psicodinâmica das cores em comunicação*. 5. ed. rev. e ampl. São Paulo: Edgard Blücher, 2006.

FERNANDES, Millôr. *Millôr 100 + 100: desenhos e frases*. Organizado por Cássio Loredano e Augusto Sérgio. São Paulo: Cultura, 2014.

LUPTON, Ellen; PHILLIPS, Jennifer Cole. *Novos fundamentos do* design. Trad. de Cristian Borges. São Paulo: Cosac Naify, 2014.

MARCONDES, Pyr. *Uma história da propaganda brasileira*. São Paulo: Ediouro, 2001.

MASAOKA Jean M. *Meu cliente é analfabeto visual*. Monografia (TCC de Propaganda) – ECA-USP, 1994.

PETIT, Francesc. *Propaganda ilimitada*. São Paulo: Siciliano, 1991.

RIBEIRO, Júlio. *Fazer acontecer*. São Paulo: Cultura, 1998.

WILLIAMS, Robin. *Design para quem não é designer*. São Paulo: Callis, 1995.

21. Novos contornos da mídia, nova realidade no planejamento publicitário

Arlindo Ornelas Figueira Neto

Visão geral do capítulo

Este capítulo analisa o cenário atual da mídia no contexto da publicidade, destacando a evolução de um modelo de mídia comandada pelos veículos e anunciantes para um novo formato controlado pelos receptores, ou seja, por aqueles que consomem a mídia. Apresenta as resistências a essa transição, fundadas principalmente nos aspectos econômico-financeiros já sedimentados. Mostra a evolução dos meios e dos veículos e sua valorização como elementos importantes não só no transporte das mensagens, mas também na fruição e valoração destas. Discute as novas tecnologias na multiplicação dos veículos de comunicação e, diante das novas possibilidades e métricas de mensuração do consumo da mídia que trazem, em tese, maiores certezas sobre o consumo das mídias, questiona se os novos comportamentos adotados pelos consumidores são detectados pelas pesquisas de mídia e alteram qualitativa e quantitativamente a eficácia do planejamento de mídia e de comunicação mercadológica.

Objetivos do capítulo

- Demonstrar a valorização da mídia na estratégia publicitária.
- Provocar a reflexão sobre a importância dos *contact points* concomitantemente com a forma e o conteúdo das mensagens.

- Discutir a "mídia sob demanda" e o modelo do "Mercado sob controle do consumidor" num contexto que reluta em fugir dos parâmetros e comportamentos herdados da *push media*.

- Mostrar que, apesar de os veículos digitais possibilitarem um acompanhamento muito mais detalhado e completo de seu consumo pelos usuários, não se pode pensar em um pleno conhecimento de todas as variáveis caracterizadoras do consumo real das mídias.

- Destacar que, apesar da maior disponibilidade de dados para subsidiar o planejamento de mídia, a sensibilidade e o *feeling* ainda vão continuar sendo essenciais para a eficácia das ações de comunicação mercadológica.

Introdução

Há pouco mais de seis anos (Figueira Neto, 2008, p. 295), quando retratamos um novo cenário no planejamento publicitário, onde novos *insights* redesenhavam as atividades de planejamento e até mesmo o escopo dessa atividade, a primeira observação feita foi a de que a propaganda e a publicidade não cabiam mais em suas tradicionais definições, diante da convergência das disciplinas de comunicação mercadológica que já se vivenciava. Também nesse novo contexto, as atividades de planejamento deveriam extrapolar o âmbito da publicidade e abarcar as várias disciplinas de comunicação, de forma integrada e inter-relacionada. Redundante e desnecessário dizer que isso se acentuou profundamente no período transcorrido desde então e que hoje, ao examinarmos o terreno sobre o qual se assenta o planejamento de mídia, estaremos obviamente levando em consideração essa integração e miscigenação, ambas inexoráveis, das disciplinas de comunicação.

Acrescente-se que o fenômeno da convergência não se configura apenas no que concerne às disciplinas da comunicação, mas é cada vez mais forte também no âmbito das atividades que fundamentam e funcionalizam as ações comunicativas. Vale dizer: são cada vez mais integrados e interdependentes o planejamento, a criação e a mídia, incluindo-se nesse *mix* também as atividades de pesquisa que se desenvolvem para melhor embasar a comunicação. Uma dupla convergência, portanto, de disciplinas e atividades, que situa a comunicação mercadológica num cenário tridimensional, onde se sucedem movimentos centrípetos e centrífugos que provocam influxos conjugados e promovem interdependência e complementariedade inéditas, que deveriam, na prática, eliminar as compartimentações e os sectarismos na comunicação organizacional. A Figura 1 mostra uma esfera, em que, externamente, estariam situadas as várias disciplinas de comunicação mercadológica e, internamente, as atividades de pesquisa, planejamento, criação e mídia. Estas deixam de ser sequenciais e lineares. Ao contrário, influenciam-se e são influenciadas umas pelas outras (movimentos centrípetos) e, ao mesmo tempo, provocam *inputs* nas várias disciplinas (movimentos centrífugos).

Figura 1 – A comunicação num ambiente tridimensional.

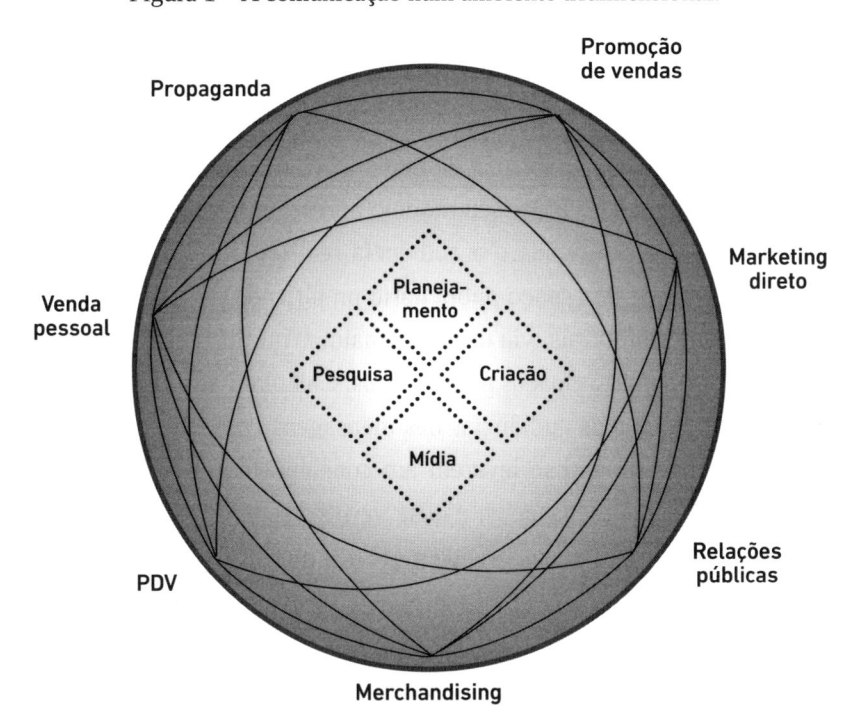

Oportunidades de ver? Necessidade de mudar

Pensando-se especificamente na propaganda, um fluxograma normal de ações era a elaboração de um planejamento, seguida das atividades de criação e produção de campanha paralelamente à estruturação da mídia e finalizando com a veiculação propriamente dita. Nesse fluxograma, a importância técnica da mídia estaria na correta escolha dos canais (meios e veículos) que conduziriam as mensagens do emissor (anunciante) até os receptores (públicos-alvo). A própria definição de veículo está reproduzida nessa função de transporte de mensagens, sem outra perspectiva funcional no âmbito da eficácia publicitária.

No cenário da *push media*[1], esta foi – e é – a função essencial da mídia publicitária: encontrar um lugar ou uma posição para a inserção da mensagem onde potencialmente ela interceptará a atenção do maior número de indivíduos dos públicos de interesse do anunciante. As consequências dessa fórmula são muito bem conhecidas: uma grande valorização da distribuição da mensagem, sem a correspondente preocupação com a verificação de seu consumo real ou mesmo dos efeitos provocados nos indivíduos eventualmente contatados (ou mesmo a impossibilidade desta constatação). Redundante seria falar em problemas metodológicos na avaliação das audiências dos veículos publicitários, mas, indo além disso, constatamos que a "indústria da audiência" se construiu sobre os pilares das *opportunities to see* (OTS) e seu modelo apresenta várias contradições entre a chamada audiência verificada e a audiência real (Napoli, 2003). Uma dessas contradições é a venda do espaço publicitário precificado pela audiência dos programas e conteúdos editoriais, via de regra, maiores que as audiências dos *breaks comerciais* ou dos demais espaços publicitários. Calculam-se as OTS pelos números editoriais, ainda que as audiências das mensagens comerciais sejam às vezes bem menores. Além de não se levarem em consideração os indivíduos efetivamente expostos a essas mensagens, não se verifica se as exposições reais foram acompanhadas de atenção e interesse da parte dos receptores. Em outras palavras, a mídia sempre se sustentou em pressupostos pouco coincidentes com a realidade do consumo das mensagens, o que, diante da escassez de alternativas midiáticas e da semelhança da qualidade das informações disponibilizadas, foi invariavelmente aceito.

O ambiente midiático, porém, vem mudando radicalmente. O desenvolvimento da tecnologia, notadamente a digitalização dos conteúdos, vem favorecendo a multiplicação dos meios e veículos de comunicação. Os custos e as dificuldades técnicas da implantação de um veículo eletrônico, impresso, *out-of--home* ou simplesmente digital caíram a níveis que possibilitam a segmentação extrema de canais dirigidos a nichos de públicos. É esse aumento exponencial de

---

1. *Push media* é o nome genérico dado aos meios tradicionais de comunicação cujos veículos distribuem os conteúdos linearmente e de forma igual a todos os seus consumidores, como, por exemplo, a tevê aberta e seus canais.

alternativas, que proporcionam conteúdos customizados nos momentos escolhidos pelos consumidores, que vem gerando a transformação do *modelo de mídia push* para um mercado de mídia controlado pelo consumidor, pelo receptor. Nesse novo mercado, a abordagem passa a não ser de distribuição de mensagens, mas de consumo efetivo delas (Block *et al.*, 2009). Os públicos-alvo deixam de ter uma posição puramente passiva e assumem definitivamente a alternância no papel de emissor, sacramentando uma dualidade emissor-receptor que passa a ser o objetivo da comunicação mercadológica – ao menos a meta a ser atingida.

Nesse novo cenário, de um mercado controlado pelo consumidor, uma nova tendência da mídia deverá se consolidar: a da mídia sob demanda (ODM, na sigla em inglês). De acordo com os desejos ou as necessidades, os indivíduos acessam os meios e veículos, buscando objetivamente conteúdos, sejam eles editoriais ou comerciais. Em vez da interceptação ou, mais radicalmente, da intromissão das mensagens comerciais interrompendo o fluxo natural de fruição de um conteúdo editorial, caminha-se para um cenário onde o consumidor sai em busca da mensagem comercial ou, ao menos, para um contexto em que a colocação desta esteja em situação de perfeita adequação à demanda dos consumidores.

Consequentemente, conclui-se que essa nova perspectiva midiática implica a percepção de que não mais é possível conviver com os postulados das teorias de comunicação de massa deterministas e unidirecionadas, que foram, de certa forma, as âncoras do modelo tradicional de avaliação da eficiência da mídia, as já referenciadas *opportunities do see* (OTS). É justamente do pressuposto de que a exposição à mensagem produzirá invariavelmente os efeitos desejados pelo emissor que deriva a busca da frequência na mídia: a quantidade de inserções, além de aumentar *recall* e compreensão da mensagem, sempre foi entendida como uma maneira de induzir as mudanças atitudinais e comportamentais, de forma a possibilitar o atingimento dos objetivos de comunicação. O "modelo da hierarquia de efeitos" e o "Defining Advertising Goals for Measured Advertising Response" (Dagmar), ambos baseados no behaviorismo, também deveriam sair de cena no novo cenário da comunicação e da mídia. Na era da mídia sob demanda (ODM) sugere-se que os efeitos da propaganda estão mais vinculados à recência que à frequência; que a propaganda provoca mais efeitos no curto prazo (efeitos imediatos) do que os efeitos cumulativos, de prazo mais longo, buscados tradicionalmente no ambiente da *push media* (Schultz e Schultz, 2003). Isso, de pronto, estaria desqualificando a busca de "frequência eficaz"[2], conceito altamente valorizado nos planejamentos de mídia e que se torna anacrônico na nova perspectiva da busca da mensagem comercial.

Um horizonte de mudanças não tão claro assim...

A essencialidade da mídia no contexto da comunicação mercadológica sempre pode ser vista por dois ângulos interdependentes: sua função técnica, de promover os *contact points* entre organizações e públicos-alvo, e sua importância financeira, traduzida pelos altos valores movimentados pela indústria da mídia e que irriga todo o mercado da comunicação (Figueira Neto, 2008). De fato, é no mercado da audiência – vale dizer nos investimentos em mídia – que se situam os recursos mais significativos da publicidade e de outras formas de comunicação mercadológica. Trata-se de um mercado sedimentado e apoiado em bases sólidas, ainda que não totalmente digeridas de forma satisfatória, principalmente por anunciantes. Ainda que o novo cenário exija a construção de um novo modelo para as atividades de mídia, as mudanças são feitas de maneira bastante lenta e pouco progressiva. Como observam Block *et al.* (2009, p. 5),

> In 2004, Jim Stengel, then global marketing manager of P&G, said the "media advertising model is broken, it has to be fixed". Four years later, what has changed? Not much. Media is still wedded to reach and frequency, gross ratings points (GRPs), optimization models and the raft of other old-line, traditional media approaches, which have been in use for nearly fifty years.

Tanto pelos volumes financeiros movimentados como pela tradição sistêmica, verifica-se uma grande resistência da maioria dos *players* do mercado à mudança de parâmetros para o planejamento da mídia, bem como das variáveis utilizadas para a precificação das audiências e remuneração dos envolvidos no negócio.

Já se destacou o exponencial aumento dos veículos de comunicação, gerado tanto pelo avanço tecnológico seguido de significativo barateamento das estruturas de produção da comunicação como pela digitalização dos meios e pelo ambiente da internet. Todo esse novo universo comunicacional vem sendo utilizado

---

2. Frequência eficaz pode ser entendida como o número de exposições a partir da qual um anúncio ou comercial começa a produzir efeitos no receptor.

pela publicidade e pelas demais formas de comunicação mercadológica, mas é importante que, antes que nos inclinemos para saudar a revolução na área da mídia, notemos dois importantes aspectos que caracterizam nosso momento atual:

1. Ainda que alguns meios, principalmente jornais e revistas, tenham tido perdas significativas no *share* das verbas publicitárias nos últimos dez anos, o que se evidencia no mercado brasileiro é um predomínio absoluto – e crescente – da tevê aberta. Como se constata pela evolução dos percentuais destinados aos vários meios publicitários, a televisão evoluiu de um *share* de 55,7% em 2003 para uma fatia correspondente a 66,54% do total investido nos meios em 2013, segundo o Projeto Intermeios do grupo Meio e Mensagem. Traduzindo melhor os números, enquanto a tevê por assinatura e a internet somadas receberam cerca de 10% dos investimentos em 2013, os relativamente poucos canais de tevê aberta canalizaram praticamente 2/3 de todo o *budget* dos anunciantes brasileiros. Ainda que se destaque que no cálculo dos investimentos em internet estejam alocadas apenas as ações de veiculação de publicidade gráfica *on-line* (ou seja apenas as inserções de *banners*), sem que se considerem os *links* patrocinados e mecanismos de busca, fica estranho se falar em revolução na mídia quando o principal meio consolida e amplia sua fatia de mercado.

2. A expansão de meios e veículos no âmbito publicitário foi inspirada fundamentalmente no modelo preexistente. Tevês por assinatura, rádios, jornais e revistas digitais seguiram basicamente as estruturas e os formatos de comercialização da *media push*. Os *banners* são a mais clara representação disso: os *pixels* utilizados como medida de espaço digital são uma transposição quase integral dos centímetros/coluna dos jornais analógicos. Na internet propriamente dita, além das "recriações digitais" dos espaços tradicionais, assistimos a uma proliferação de novidades que propiciaram o surgimento de novas modalidades de contato, principalmente as já referidas "sob demanda". Não é raro, no entanto, que se use a mídia sob demanda de um modo caracteristicamente *push*: nada mais contraditório que impingir uma perspectiva de consumo de um vídeo comercial qualquer a um internauta que demanda um conteúdo específico do YouTube, por exemplo. Ainda que muitos *experts* em mídia digital recomendem o contrário e vários estudiosos apontem as diferenças entre o sistema *push* e o da mídia sob demanda, é grande a tentação de encaixar uma mensagem no caminho dos consumidores, retomando o cenário da mídia não permissiva.

Temos claramente uma dicotomia no mercado da mídia: por um lado, um reforço da eficiência – não da eficácia – constatada do sistema que se baseia nas OTS, representado pelo aumento de verbas destinadas à tevê aberta e à utilização majoritária dos novos meios e veículos seguindo ou se apoiando no velho modelo; e, por outro lado, uma tendência à crescente experimentação e ousadia em novas formas de contato com os públicos-alvo, fugindo dos padrões habituais de interposição de mensagens comerciais nas atividades dos indivíduos e aproveitando as novas possibilidades de mensuração e identificação da audiência e de suas características de consumo que os veículos, principalmente os digitais, finalmente nos proporcionam.

A influência da mídia no consumo das mensagens

Já foi dito que originalmente a mídia tinha a função de "transportar" as mensagens até os receptores e que sua eficiência era medida pela realização desse "percurso". Pouco ou nada importando a forma de transporte das mensagens, a eficácia sempre foi vista como resultado da própria mensagem, independentemente do tipo de entrega. Ainda que de forma subjetiva e muitas vezes amparada apenas no *feeling* dos publicitários, sempre houve uma tendência a considerar inserções em alguns veículos diferenciados potencialmente mais eficazes que em outros, normalmente de menor prestígio. Ainda que os números das pesquisas de audiência mostrassem um atingimento semelhante de indivíduos de um *target*, invariavelmente se notavam entre os profissionais de mídia preferências por determinadas emissoras de televisão e de rádio, programas, revistas, jornais, em função de uma maior eficácia presumida, sem que isso, entretanto, se estribasse em razões concretas.

A partir do final do século passado, porém, paralelamente aos conceitos de audiência dos veículos, começou-se a falar em um *engagement* com a mídia por parte dos consumidores. O conceito foi fundamentado nos diferentes tipos de relacionamento entre leitores, telespectadores, ouvintes etc. com os veículos e as consequências que podem ocorrer na recepção das mensagens publicitárias: há a pressuposição de que um relacionamento mais intenso com o veículo colaboraria positivamente na melhor absorção das mensagens comerciais nele insertas. Inicialmente, buscou-se identificar o *engagement* com o veículo pelo fato de ele ser "um dos favoritos", ou pela disposição de "recomendá-lo a um amigo", ou ainda pelo "desapontamento causado pela sua descontinuidade" (Calder; Malthouse, 2008, p. 2). Posteriormente, evidenciou-se que o mais correto seria definir e mensurar o *engagement* com os veículos pelo ângulo motivacional da experiência que ele provoca nos seus receptores, em termos de "fazer (ou impedir) alguma coisa acontecer na vida dos seus consumidores" (Calder e Malthouse, 2008, p. 5). É claro que as experiências motivacionais podem ser de vários tipos e as consequências para a recepção das mensagens publicitárias serão mais ou menos afetadas de acordo com os tipos de engajamento, o que tem sido pesquisado e discutido.

Há, todavia, quem não considere o *engagement* com a mídia um aspecto relevante na eficácia das mensagens comerciais e o veja apenas como um fator distraidor para a manutenção do *status quo* da mídia tradicional. Para Block *et al.* (2009, p. 38), "sending out messages, no matter how involving or exciting, does not create engagement; nor does the medium itself create value if it is not consumed". Os autores trazem de volta à discussão o modelo *push*, representado pelos meios tradicionais, contra a realidade da mídia sob demanda.

De qualquer modo, independentemente das posições teóricas adotadas, fica claro que os veículos interferem, positiva ou negativamente, na eficácia das mensagens que veiculam, o que tem de ser levado em consideração no planejamento da comunicação e da mídia. Mais difícil, porém, é mensurar esse *engagement*.

Não se pode, todavia, restringir a influência dos veículos, na potencialização da eficácia das mensagens publicitárias, ao *engagement* constatado e mensurado nos meios tradicionais. Experiências motivacionais ainda mais profundas que as caracterizadas como *engagement* – como as experiências puramente idiossincráticas ou mesmo as que provocam efeitos compartilhados entre os indivíduos expostos a elas – têm sido cada vez mais frequentes pela multiplicação dos suportes publicitários e pela incorporação, de maneiras cada vez mais diferenciadas, de contato das marcas com seus públicos. Numa leve imbricação com McLuhan, mas sem uma sedimentação maior com o determinismo tecnológico, é possível afirmar que, por vezes, a forma do contato determina os resultados mais intensamente que seus conteúdos. Sem pretender que os "meios sejam as mensagens", pelas sensações, pelas experiências provocadas pelos contatos inusitados, como nos casos dos *flash mobs* ou das *apps* de marcas e produtos, por exemplo (que se caracterizam mais como entretenimento que publicidade), os efeitos causados pelos conteúdos normalmente são embaralhados e potencializados aos provocados pelos "veículos" em si. O que tem sido genericamente chamado de *engagement* com a marca e definido como ações que funcionam ligando um *prospect* a uma ideia de marca reforçada pelo envolvimento contextual, muitas vezes assume a forma de *branded entertainment* e, como afirmam David Stewart e Paul A. Pavlou (2009), embaçam as fronteiras entre meio e mensagem e agregam relevância, envolvimento e persuasão à comunicação mercadológica.

Tem-se, portanto, que a intensidade e proximidade dos contatos entre marcas, produtos e serviços com seus consumidores, reais ou potenciais, assume um papel fundamental na eficácia da comunicação persuasiva. O que, traduzindo, implica um papel cada vez mais preponderante da mídia e a necessidade crescente de maior criatividade e diversidade no seu planejamento.

Mais tecnologia *versus* mudanças de comportamento

Como já visto, a passagem de um modelo *push* para um controlado pelo consumidor (*consumer-controlled*) possibilitaria a mudança essencial para o controle da eficácia da mídia, substituindo as incertas possibilidades de consumo da mensagem (OTS) para o consumo efetivo dela, na mídia sob demanda (ODM). Estruturando essa transformação estaria a tecnologia incorporada aos novos meios que permitem a identificação segura dos indivíduos que acessam e consomem meios e mensagens. Efetivamente, há muita distância entre as pesquisas de mídia usuais, mesmo as que se valem de recursos mais avançados, como os *peoplemeters,* e os registros de consumo de mídia digital, representados pelos *webanalytics*[3]. Várias são as diferenças, mas a principal é que, ao contrário de projetar os dados de amostras para o universo dos consumidores de mídia, os *webanalytics* que registram e analisam os dados da audiência dos endereços da internet abrangem todos os consumidores dos sites e permitem a identificação e o acompanhamento individual desses consumidores, facilitando o endereçamento de mensagens específicas. Com base no comportamento *on-line* apreendido, pode-se supor a demanda desses indivíduos e hipoteticamente lhes encaminhar mensagens mais eficazes.

É extensa a lista de informações sobre o comportamento dos consumidores *on-line* que os *webanalytics* podem trazer aos responsáveis pela comunicação: se é a primeira visita, qual a página de entrada, o endereço de origem, a página de destino, página de saída, duração da visita/tempo nas páginas, *click through,*

---

3. *Webanalytics* é o processo de medição, coleta, análise e a produção de relatórios de dados de navegação e interação com o objetivo de entender e otimizar o uso dos sites e páginas na internet, segundo o Internet Advertising Bureau (IAB) (2013).

revisitas, recência, frequência, conversão e atingimento de metas, valor das metas, gargalos etc. Isso para ficar apenas nas informações obtidas diretamente pelas pesquisas *site-centric*[4], sem utilização combinada de algoritmos, que, apesar da maior complexidade, aumentam exponencialmente as informações sobre o consumo da mídia *on-line*. Como deixa claro Martin Lindstrom (2011, p. 6),

> they mine the digital footprints we leave behind each time we swipe a loyalty card at the drugstore, charge something with a credit card, or view a product online, and then they use that information to target us with offers tailored to our unique psychological profiles. They hijack information from our own computers, cellphone, and even Facebook profiles and run it through sophisticated algorithms to predict who we are and what we might buy.

Essa nova realidade do consumo *on-line* permite a redução da incerteza da adequação da inserção de mensagens comerciais e a diminuição da intrusão das abordagens. Deve se lembrar de que os meios e veículos de comunicação *on-line* não ficam restritos e não têm sua atuação limitada a essa função de comunicação. São simbióticos, têm características de ponto de venda (PDV), quando encaminham conteúdos digitais e características de preço. Se não reúnem os quatro Ps do marketing em si mesmo, apresentam conexão imediata, ao menos à compra. Essa nova realidade de meios e veículos altera substancialmente a atuação do *mix* de marketing com os consumidores e não há necessidade de muita sofisticação reflexiva para se concluir que, estando em conjunto com a – ou muito próximo da – possibilidade de compra, a comunicação mercadológica veiculada *on-line* tem muito mais possibilidade de sucesso no alcance de seus objetivos – e consequentemente muito mais responsabilidade nesse processo.

Mas esse é somente um lado da questão, aquele que engloba o que Don Schultz e Heidi Schultz (2003) consideram *brand incentives*, que é o que poderíamos chamar de mensagens de venda, aquelas mensagens muito ligadas ao aproveitamento do momento para a efetivação da compra. Essas seriam as mensagens com maior potencial de aproveitamento imediato da mídia sob demanda, já que teriam mensuração de retorno imediato e taxas de conversão bastante altas.

---

4. *Site-centric* são as informações obtidas pelo tráfego total, medidas por *tags* nos endereços eletrônicos e que se contrapõem aos estudos *consumer-centric*, amostrais e normalmente realizados com painéis de internautas selecionados por adesão.

Do outro lado, não se pode descuidar dos aspectos menos explicitamente vendedores e, de certo modo, mais institucionais da comunicação, que os autores mencionados chamam de *brand messages* e são representados pela comunicação, que tem como objetivo aproximar as marcas de seus públicos, conceituá-las e formar imagem e atitudes positivas diante das marcas. Essas mensagens e ações têm seu retorno não tão diretamente mensurável. Costumeiramente, não têm como objetivos de comunicação mudanças comportamentais e/ou compra de produtos ou serviços, mas têm seu funcionamento baseado na comentada "teoria da hierarquia dos efeitos" e sua eficácia fundamentada menos na recência que no envolvimento, na empatia e nas experiências motivacionais.

Ambas as categorias, mas principalmente as últimas, remetem-nos a um problema antigo: mesmo num novo universo da mídia, o do controlado pelo consumidor, persiste a dificuldade da constatação do consumo real da mídia e das mensagens comerciais. Explica-se: embora *os webanalytics* nos forneçam um sem número de informações, nem todas elas podem ser efetivamente associadas a um consumo real da mídia ou das mensagens. Dos hipotéticos dois minutos em que a página *on-line* ficou exposta a um consumidor, por quanto tempo efetivamente ela teve a atenção integral desse consumidor? E por quanto tempo a página ou a mensagem ficou exposta com o afastamento do mesmo receptor? Como se percebe, o consumo real da mídia e das mensagens publicitárias só vai poder ser comprovado com métricas objetivas, como o *click-through*, por exemplo. Mas pode haver esse consumo sem o registro dessas métricas: um internauta pode ser envolvido por uma mensagem; ela pode provocar efeitos atitudinais favoráveis à marca, mas, ao mesmo tempo, ele não sente a necessidade de clicar e aumentar o nível de informação. Isso é mais facilmente visto, inclusive, nos casos de uma segunda exposição à mensagem: o apelo comunicacional e a marca podem ser reforçados com a visualização de um *banner* digital, mas o internauta não irá clicar nele novamente, uma vez que já o fez na visualização anterior. É o caso típico das veiculações de *remarketing*[5] cujo principal objetivo é manter o *recall* da visita digital e dar "uma segunda chance" ao internauta que não finalizou uma compra ou não cumpriu uma meta que o anunciante havia estabelecido. É curioso que a intencionalidade do *remarketing* não é percebida por uma parcela

---

5. *Remarketing* é um recurso criado pelo Google Adwords para gerar listas de internautas que já tenham visitado teu *website* e mostrar novamente propagandas gráficas, para que esses mesmos usuários listados vejam teus anúncios com maior frequência.

de internautas, havendo vários que consideram que a inserção de uma mensagem que já foi vista anteriormente seja uma coincidência e isso pode vir a potencializar sua eficácia, por trazer um *recall* de marca ou de produto presumivelmente espontâneo ao consumidor.

Mas, voltando à dificuldade que persiste na constatação e na mensuração do consumo real da mídia e das mensagens nela insertas, o principal fenômeno que se verifica e que traz como consequência uma complicação adicional ao planejamento de mídia é o significativo aumento que tem sido verificado no consumo simultâneo de mídias.

Não se trata de um fenômeno novo. Há muito que os receptores podem consumir, ao mesmo tempo, dois ou mais meios diferentes. O rádio, por dispensar a atenção visual, sempre foi o coadjuvante habitual desse consumo simultâneo, ainda que não o único. Rádio e jornal, rádio e revista, mas também tevê e jornal ou revista sempre foram detectados em estudos de consumo de mídia, mas isso nunca chamou muita atenção, em razão da pequena incidência.

Mas, atualmente, com a proliferação dos *tablets*, *smartphones* e outros *devices* digitais, seu uso combinado com o consumo de outros meios e veículos vem se tornando cada vez mais frequente. Sem estar estruturado no uso complementar dos sentidos, hoje as combinações mais frequentes são com a televisão. O estudo realizado pelo IAB Brasil e pelo ComScore, "Hábitos de consumo de mídia 2013", mostra que mais de 60% dos internautas brasileiros consome tevê enquanto utiliza computador ou *laptop*, número que sobe para 73% se acrescermos o uso de *smartphones* e *tablets*. Não se vê um aumento das combinações com meios impressos, ou com o rádio, mas sim entre a tevê e os meios digitais, onde já se tornou comum chamar o fenômeno de *multiscreen*. E o mais interessante é que a utilização conjunta dos meios ocorre de modos diferentes: estudo realizado pela Microsoft com internautas de várias grandes cidades – Londres, Chicago, Sidney, São Paulo e Toronto – classificou quatro diferentes tipos de comportamentos *Multiscreen*:

1. *Content grazing* (algo como "buscando conteúdo") – quando a atividade de uso simultâneo visa principalmente à distração, surfando por vários *sites* e canais, de modo a ir colhendo aleatoriamente informações e *insights*.

2. *Investigative spider-webbing* (a web como teia de investigação) – representa a busca pelo aprofundamento dos assuntos e temas apresentados em um canal, uma procura dos detalhes dos conteúdos.

3. *Social spider-webbing* (a web como teia social) – não é o comportamento dominante, mas se destaca no Brasil e, basicamente, representa a replicação de um conteúdo e o estímulo às comunidades para repercutir na rede.

4. *Jornadas quantum* – é o comportamento adotado para otimizar o tempo e caracteriza-se pelo início de uma atividade num meio e sua continuidade ou término em outro.

É interessante notar que, apesar de esses comportamentos serem normalmente característicos de pessoas diferentes, é possível que o mesmo indivíduo assuma comportamentos diferentes em momentos e situações distintas. E, de acordo com o comportamento assumido, pode-se falar em diferentes situações de consumo de mídia, com consequências bem diversificadas para a eficácia da comunicação mercadológica inserta em cada uma das telas visitadas. Percebe-se no primeiro caso, em que a busca de conteúdo é realizada basicamente para a distração, que a distinção entre primeira e segunda tela, que classifica um meio como o principal, em contraposição ao outro, secundário, vai depender fundamentalmente do interesse momentâneo do consumidor. Movido por atenção e interesse erráticos, ora um meio será o mais importante, ora outro. Embora também vá existir uma alternância atencional, nos comportamentos *spider-webbing*, tanto investigativo como social, as atividades multimeios desenvolvidas são simultâneas e complementares, embora as teias se formem a partir do assunto principal. Invariavelmente, a tevê funciona como o núcleo desses assuntos, enquanto os demais *devices* complementam as atividades, sociais ou investigativas.

Nesses casos mais que nos outros, faz mais sentido se falar em *backchannels*, como Mike Proulx e Stacey Shepatin (2012) caracterizam esses comportamentos. Reforçando que o uso da televisão em conjunto com as mídias sociais atingiu um nível até então nunca encontrado em termos de consumo simultâneo de mídia, os autores referem-se a um verdadeiro canal de fundo, que caminha paralelamente à entrega de conteúdo do canal principal, em que conversações, pesquisas, recriações do conteúdo principal etc. são veiculados e compartilhados em redes sociais como Twitter e Facebook (Proulx e Shepatin, 2014). Nesses casos, diante da identidade temática de conteúdos e de interesses comuns, tem-se uma busca integrada em canais – meios e veículos – diferentes, o que, num cenário que possibilita o endereçamento de mensagens de comunicação mercadológica, torna menos difícil o envolvimento dos consumidores. E transformar a tevê num meio que possibilite o endereçamento das mensagens comerciais é exatamente o que defendem esses autores: "Using online and direct mail targeting practices on TV" (Proulx e Shepatin, 2014, p. 158).

Faltam, porém, de um lado, disponibilidade tecnológica para possibilitar a individualização das mensagens comerciais televisivas e, do outro, pesquisas de mídia que possam viabilizar uma visão mais detalhada de como ocorrem os consumos simultâneos para possibilitar esse endereçamento. Mesmo tendo sido o principal desafio apontado pelos profissionais de pesquisa de mídia no *Mídia Dados 2013* (Grupo de Mídia, 2013) e ainda que alguns estudos venham sendo feitos para viabilizar um único painel que reúna o consumo das várias telas, fato reiterado na edição de 2014 (Grupo de Mídia, 2014), as soluções mais adequadas parecem distantes e, apesar do avanço tecnológico que vem permitindo ao consumidor controlar o mercado da mídia – o que, em tese, permitiria registrar o seu consumo verdadeiro –, temos ainda uma significativa parcela das decisões de mídia que, em última análise, têm de ser tomadas pelo *feeling* dos profissionais da área. Continua valendo a máxima de que, por mais que avancem e se sofistiquem as mensurações, o planejamento de mídia vai – felizmente – continuar um exercício conjugado de aplicação de informações e *feeling*, de ciência e arte.

Considerações finais

Ainda que falemos em planejamento publicitário e mídia, as transformações que ocorreram – e que continuam acontecendo – determinaram a implosão das fronteiras entre as disciplinas de comunicação mercadológica e também estenderam o conceito de mídia a um *mix* inesgotável de meios, suportes e ações, além de expandirem sobremaneira as possibilidades de comunicação persuasiva.

Paralelamente, o desenvolvimento tecnológico e a consequente multiplicação de meios de contato das organizações com grupos ou mesmo com indivíduos e, principalmente, os veículos digitais vêm proporcionando uma melhor visualização desses contatos. Isso tem motivado estudiosos e profissionais a exaltar a substituição de um modelo predominante na mídia tradicional – o das *opportunities to see (OTS)*, que não permite a mensuração do consumo real das mensagens comerciais – por um que, por se basear na demanda dos receptores, o da mídia sob demanda, possibilita conhecer integralmente esse consumo. As incertezas e defasagens dos anunciantes, nesse novo cenário, desapareceriam, dando lugar a números reais de consumo das mensagens comerciais.

Ainda que os *players* do mercado tenham muitas restrições e apontem falhas no velho modelo, ele plantou raízes profundas, tanto financeiras como técnicas. Por um lado, a segurança de um mercado bem irrigado com verbas satisfatoriamente distribuídas, e, por outro, uma relativa aceitação das limitações e falhas do sistema em funcionamento, limitam de forma bastante acentuada a velocidade da migração potencial. De certa forma, mesmo contando com ferramentas novas de comunicação, o mercado da mídia reforça o papel da tevê e trata, ao menos em alguns significativos aspectos, os meios digitais com posologias analógicas.

Ao mesmo tempo que se consolida a percepção de que a forma dos contatos com os públicos-alvo das empresas e instituições tem um significativo papel na eficácia da comunicação, percebe-se que, apesar do grande avanço obtido na mensuração dos efeitos da mídia, ainda não é possível avaliar o consumo real das mensagens persuasivas comerciais.

Colocando em segundo plano os avanços nas pesquisas tradicionais de mídia, que não dariam conta mesmo de registrar consumos reais, mas nos fixando nos *webanalytics*, que caminham céleres para informar mais e melhor sobre o tráfego nas páginas *on-line*, sobram lacunas sobre os comportamentos de consumo de conteúdo dos internautas. As métricas mais objetivas não são adequadas para mensurar as mensagens predominantemente institucionais, que – sabemos, mas não mensuramos – têm eficácia comercial indireta ou em médio e longo prazos. Como atenuante, a utilização cada vez mais comum de algoritmos para a combinação dos dados de diversas fontes e momentos e entender melhor o consumidor e seus comportamentos têm se mostrado cada vez mais adequados para a orientação mercadológica e comunicacional

E, como complemento à problemática, tem-se ainda a concomitância do uso dos meios, que introduz uma complexidade adicional, a de mensurar quando se tem a possibilidade concreta de consumo de dois ou mais meios simultaneamente, a qual deles a atenção e o interesse está sendo dirigido, ou, sintetizando, qual deles está sendo efetivamente consumido. A pesquisa de mídia sempre buscou as audiências dos meios isoladamente e agora está sendo convocada a medir consumo conjunto, tendo de, para tanto, unificar métricas e procedimentos, o que é difícil e custoso em curto prazo.

Resumindo, é possível concluir que as inúmeras transformações pelas quais vêm passando a comunicação mercadológica têm provocado grandes alterações na mídia, cujo planejamento se torna muito mais complexo, até pela maior responsabilidade na eficácia da comunicação. As cobranças que se fazem à área de pesquisa de mídia refletem essa ansiedade, mas, se há uma melhoria qualitativa e quantitativa nas informações sobre o consumo de mídia, também se registram problemas novos e mais complexos nessa mensuração. Não seria correto dizer que os ganhos com uso de mais tecnologia são desfeitos com comportamentos novos e ainda não mensuráveis, mas é inegável que a atividade de planejamento de mídia mantém sua dupla face, de informação e *feeling*, de arte e ciência.

Esperamos que os novos desafios sejam vencidos, mas sabemos que novos e maiores virão e são eles que garantirão à mídia e a seu planejamento a posição de destaque que merece na busca contínua da melhoria da eficácia da comunicação mercadológica.

Referências

BLOCK, Martin P. *et al. Media generations*: media allocation in a consumer-controlled marketplace. Worthington: Prosper, 2009.

CALDER, Bobby J.; MALTHOUSE, Edward C. "Media engagement and advertising effectiveness". In: CALDER, Bobby J. (org.). *Kellogg on advertising & media*. Hoboken: John Wiley & Sons, Inc., 2008.

FIGUEIRA NETO, Arlindo O. "A mídia: o conceito e as atividades". In: PERES, Clotilde; BARBOSA, Ivan Santo. *Hiperpublicidade*. Vol. 2. São Paulo: Thomson, 2008.

_____. "Novos insights no planejamento publicitário'. In: KUNSCH, Margarida M. Krohling (org.). *Gestão estratégica em comunicação organizacional e relações públicas*. São Caetano do Sul: Difusão Editora, 2008.

GRUPO DE MÍDIA. *Mídia Dados Brasil 2013*. São Paulo: Grupo de Mídia São Paulo, 2013.

_____. *Mídia Dados Brasil 2014*. São Paulo: Grupo de Mídia São Paulo, 2013

IAB/ComScore. *Hábitos de consumo de mídia 2013*. Disponível em: <http://pt.slideshare.net/dwinterbr/iab-brasil-conectadoconsumodemedia-16144260>. Acesso em: 3 out. 2014.

LINDSTROM, Martin. *Brandwashed*: tricks companies use to manipulate our minds and persuade us to buy. Nova York: Crown Business, 2011.

NAPOLI, Philip M. *Audience economics*: media institutions and the audience marketplace. Nova York: Columbia University Press, 2003.

PROULX, Mike; SHEPATIN, Stacey. *Social TV*: *how marketers can reach and engage audiences by connecting television to the web, social media and mobile*. Hoboken: John Wiley & Sons, Inc., 2012.

SCHULTZ, Don; SCHULTZ, Heidi. *The next generation: five steps for delivering value and measuring returns using marketing communication*. Nova York: McGraw-Hill, 2003.

STEWART, David W.; PAVLOU, Paul A. "The effects of media on marketing communications". In: BRYANT, Jennings; OLIVER, Mary Beth (orgs). *Media effects*. 3. ed. Nova York: Routledge, 2009.

◀

Autores

Ágatha Camargo Paraventi

Mestre em Ciências da Comunicação e especialista em Gestão Estratégica em Comunicação Organizacional e Relações Públicas pela Escola de Comunicações e Artes da Universidade de São Paulo (ECA-USP), é bacharel em Relações Públicas pela Faculdade Cásper Líbero. Atuou por 11 anos em comunicação corporativa. Docente da Faculdade Cásper Líbero e do Centro Universitário Belas Artes de São Paulo, nas disciplinas Ética e Legislação em Relações Públicas, Planejamento, Opinião Pública, Cultura Organizacional e Relações com a Imprensa. Docente nos cursos de especialização da Associação Brasileira de Comunicação Empresarial (Aberje) e da pós-graduação *lato sensu* de Gestão Estratégica em Comunicação Organizacional e Relações Públicas (Gestcorp) da ECA-USP. É diretora administrativa da Associação Brasileira de Pesquisadores de Comunicação Organizacional e de Relações Públicas (2014-2016). Coautora do livro *Relações públicas estratégicas: técnicas, conceitos e instrumentos* (Summus, 2011) e *Ensaios sobre comunicação com empregados* (In House, 2015).

Ana Maria Roux Valentini Coelho Cesar

Com pós-doutorado na Harvard University, é doutora e mestre em Administração pela Faculdade de Economia, Administração e Contabilidade da Universidade de São Paulo (FEA-USP). Graduou-se em Psicologia pela Pontifícia Universidade Católica de São Paulo (PUC-SP). É professora do mestrado profissional em Controladoria Empresarial, na Universidade Presbiteriana Mackenzie, e do curso de Gestão Estratégica em Comunicação Organizacional e Relações Públicas na Escola de Comunicações e Artes da Universidade de São Paulo (ECA-USP). Tem experiência profissional em consultoria na área de gestão. Desenvolve pesquisas relacionadas ao tema "tomada de decisão", liderando projetos subvencionados pelo CNPq e pelo MackPesquisa. Tem trabalhos publicados em periódicos e anais de congressos nacionais e internacionais, além de capítulos em livros, nas áreas de gestão e de contabilidade. Escreveu em coautoria o livro *Administração estratégica: planejamento e implantação de estratégias* (Pearson, 2010).

Arlindo Ornelas Figueira Neto

Doutor e mestre em Ciências da Comunicação pela Escola de Comunicações e Artes da Universidade de São Paulo (ECA-USP). Bacharel em Publicidade e Propaganda pela ECA-USP e em Direito pela Faculdade de Direito da Universidade de São Paulo (FD--USP). Coordenador do curso de Publicidade e Propaganda da ECA-USP, onde também é responsável pelas disciplinas Mídia e Pesquisa em Publicidade. Desenvolveu pesquisas de marketing e de planejamento em institutos de pesquisa e agências de propaganda, como Target Marketing, Almap e SGB, e, posteriormente, atuou como empresário nas agências de propaganda WRPA Comunicação e Marketing e Walker Comunicação em Marketing. Tem experiência na área de comunicação, atuando principalmente em publicidade, mídia, mídia digital, marketing e investimento publicitário. Desde 2008, dedica-se ao estudo e planejamento da reestruturação do ensino da comunicação mercadológica e institucional no nível da graduação.

Carolina Frazon Terra

É doutora e mestre em Ciências da Comunicação pela Escola de Comunicações e Artes da Universidade de São Paulo (ECA-USP). Especialista em Gestão Estratégica em Comunicação Organizacional e Relações Públicas pela ECA-USP. Graduada em Relações Públicas pela Universidade Estadual Paulista (Unesp-Bauru). Atuou em empresas como Fiat, Vivo, MercadoLivre e Agência Ideal (onde atendeu clientes como Google, McDonald's, Pepsico, Nike, Avon, Hospital Albert Einstein etc.). Foi gerente de mídias sociais do grupo Nestlé, tendo sido responsável pela estratégia digital da marca Garoto como patrocinadora da Copa do Mundo. É docente dos cursos de pós-graduação *lato sensu* de Gestão Estratégica em Comunicação Organizacional e Relações Públicas e Gestão da Comunicação Digital da ECA--USP. Publicou os livros *Blogs corporativos: modismo ou tendência?* e *Mídias Sociais... e agora?* Edita os *blogs* Rpalavreando (http://rpalavreando.com.br) e Relações (http://www. blogrelacoes.com.br).

Cristina Panella

Doutora em Sociologia, com ênfase em Comunicação, pela École des Hautes Etudes en Sciences Sociales (Ehess) – Antenne Pluridisciplinaire de la Vieille Charité, de Marseille (França). Mestre em Formação para a Pesquisa em Ciências Sociais pela mesma instituição e em Antropologia Social e Cultural pela Université René Descartes – Paris V (Sorbonne), em Paris, França. Especialização em Jornalismo pelo College of Journalism & Communications, da University of Florida (EUA). Graduada em Ciências Sociais pela PUC-SP. Professora convidada do curso de pós-graduação *lato sensu* de Gestão Estratégica em Comunicação Organizacional e Relações Públicas da Escola de Comunicações e Artes de Universidade de São Paulo (Gestcorp/ECA-USP). Presidente do Comitê de Ética da Associação Brasileira das Agências de Comunicação (Abracom). Diretora da marca Cristina Panella Planejamento e Pesquisa, da qual é sócia-fundadora.

Daniel dos Santos Galindo

Com pós-doutorado pela Universidade Complutense de Madrid e curso de extensão pela Université René Descartes (Sorbonne), é doutor em Comunicação Científica e Tecnológica pela Universidade Metodista de São Paulo (Umesp). Docente da Escola Superior de Propaganda e Marketing de São Paulo (ESPM-SP) e da pós-graduação em Comunicação Social da Umesp, atua no recorte das interfaces tecnológicas e culturais da comunicação de mercado e nas relações de comunicação e consumo. Lidera o grupo de pesquisa de Estudos de Comunicação e Mercado (Ecom), cadastrado no CNPq. É autor, entre outros, de: *Propaganda inteira & ativ@* (Futura, 2002); *Comunicação mercadológica em tempos de incertezas* (Ícone, 1986); *Ideologia, cultura e comunicação no Brasil* (IMS, 1982); e *El consumidor postmoderno, una persona relacional: anclajes conceptuales* (Fragua, 2012). Organizou: *Comunicação mercadológica – Uma visão multidisciplinar* (Metodista, 2008); *Comunicação institucional & mercadológica: expansões conceituais e imbricações temáticas* (Metodista, 2012); *Comunicação com o mercado: evidências humanas e tecnológicas* (Unaspress, 2014); e *Comunicação de mercado em redes virtuais – Uma questão de relacionamento* (Argos, 2015).

Dorinho Bastos

É professor livre-docente e doutor e mestre em Ciências da Comunicação pela Escola de Comunicações e Artes da Universidade de São Paulo (ECA-USP). E graduado em Arquitetura pela Universidade Braz Cubas (UBC). É professor da graduação do curso de publicidade da Escola de Comunicações e Artes da Universidade de São Paulo e dos cursos de pós-graduação da mesma escola. Também ministra disciplinas na área de criação/arte/comunicação visual e design gráfico, nos cursos de pós-graduação da Fundação Instituto de Administração (FIA-FEA-USP) e no Instituto Nacional de Pós Graduação (INPG). É sócio-diretor do estúdio Dorinho Bastos Comunicação & Design. Cartunista, colabora mensalmente com a *Revista Propaganda* e a *Revista ESPM* e semanalmente com o Jornal PropMark., desde 1976. Participou da comissão que criou o Curso de Design da USP. Publicou os livros: *Dona Zezé, a moça do café* (CCBA-Propeg, 1990); *Outdorinho* (Central de Outdoor, 1992); *Um traço tricolor* (SPFC, 1999); *Humor de placa* (IdeiaMetro, 2001) e *Psicodinâmica das cores em comunicação* (Edgar Blucher, 2006).

Elizabeth Saad Corrêa

Doutora em Ciências da Comunicação pela Escola de Comunicações e Artes da Universidade de São Paulo (ECA-USP), tem mestrado e graduação em Administração de Empresas pela Faculdade de Economia, Administração e Contabilidade (FEA-USP). Professora titular da ECA-USP, atua no Programa de Pós-Graduação em Ciências da Comunicação e como docente de graduação no Departamento de Jornalismo e Editoração. Coordena o curso de pós-graduação *lato sensu* de Comunicação Digital (Digicorp), voltado para a gestão dessa área nas organizações, e é professora do curso de pós-graduação *lato sensu* de Gestão Estratégica em Comunicação Organizacional e Relações Públicas (Gestcorp). Autora do livro *Estratégias para a mídia digital 2.0* e organizadora das coletâneas *Mutações no espaço público contemporâneo* (Paulus, 2014), *Comunicação digital: um panorama da produção acadêmica do Digicorp* (ECA/USP, 2014, e-book) e *Curadoria digital e o campo da comunicação* (ECA/USP, 2012, e-book), também é consultora em estratégias digitais.

Else Lemos

É doutoranda em Ciências da Comunicação na Escola de Comunicações e Artes da Universidade de São Paulo (ECA-USP), onde também fez o mestrado e os cursos de especialização em Gestão Estratégica em Comunicação Organizacional e Relações Públicas (Gestcorp) e em Gestão Integrada da Comunicação Digital (Digicorp). Graduou-se em Relações Públicas pela Universidade Federal de Goiás (UFG). Coordena o MBA Aberje/ Eseg em Gestão de Comunicação Empresarial. É docente do curso de Relações Públicas da Faculdade Cásper Líbero (Facásper) e nos cursos Gestcorp e Digicorp da ECA-USP. Co-organizadora de *Consolidação da comunicação organizacional e das relações públicas no Brasil* (Intercom, 2013) e *Relações públicas estratégicas* (Summus, 2011). Foi diretora administrativa da Associação Brasileira de Pesquisadores de Comunicação Organizacional e de Relações Públicas (Abrapcorp) na gestão 2008-2010. Tem ampla experiência em comunicação institucional/corporativa, educação e produção editorial.

Flavio Hourneaux Junior

Doutor, mestre e graduado em Administração de Empresas pela Faculdade de Economia, Administração e Contabilidade da Universidade de São Paulo (FEA-USP), e com pós-graduação *lato sensu* pelo curso de especialização em Administração para Graduados, da Fundação Getúlio Vargas (FGV). *Visiting fellow* no Center for Business Performance, da School of Management – Cranfield University, Inglaterra. Atuação em consultoria empresarial, com trabalhos nas áreas de estratégia e sustentabilidade e sustentabilidade e como palestrante nesses temas em vários eventos nacionais. Professor do departamento de administração da FEA-USP, além de cursos de pós-graduação em várias instituições de ensino superior em São Paulo desde 2004. Publicou diversos capítulos de livros, além de artigos em periódicos especializados.

Kleber Markus

Pós-doutor pela Université René Descartes (Paris V – Sorbonne), é doutor e mestre em Ciências da Comunicação pela Universidade de São Paulo. Fez curso de extensão em Novas Tecnologias da Comunicação pela University of Florida (EUA). É professor em cursos de graduação e no Programa de Pós-Graduação em Comunicação da Universidade Metodista de São Paulo (Póscom-Umesp), de cujo curso de Comunicação Mercadológica foi coordenador. É docente, também, dos cursos de pós-graduação *lato sensu* em Gestão Estratégica em Comunicação Organizacional e Relações Públicas e Gestão de Comunicação e Marketing da Escola de Comunicações e Artes da Universidade de São Paulo (ECA--USP), onde é coordenador assistente do Centro de Estudos de Avaliação e Mensuração em Comunicação e Marketing (Ceacom). Professor em cursos de especialização e consultor de diversas instituições de ensino e empresas brasileiras. Coautor do livro Marketing *fácil* (Saraiva, 2012).

Luiz Alberto de Farias

Doutor em Comunicação e Cultura pela Universidade de São Paulo (USP). Mestre em Teoria da Comunicação pela Faculdade Cásper Líbero. Graduado em Relações Públicas pela Cásper Líbero e em Jornalismo pela Universidade Cruzeiro do Sul (Unicsul). Professor do Programa de Pós-Graduação em Ciências da Comunicação da ECA-USP e do Programa de Pós-Graduação em Comunicação da Universidade Anhembi-Morumbi. Diretor acadêmico das Escolas de Comunicação e Educação da Anhembi-Morumbi. Presidente da Associação Brasileira de Pesquisadores de Comunicação Organizacional e de Relações Públicas (Abrapcorp). Editor da *Organicom – Revista Brasileira de Comunicação Organizacional e Relações Públicas*. Foi presidente da Associação Brasileira de Relações Públicas (ABRP) e diretor administrativo da Sociedade Brasileira de Estudos Interdisciplinares da Comunicação (Intercom). Autor de *Relações públicas estratégicas* (Summus, 2011) e *A literatura de relações públicas* (Summus, 2004).

Margarida Maria Krohling Kunsch

Professora titular e diretora (2013-2016) da Escola de Comunicações e Artes da Universidade de São Paulo (ECA-USP). Mestre e doutora em Ciências da Comunicação e livre--docente em Teoria da Comunicação Institucional – Políticas e Processos pela ECA-USP. Autora, entre outros, dos livros *Planejamento de relações públicas na comunicação integrada* (Summus, 2003) e *Relações públicas e modernidade: novos paradigmas na comunicação organizacional* (Summus, 1997). Organizadora de inúmeras obras das ciências da comunicação. Foi presidente da Sociedade Brasileira de Estudos Interdisciplinares da Comunicação (Intercom), da Asociación Latinoamericana de Investigadores de la Comunicación (Alaic), da Associação Brasileira de Pesquisadores de Comunicação Organizacional e

Relações Públicas (Abrapcorp) e da Confederação Ibero-Americana de Associações Científicas e Acadêmicas de Comunicação (Confibercom). É presidente da Federação Brasileira das Associações Científicas e Acadêmicas de Comunicação (Socicom).

Maria Aparecida Ferrari

Doutora e mestre em Ciências da Comunicação pela Escola de Comunicações e Artes da Universidade de São Paulo (ECA-USP), onde é docente na graduação e na pós-graduação do Departamento de Relações públicas, Propaganda e Turismo. É graduada em Sociologia pela Faculdade de Filosofia, Letras e Ciências Humanas da Universidade de São Paulo (FFLCH-USP). Coautora dos *livros Relações públicas: teoria, contexto e relacionamentos* (Difusão, 2009), com James Grunig e Fábio França; *Relaciones públicas: naturaleza, función y gestión de las organizaciones contemporáneas* (La Crujía, 2011), com Fábio França; e *Gestión de relaciones públicas para el éxito de las organizaciones* (Universidad San Martín de Porres, 2012), com Fábio França. Membro fundadora da Associação Brasileira de Pesquisadores de Comunicação Organizacional e de Relações públicas (Abrapcorp), da qual foi diretora de Relações Públicas (2010-2012) e diretora editorial (2012-2014). É professora convidada de programas de pós-graduação de diversas universidades da América Latina.

Maria do Socorro Sousa Braga

Pós-doutora e doutora em Ciência Política pela Universidade de São Paulo (USP), graduou-se em Ciências Sociais, pela Universidade Federal Fluminense (UFF). É professora da Universidade Federal de São Carlos (UFSCar). Pesquisadora da Fundação de Amparo à Pesquisa do Estado de São Paulo (Fapesp) e do CNPq, é, desde 2013, secretária adjunta da Associação Brasileira de Ciência Política (ABCP). Concentra suas pesquisas nas áreas de partidos políticos e eleições, recrutamento político, governos de esquerda na América Latina e qualidade da democracia. É coordenadora do Núcleo de Estudo dos Partidos Políticos Latino-Americanos (Neppla) da UFSCar. Publicou o livro *O processo partidário-eleitoral brasileiro: padrões de competição política –1982-2002* (Humanitas/Fapesp, 2006) e, em parceria com Maria D'Alva Kinzo, *Eleitores e representação partidária no Brasil* (Humanitas/CNPQ, 2007). Foi pesquisadora visitante do Centro Latino-Americano (LAC) da Universidade de Oxford, com bolsa *fellowship* da Academia Britânica.

Mariângela Furlan Haswani

Doutora em Integração da América Latina pelo Programa de Pós-Graduação em Integração da América Latina da Universidade de São Paulo (Prolam-USP) e mestre em Ciências da Comunicação pela Escola de Comunicações e Artes da mesma instituição (ECA-USP), é graduada em Jornalismo pela Faculdade Cásper Líbero (Facásper). Hoje, atua como docente

e pesquisadora do Departamento de Relações Públicas, Propaganda e Turismo da ECA-
-USP, na especialidade da Comunicação Pública Governamental. É docente do curso de
pós-graduação *lato sensu* de Gestão Estratégica em Comunicação Organizacional e Relações Públicas da ECA-USP. Publicou o livro *Comunicação pública* (Saraiva, 2013) e uma
série de artigos e capítulos de livros. Com 40 anos de carreira, atuou em órgãos públicos dos
poderes executivo e legislativo, principalmente na cidade de São Paulo, e prestou consultoria em comunicação para campanhas eleitorais, prefeituras e partidos políticos em diversos
estados brasileiros.

Marlene Theodoro

Doutora em Artes Visuais pela Universidade Estadual de Campinas (Unicamp) e mestre
em Comunicação e Mercado pela Faculdade Cásper Líbero (Facásper), tem licenciatura
em Letras – Inglês/Português pela Universidade Estadual Paulista (Unesp). É especialista em Teoria e Técnicas da Comunicação pela Facásper, em Linguística pela Unesp,
e em English as a Foreign Language pela University of Michigan (EUA). Professora de
comunicação verbo-gestual nos cursos de Marketing Político e de Gestão Estratégica em
Comunicação Organizacional e Relações Públicas da Escola de Comunicações e Artes
da Universidade de São Paulo (ECA-USP), de Comunicação Oral no Master of Business Communication, da Facásper, e no Master em Tecnologia Educacional da Faculdade
Armando Álvares Penteado (Faap). É responsável pelos cursos de expressão verbal em
inglês no Instituto Reinaldo Polito. Membro titular da Academia Araraquarense de Letras,
publicou o livro *A era do Eu S. A.* (Saraiva, 2004).

Mitsuru Higuchi Yanaze

Doutor em Ciências da Comunicação pela Escola de Comunicações e Artes da Universidade de São Paulo (ECA-USP), mestre em Business Administration pela Michigan State
University (EUA) graduado em Publicidade e Propaganda pela ECA-USP. É especialista
em Administração de Empresas pela Fundação Getúlio Vargas (FGV). Professor titular da
USP, é docente dos cursos de pós-graduação *lato sensu* de Gestão de Comunicação e Marketing e de Gestão Estratégica em Comunicação Organizacional e Relações Públicas da
ECA-USP, onde coordena o Centro de Estudos de Avaliação e Mensuração em Comunicação e Marketing (Ceacom). Coordena programas acadêmicos internacionais em parceria
com a Universidade da Flórida (EUA), a Information Management School da Universidade Nova de Lisboa e a Universidade Paris V. Dedica-se principalmente aos temas de
planejamento de marketing, gestão da comunicação integrada e retorno de investimentos
em marketing e comunicação.

Paulo Nassar

É pós-doutor pela Libera Università di Lingue e Comunicazione, em Milão, na Itália. Doutor e mestre em Ciências da Comunicação, na área de Relações Públicas, pela Escola de Comunicações e Artes da Universidade de São Paulo (ECA-USP). Graduado em Jornalismo pela Pontifícia Universidade Católica de São Paulo (PUC-SP). Professor livre-docente da ECA-USP, onde leciona também no curso de pós-graduação *lato sensu* de Gestão Estratégica em Comunicação Organizacional e Relações Públicas (Gestcorp). Coordenador do Grupo de Estudos de Novas Narrativas (Genn), da ECA-USP. Publicou, entre outras obras, *O que é comunicação empresarial* (Brasiliense, 2006), *Relações públicas na construção da responsabilidade histórica e no resgate da memória institucional das organizações* (Difusão/Senac, 2012) e *Comunicação todo dia* (Nacional, 2009). É autor de grande número de artigos sobre temas da comunicação em revistas e jornais brasileiros. Diretor-presidente da Associação Brasileira de Comunicação Empresarial (Aberje).

Reinaldo Polito

Mestre em Ciências da Comunicação pela Faculdade Cásper Líbero (Facásper), graduou-se em Ciências Econômicas e Administração de Empresas pela Faculdade de Ciências Econômicas de São Paulo (Fecap). Fez cursos de especialização em Administração Financeira (Fecap e Fundação Getúlio Vargas – FGV) e em Comunicação e Mercado (Facásper). É professor de comunicação oral no curso de Gestão Estratégica em Comunicação Organizacional e Relações Públicas da ECA-USP. Foi docente de oratória corporativa nos cursos de pós-graduação da Fecap, da Facásper e da Fundação Armando Álvares Penteado (Faap). Autor de 26 livros sobre a arte de falar em público, com mais de um milhão de exemplares vendidos em todo o mundo. Coordenador das séries Superdicas, da Saraiva, e 29 minutos, da Sextante. Membro titular fundador da Academia Araraquarense de Letras. Colunista semanal no UOL, nas rádios USP e Transamérica e em vários jornais e revistas. Presidente da ONG Via de Acesso. Presidente e membro titular da Academia Paulista de Educação.

Valéria de Siqueira Castro Lopes

Doutora e mestre em Ciências da Comunicação pela Escola de Comunicações e Artes da Universidade de São Paulo (ECA-USP), graduou-se em Relações Públicas pela Universidade do Estado do Rio de Janeiro (UERJ). Leciona nos cursos de Relações Públicas da ECA-USP e da Faculdade Cásper Líbero (Facásper), bem como no curso de Gestão Estratégica em Comunicação Organizacional e Relações Públicas da ECA-USP. É diretora editorial da Associação Brasileira de Pesquisadores de Comunicação Organizacional e Relações Públicas (Abrapcorp), membro do comitê editorial da *Organicom – Revista Brasileira de Comunicação Organizacional e Relações Públicas* e consultora associada da Mistura Fina

Comunicação Organizacional. Autora de diversos capítulos de livros e artigos sobre mensuração de resultados, entre os quais "Opinião e pesquisa: instrumentos e orientação e avaliação", no livro *Relações públicas estratégicas: técnicas, conceitos e instrumentos* (Summus, 2011), organizado por Luiz Alberto de Farias.

Vânia Bueno Cury

Mestre em Organizational Development and Positive Change pela Case Western Reserve (Cleveland, Estados Unidos) e especialista em Comunicação Empresarial pela Escola Superior de Propaganda e Marketing de São Paulo (ESPM-SP), graduou-se em Jornalismo pelas Faculdades Integradas Alcântara Machado (Fiam). Professora na graduação do Instituto de Ensino e Pesquisa (Insper) e professora no MBA da Aberje. Consultora com formação na Katholieke Universitteit Leuven, da Bélgica, além do Ashridge Management College, da Inglaterra, atua há 25 anos no mercado de comunicação, focando desde 2007 em consultoria para o desenvolvimento organizacional. É professora convidada de cursos de especialização da Universidade de São Paulo (Fundação Instituto de Administração, da Faculdade de Economia, Administração e Contabilidade – FIA/FEA-USP e Escola de Comunicações e Artes – ECA-USP), bem como do projeto Pegasus da Universidade Federal de São Carlos (UFSCar), além de ministrar cursos na Associação Brasileira de Comunicação Empresarial (Aberje).

William Antonio Cerantola

Doutorando em Ciências da Comunicação na Escola de Comunicações e Artes da Universidade de São Paulo (ECA-USP), em cotitulação com o Instituto Superior de Estatística e Gestão da Informação da Universidade Nova Lisboa, de Portugal. Mestre em Administração pela Faculdade de Economia, Administração e Contabilidade da Universidade de São Paulo (FEA-USP). Especialista em Gestão Estratégica em Comunicação Organizacional e Relações Públicas pela ECA-USP. Graduado em Ciências Biológicas pelo Instituto de Biociências da Universidade de São Paulo (IB-SP). Professor de Gestão da Comunicação Interna do programa de pós-graduação *lato sensu* de Gestão Estratégica em Comunicação Organizacional e Relações Públicas (Gestcorp) da ECA-USP. Professor de Gestão da Comunicação e Cultura do Programa de Pós-Graduação em Gestão da Comunicação Corporativa das Faculdades Integradas Rio Branco. É sócio e consultor em marketing e comunicação da Plexus Consultoria.

www.gruposummus.com.br